Lothar Heiser

Mosaike und Hymnen
Frühes Christentum in Syrien und Palästina

LOTHAR HEISER

MOSAIKE
UND HYMNEN

FRÜHES CHRISTENTUM
IN SYRIEN UND PALÄSTINA

EOS VERLAG ERZABTEI ST. OTTILIEN

Schriftenreihe des
Patristischen Zentrums
KOINONIA - ORIENS

herausgegeben von Wilhelm Nyssen
und Michael Schneider

Band XLVIII

Titelbild: Christus, der wahre Orpheus, Mosaik aus Jerusalem, heute im Archäologischen Museum von Konstantinopel (Istanbul), 5./6. Jahrhundert (Ausschnitt)

Die Deutsche Bibliothek – CIP-Einheitsaufnahme

Lothar Heiser:
Mosaike und Hymnen: frühes Christentum in Syrien und Palästina /
Lothar Heiser.– St. Ottilien : EOS-Verlag, 1999
  (Schriftenreihe des Patristischen Zentrums Koinonia - Oriens ; Bd. 48)
  ISBN 3-8306-7012-5

4

impriMis parentIbus Meis
1999

INHALTSVERZEICHNIS

GRUNDLAGEN

MOSAIKE UND HYMNEN

10

VORWORT

Die Christen des syrisch-palästinensischen Kulturraumes haben trotz ihrer leidvollen, von Kirchentrennungen und Verfolgungen gezeichneten Geschichte dem Orient ein unverwechselbares Antlitz aufgeprägt und durch die Einbeziehung des Bildes in die Glaubensverkündigung der Kirche insgesamt bleibende Impulse gegeben. Obwohl dem biblischen Bilderverbot verpflichtet, das die Anfertigung von Kultbildern untersagt, haben sie doch nach Wegen gesucht und als erste auch beschritten, die göttliche Herrlichkeit und Güte nicht nur mit hymnischen Worten zu preisen, sondern sie zugleich durch Symbole und allegorische Bildwerke den Gläubigen anschaulich vor Augen zu führen. Intensiver als andere Völker der verschiedenen Kulturen im Römischen Reich haben die syrischen Christen die Schöpfung durch Abbildung in den Schmuck der Kirchen und in die Verkündigung des Glaubens einbezogen und damit den Weg gewiesen für das spätere Verständnis der orthodoxen Kirche vom Kultbild, der Ikone, die ein Abbild des himmlischen Urbildes ist. Während das lateinisch-abendländische Denken im Bild eine Imago, eine Imitatio, eine Nachbildung zur Erinnerung sieht, verwiesen die von der griechisch-platonischen Philosophie geprägten Syrer auf den Gleichnischarakter des Bildes, nach welchem Eikon - über Imago hinaus - Gleichnis, Abbild, Ebenbild bedeutet. Wie der menschgewordene göttliche Logos nicht nur Wort des Vaters ist, sondern auch »Ebenbild des unsichtbaren Gottes« (Kol 1,15), so weist die Schöpfung als anschauliches Gleichnis über sich hinaus und läßt die geistvolle, mysterienhafte Gegenwart Gottes in seinen Geschöpfen aufleuchten. Um dieser immanenten Gottesschau ein Antlitz zu verleihen, bedienten sich die Christen Syriens und Palästinas der erhabensten Bildkunst, die der Antike zur Verfügung stand, der Mosaikmalerei.

13

Mit der leuchtenden, farbenfrohen Ausdruckskraft der Mosaikkunst haben sie nicht nur die Wände der Kirchen geschmückt - diese Bildwerke wurden fast alle durch menschlichen Unverstand und durch Naturereignisse zerstört -, sondern sie haben auch die Fußböden mit Mosaikdarstellungen versehen, die, jahrhundertelang unter dem Schutt der Verwüstungen verborgen, durch archäologische Grabungen zutage gefördert wurden. Alle diese herrlichen Darstellungen aus der Natur und der Erlebniswelt der Menschen sind in ihrer symbolhaften Aussage ins Bild gesetzte Katechesen und veranschaulichte Hymnen. Der Symbolgehalt und der Hinweischarakter dieser Mosaikmalereien sind uns heute nicht mehr vertraut und warten auf ihre Entschlüsselung. Dieser Arbeit hat sich der Autor unterzogen und die Ergebnisse seiner Forschungen in diesem Buch niedergelegt.

Ein besonderer Dank gilt den Diözesanbischofen Dr. Josef Homeyer und Dr. Egon Kapellari für ihre großzügige finanzielle Unterstützung bei der Drucklegung des Buches. Das Erstellen des Manuskripts übernahm Frau Margita Appelhans, Korrektur lasen Frau Jessica Weis und Sr. Eucharis Wilke OSB. Auch ihnen sei herzlich gedankt.

Michael Schneider

EINLEITUNG

Um das kulturelle Schaffen der syrisch-palästinensischen Christen besser zu verstehen und zu würdigen, beginnt die Arbeit mit einigen Ausführungen grundlegender Art. Sie zeichnen den syrischen Kulturraum mit seiner griechisch und syrisch-aramäisch sprechenden Bevölkerung nach, der in der Verwaltung des Römischen Reiches vom Jahr 395 an als Diözese Oriens deklariert war. Sie geben einen Einblick in die frühe Geschichte, die von christologischen Diskussionen, kirchlichen Spaltungen und persischen und arabisch-islamischen Eroberungen und den dadurch verursachten unsagbaren Leiden gekennzeichnet ist. Sodann skizzieren sie die Kunst der Mosaikmalerei, die in der römischen Kaiserzeit bei der Ausschmückung der Staatsgebäude und der privaten Villen ihren bildnerischen Höhepunkt erreichte und in Syrien von der Kirche zur Verherrlichung des Schöpfers und zur Unterweisung der Gläubigen gepflegt wurde. Schließlich werden die Hymnographen syrisch-aramäischer und griechischer Zunge vorgestellt; deren umfangreiches Liedgut ergänzt die Aussagen der Bilder, und ihre Bildworte sind unerläßlich für die Entschlüsselung der kirchlichen Mosaikdarstellungen.

Im Hauptteil über Mosaike und Hymnen mit seinen 72 Mosaikdarstellungen, die der Verfasser auf seinen zahlreichen Reisen in den christlichen Orient zusammengetragen hat, wird das reiche Material in vier Abschnitte gegliedert. Ein markanter Text aus dem Liedgut der alttestamentlichen Propheten, der Psalmen und der Weisheitsliteratur, in dem das Thema des Bildzeugnisses anklingt, bestimmt die jeweilige Überschrift der einzelnen Kapitel. Zunächst werden das Land und seine Bewohner, das Leben und Arbeiten und die Freude an städtebaulicher Gestaltung vorgestellt. - Den zweiten Abschnitt bilden Tiere und Pflanzen und ihre gleichnishafte Bedeutung.

Mit dem Kunstschaffen des Hellenismus und seiner allegorischen Bildgestaltung vertraut und durch die exegetischen Werke des Kirchenlehrers Origenes in der biblischen Allegorese unterwiesen, haben die syrischen Christen die Fußböden ihrer Kirchen mit Mosaikteppichen überzogen und in sie Tiere hineingewoben, welche die katechetischen Unterweisungen allegorisch und gleichnishaft zu veranschaulichen geeignet waren. Diese kirchlichen Tierparks sind gleichsam frühchristliche Bildkatechesen. Die Betrachtung der durch archäologische Grabungen oft erst in den letzten Jahrzehnten zutage geförderten Mosaikteppiche aus dem 4. bis 7. Jahrhundert - zuweilen nur in Fragmenten erhalten - läßt erahnen, daß sie mehr sein wollen als Illustrationen einer vergangenen Erlebniswelt. Die Bildwerke, vor allem die Darstellungen der Tiere, bieten anschauliche Hinweise auf die Wahrheiten des Glaubens und enthalten einprägsame Impulse für das sittliche Verhalten. Wer nach der Bedeutung dieser Darstellungen fragt und ihre religiösen Aussagen erfassen will, muß sowohl die Bibel befragen als auch die Predigten und Hymnen der Väter der syrischen Kirchen heranziehen; er muß sich an den antiken Naturbeobachtungen und den allgemein vertretenen Auffassungen über die Tiere orientieren und vor allem den Physiologus (den Naturkundigen) mit seinen frühchristlichen allegorischen Deutungen der Tierwelt zu Rate ziehen. Diese Arbeit ist unerläßlich, wenn dem Betrachter der einzigartigen Tierbilder nicht nur ihre Schönheit, sondern auch ihre religiöse Wahrheit erschlossen werden soll. - Im dritten Abschnitt werden aus der schier unendlichen Fülle von Darstellungen des Kreuzes einige besonders schöne vorgestellt, die in ihrer reichen Formensprache Zeichen des Leidens und der Herrlichkeit Christi sind und Erlösung und Hoffnung der Christen veranschaulichen. - Im letzten Abschnitt kommen die Mysterien Christi und seiner Kirche ins Bild; darunter einige einzigartige Bildwerke, die, islamischem und christlichem Ikonoklasmus entgangen, Zeugnis geben von den großflächigen Wandmosaiken in syrisch-palästinensischen Kirchen.

Hymnen und hymnische Texte (in der syrischen Kirche beliebte rhythmische Predigten) begleiten, ergänzen und vertiefen den ikonographischen Teil mit seinen Deutungen. In der Tradition des Alten Testamentes und in der Glut des Heiligen Geistes haben Dichter und Schriftsteller, Liturgen und Katecheten Gottes wunderbare Schöpfung gepriesen, das Heilswerk Christi besungen und der Hoffnung der Christen Ausdruck verliehen. Väter griechischer Sprache wie Ignatios von Antiochien und Johannes von Damaskus und Hymnographen syrischer Zunge wie Ephräm von Edessa und Isaak von Antiochien, um aus der Vielzahl hier nur einige zu nennen, haben mit ihren enthusiastischen Doxologien die christliche Kultur und die kirchlichen Liturgien in ihrer Heimat geistig geprägt und zugleich weit über Syrien hinaus die griechisch-orthodoxe Kirche und den lateinischen Westen reich beschenkt. Vor allem Ephräm, die Harfe der syrischen Kirche, kommt in dieser Zusammenschau gebührend zur Sprache, da sich Edmund Beck dankenswert der Lebensarbeit unterzogen hat, Ephräms Werk nicht nur im CSCO (Corpus Scriptorum Christianorum Orientalium) zu publizieren, sondern auch die deutsche Übersetzung mitzuliefern. Bei den anderen syrischen Autoren mußte zuweilen auf ältere Übersetzungen zurückgegriffen werden. Da die Hymnen und die Ausschnitte aus hymnischen Predigten keine originären Überschriften tragen, wurden solche für die Texte neu formuliert.

Keine Kirche der Frühzeit hat die Botschaft der Evangelien und die Verkündigung der Kirche so phantasievoll durch Bilder veranschaulicht und hymnisch zur Sprache gebracht wie die Christen in Syrien. Die Wege von der alttestamentlichen Poesie zur christlichen Hymnik und die Pfade von der hellenistischen Kunst zur Ausschmückung kirchlicher Kultgebäude haben als erste sie beschritten. Anliegen dieses Buches ist es, die Schatzkammer der syrisch-palästinensischen Kirche mit ihren erlesenen Bildzeugnissen und ihrem reichen Liedgut für die Ökumene zu öffnen.

GRUNDLAGEN

DER SYRISCH-PALÄSTINENSISCHE KULTURRAUM, SEINE GRENZEN UND DIE BEVÖLKERUNG

Das antike Syrien gehört zu den großen Kulturlandschaften unserer Erde. Es war einst um vieles größer als der heutige Nationalstaat gleichen Namens. Seine Grenzen waren stets fließend, deckten sich aber in etwa mit den Grenzen, die die Römer bei der Neuordnung des Römischen Reiches von 395 ihrer Diözese Oriens gaben. Im Nordosten umfaßte sie das fruchtbare Gebiet des nördlichen Mesopotamien am Oberlauf von Euphrat und Tigris und im Nordwesten die Gegenden unterhalb des Bogens, den das Taurusgebirge hier bildet, also jene weiten Gebiete, die heute Kurdistan ausmachen und zum Nordirak und zur Südtürkei gehören. Im Westen reichte das antike Kulturland Syrien bis zum Mittelmeer unter Einschluß von Zypern, das schon im 8. Jahrhundert v. Chr. unter der Kontrolle der Assyrer stand und in christlicher Zeit, da es von Paulus und Barnabas auf ihrer ersten Missionsreise um 45/47 missioniert worden war, als Tochterkirche von Antiocheia (Antiochien) zur syrischen Kirche gehörte, bis ihm das Konzil von Ephesus 431 die Autokephalie, die kirchenrechtliche Selbständigkeit, gewährte. Nach Süden hin umfaßte die Verwaltungseinheit der Diözese Oriens außer dem eigentlichen Kernland Syrien mit der Hauptstadt Antiocheia Phönikien (Libanon), die drei palästinensischen Provinzen (mit dem Land der Juden) bis zur Südspitze der Sinai-Halbinsel (heute ägyptisches Gebiet). Die östlichen Grenzen verliefen irgendwo in der Syrischen Wüste, umfaßten die Gebiete nomadisierender und seßhafter (Nabatäer) Araber und reichten zuweilen über Palmyra hinaus bis nach Dura Europos am Euphrat, waren aber immer umstritten und umkämpft von Römern und Persern. Das antike Syrien umgriff im wesentlichen jenes Gebiet, das die Geographen als fruchtbaren Halbmond bezeichnen, der im Osten von Tigris und Euphrat zu ihrem Oberlauf im Norden hin und von dort zum Küstengebiet im Westen reichte. Es war in dieser Lage Brennpunkt kulturellen und wirtschaftlichen Austausches zwischen dem Abendland und Asien, zwischen Griechenland und Ägypten, aber auch wegen seines materiellen Reichtums Schauplatz vieler kriegerischer Auseinandersetzungen.

Auch die Heimat der Juden und der Samaritaner in Judäa, Samaria und Galiläa gehörte zum Kulturland Syrien und wurde von den Römern als Teil der Verwaltungseinheit Syrien betrachtet - mit dem nicht geringen Unterschied, daß die jüdischen und samaritanischen Bewohner des Landes nicht einem der vielen semitischen Kulte anhingen, sondern, mehr oder weniger von den jeweiligen Herrschern geduldet, einzig ihrem Gott Jahwe dienten und ihre eigenen religiösen Bräuche pflegten. Die Römer hatten den Juden und Samaritern mit Herodes I. (37- 4 v. Chr.) zum letzten Mal einen eigenen, doch vom Volk wenig geliebten König gewährt, seinen Söhnen aber, die nur noch als Tetrarchen (Vierfürsten) regierten, einen Statthalter - der bekannteste war Pontius Pilatus (26 - 36 n. Chr.) - zur Seite gestellt. Wie Juden und Samaritaner waren auch alle anderen Bevölkerungsteile Syriens vorwiegend Semiten und sprachen semitische Sprachen (wie Hebräisch, Aramäisch, Arabisch) mit ihren vielen Dialekten. Die hellenistisch geprägte Bevölkerung der Städte, Semiten und Einwanderer griechischer Herkunft, bediente sich der griechischen Koiné (gemeinsame Sprache), in der auch die Evangelien und alle anderen Bücher des Neuen Testaments abgefaßt sind. Die Verwaltungssprache der römischen Beamten und die Umgangssprache der römischen Veteranen, die im Lande angesiedelt worden waren, war das Latein. Den drei gebräuchlichen Sprachen entsprechend war die Tafel über Jesu Kreuz mit den Angaben zur Person und zum angeblichen Verbrechen: »Jesus von Nazareth, König der Juden« dreisprachig: »Die Inschrift war hebräisch, lateinisch und griechisch abgefaßt« (Joh 19, 19 f.).

Das Zusammentreffen der unterschiedlichsten religiösen Überzeugungen - die uralte kanaanäische Baal- und Astarte-Verehrung, der jüdische Jahwe-Glauben, der persisch-iranische Dualismus, der ein im Kampf liegendes gutes und böses Weltprinzip lehrte, die gnostischen Selbsterlösungslehren, der hellenistische Sonnenkult, die neuplatonische leibentwertende Philosophie und die römische, theologisch fundierte Rechtsauffassung - hatte Syrien zu Beginn der christlichen Zeitrechnung zu einem Schmelztiegel geistiger Strömungen gemacht. Verständlich ist darum, wenn nach dem Johannesevangelium (um 90 etwa entstanden) Pilatus angesichts der vielen konkurrierenden Lehrmeinungen an Jesus, als er ihm sagte, er wolle für die Wahrheit Zeugnis ablegen, voller Skepsis die Frage richtet: »Was ist Wahrheit?« (Joh 18,37 f.) Um so erstaunlicher ist es, wie schnell die Botschaft Jesu und der neue Weg der Jünger, nachdem sie sich von der jüdischen Enge gelöst hatten, in diesem Land der vielfältigen religiösen Angebote und der synkretistischen Verschmelzungen die Wertschätzung der heidnischen Umwelt gefunden und diese schließlich christlich geprägt haben.

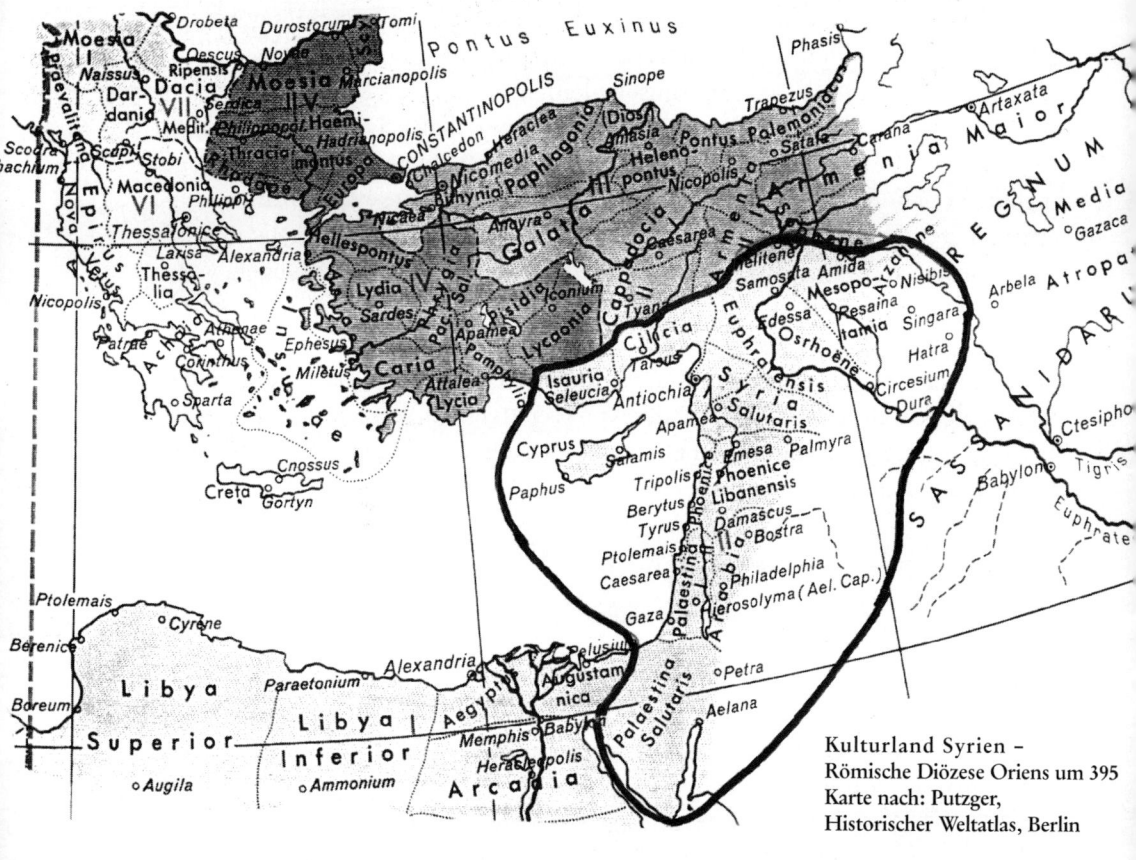

Kulturland Syrien –
Römische Diözese Oriens um 395
Karte nach: Putzger,
Historischer Weltatlas, Berlin

ÜBERBLICK ÜBER DIE GESCHICHTE
DER SYRISCH-PALÄSTINENSISCHEN KIRCHE
BIS ZUM BEGINN DER ISLAMISCHEN EPOCHE

DIE ANFÄNGE

Die elf Jünger gingen nach Galiläa auf den Berg, den Jesus ihnen genannt
hatte. Und als sie Jesus sahen, fielen sie vor ihm nieder. Einige aber hatten
Zweifel. Da trat Jesus auf sie zu und sagte ihnen: Mir ist alle Gewalt gegeben, im Himmel und auf der Erde. Darum geht zu allen Völkern und
macht alle Menschen zu meinen Jüngern; tauft sie auf den Namen des Vaters und des Sohnes und des Heiligen Geistes und lehrt sie, alles zu befolgen, was ich euch geboten habe. Seid gewiß: Ich bin bei euch alle Tage bis
zum Ende der Welt.   *Mt 28, 16 - 20*

Als Matthäus um das Jahr 80 in einer judenchristlichen Gemeinde im syrischen
Raum sein Evangelium abfaßte und an dessen Ende den Missionsauftrag des
Auferstandenen stellte, konnte das Christentum bereits auf 50 Jahre Missi-
onsgeschichte zurückblicken. Die schon für die Jesus-Zeit bezeugten Begegnungen mit Nichtjuden außerhalb Palästinas wurden nach Christi Auferstehung über die Grenzen von Judäa, Samaria und Galiläa hinaus intensiviert. In
der frühen Jerusalemer Gemeinde gab es bereits Judenchristen, die aus der
heidnischen Diaspora kamen und für deren Belange die Apostel Diener des Tisches und des Wortes bestellten; diese sieben Diakone tragen sämtlich griechische Namen, und ihr Wortführer Stephanus erlitt um 33 den Martyrertod
durch Steinigung. Bald darauf, etwa um 33/35, begab sich der aus Tarsus im syrischen Kilikien stammende Jude mit dem Doppelnamen Saulus-Paulus in die
Oasenstadt Damaskus mit ihrem starken jüdischen Bevölkerungsanteil, um

die dortigen Judenchristen zu liquidieren, mußte jedoch seine eigene Bekehrung erleben (Apg 9, 1 - 22). Vor allem in Syriens Hauptstadt Antiocheia am Orontes (heute: Antakya in der südöstlichen Türkei) fand die christliche Botschaft schnelle Aufnahme bei den hellenistischen Juden und den Heiden. Die Anhänger des neuen Weges nannte man dort zum ersten Mal Christianer, Christen (Apg 11, 26).

Während einer Hungersnot unter Kaiser Claudius (41 - 54) hielt die sehr lebendige und dynamische Antiochener Gemeinde eine Kollekte für die notleidenden Christen in Jerusalem (Apg 11, 27 - 30). Von hier aus brachen Barnabas und Saulus-Paulus um 46/47 zu ihrer ersten Missionsreise nach Zypern und in das benachbarte syrisch-kleinasiatische Hinterland auf. Nach ihrer Rückkehr mußte grundsätzlich die brennende Frage geklärt werden, ob die bekehrten Heiden an das mosaische Gesetz der Beschneidung und der Reinheits- und Speisevorschriften zu binden seien oder nicht; war es doch für Jesus und die Urgemeinde selbstverständlich. Auf dem sog. Apostelkonzil in Jerusalem um 48/49 erlangten die antiochenische Gemeinde die Zustimmung zur uneingeschränkten Heidenmission und die Heidenchristen die Freiheit von den jüdischen Gesetzesvorschriften. Allerdings deckte erst ein Zwischenfall die ganze Tragweite dieses Beschlusses auf. Als sich Petrus in Antiocheia aufhielt und dort Tischgemeinschaft mit den Heidenchristen hielt, kamen aus Jerusalem gesetzestreue Christen und nötigten ihn, Barnabas und andere, diese Gemeinschaft aufzugeben. Paulus bezeichnete diese Abkehr vom gemeinsamen Mahl als Heuchelei und »widerstand Kephas (Petrus) ins Angesicht« (Gal 2, 11); denn nicht »die Werke des Gesetzes«, sondern »der Glaube an Jesus Christus« mache gerecht (Gal 2, 16). - Inzwischen erreichte die christliche Verkündigung auch die syrisch-hellenistischen Küstenstädte Gaza, Kaisareia (Cäsarea), Ptolemais (Akko), Tyrus und Sidon, wo sich Heiden und hellenisierte Juden für den neuen Weg entschieden.

Das Ende der Jerusalemer Urgemeinde kündigte sich an, als um 62/63 während einer Vakanz der römischen Statthalterschaft der Hohepriester Ananos (Hannas II.) Jakobus, den Herrenbruder und Leiter der Gemeinde, wegen angeblicher Gesetzesübertretung hinrichten ließ. Noch vor Ausbruch des Römisch-Jüdischen Krieges (66 - 70) verließen die Christen Jerusalem und zogen in die hellenistische Dekapolis nach Pella im Ostjordanland. Wer in Jerusalem blieb, kam bei der Erstürmung der Stadt im Jahr 70 ums Leben. Die Gemeinde in Jerusalem bestand nicht mehr. Andere judenchristliche Gemeinden im syrischen Raum übernahmen ihr Erbe; in ihrer Mitte wirkte der Evangelist Matthäus, und in ihren Kreisen wurde um 90 der Brief an die Hebräer verfaßt. Eine Sondergruppe, die Ebioniten (die Armen), löste sich jedoch von der Kirche, da sie das mosaische Gesetz als verbindlich für alle ansah, und lehrte, daß die Gottessohnschaft Jesus erst bei seiner Taufe verliehen wurde. Ihre Anschauungen verbreiteten die Ebioniten im südlichen Syrien bis nach Arabien, wo Anklänge an ihre Lehre im 7. Jahrhundert schließlich Eingang fanden im Islam und im Koran.

Nach der Zerstörung Jerusalems entwickelte sich die Gemeinde von Antiochien rasch zum christlichen Zentrum für Syrien und wurde zur Missionsmetropole für den ganzen Orient und über Persien hinaus bis nach Indien. Dabei kam die kulturelle und politische Bedeutung Antiochiens der Ausbreitung der christlichen Botschaft sehr zustatten. Um 300 v. Chr. von Seleukos I., einem General Alexanders, am Orontes gegründet, nach seinem Vater Antiochos benannt und mit prachtvollen Bauten ausgestattet, wurde die Stadt Amtssitz des römischen Statthalters und seiner Verwaltung, nachdem Syrien 64 v. Chr. römische Provinz geworden war. In den folgenden vier Jahrhunderten erneuerten die Römer die Stadt und statteten sie mit Säulenstraßen, Tempeln und Theatern, mit Thermen und Sportanlagen aus. Nach Rom und Alexandreia wuchs Antiocheia zur drittgrößten Stadt im Römischen Imperium heran und übertraf beide an Schönheit und Pracht. Der Wasserreichtum der sie umgebenden Berge und des Orontes und das fruchtbare Hinterland ermöglichten den Einwohnern eine luxuriöse Lebensweise. - Ignatios aber, der zweite Bischof dieser Stadt, setzte für das Christentum den krönenden Abschluß des 1. Jahrhunderts. Während einer lokalen Verfolgung schleppten ihn römische Legionäre auf dem See- und Landweg nach Rom, wo er um 110 in der Arena von wilden Tieren zerrissen wurde. Während des Transportes schrieb er unterwegs fünf Briefe an kleinasiatische Gemeinden. Einen weiteren sandte er voraus an die Gemeinde von Rom, der er »den Vorrang in der Liebe« bezeugt und die er bittet, sich nicht für seine Freilassung zu verwenden; einen letzten richtete er an Polykarpos, den Bischof von Smyrna (Izmir). Die Briefe lassen erkennen, daß sich bereits um die Jahrhundertwende das monarchische Bischofsamt überall in der Kirche durchgesetzt hat, und sie bringen die tiefe Glaubensüberzeugung dieses frühchristlichen Bischofs zum Ausdruck und seine große Sehnsucht, für Christus das Martyrium erleiden zu dürfen.

DAS STILLE 2. JAHRHUNDERT

Die folgende Zeit ist zunächst gekennzeichnet von der stillen Ausbreitung und der Konsolidierung des Christentums in allen hellenisierten Städten Syriens. Während die semitische Landbevölkerung, Bauern, Viehzüchter, Nomaden, weiterhin ihre Lokalgottheiten verehrte und an ihren überkommenen Riten festhielt, fand die christliche Botschaft verstärkt Zustimmung unter der Griechisch sprechenden Stadtbevölkerung, vornehmlich bei Handwerkern und wirtschaftlich abhängigen Arbeitern, Tagelöhnern und Sklaven. Wie die Didaché, eine frühchristliche Glaubensunterweisung, in der 1. Hälfte des 2. Jahrhunderts in Syrien-Palästina entstanden, zu erkennen gibt, gab es offensichtlich in jedem befestigten Ort Christen, so daß Wanderprediger nach jeweils einer Tagesreise bei ihnen gastliche Aufnahme finden konnten. Auch die römische Bevölkerung in Syrien, die in Verwaltung und Heer eine Rolle spielte, öffnete sich der neuen Religion. Eine herausragende Persönlichkeit war Justinus, der, wie sein Name und der Ort seiner Geburt zeigen, von Eltern abstammte, die offenbar als Beamte oder Veteranen in der römischen Kolonie Flavia Neapolis (heute Nablus im Westjordanland) angesiedelt worden waren. Nach vergeblichem Suchen der Wahrheit in griechischen Philosophenschulen fand Justinus im Christentum die überzeugende Philosophie. Sein Leben widmete er fortan der Verteidigung des christlichen Glaubens. Als Wanderlehrer gelangte er schließlich nach Rom, wo er eine christliche Philosophenschule gründete. Er verfaßte zwei an Kaiser Antoninus Pius (138 - 161) gerichtete Apologien; in ihnen widerlegt er die gegen die Christen gerichteten Anschuldigungen, sie seien, da sie die römischen Götter nicht verehrten, Atheisten und Staatsfeinde, legt die christliche Religion als wahre Philosophie dar und begründet den Glauben an Christi Gottheit. In seinem umfangreichen Dialog mit dem Juden Tryphon, vielleicht der bekannte Zeitgenosse Rabbi Tarphon, setzt sich Justinus mit den jüdischen Anklagen auseinander und weist auf, daß den Zeremonialgesetzen der Juden nur eine vorübergehende, pädagogische Bedeutung zugekommen ist und auch die Heiden zur Kirche Christi berufen sind. Mit sechs Gefährten wurde »der Philosoph und Martyrer Justinus« im Jahr 165 in Rom enthauptet.

Noch gab es keine verbindlichen Entscheidungen über das, was als katholische und orthodoxe Lehre anzusehen war. Deshalb entstand im zweiten Jahrhundert eine reiche gnostische Literatur, die die kirchliche an Umfang weit übertraf. Babylonisch-astrologisches, iranisch-dualistisches, hellenistisch-pythagoreisches und spätjüdisches Gedankengut vereinnahmte die christliche Botschaft und bot in synkretistischer Weise neue Lehren zur Weltdeutung und Selbsterlösung durch Wissen (Gnosis) an, die in der vielschichtigen Bevölkerung Syriens und Ägyptens breite Zustimmung fanden, wie zum Beispiel die von tiefer Mystik geprägten 42 Oden Salomos. Erst in den folgenden Jahrhunderten trennte sich die Kirche von diesen gnostischen Werken. Ebenso verwarf sie auch die vielen apokryphen Evangelien und Apostelgeschichten, die ebenfalls vom 2. Jahrhundert an entstanden waren und vorgaben, etwas mehr als die kanonisierten Schriften über Jesus, Maria und die Apostel zu überliefern, wie z. B. die Thomas-Akten und das Jakobus-Evangelium, ein frühes Zeugnis der wachsenden Marienverehrung. Allerdings gingen durch diese Ausmerzung der Kirche für Jahrhunderte viele Schriften verloren, die mit ihrer faszinierenden Bildsprache das frühe östliche Christentum geprägt haben und die zumeist erst in der Neuzeit wiederentdeckt wurden.

Ein bedeutender Vertreter der ostsyrischen Christenheit war Tatian. In Rom wurde er Christ und Schüler des Philosophen Justinus; nach dessen Tod kehrte er nach Syrien zurück. Er verfaßte eine »Rede an die Hellenen«, eine Werbeschrift für das Christentum, in der er in leidenschaftlicher Weise die Mythologien, Lehren und Künste der Griechen bekämpft und ihnen die christliche Lehre von Gott, Mensch und Welt gegenüberstellt. Bedeutender aber war Tatians Diatessaron, eine Evangelienharmonie, in der er die vier kanonischen Evangelien und apokryphes Traditionsgut zu einem Einheitsevangelium verschmolz. Die syrische Kirche benutzte es für ihre gottesdienstlichen Lesungen bis ins 5. Jahrhundert. Auch die persischen und arabischen Nachbarkirchen bedienten sich lange Zeit in Übersetzungen des Diatessarons.

Gegen Ende des 2. Jahrhunderts, nach 180, hat Theophilos, der 6. Bischof von Antiochien, ein drei Bücher umfassendes apologetisches Werk »An Autolykos« verfaßt, in dem er den christlichen Glauben darlegt, die Widersprüchlichkeit der heidnischen Göttervorstellungen aufweist und den Vorwurf der Unsittlichkeit der Christen zurückweist. Wie die Abgar-Legende nahelegt, die von der Existenz eines wahren Abbildes des Antlitzes Christi berichtet, die aber literarisch erst zu Beginn des 4. Jahrhunderts greifbar wird, hat offensichtlich in Edessa (heute Urfa in der Südosttürkei) im Nordosten Syriens unter König Abgar IX. (179 - 216) für kurze Zeit ein christlicher Staat bestanden. So war am Ende des Jahrhunderts das Christentum im östlichen, semitisch geprägten Edessa ebenso verbreitet wie im westlichen, von griechischer Kultur geformten Antiochien.

Das Jahrhundert der theologischen Schulen

Im Laufe des 3. Jahrhunderts entwickelten sich in den führenden Kulturzentren des Ostens, vornehmlich in Alexandrien und Antiochien, christliche Philosophenschulen, die den gebildeten Heiden, speziell den Taufbewerbern aus ihren Reihen, den Glauben in seinen Grundlagen erklärten und den angemessenen Umgang mit der heiligen Schrift, besonders mit den Schriften des Alten Bundes, vermittelten. Mit »Schule« wurden im Altertum zunächst nicht Lehranstalten, sondern eher Denkweisen und Lehrmeinungen bezeichnet, die von den Lehrern in einer bestimmten Kulturgemeinschaft gepflegt und tradiert wurden. Das gilt sowohl von den heidnischen Schulen wie der Akademie in Athen, die zwischen 387 v. Chr. und 529 n. Chr. platonische und stoische Weltdeutung vermittelte, wie von der jüdischen in Alexandrien, deren hervorragender Exeget Philo (20 v. Chr. - 42 n. Chr.) hinter dem Wortsinn der Schrift nach dem tieferen, geistlichen Sinn forschte, als auch von den christlichen. Nachdem im 2. Jahrhundert freie christliche Lehrer wie Justinus, »der Philosoph und Martyrer«, heidnische wie christliche Schüler um sich geschart hatten, um mit ihnen über den Sinn der Welt und die Erfassung des Glaubens nachzusinnen, erfuhren diese Schulgemeinschaften im 3. Jahrhundert kirchliche Anerkennung durch die bischöfliche Autorität, die sie förderte, und damit eine gewisse Institutionalisierung.
Führend war zunächst Alexandrien mit seiner berühmten Bibliothek. Hier sammelten sich bereits ab 180 gebildete Heiden und Christen um den aus Si-

zilien stammenden christlichen Lehrer Pantainos. Bedeutender wegen seiner literarischen Tätigkeit war Titus Flavius Clemens, der wohl aus Athen stammte und ab 180/190 in Alexandrien seine eigene christliche Philosophenschule gründete. Seine Lebensaufgabe sah er in der Vermittlung der christlichen Botschaft an die reiche und gebildete Oberschicht von Heiden und Christen. Seine Darstellung des Christentums als fortschrittliche und überlegene Religion fand ihren Niederschlag in seinen Werken, in dem »Protreptikós« (Mahnrede) an die Heiden, sich der Heilsoikonomia des wahren Logos Christus und seiner Erlösung zuzuwenden, in dem »Paidagogós«, dem Pädogogen, der den Konvertierten die rechte christliche Lebensweise vermittelt, in den »Stromáteis« (Teppiche), die wie ein buntes Flechtwerk apologetische, ethische und praktische Themen abwechslungsreich behandeln, und in der Homilie »Welcher Reiche wird gerettet werden?«, in der Clemens darlegt, daß nicht Reichtum, sondern sündhaftes Verhalten und falscher Umgang mit ihm vom Himmelreich ausschließen. Ob Clemens schon im bischöflichen Auftrag arbeitete, läßt sich nicht ermitteln; jedenfalls wirkte er als anerkannter christlicher Lehrer seiner Zeit. Während der Verfolgung unter Kaiser Septimius Severus mußte er um 202/203 Alexandrien verlassen; offensichtlich ging er in das benachbarte Palästina, wo er vor 215 starb.

Ab 217 leitete im bischöflichen Auftrag die Schule zur Verbreitung des Glaubens unter den Heiden und zur Unterweisung der Katechumenen Origenes. Geboren um 185 in Alexandrien, war er von Jugend an von glühendem christlichen Eifer beseelt. Als sein Vater Leonides 201 das Martyrium erlitt, wäre er ihm sogleich gefolgt, hätte nicht seine Mutter seine Kleider versteckt, so daß er das Haus nicht verlassen konnte. In falschem Verständnis des Wortes Jesu: »Es gibt Verschnittene, die sich selbst verschnitten haben um des Himmelreiches willen« (Mt 19,12), entmannte er sich jedoch selbst. Um den Unterhalt für seine Mutter und seine sechs jüngeren Brüder zu sichern, eröffnete Origenes zunächst eine Grammatikschule zur Unterrichtung in den Grundlagen der

Sprache. Sein Bischof Demetrios übertrug ihm 217 zudem die Unterweisung der Katechumenen. Der große Zustrom zu seiner Schule nötigte ihn aber bald, den Katechumenenunterricht seinem Schüler Heraklas anzuvertrauen, während er sich wie zuvor Clemens in missionarischer Absicht der Unterweisung gebildeter Heiden in christlicher Philosophie und biblischer Exegese widmete. Mehrere Reisen nach Rom und Griechenland, nach Kaisareia (Caesarea) in Palästina, Jerusalem und Antiochien schufen förderliche Kontakte zu kirchlichen und staatlichen Würdenträgern; sie bezeugen zugleich die hohe Wertschätzung, die Origenes auch in der syrisch-palästinensischen Kirche genoß. Als er 230 in Caesarea in Palästina weilte, ordinierten ihn seine bischöflichen Freunde dort trotz seiner Selbstverstümmelung zum Priester. Sein Bischof Demetrios entzog ihm darauf die Lehrerlaubnis, ließ ihn durch Synodalbeschluß wegen unrechtmäßiger Ordination seines Priesteramtes entsetzen, exkommunizieren und aus Alexandrien verbannen. Palästina, das dieser Verurteilung nicht folgte, wurde nun seine Heimat. In Caesarea gründete Origenes eine der alexandrinischen ähnliche Schule, die im 4. Jahrhundert große Bedeutung erlangte. Unter Kaiser Decius wurde Origenes grausam gefoltert, um ihn zum Abfall zu bewegen; an den Folgen der Tortur starb er im 70. Lebensjahr um 253/254 in Tyrus. In seiner schriftstellerischen Tätigkeit mit ihren zahlreichen Kommentaren zur Bibel, vielen Homilien, Glaubensdarstellungen und Apologien hat dieser wohl bedeutendste Lehrer der östlichen Christenheit alle altchristlichen Väter übertroffen.

In der alexandrinischen Schule in Ägypten und später auch in Palästina suchte man bei der Schriftauslegung vornehmlich nach dem tieferen, geistigen, moralischen Sinn und bediente sich dabei der spekulativen Philosophie und der allegorischen Methode, die in den biblischen Schriften nach einem »anderen« als dem wörtlichen Sinn forschte. Vor allem bei der Erklärung des Alten Testamentes meinte man, die Allegorese anwenden zu müssen, da bei wörtlichem Verstehen die Texte unwürdige Aussagen über Gott enthalten würden. Die

Lehrer der antiochenischen Schule hingegen legten bei der Schrifterklärung Wert auf den wörtlichen, historischen Sinn, den Literalsinn. Der erste Vertreter dieser Exegese war wohl Lukianos von Samosata, der ab 260 in Antiochien seine Lehrtätigkeit ausübte; er starb um 312. Zum allseits anerkannten Ruhm führte Diodoros die Exegetenschule seiner Heimatstadt; Johannes Chrysostomos und Theodoros von Mopsuestia waren seine hervorragenden Schüler. Diodoros wurde schließlich von 378 an Bischof von Tarsus, wo er bis zu seinem Tod (vor 394) wirkte. Schon in der ersten Hälfte des 3. Jahrhunderts fand die historische, wörtliche Exegese der Antiochener Eingang in die syrische Schule von Edessa, deren bedeutendster Vertreter und Lehrer Ephräm der Syrer (306 - 373) war.

Diese beiden Schulrichtungen und ihre exegetischen Methoden hatten großen Einfluß auf die theologischen Lehren und christologischen Auseinandersetzungen des 4. und 5. Jahrhunderts. In der dogmatischen Lehre tendierten die Lehrer und bischöflichen Hirten der antiochenischen Schule dazu, das Unterscheidende der drei göttlichen Personen und der beiden Naturen in Christus herauszuarbeiten, während die Alexandriner mehr die Einheit in Gott und Christus betonten.

Für die hier vorliegende Arbeit ist die allegorische Methode der Alexandriner, die seit Origenes Eingang in Palästina und Syrien gefunden hat, insofern von Bedeutung, als die vielen Tierdarstellungen, die vom 4. Jahrhundert an die syrischen Kirchen schmücken, nicht nur schöne Illustrationen sein wollen, sondern bewußt als Bildkatechesen angelegt wurden und in allegorischer Weise mit moralischem Sinn gedeutet werden müssen.

Die Zeit der christologischen Klärungen und der Herausbildung der Patriarchate

Um 318 verkündete der in Alexandrien in hohem Ansehen stehende Priester und eifrige Seelsorger Areios (Arius) seine eigene Theologie über das Verhältnis Christi, des Sohnes Gottes, zum Vater. Im Sinne der neuplatonischen Lehre ordnete er dem alleinigen Urgrund Gott den Sohn unter und bezeichnete ihn als Gottes vornehmstes Geschöpf, durch den alle anderen Geschöpfe geschaffen wurden. Da Areios mit seiner neuen Lehre sehr schnell über Ägypten hinaus, besonders auch in der syrisch-palästinensischen Kirche, Anhänger fand, ließ ihn sein Bischof Alexander (312 - 328) durch eine Synode 323 exkommunizieren. Der Streit, dadurch nicht beigelegt, gefährdete in den Augen Kaiser Konstantins, der 324 das Römische Reich wieder geeint hatte, die Einheit der Kirche und des Staates. Er berief deshalb 325 eine Reichssynode in seinen Sommerpalast von Nikaia (Nizäa) ein, das als 1. Ökumenisches Konzil in die Geschichte einging. Das damals formulierte Bekenntnis, das Areios nicht unterzeichnete, der deshalb exkommuniziert und nach Illyrien auf den Balkan verbannt wurde, ist in etwa der erste Teil des bis heute in allen Kirchen gültigen Glaubensbekenntnisses. Als Grundlage diente ein syrisch-palästinensisches Taufbekenntnis, das durch präzisierende Begriffe ergänzt wurde. Gegen Areios betont es, daß Jesus Christus »wahrer Gott aus wahrem Gott« und »wesensgleich dem Vater« ist. Um die Parteien zu versöhnen, ließ der Kaiser Areios 328 aus dem Exil zurückkehren. Während Bischof Athanasios von Alexandrien (328 - 373), ein energischer Verfechter des Nizäischen Glaubens, Areios nicht in die kirchliche Gemeinschaft aufnahm, sprach man sich in der Kirche Syriens für seine Wiederaufnahme aus. Nachdem Areios ein zufriedenstellendes Bekenntnis vorgelegt hatte, rehabilitierte ihn eine Synode von Antiochien (328). Gleiches tat 335 eine Synode von Jerusalem; doch schon im folgenden Jahr starb Areios. Der Arianismus mit seiner Lehre von der Unterordnung des Sohnes Gottes überdauerte allerdings noch Jahrhunderte, da viele

Nachfolger Konstantins die Aussage »wesensähnlich« der nizänischen »wesensgleich« bevorzugten und germanische Völker, besonders die Goten, die arianische Lehre zu ihrem Bekenntnis erhoben, bis sie unter der Herrschaft der Franken endgültig erlosch. Die syrische Kirche bemühte sich jedoch um eine Vermittlung zwischen dem radikalen Arianismus und dem starren Festhalten am Bekenntnis von Nikaia. Auf einer Synode (341) bekannte sie sich zur Gottheit des Sohnes in leichter Nachordnung zum Vater; ihre Lehre von den drei Hypostasen (Personen) in Gott wurde auf der Reichssynode von Konstantinopel (381) endgültiges Bekenntnis der katholischen Kirche.

Noch waren die Fragen nach der Gottheit des Heiligen Geistes und der Art der Einheit der beiden Naturen in Christus zu klären. Deshalb berief Kaiser Theodosios I. (379 - 395), der bei seinem Amtsantritt das Bekenntnis von Nikaia reichsweit als verbindlich erklärt hatte, 381 eine Synode nach Konstantinopel ein; sie erfuhr durch das Konzil von Chalkedon (451) ihre Anerkennung als 2. Ökumenisches Konzil. Das damals formulierte Bekenntnis griff auf jenes von Nikaia (325) zurück und erweiterte es mit den Aussagen über Christi Menschwerdung, die Bedeutung seines Leidens und Sterbens und seiner Würde als Herrscher und Richter und die Hinzufügung des Artikels über die Gleichstellung des Heiligen Geistes mit dem Vater und dem Sohn. Als nizäno-konstantinopolitanisches Glaubensbekenntnis verbindet es bis heute die meisten Christen.

Seit alter Zeit kam den Bischöfen in enger Anlehnung zur politischen Ordnung im Römischen Reich in den Zentren der kulturellen, geographischen Einheiten eine Vorrangstellung zu; das galt insbesondere für Rom im Abendland, für Alexandrien im ägyptischen Raum und für Antiochien im syrisch-aramäischen Kulturbereich. An diesen Bischofssitzen versammelten sich die Bischöfe der umliegenden Diözesen zu Beratungen über liturgische, dogmatische und disziplinäre Fragen. Für den griechisch-kleinasiatischen Raum gab es einen solchen führenden Bischofssitz noch nicht; er wurde erst bei dem 2. Ökumenischen Konzil (381) der neuen Kaiserstadt Konstantinopel zugesprochen. Die drei genannten Sitze galten als petrinische Gründungen. Rom war durch das Wirken und Sterben der Apostelfürsten Petrus und Paulus geheiligt. Für Alexandrien, von dem ganz Ägypten seine kulturelle, religiöse und politische Prägung empfing, galt, daß hier der Petrusschüler Markus gewirkt hatte. Zweifellos waren Petrus und Paulus auch an Antiochiens Kirchengründung beteiligt gewesen. Doch bei der Offenheit des syrischen Raumes mit seiner griechischen und aramäischen Bevölkerung erlangte dieser Bischofssitz erst im 3. Jahrhundert seine führende Stellung im Orient. Das Jurisdiktionsgebiet des Bischofs von Antiochien war der große syrische Kulturraum, bzw. die römische Verwaltungseinheit der Diözese Oriens. Der ganze Osten orientierte sich im 4. und 5. Jahrhundert an der Liturgie und Rechtsordnung der Kirche von Antiocheia, bis vom 6. Jahrhundert an die Kirche von Konstantinopel immer mehr diese Aufgabe an sich zog. So hat z. B. die Stadtliturgie von Konstantinopel, die sog. Chrysostomos-Liturgie, ihren Ursprung in der Kirche von Antiocheia. Die Vorrangstellung der drei Bischofssitze Rom, Alexandreia und Antiocheia und diese Reihenfolge wurde nicht erst vom Konzil von Nikaia (Nizäa 325) begründet, wohl aber von ihm als geschichtlich gewachsene Tatsache bestätigt.

Folgenschwer für die spätere Entwicklung der Patriarchalstruktur der Kirche und ihre Einheit war die Bestimmung des Konzils von Konstantinopel 381 im 3. Kanon, daß dem Bischof von Neu-Rom der Ehrenvorrang gleich nach dem Bischof von Alt-Rom zustehe, weil es Kaiserstadt sei. Es war durchaus angemessen, dem Bischof des neuen Regierungszentrums im Römischen Reich einen solchen Ehrenvorrang zu bestätigen, da es für den griechischen Raum bisher keinen eindeutig führenden Bischofssitz gab und es zudem alter Brauch war, daß der Rang eines Bischofssitzes dem der politischen Ordnung entsprach. Die Rechte von Alexandrien und Antiochien waren damit noch nicht beeinträchtigt, aber der Weg dahin gewiesen.

Auf der verworrenen Reichssynode von Ephesus (431), in späterer Zählung das 3. Ökumenische Konzil, bemühte sich Bischof Kyrillos von Alexandrien (412–444) durch geschickte Taktik die Autorität Alexandriens zu stärken und zugleich die altehrwürdige, in Ägypten seit langem gebräuchliche Bezeichnung Marias als Gottesgebärerin gegen Bischof Nestorios von Konstantinopel durchzusetzen. Nestorios stammte aus Syrien, stand als Mönch und Priester dank tiefer Frömmigkeit und großer Beredsamkeit in hohem Ansehen und wurde auf den Bischofssitz von Konstantinopel (428–431) berufen. Der antiochenischen Schule gemäß unterschied er genau zwischen göttlicher und menschlicher Natur in Christus und nannte deshalb, da Gott nicht geboren werden kann, Maria nur Mutter Jesu oder vermittelnd Christusgebärerin. Die alexandrinische Kirche dagegen betonte die Einheit der beiden Naturen in Christus und verteidigte erfolgreich die Ehrenbezeichnung Marias als Gottesgebärerin. Das Konzil setzte Nestorios als Bischof ab, und Kaiser Theodosios II. (408–450) ließ ihn in die Verbannung, erst in den Süden Syriens, dann nach Oberägypten schicken. Da Nestorios bis zu seinem Tode 450 schriftstellerisch tätig war, übte er weiterhin großen Einfluß auf die ostsyrischen Christen aus, die unter persischer Oberhoheit sich politisch, kulturell und kirchlich von der römisch-griechisch geprägten Reichskirche distanzierten. In dieser Zeit liegen die Ursprünge der ostsyrischen-persischen Kirche, deren Anhänger zuweilen und sicherlich nicht rechtens Nestorianer bezeichnet werden. Kirchenrechtlich wurde die Stellung des Bischofs von Antiochien dadurch geschwächt, daß das Konzil von Ephesus im 8. Kanon die Eigenständigkeit, die Autokephalie der Kirche von Zypern verfügte. Zypern gehörte seit ältesten Zeiten zum syrischen Kulturraum. Von Antiochien aus war Zypern durch Paulus und Barnabas missioniert worden; es galt als Tochterkirche Antiochiens. Nun wurde Zypern der Jurisdiktion des antiochenischen Bischofs entzogen.

Da die Frage nach der Art der Einheit der beiden Naturen in Christus noch nicht geklärt war, rief Kaiser Markianos (450–457) eine Reichssynode nach Nikaia (Nizäa) ein, das 4. Ökumenische Konzil von 451, das aber wegen der Hunneneinfälle nach Chalkedon am Ostufer des Bosporus gegenüber von Konstantinopel verlegt wurde. Das Bekenntnis von Chalkedon ist der Höhepunkt der langen christologischen Auseinandersetzungen und verbindet unter Berufung auf das Zeugnis der Väter die alexandrinische und antiochenische Lehre über Christus sinnvoll miteinander: »Wir bekennen unseren Herrn Jesus Christus vollkommen in der Gottheit und auch vollkommen in der Menschheit ..., dem Vater wesenseins der Gottheit nach und uns wesensgleich der Menschheit nach .... in zwei Naturen - unvermischt, unverwandelt, ungetrennt, ungesondert - in einer Person...« Bischof Dioskuros (444–451) von Alexandrien, der auf der sog. Räubersynode von Ephesus 449 die alexandrinische Auffassung von der Einheit der beiden Naturen in Christus im monophysitischen Sinn durchgesetzt und das Verlesen des vermittelnden Lehrschreibens des Papstes Leo d. Gr. gegen den Protest der römischen Legaten unter Waffengewalt verhindert hatte, wurde abgesetzt; er starb 454 in der Verbannung. Mit Dioskuros beginnt die Geschichte der monophysitisch geprägten ägyptischen Nationalkirche, der nach der Eroberung durch die Araber (640) als koptisch bezeichneten Kirche. Das 4. Ökumenische Konzil erließ auch eine Reihe von kirchlichen Bestimmungen; im 28. Kanon, gegen den die römischen Legaten erfolglos protestierten und den Papst Leo nicht anerkannte, bestimmte es, daß dem Bischof des Neuen Rom in Konstantinopel dieselben Rechte zuerkannt werden wie dem des Alten Rom. Damit waren Alexandrien und Antiochien auf den 3. und 4. Platz in der Rangfolge verwiesen, und dem Bischof von Rom als dem Patriarchen des Abendlandes war damit bedeutet, daß er keinen jurisdiktionellen Primat über die Kirchen des Ostens beanspruchen könne. Da die drei alten Patriarchate ihren Ursprung aus petrinischen Gründungen herleiteten, bemühte man sich, auch Konstantinopel als apostolische Gründung herauszustellen: Es habe die Nachfolge des von Johannes in Ephesus gegründeten apostolischen Sitzes angetreten. Vom Ende des 7. Jahrhunderts an wurde auch die schon im 3. Jahrhundert entstandene Andreas-Legende herangezogen; danach liege Byzanz-Konstantinopel im Wirkungsbereich des Apostels Andreas, den Jesus noch vor Petrus berufen hatte; ja der Erstberufene selbst habe den Bischofssitz von Byzanz-Konstantinopel gegründet.

Da vom 4. Jahrhundert an viele Pilgerströme nach Jerusalem führten an den Ort, an dem Jesus gekreuzigt worden war und die Urgemeinde gelebt hatte, und diese zweimal von der Römern zerstörte Stadt (71 und 135) wieder religiös-geistiger Mittelpunkt der Christenheit wurde, sollte auch dieser Bischofssitz entsprechend seiner Bedeutung geehrt werden. Der Bischof von Jerusalem war bisher dem Bischof von Kaisareia (Cäsarea) in Palästina unterstellt und gehörte mit ihm zur syrisch-antiochenischen Kirche. Das Konzil von Chalkedon erhob ehrenhalber die Mutter aller Kirchen zur autokephalen Kirche und das Konzil von Konstantinopel (553), das 5. Ökumenische, wies Jerusalem nach Rom, Konstantinopel, Alexandrien und Antiochien endgültig den fünften Thron in der Gesamtkirche zu. Durch die Erhebung Jerusalems zum Patriarchat, dem die drei Bischofssitze von Kaisareia, Skythopolis (Beth Shean) und Petra unterstellt waren, wurde die Jurisdiktion des Bischofs von Antiochien erneut eingeschränkt, während die Kaiserstadt Konstantinopel durch die von ihr durchgesetzte Rangerhöhung Jerusalems an Einfluß im Osten des Reiches gewann. Wenngleich der Begriff Patriarchat erst im 6. Jahrhundert durch die Gesetzgebung des Kaisers Justinian (527–565) allgemein gebräuchlich wurde, war mit der Rangerhöhung Jerusalems die Idee von der Pentarchie grundgelegt: Wie der menschliche Leib durch die fünf Sinne gelenkt werde, müsse auch Christi Leib, die Kirche, von fünf Patriarchen geleitet werden.

Das Konzil von Chalkedon erhob auch den Bischof von Phanar (Oase Firan) in Palaetina Tertia im südlichen Sinai zum Erzbischof und entzog ihn dadurch dem jurisdiktionellen Anspruch der Bischöfe von Alexandreia, Antiocheia und Jerusalem. Ihm unterstanden allerdings nur gewaltige Scharen von Mönchen (Eremiten, Anachoreten und Klosterbrüder), die in der Nähe des Gottesberges Horeb ihr klägliches Leben fristeten. Als im 7. Jahrhundert die islamischen Araber den Sinai unsicher machten, scheint der Erzbischof seinen Sitz in das um 557 von Kaiser Justinian erbaute und mit festungsartigen Mauern umgebene Katharinenkloster verlegt zu haben. Im 16. Jahrhundert stritten sich die griechisch-orthodoxen Patriarchen von Alexandrien und Jerusalem um die Jurisdiktion über den Sinai. Daraufhin erklärte 1575 eine Synode unter dem Vorsitz des Ökumenischen Patriarchen von Konstantinopel die Erzdiözese für autokephal. Unter den autokephalen orthodoxen Kirchen ist die christliche Gemeinschaft vom Sinai die kleinste Kirche. Zur Jurisdiktion des erzbischöflichen Abtes (Igumenos), der seine Weihe vom Jerusalemer Patriarchen empfängt, gehören heute je nach den politischen und religiösen Bedingungen (der Sinai gehört zum islamisch geprägten Ägypten) 12 bis 30 orthodoxe Mönche, die zumeist aus Griechenland kommen.

DAS ENTSTEHEN DER SYRISCHEN NATIONALKIRCHEN

Nicht nur dogmatische Lehrunterschiede, sondern ebenso ethnische und kulturelle, wirtschaftliche und politische Gründe führten zur Trennung der syrischen Christen von der römisch-griechisch geprägten Reichskirche und zur Herausbildung eigener Kirchen. Das Christentum der römischen Diözese Oriens hatte von Anfang an ein sehr unterschiedlich ethnisches Gepräge, und kulturelle Eigenheiten wurden von den einzelnen Gemeinden weiterhin gepflegt, auch wenn sie in den Nachbargemeinden keine Anerkennung fanden. Solange die Kanonbildung des Neuen Testamentes noch nicht abgeschlossen war, entstand eine Vielzahl von weiteren Evangelien, Apostelgeschichten, Offenbarungen und Psalmendichtungen, die die Kirche später zwar als apokryph offiziell ausschied, die aber mit ihrer poetischen Sprachkraft und ihren faszinierenden Bildern noch lange den Glauben und die Frömmigkeit der syrischen Christen geprägt haben. Theologische Schulen rivalisierten miteinander und stritten um die rechte Auslegung der Schrift, besonders des Alten Testamentes; die einen bevorzugten die historische, die anderen die allegorische, wieder andere die typologisch-symbolische Exegese. - Unter den vielfältigen Völkerschaften Syriens lassen sich drei große Gruppierungen unterscheiden: die Griechen und gräzisierten Semiten der Küstenregion und der großen Städte, vor allem Antiochien und Jerusalem; die westsyrische semitische Bevölkerung der ländlichen Gebiete und der kleineren Städte im Hinterland mit dem Zentrum Edessa; die ostsyrische semitische Bevölkerung des Zweistromlandes von Euphrat und Tigris, die zumeist unter persischer Oberhoheit lebte. Für diese drei Gruppen bildeten sich vom 5. Jahrhundert an eigene Kirchen heraus. Schon im 3. Jahrhundert hatte das syrische Christentum eine besondere Vorliebe zur Heimatlosigkeit Jesu bekundet, was im Anachoretentum, der Ortlosigkeit der Mönche und Nonnen, und ihrem rigorosen Verzicht auf die Güter der Erde zum Ausdruck kam. Nicht nur im benachbarten Ägypten, ebenso auf dem Schwarzen Berg bei Antiocheia wie in den Einöden bei Bethlehem liegen die Wurzeln der christlichen Mönchsbewegung. Wie bei allen guten Ideen fanden sich auch bei ihnen Entartungen: neben christlicher Askese gnostische Weltverachtung, manichäische Leibfeindlichkeit und Verteufelung der Sexualität. Die Grenzen zwischen Rechtgläubigkeit und Häresie waren fließend. Die Mönche (Anachoreten, Eremiten und Klostergemeinschaften) hatten wegen ihres Lebens mit Vorbildcharakter und ihrer Herkunft aus den einfachen Bevölkerungsschichten großen Einfluß auf das Volk. Zudem unterstanden sie in Syrien nicht der Aufsicht der Bischöfe, setzten sich aber oft von den Weisungen der griechischen Metropoliten ab. Die semitische Landbevölkerung in Syrien wie auch in Ägypten erfuhr sich zudem von den römischen Großgrundbesitzern und den byzantinischen Steuererhebern massiv ausgeplündert. Wie sollte sie da jener Kirche und ihrer Lehre folgen, die von den römischen

42

Kaisern in Konstantinopel als orthodox verkündet und mehr oder minder energisch durchgesetzt wurde! Die semitischen Christen Syriens sahen sich ähnlich wie die Ägyptens zunehmend nicht mehr von der orthodoxen Reichskirche vertreten oder verstanden.

Waren die philosophischen Begriffe, die das Konzil von Chalkedon 451 zur Klärung der christologischen Fragen verwandt hatte, schon in der von griechischer Kultur und Philosophie geprägten Welt umstritten, so ließen sie sich nur schwer in die Sprache der Römer, Ägypter, Armenier, Perser und Syrer übersetzen. Selbst die Umschreibung der griechischen Begriffe konnte nur verstehen, wer mit den philosophischen Denkmustern der Griechen vertraut war. Die Ägypter waren die ersten, die gegen die Formel von Chalkedon protestierten und unter Patriarch Dioskuros (444–451) einen kirchlichen Eigenweg beschritten. Das Bekenntnis über Christus in zwei Naturen entsprach nicht ihrer betonten Auffassung von der Einheit in ihm aus zwei Naturen. Sie werden deshalb als Monophysiten (Vertreter der Lehre von einer Natur in Christus) bezeichnet - nicht ganz zu recht, da sie bei aller Betonung der Einheit die beiden Naturen nicht leugnen. Die endgültige Trennung von der Reichskirche vollzogen unter dem Einfluß der ägyptischen Mönche die folgenden Patriarchen von Alexandrien. Die monophysitisch gesinnten wurden regelmäßig von der byzantinischen Staatsmacht aus ihrem Amt vertrieben und durch orthodoxe ersetzt, so daß sich zwangsläufig eine doppelte Kirchenleitung herausbildete. Die Entstehung der ägyptischen Nationalkirche, die nach der Eroberung des Landes durch die Araber (640/41) von diesen als koptisch, von ägyptisch hergeleitet, bezeichnet wurde, war zugleich eine nationale Erhebung gegen die Bevormundung durch das Griechentum und die Fremdherrschaft der römischen Kaiser in Konstantinopel.

Bald darauf kam es auch in Syrien zur Bildung einer Nationalkirche. Als der intrigante Mönch Petros Gnaphéos (lat. Fullo, der Walker) als Bischof den Sitz von Antiochien (471 und 475–477 sowie 485–488) innehatte, fügte er der liturgischen Anrufung »Heiliger Gott, Heiliger Starker, Heiliger Unsterblicher, erbarme dich unser!« in monophysitischer Akzentuierung die Einfügung: »der du unseretwegen gekreuzigt wurdest« hinzu und ließ das erweiterte Gebet durch einen abgerichteten Papagei ständig auf dem Markt wiederholen. Severos, einer seiner bischöflichen Nachfolger (512–518), mit seiner ausgesprochen antichalkedonischen Überzeugung begann eine monophysitische Kirche aufzubauen, mußte aber beim Amtsantritt Kaiser Justins (518–527) nach Ägypten fliehen. Erst der von Kaiserin Theodora, der Gemahlin Justinians (527–565), geförderte und 543 auf den Bischofssitz von Antiochien erhobene Wandermönch Jakob Burdeana (griech. Jakobos Bardaios, gest. 578) konnte einen monophysitisch gesinnten Klerus heranbilden und weihen und damit eine syrische Kirchenorganisation aufbauen. Diese syrischen Christen wurden vom 7. Jahrhundert an auch als Jakobiten bezeichnet; sie selbst nennen ihre Kirche heute Syrisch-Orthodoxe Kirche. Den christlichen Glauben trugen ihre Missionare im Osten bis zu den nomadisch lebenden arabischen Ghassaniden und weiter bis zum Osten und Süden der arabischen Halbinsel, wo es vor dem Aufkommen des Islam zwischen dem 5. und 8. Jahrhundert arabisch-christliche Bischofssitze gab; entsprechende Überreste von Kirchen haben Archäologen zutage gefördert. Obwohl sich die Armenier im Norden bereits um 300 zum Christentum bekannten, haben die Syrer ihren Glauben im monophysitischen Sinn beeinflußt, so daß die armenische Kirche auf den Synoden von Dvin (505/6 und 552) das Bekenntnis von Chalkedon verwarf und sich der Gemeinschaft der vorchalkedonischen Kirchen anschloß.

Wie die syrischen Christen sehen sich auch die griechisch-orthodoxen als legitime Erben der mit Paulus und Petrus beginnenden christlichen Tradition in Antiocheia. Mit der um 638 einsetzenden arabischen Herrschaft über Syrien und Palästina wurden die griechisch-orthodoxen Christen wegen ihrer Treue zum Konzil von Chalkedon und ihrer Hinwendung zur römischen Kaisermacht in Konstantinopel verächtlich Melkiten, Kaisertreue, genannt; auch die mit Rom unierten orthodoxen Gemeinden bezeichnen sich heute als Melkiten. Die maronitischen Christen, hauptsächlich im Libanon beheimatet, haben ihre Wurzeln ebenfalls in der syrischen Kirche; ihre Bezeichnung Maroniten leiten sie von einem Mönch Maron (gest. um 423) her. Wie die orthodoxen Griechen Syriens bekennen sie sich zur Lehre des Konzils von Chalkedon von den beiden Naturen in Christus. Zur Zeit der Kreuzfahrer haben sie sich um 1181 als Gesamtheit der Kirche von Rom angeschlossen.

Eine weitere Trennung erfuhr die syrische Kirche durch die Abspaltung der ostsyrischen Christen im Zwei-Strom-Land, die unter persischer Herrschaft lebten und zusammen mit der christlichen Minderheit in Persien zuweilen als persische Kirche und nicht ganz zutreffend als Nestorianer bezeichnet werden. Sie führen sich zurück auf den Apostel Thomas, der bis nach Indien gelangt sein soll, und Addai, einen der 72 Jünger Jesu. Diese im ostsemitischen Volkstum verwurzelte Kirche und ihre persischen Glaubensbrüder hatten zwischen 340 und 379 und zwischen 446 und 450 von der persischen Staatsmacht, die die Christen als Parteigänger Roms betrachtete und den Mazdaismus zur Staatsreligion erklärt hatte, grausame Verfolgungen zu erleiden. (Nach dem Mazdaismus, der ins Volkstümliche abgeglittenen Lehre Zarathustras, stehen sich im dualistischen Kampf der gute Gott Ormazd, Schöpfer und Richter der Welt, und der böse Gott Ahriman, Schöpfer des Bösen in der Welt, gegenüber. Den erfahrbaren Ausdruck findet der Kampf im Widerstreit der guten und bösen Neigungen im Menschen. Den guten Gott identifizierte das Volk zudem mit dem altpersischen Gott Mithras und verehrte ihn im Zeichen der Sonne und des Feuers. Die mächtige Priesterkaste der »Weisen« feierte diese Anschauungen in kultischen Opfern.) Unter diesen Bedingungen waren die kulturellen und religiösen Beziehungen zum Römischen Reich gering. Ein Mitwirken der ostsyrischen Kirche an den theologischen Erörterungen war nicht möglich, und ihre Bischöfe konnten an den Reichssynoden von Ephesus (431) und Chalkedon (451) nicht teilnehmen. Das Bekenntnis zu Christus als wahrem Gott und wahrem Menschen aber hat sie bewahrt, auch wenn sie sich bewußt im 5. Jahrhundert von der Orthodoxie der Reichskirche und der monophysitischen Lehre der westsyrischen Kirche absetzte. Auf der Synode von Seleukeia-Ktesiphon (südlich von Bagdad) unter dem Oberbischof Akakios verkündete sie 486 nach faktisch schon seit langem bestehender Eigenständigkeit ihre Autokephalie. Zugleich nahm sie offiziell die Lehre des Nestorios an, der die scharfe Trennung der beiden Naturen in Christus betonte und deshalb Maria nicht als Gottesgebärerin, sondern nur als Christusgebärerin bezeichnet hatte. Die Annahme der nestorianischen Lehre bedeutete eine tiefgreifende Kluft gegenüber allen anderen Kirchen, die, ob orthodox oder monophysitisch, die Verurteilung des Nestorios in Ephesus mittrugen. Die verfolgten Anhänger des Nestorios, der von ihnen als Martyrer verehrt wurde, fanden in der ostsyrischen Kirche eine neue Heimat. Eine weitere Synode von Seleukeia-Ktesiphon (585) erklärte die östliche Kirche zur Mutter der Patriarchate; ihr Oberbischof trägt zur Abgrenzung von den fünf Patriarchaten in der Ökumene der Reichskirche den Titel Katholikos, d.h. Allgemeiner Bischof. Nach der Trennung von der römisch-griechisch geprägten Reichskirche konnte die ostsyrisch-persische Kirche in reger Missiontätigkeit und mit erstaunlichem Erfolg bis ins 13. Jahrhundert die christliche Botschaft über Persien hinaus nach Indien, China und bis in die Mongolei tragen. Die Thomas-Christen Indiens verdanken ihren Ursprung dem missionarischen Eifer der ostsyrischen Kirche, die sich heute offiziell Apostolische und Katholische Kirche des Ostens nennt.

PERSISCHE VERWÜSTUNG UND JÜDISCHE HERRSCHAFT

Während das Römische Reich im Westen durch den Sturz des letzten Kaisers Romulus Augustulus durch den germanischen Heerführer Odoaker im Jahre

476 sein Ende fand, begann für das Oströmische Reich trotz anhaltender Glaubenszwistigkeiten in der Kirche eine wirtschaftliche Konsolidierung und für Syrien eine Epoche kultureller Blüte. Kaiser Anastasios (491–518), ehemaliger Hofbeamter, erwies sich als tüchtiger Verwaltungsfachmann, der erfolgreich die Stabilisierung der Staatsfinanzen betrieb. Kaiser Justinian, ein vom Balkan stammender Bauernsohn (geb. 485), bestimmte die Reichspolitik seines Oheims Justins I. (518 - 527) und war der überragende Inspirator aller kulturellen, religiösen und politischen Entscheidungen während seiner Herrschaft (527–565). Dieser gebildetste und bedeutendste Mann seines Jahrhunderts gilt als der letzte universal denkende und handelnde Römer auf dem Kaiserthron von Konstantinopel; nicht minder gebildet und politisch klug handelnd war seine Frau Theodora. Dank der militärischen Fähigkeiten seiner Feldherrn Belisar und Narses wurden das von den Vandalen eroberte Nordafrika, das von den Ostgoten regierte Italien und Teile des von Westgoten beherrschten Spaniens wieder der oströmischen Zentralgewalt unterstellt. Die Kriege im Westen schwächten allerdings die Kräfte der Römer im Norden und Osten des Reiches. Slawische Stämme überschritten die Donau, plünderten, bis zur Ägäis vordrängend, den Balkan, das Kernland des Reiches. Folgenschwerer jedoch war das Erstarken der Perser im Osten. Kaiser Justinian mußte sich 532 einen »ewigen Frieden« vom Großkönig Chosroes I. (531–579) durch Tributzahlungen erkaufen. Aber schon 540 überrannten Chosroes' Truppen ganz Syrien bis zum Mittelmeer, zerstörten Antiochien und verwüsteten im Norden Armenien und Georgien. Erhöhte Tributleistungen veranlaßten den Perserkönig zur Umkehr.

Der durch die kluge Wirtschaftspolitik begünstigte Handel im wieder offenen Mittelmeerraum und das geförderte Gewerbe bedeuteten vor allem für den griechisch-syrischen Osten wirtschaftlichen und kulturellen Aufschwung. Kostbare Stoffe und Geschirr wurden von dort zu Land und über das Rote Meer durch persische Vermittlung bis nach Indien und China exportiert, Luxusgüter wie Seide und Gewürze von dort importiert. Obwohl viel Gold an die Perser zu zahlen war und die Luxusgüter hohe Kosten verursachten, blieb doch für das griechisch-syrische Erzeugerland ein lohnender Gewinn, der neben der prunkhaften Ausstattung der Städte auch die Errichtung vieler Kirchen und ihre kunstvolle Ausgestaltung ermöglichte. Die Kodifizierung des römischen Rechts unter Justinian und seine Anpassung an die christlichen Moralvorstellungen führten zu einer humaneren Rechtsauffassung, milderten die Lage der Sklaven und befürworteten ihre Freilassung. Andererseits wurden die Pächter und Kleinbauern, die tragenden Kräfte der Landwirtschaft, hart an den Boden der Großgrundbesitzer gebunden. Die Ausbeutung der Pächter und Tagelöhner hatte bereits ein Jahrhundert zuvor Johannes Chrysostomos in seinen Predigten angeprangert, ohne daß sich tatsächlich etwas geändert hätte.

Die Kirche fand in Justinian nicht nur einen Beschützer, sondern auch ihren Gebieter, der Patriarchen und Päpste als seine Untertanen behandelte. Während er das Bekenntnis von Chalkedon als allein orthodox förderte und durchzusetzen bemüht war, begünstigte seine Gattin Theodora insgeheim, doch erfolgreich, die monophysitische Lehre der nationalen Syrer, so daß schließlich beide Richtungen am wirtschaftlichen Aufschwung teilhatten, und es läßt sich heute nicht mehr bestimmen, ob die orthodoxen oder die monophysitischen Syrer die schönsten Mosaike in ihren Kirchen verlegen ließen. Damals errichtete das seit langem seßhafte Volk der arabischen Nabatäer, das schon unter Kaiser Theodosios I. (379 -395) hellenisiert worden war und den christlichen Glauben angenommen hatte, in Avdat, Shivta und Mamshit im Negev und in der Hauptresidenz Petra ihre wundervollen Basiliken. Auch die Halbnomaden der arabischen Ghassiden an der Ostgrenze des Reiches ließen sich von Konstantinopel für die Grenzsicherung gegen Persien gewinnen. Beeindruckt vom hohen Lebensstandard der Syrer, fanden sie zum Christentum und erhielten eigene (monophysitische) Bischöfe, die für ihre seelsorgerische

Betreuung in den römischen Kastellen wie in Umm er-Rasas Kirchen errichteten. Ihr Stammesoberhaupt Harith wurde von Kaiser Justinian 529 zum »Herrscher aller Araber« erhoben. Allerdings dienten sie den Römern als Hilfstruppen nur so lange, als diese sie besser bezahlten als die Perser.

Als Justinians Neffe und Nachfolger Justin II. (565–578) dem persischen Großkönig die fälligen Tributzahlungen verweigerte, entbrannte ein harter und langandauernder Krieg, der unter Aufbietung aller Kräfte beider Seiten bis 591 geführt wurde. Erst nach den Thronwirren in Persien, bei denen durch Unterstützung des Kaisers Maurikios (582–602) Chosroes II. (590–627) an die Macht gelangte, kamen die oströmischen Byzantiner wieder zu einem Friedensvertrag und die syrische Bevölkerung zu Ordnung und Sicherheit. Als es Maurikios nicht gelang, die Slawen, die jetzt nicht mehr den Balkan plünderten, sondern dort siedelten und sich mit den Awaren gegen Konstantinopel verbündeten, zurückzudrängen und er deshalb mit seinen Söhnen von dem Offizier Phokas, der sich zum Kaiser (602–610) ausrufen ließ, ermordet wurde, fühlte sich Chosroes II. zum Rächer berufen und eröffnete einen Großangriff gegen das Oströmische Reich. Wie auf dem Balkan kam es jetzt auch in Kleinasien und in Syrien zum völligen Zusammenbruch der römischen Verteidigung. Die Perser eroberten Armenien, drangen ins Zentrum von Kleinasien vor und besetzten 605 Kaisareia. Bei Antiocheia erlitt die römische Armee 613 eine völlige Niederlage. Syriens Hauptstadt und Damaskus wurden erobert. Die Perser wüteten schrecklich, das Land wurde verwüstet und mehr als 300 Kirchen zerstört. Nach dreiwöchiger Belagerung fiel 614 Jerusalem; an die 30 000 Christen wurden bei der Brandschatzung der heiligen Stadt getötet. Die von Konstantin erbaute Auferstehungskirche ging in Flammen auf, und die Kreuzesreliquie wurde zusammen mit Patriarch Zacharias in die persische Hauptstadt Seleukeia-Ktesiphon am Euphrat verschleppt. Allein die Geburtskirche entging der Zerstörung, da die Perser »bei ihrer Ankunft in Bethlehem mit Staunen die Bilder der persischen Magier, der Sterndeuter, ihrer Landsleute« in ihr entdeckten. »Aus Ehrfurcht und Verbundenheit zu den Vorfahren verehrten sie sie, wie wenn sie lebendig wären, und verschonten die Kirche«, wie es im Bericht einer Jerusalemer Synode heißt (Keel/Küchler, Orte und Landschaften der Bibel II, 630).

Ein unbekannter Dichter, dessen Werke unter die des Ephräm geraten sind, hat in den Verwüstungen der Perser die Zeichen der endzeitlichen Greuel erblickt:

Sehen wir doch die Zeichen, wie Christus sie uns beschrieb:
Könige werden sich gegeneinander erheben, und Bedrängnis wird sein
auf Erden.
Völker werden Völker angreifen, und Heere werden einander anfallen.
Und wie der Nil, der Fluß Ägyptens, steigt
und Teile der Erde überschwemmt,
werden sich die Länder (des Ostens) rüsten
gegen das Land der Rhomäer (Byzantiner);
Völker werden Völker angreifen, und Reich wird gegen Reich stehen.
Die Rhomäer werden wie auf der Flucht aus einem Land
in das andere gehen,
und die Assyrer (Perser) werden sich bemächtigen
des Landes im Gebiet der Rhomäer.
Die Frucht ihrer Lenden wird versklavt,
und ihre Frauen wird man entehren.
Sie (die Eroberer) werden säen und ernten
und werden die Früchte in der Erde horten.
Sie werden große Reichtümer gewinnen und Schätze in der Erde horten.
Doch wie der Nil, der Fluß Ägyptens, wieder sinkt, nachdem er stieg,
wird der Assyrer aus dem Land in seine Gegend hinab zurückkehren.
Und die Rhomäer werden sich ihrerseits rüsten
gegen das Land der Väter (der Assyrer).

Ephräm zugeschriebene Predigt 5, 37 - 64; CSCO 321, 80 f.

An der Vernichtung der christlichen Bevölkerung in Syrien und vor allem in Jerusalem und an der Zerstörung der Kirchen hatten die Juden entscheidenden Anteil. Nachdem eine samaritanisch-jüdische Revolte 578 von den Byzantinern blutig niedergeschlagen und viele Juden unter Kaiser Phokas gewaltsam zum Christentum bekehrt worden waren, übten sie jetzt unter dem Schutz der Perser grausame Vergeltung. Viele Juden traten in die persischen Heere ein und »halfen den Persern, die Kirchen zu zerstören und die Christen zu morden«, wie es in den Annalen des Eutychios heißt (Gorys, Das Heilige Land, 291). In Antiocheia kam es zu einem Christenpogrom, und nachdem aus Jerusalem der größte Teil der Überlebenden nach Persien deportiert worden war, kauften die Juden den Eroberern die letzten Christen ab und töteten sie, wenn sie nicht bereit waren, zum Judentum überzutreten; fast alle haben den Martyrertod gewählt. Jerusalem wurde den Juden, von denen viele glaubten, das ersehnte messianische Reich sei angebrochen, zur Selbstverwaltung übergeben. Die jüdische Herrschaft dauerte nur bis 618, dann gaben die Perser, denen die Juden bei der geplanten Eroberung Ägyptens, der Kornkammer des Oströmischen Reiches, keine militärische Hilfe zu leisten imstande waren, den Christen die Stadt zurück. Abt Modestos aus dem Theodosios-Kloster bei Bethlehem leitete den Wiederaufbau der heiligen Stadt und der Auferstehungskirche.

Einer der bedeutendsten Herrscher des Oströmischen Reiches in Konstantinopel, Herakleios (610–641), verstand es, das zusammenbrechende Reich militärisch neu zu organisieren und anstelle kostspieliger Söldnertruppen ein einheimisches Heer zur Verteidigung aufzubauen. Von Norden her stieß er mit den neuen Truppen über Armenien bis nach Ninive am Tigris vor, wo es im Dezember 627 zur Entscheidungsschlacht kam; die persische Armee wurde vernichtend geschlagen. Als Herakleios bis nach Seleukeia-Ktesiphon vordrang, wurde der Großkönig Chosroes II. durch seinen Sohn Kovrad-Schiroe gestürzt und ermordet. Dieser schloß mit dem byzantinischen Kaiser sofort Frieden und gab die eroberten Gebiete, Armenien, West-Mesopotamien, Sy-

51

rien mit Palästina und Ägypten, zurück. Am 21. März 630 hat Herakleios persönlich unter dem Jubel des Volkes die Kreuzreliquie nach Jerusalem zurückgebracht.

Eroberung durch die Araber und Unterdrückung der Christen

Als Muhammad (Mohammed) 632 in Medina starb, ließ er ein religiös und politisch geeintes Südarabien zurück, aber auch das unerfüllte Versprechen aus seiner mekkanischen Zeit, daß Allahs Gericht über die Ungläubigen und eine paradiesische Zukunft für die Gläubigen bevorstehe. Soweit die Erfüllung in menschlicher Macht stehen konnte, begannen seine Freunde und Kampfgefährten, die Verheißungen zu verwirklichen. Sie vollzogen das Gericht an den Ungläubigen und verschafften sich in Syrien und Palästina, in Persien und Ägypten paradiesische Gärten. Mit ungeheurer Wucht trieb es die Söhne der Wüste aus ihrer Heimat, nicht so sehr um die Völker zum islamischen Glauben zu bekehren, als vielmehr um fruchtbare Länder zu erobern und die Ungläubigen dort ihrer Herrschaft zu unterwerfen. Die Jahrhunderte währenden Kämpfe zwischen Römern und Persern, vor allem die beiden letzten von 565 bis 591 und 613 bis 629, hatten beide Reiche so geschwächt, daß die islamischen Araber bei ihrem Vormarsch nur auf geringen Widerstand stießen. Zudem stand wegen des schon lange andauernden christologischen Haders die Bevölkerung Syriens und Ägyptens mit ihrem monophysitisch geprägten Glauben der orthodoxen Reichskirche unversöhnlich gegenüber und betrachtete die ethnisch mit ihnen verwandten semitischen Eroberer als Befreier vom byzantinischen Joch.

Schon 634 konnte der 2. Nachfolger Muhammads, Omar I. (Umar ibn Abd al-Chattab; 634–644), die erst sechs Jahre zuvor von den Persern zurückgewonnenen syrischen Reichsgebiete fast ungehindert durchstreifen; 635 fiel die Oasenstadt Damaskus in arabische Hände. Als es 636 zur Schlacht am Jarmuk, einem Nebenfluß des Jordan, kam, erfochten die Araber, zu denen während des Kampfes 12 000 christlich-arabische Söldner überliefen, einen glänzenden Sieg über das byzantinische Heer; der Kampf um Syrien war entschieden. Antiochia und viele andere Städte ergaben sich kampflos. Nur Jerusalem leistete unter Führung des seit 634 amtierenden Patriarchen Sophronios erbitterten Widerstand, bis nach zweijähriger Belagerung Kalif Omar siegreich in die heilige Stadt, die nach der persischen Eroberung noch weithin in Trümmern lag, einziehen konnte. Sophronios, weit über 70 Jahre alt, übergab dem Kalifen, der der Bevölkerung Leben und Unantastbarkeit ihrer Kirchen zugesichert hatte, persönlich die Stadt. Gemäß koranischem Recht wurde den Christen als »den Besitzern des Buches« Religionsfreiheit gewährt und die Kopfsteuer auferlegt. Besonderes Interesse zeigte der Kalif am alten jüdischen Tempelbezirk, der seit der Zerstörung Jerusalems durch Titus im Jahre 70 als »Greuel der Verwüstung« (Mt 24, 15) und Zeichen des göttlichen Gerichtes in Trümmern lag, und am Opferfelsen, auf dem nach jüdischer wie islamischer Überlieferung Abraham seinen Sohn zu opfern bereit gewesen war. Südlich dieses Felsens in Richtung Mekka ließ Omar die erste einfache Moschee in Jerusalem erbauen, etwa dort, wo die El-Aksa-Moschee (d.h. weit entfernt von Mekka) steht. Mu'awiya, seit 637 Omars Statthalter in Damaskus, erklärte Jerusalem nach Mekka und Medina zum dritten Heiligtum des Islam, als Kalif (661–680) verlegte er das arabisch-islamische Zentrum von Mekka in seine Residenz.

Nach der Unterwerfung Syriens wurde das byzantinische Mesopotamien erobert, danach das östliche Kleinasien und Armenien; schließlich 641 Ägypten, die Kornkammer des Oströmischen Reiches. Die byzantinischen Truppen übergaben 642 Alexandrien den Arabern. Als Monotheisten und Buchbesitzer durften die Christen Syriens und Ägyptens ihre Religion unter gewissen Einschränkungen ausüben. Sie hatten die Kopfsteuer, die einzige Steuer, von der das islamische Staatswesen lebte, zu entrichten; doch wurde ihnen verboten, neue Kirchen zu errichten oder das Kreuz öffentlich (bei Prozessionen) zu zeigen. Da die arabischen Gouverneure, die sich zunächst des von Christen geleiteten Verwaltungsapparates bedienten, von der Bevölkerung genauso Steuern erpreßten wie zuvor die byzantinischen Herren, waren sie bald so unbeliebt wie jene. Im Jahr 642 mußten auch die Perser die arabische Oberhoheit anerkennen und wurden ab 700 gezwungen, den Feuerkult des Mazdaismus, den die Muslime als Götzendienst werteten, aufzugeben und den Islam anzunehmen. Mit der Annahme der muslimischen Religion durch die Perser wurde der bisher arabische Islam zu einer übernationalen Religion.

Der bereits zitierte unbekannte Dichter hat auch die arabische Eroberung erlebt; für ihn war sie noch grauenvoller als jene der Perser. Die Brutalität, mit der das islamische Räubervolk auf Sklavenjagd ging, war nicht zu übertreffen:

Ein Volk wird aus der Wüste kommen, Hagars Nachkommenschaft,
der Sklavin Saras, das am Bündnis Abrahams festhält,
des Mannes der Sara und der Hagar. ...
Sie werden einen Kampf liefern und die Erde mit Blut tränken.
Die Völker werden dort besiegt werden, und das Räubervolk wird siegen.
Die Räuber werden über die Erde hin fliegen
in die Schluchten und auf die Berggipfel.
Sie werden Frauen und Kinder gefangen nehmen und Männer,
Greise und Jünglinge.
Die Schönheit der Männer wird vernichtet,
und der Schmuck der Frauen wird geraubt.
Mit gewaltigen Lanzen und Speeren durchbohren sie die alten Männer.
Sie trennen den Sohn von seinem Vater, die Tochter von ihrer Mutter.
Sie trennen den Bruder von seinem Bruder, die Schwester von ihrer Schwester.
Sie töten den Bräutigam in seiner Kammer

und führen die Braut aus ihrem Gemach.
Sie nehmen die Frau weg von ihrem Mann und schlachten sie wie ein Schaf.
Sie werfen das Kind weg von seiner Mutter
und jagen die Mutter in Gefangenschaft.
Das Kind schreit vom Boden her, die Mutter hört es;
doch was kann sie tun?
Es wird zertreten von den Hufen der Pferde und Kamele;
man erlaubt ihr nicht, sich nach ihm zu wenden,
und das Kind bleibt zurück.
Sie trennen die Kinder von der Mutter wie die Seele vom Leib,
und sie muß ansehen, wie man die Geliebten ihres Schoßes verteilt:
zwei ihrer Kinder für zwei Herren, und sie selber für einen anderen Herrn.
Sie und ihre Kinder mit ihr werden verteilt,
um für die Räuber Sklaven zu sein.
Schluchzend klagen ihre Kinder, und Tränen entzünden ihre Augen,
und sie wendet sich ihren Geliebten zu,
und Milch fließt aus ihrer Brust:
Geht in Frieden, meine Geliebten, und Gott geleite euch!
Jener, der Josef geleitet hat in die Knechtschaft bei den Fremden,
geleite auch euch, meine Kinder in die Gefangenschaft, in die ihr zieht! -
Bleibe zurück in Frieden, Mutter, und Gott geleite dich!
Jener, der Sara geleitet hat im Haus des Abimelech von Gerar (Gen 20,2),
möge dich geleiten bis zum Tag der Auferstehung! -
Der Sohn wird dastehen und sehen,
wie der Vater in die Sklaverei verkauft wird,
und heiß werden die Tränen beider fließen,
unter Stöhnen, Aug in Auge gegenüber.
Ein Bruder wird seinen Bruder sehen, getötet, zu Boden gestreckt,
und ihn wird man in die Gefangenschaft führen,
damit er Sklave sei in der Fremde.

Auch Mütter wird man töten,
während ihre Kinder sich an ihre Brust klammern,
und durchdringend wird die Stimme der Kinder sein in leidvollem Schluchzen.
Sie (die Eroberer) werden sich Wege in den Bergen bahnen
und Pfade in den Schluchten;
sie werden die Enden der Erde ausplündern und in den Städten herrschen.
Die Länder werden verwüstet werden,
zahlreich werden die Getöteten auf Erden sein.
Alle Völker werden erniedrigt vor dem Räubervolk,
und nachdem die Völker ausgeharrt und gehofft haben,
daß nun Frieden komme,
werden sie Steuern erheben, und jeder wird sich vor ihnen fürchten.

Ephräm zugeschriebene Predigt 5, 73 - 76. 89 -164; CSCO 321, 81 - 84

Mit Mu'awiya wurde die Dynastie der Omaijaden (Umaiyaden; 661–750) in Damaskus begründet. Unter ihrer Herrschaft war den Christen die Beschäftigung mit dem Koran verboten, andererseits wurden sie auch nicht zur Annahme des Islam genötigt, es sei denn, daß sie, um der auf großen Familien schwer lastenden Kopfsteuer zu entfliehen, die Religion der Herrscher annahmen; es waren nicht wenige, die zum Islam wechselten. Um das islamische Jerusalem gegenüber den christlichen Traditionen und gegenüber Mekka aufzuwerten, hat Kalif Abd al-Malik (685–705) die Stadt auch sichtbar ausgezeichnet. An die Stelle des von Omar errichteten Gebetshauses ließ er aus den Trümmern der von den Persern zerstörten Neuen Marienkirche die El-Aksar-Moschee erbauen und im Zentrum des Tempelberges, den Opferfelsen umschließend, den oktogonalen Kuppelbau des Felsen-Domes. Gerade dieser wurde in Konkurrenz zur kuppelgekrönten Auferstehungskirche erbaut und nach dem Vorbild vieler christlicher Kirchen, die durch die Acht-Zahl in ihrem Grundriß auf Christi Auferstehung am achten Tag und auf die Vollendung der Welt durch ihn hinweisen. Theologisch wurde der Anspruch der Muslime auf

Jerusalem durch die Auslegungstradition von Sure 17 und der auf ihr basierenden Legende untermauert. Danach soll Muhammad, vom Engel Gabriel begleitet, eine nächtliche Reise von Mekka bis zum »weit entfernten Ort«, das bedeutet el-Aksa, in Jerusalem angetreten haben und dann vom Opferfelsen aus auf goldener Leiter bis ins himmlische Jerusalem zu den Propheten gelangt sein.

Unter Abd al-Malik verschlechterte sich die Lage der Christen erheblich, da sie aus den Staatsämtern entlassen wurden. Bekanntestes Opfer dieser Maßnahme ist Johannes von Damaskus. Geboren um 650 in vornehmer christlich-arabischer Familie, war er zunächst Mitarbeiter seines Vaters, der Finanzminister am Hof der Kalifen war. Als beide um 700 ihre Ämter aufzugeben gezwungen wurden, zogen sich Johannes und sein Adoptivbruder Kosmas, der später Bischof von Majûma in Palästina wurde, in das Mar-Saba-Kloster bei Bethlehem zurück. Dort zum Priester geweiht, hat Johannes, der sich als Schriftsteller, Hymnendichter und Gelehrter bereits einen Namen gemacht hatte, die biblischen Argumente für die christliche Bilderverehrung erarbeitet. Johannes von Damaskus starb um 754 im hohen Alter von 104 Jahren. Dieser aus Syrien stammende Priestermönch gilt als der letzte der griechisch-sprachigen Kirchenväter.

Kalif Yazid II. (720 - 724) hatte um 721 von allen Christen in seinem Reich verlangt, entsprechend der koranischen Weisung einen bilderlosen Kult einzuführen; sie mußten deshalb alle Bilder lebender Wesen in ihren Kirchen vernichten. Die wenigen Bodenmosaike, die den Zerstörungen durch Perser und Juden entgangen waren, wurden jetzt verunstaltet. Noch heute lassen sich die damals angerichteten Schäden gut erkennen wie z.B. in der Mosaikkarte des heiligen Landes in der Georgskirche von Madaba in Jordanien. Die Gesichter der Seeleute, die über das Tote Meer segeln, und das eines Löwen am Rande der Wüste wurden dadurch unkenntlich gemacht, daß die Mosaikwürfel aus dem

Boden genommen, umgedreht und ordnungslos wie eine breiige Masse wieder in das Bild eingefügt wurden; nur eine unscheinbare Gazelle, die in die Wüste entflieht, blieb unbehelligt.

Die für den syrisch-christlichen Kulturbereich verordnete Bilderzerstörung hatte verheerende Auswirkungen auf die orthodoxe Kirche im Oströmischen Reich, wo Kaiser Leon III. (717–741) unter Beachtung des alttestamentlichen Bilderverbotes und unter dem Einfluß des Islam die christliche Bilderverehrung als Götzendienst erklärte. Der Islam hatte sich als Vollendung aller Religionen angepriesen und berief sich den Christen in Kleinasien gegenüber sogar auf das Evangelium, nach welchem »die Zeit kommen wird, da Gott nur im Geist und in der Wahrheit angebetet wird« (Joh 4, 23). Leon III., der erstmals 726 gegen die Bilderverehrung auftrat, verbot 730 den privaten wie öffentlichen Bilderkult und ließ alle Ikonen zerstören. Mit Unterbrechungen dauerte der Ikonoklasmus, dem alle kirchlichen Bildwerke im Oströmischen Reich bis auf wenige auf Zypern, in Bethlehem und im Sinai-Kloster zum Opfer fielen, bis zum 7. Ökumenischen Konzil in Nikaia (Nizäa; 787), das, Johannes von Damaskus folgend, die Berechtigung der Bilderanfertigung und die Rechtfertigung ihrer Verehrung damit begründete, daß Gott selbst den Menschen als sein Bild geschaffen habe und daß der menschgewordene Jesus Christus »die Ikone des unsichtbaren Vaters« (Kol 1, 15) ist. Doch erst im Jahre 843 gelang es Kaiserin Theodora durch Synodalbeschluß, die Ikonenverehrung endgültig als orthodoxe Glaubenslehre und -praxis zu sichern.

Aus den Machtkämpfen unter den islamischen Stammeshäuptern und Heerführern ging 749 Abu l-Abbas, der sich zum Kalifen ausrufen ließ, siegreich hervor; bald darauf wurde die letzte Armee der Omaijaden vernichtend geschlagen. Als die Abbasiden den Regierungssitz von Damaskus nach Bagdad verlegten, wurde Syrien-Palästina eine weit entfernte, durch die Syrische Wüste getrennte Provinz. Mit dem Umsturz von 750 wurden die persischen Traditionen und ihr pompöses Hofzeremoniell für den islamischen Staat bestimmend. Das arabische Element im Islam wurde weiter zurückgedrängt; allein das Bekenntnis war maßgebend. Das bedeutete für die orientalischen Christen, auch wenn ihnen der Koran Duldung und Schutz gewährte, daß sie nun endgültig Bürger zweiter Ordnung waren. Der Übertritt vom Islam zum Christentum wurde jetzt mit dem Tode bestraft.

DIE HEUTIGE SITUATION DER CHRISTEN IM ORIENT – FAKTEN UND ZAHLEN

Im Folgenden seien zur besseren Übersicht nochmals einige Daten zusammengetragen, welche die augenblickliche Lage der östlichen Christen beschreiben, auch wenn sie teils schon angesprochen wurden. Die im 4. und 5. Jahrhundert im Zusammenhang mit den christologischen Kontroversen erfolgten Spaltungen der Christen im syrisch-palästinensischen Orient dauern an; ja es sind weitere Aufgliederungen hinzugekommen, da sich in der Neuzeit viele Christen von ihrer Kirche getrennt haben und eine Union mit der römischen Kirche eingingen. Hinzu kommen noch die Trennungen durch die politische Neuordnung des Orients im 20. Jahrhundert. Was ehemals in der politischen Ordnung des Römischen Reiches als einheitliche Diözese Oriens den großen syrisch-palästinensischen Kulturraum umfaßte und auch unter den islamischen Kalifen und den türkischen Sultanen weitgehend als Einheit verwaltet wurde, zerfiel durch die Gründungen der modernen Staaten in viele kleine Einheiten. Die alte römische Diözese Oriens ist heute aufgegliedert in das gespaltene Zypern, die südöstliche Türkei, Syrien, Irak, Libanon, Israel, Palästina, Jordanien und Sinai (Ägypten). In den vom Islam geprägten Ländern besitzen die Bürger keine demokratischen Rechte, da nach dem Grundgesetz des Koran die Macht nicht vom Volk ausgeht, sondern allein von Allah und seinen irdischen Vertretern. Die Zahl der Christen ist in diesen Ländern, abgesehen vom Libanon, auf etwa zehn Prozent der Gesamtbevölkerung zusammengeschrumpft. (Verwertbare Statistiken gibt es nicht, die geschätzten Zahlen entstammen dem Päpstlichen Jahrbuch für den Katholischen Orient von 1974.) Die Drangsalierung der Christen in islamischer Umgebung hält an. Sie zeigt sich vor allem bei der Gründung von Schulen oder dem Bau von Kirchen, bei der Berufssuche oder der Aufnahme in den kommunalen und staatlichen Dienst; Muslime werden bevorzugt, und viele christliche Familien sehen sich um der Zukunft ihrer Kinder willen genötigt, nach Europa, Amerika und Australien auszuwandern. Das islamische Eherecht verbietet zudem einem islamischen Mädchen, einen christlichen Mann zu heiraten, fördert aber die Heirat zwischen einem islamischen Mann und einer christlichen Frau, da die Kinder mit der Geburt die Religion des Mannes annehmen. Eine Konversion zum Islam ist erwünscht, die zum Christentum verboten.

Die orthodoxe Kirche

Die Patriarchate von Antiocheia und Jerusalem haben sich unter den Repressalien der islamischen Herrscher stärker an die oströmischen Kaiser und das Ökumenische Patriarchat von Konstantinopel gebunden und seit dem 10. Jahrhundert sogar ihre heimische Liturgie durch die liturgische Ordnung der Kaiserstadt ersetzt. Abschätzig wurden sie von der islamischen Bevölkerung, aber auch von den Christen der anderen Kirchen als Melkiten, Königstreue, bezeichnet.

1. Der orthodoxe Patriarch »der großen Gottesstadt Antiocheia, Syriens, Arabiens, Kilikiens (Türkei), Iberiens (Georgiens), Mesopotamiens und des ganzen Orients« hat seinen Sitz aus dem heute türkischen Antiochien (An-

takya) in das syrische Damaskus verlegt. Die Zahl der Gläubigen beträgt etwa 210.000, wovon ca. 150.000 in Amerika leben.

2. Der orthodoxe Patriarch »der Heiligen Stadt Jerusalem und von ganz Palästina, Syrien, Arabien, von Jenseits des Jordans, von Kana in Galiläa und des Heiligen Sion« hat seinen Sitz in Jerusalem. Die Zahl der zumeist arabisch sprechenden, palästinensischen Gläubigen, die durch Beschränkungen ihrer überkommenen Rechte im israelischen Staat zu Bürgern zweiter Klasse degradiert sind und deshalb immer häufiger auswandern, wird auf 80.000 geschätzt. Als autonome Kirche ist das Erzbistum des Berges Sinai mit dem Katharinenkloster, das politisch zu Ägypten gehört, und den etwa 20 griechischen Mönchen dem Patriarchat von Jerusalem zugeordnet.

3. Als Melkiten bezeichnen sich heutigentags vor allem die mit Rom unierten Christen orthodoxer Tradition. Mit der türkisch-osmanischen Herrschaft über den Orient seit dem 16. Jahrhundert wurde die Lage der Christen immer desolater; von Konstantinopel, das 1453 von den Türken erobert wurde, war Hilfe nicht zu erwarten. Unter dem Einfluß lateinischer »Missionare« und der von ihnen errichteten Schulen wandten sich zu Beginn des 18. Jahrhunderts viele orthodoxe Christen der römischen Kirche zu, und seit 1724 besteht das katholische, melkitische Patriarchat von Antiocheia mit heutigem Sitz in Damaskus; ihm zugeordnet ist das Patriarchalvikariat von Jerusalem. Die Zahl der Gläubigen, zumeist syrisch-arabischer und palästinensisch-arabischer Herkunft, beträgt etwa 500.000 Gläubige, wovon jedoch ca. 200.000 in Europa und in Amerika leben. Die unierten Melkiten haben sich erfolgreich gegen die Latinisierung gewehrt und ihr orthodoxes Erbe bewahrt.

4. Die Maroniten, hauptsächlich im Libanon und im westlichen Syrien beheimatet, haben ihre Wurzeln ebenfalls in der syrischen Kirche; ihren Namen leiten sie von einem Mönch Maron (gest. um 423) her. Sie vertreten wie die or-

thodoxen Griechen Syriens die Lehre des Konzils von Chalkedon von den beiden Naturen in Christus. Zur Zeit der Kreuzfahrer haben sie sich 1181 geschlossen der Kirche von Rom unterstellt; seither haben sie sich jedoch stark der geistigen und liturgischen Latinisierung geöffnet. Der maronitische Patriarch, der ebenfalls den Titel von Antiocheia führt, hat seinen Sitz seit 1790 in Bherké (Libanon). Die Zahl der Maroniten im Libanon und im Ausland (Syrien, Palästina, Amerika, Australien) beträgt etwa 1.400.000 Gläubige.

Die westsyrische Kirche

Viele Christen westsyrisch-semitischer Herkunft haben die Lehre des Konzils von Chalkedon von 451 nicht angenommen. Ihre kirchliche Organisation, gegen den Widerstand der oströmischen Kaiser und der orthodoxen Kirche aufgebaut, geht auf den Mönch und Bischof Jakob Burdeana (gest. 578) zurück.

1. Diese westsyrische Nationalkirche, zuweilen als Jakobitische Kirche bezeichnet, gehört mit der Armenischen, Koptischen und Äthiopischen Kirche zu den vorchalkedonischen Gemeinschaften. Sie selbst bezeichnet sich als Syrisch-Orthodoxe Kirche und betrachtet sich als legitime Erbin der Tradition von Antiochien; der Patriarch von »Antiocheia und dem ganzen Orient« hat seinen Sitz ebenfalls in Damaskus. Etwa 150.000 Gläubige gehören dieser syrischen Nationalkirche an, von denen ca. 80.000 im Kerngebiet ihres Ursprungs leben, viele davon unter türkischer und kurdischer Unterdrückung im Tur 'Abdin, dem »Berg der Gottesknechte« in der Südosttürkei.

2 . Die westsyrische Kirche hat sich im 17. Jahrhundert in Indien ausgebreitet; dort erhielt sie starken Zulauf von den Thomas-Christen, die sich wegen der Latinisierungsversuche aus dem Abendland von ihrer Kirche abwandten

62

und sich dem Patriarchat von Antiocheia unterstellten oder eine völlig unabhängige Kirche bildeten. Der Katholikos der autonomen »Syrisch-Orthodoxen Kirche des Ostens« unter dem antiochenischen Patriarchat hat seinen Sitz in Muvattupuzha im indischen Kerala. Der unabhängige Katholikos "des Apostolischen Thrones des heiligen Thomas" der Mar-Thoma-Kirche residiert in Kottayam in Kerala. Jede der beiden Kirchen hat etwa 75.000 Gläubige, hauptsächlich in Indien.

3. Teilunionen mit der Römischen Kirche haben die Syrische Kirche in der Neuzeit weiter aufgespalten. Das »Syrisch-Katholische Patriarchat von Antiochien« mit Sitz in Beirut (Libanon) umfaßt etwa 80.000 Gläubige. Aus Teilen der indischen Kirche westsyrischer Tradition ist durch Union mit Rom die »Katholische Metropolie der Syro-Malankarischen Kirche« hervorgegangen; zu ihr gehören etwa 200.000 Gläubige, der katholische Metropolit residiert in Trivandrum in Kerala.

Die ostsyrische Kirche

Die Christen Ostsyriens im Zweistromland (heute Irak) und in Persien, die unter persischer Herrschaft nicht an den Konzilien von Ephesus (431) und Chalkedon (451) teilnehmen konnten und später der Lehre des Nestorios folgten, weshalb sie zuweilen als Nestorianer bezeichnet werden, bilden die »Apostolische und Katholische Kirche des Ostens«. Ihre intensive Missionstätigkeit vom 4. bis zum 13. Jahrhundert hat die christliche Botschaft nach Indien, Zentralasien und nach China getragen. Die Kirche der Thomas-Christen im Südwesten Indiens wurde durch sie belebt und erhielt durch sie ihre Organisation. Leider hat die Mongolenherrschaft vom 13. bis zum 16. Jahrhundert diese einst blühende Kirche weithin vernichtet.

1. Die ostsyrischen Christen bezeichnen sich heute gern als Assyrer; ihre Zahl beläuft sich etwa auf 130.000 Christen, wovon ca. 50.000 in den USA leben. Seinen Sitz hat der Katholikos-Patriarch in Teheran.

2. Das der Tradition nach auf den Apostel Thomas zurückgehende Christentum im Südwesten Indiens, das vom 4. Jahrhundert an belebende Impulse und Organisation von der ostsyrischen Kirche empfangen hatte, war durch die Mongolenherrschaft nur noch ein Schattenbild seiner früheren Größe. Auf einer Synode 1599 verfügte der portugiesische Bischof von Goa die Zwangsunion mit Rom und die Latinisierung der Riten der Thomas-Kirche. Als Reaktion darauf unterstellten sich viele Thomas-Christen dem Patriarchen der Syrisch-Orthodoxen Kirche. So wurde die ostsyrische Kirche in Indien völlig zerschlagen; ihr gehören nur noch 15.000 Christen an.

3. Zu den mit Rom unierten Kirchen des ostsyrischen Ritus zählen das Chaldäische Patriarchat von Babylon mit Patriarchensitz in Bagdad, dem etwa 270.000 Gläubige angehören, und die Ostsyrisch-Malabarische Kirche mit eigener indischer Hierarchie und mit etwa zwei Millionen Gläubigen; nach ihrer Zwangslatinisierung Ende des 16. Jahrhunderts durch die Portugiesen besinnt sie sich heute wieder stärker auf ihre ostsyrischen Wurzeln.

Die Zersplitterung der syrischen Kirchen ist im 19. Jahrhundert noch größer geworden, seitdem es neben den Unionen mit der römisch-katholischen Kirche fast überall aufgrund von »Missionierung« auch evangelische Gemeinschaften gibt.

DIE KUNST DER MOSAIKMALEREI -
MOSAIKKUNST IN SYRISCHEN KIRCHEN

Die Mosaikkunst des Mittelmeerraums hat ihren Ursprung im Orient, wo sie - wie in Uruk (Babylonien) - schon im 4. Jahrtausend mit geometrischen Mustern Wände von Tempeln und Palästen durch farbige Tonstifte verzierte. Berühmt ist die sog. Mosaikstandarte aus den Königsgräbern von Ur aus der Zeit um 2600/2500, die sich im Britischen Museum von London befindet. Es handelt sich um einen kleinen mit Kalksteinplatten bedeckten Holzkasten, dessen beide Schauflächen Mosaikbilder tragen; die eine Seite zeigt Kampfwagen und Schlachtengetümmel, die andere die Huldigung des Herrschers bei einem Festmahl. In leuchtenden Farben sind aus Muschelplättchen Menschen, Tiere, Pflanzen, Wagen gebildet und, von Lapislazuli umgeben und bunten Steinchen umrandet, in eine Trägerschicht aus Bitumen eingebettet.

Über die Vermittlung von Syrien gelangte die Mosaikkunst nach Griechenland, wo im 5. Jahrhundert v. Chr. zunächst schwarz-weiße Bilder aus Kieselsteinen Fußböden in Palästen schmückten. Das Mosaik galt lange Zeit als Luxus, den sich nur wenige leisten konnten. Erst in der hellenistischen Epoche fertigte man großflächige und farbenfrohe Bildkompositionen für Privathäuser und Tempelanlagen an. Den Höhepunkt der bildnerischen Gestaltung und ausdrucksstarken Farbigkeit erreichte die Mosaikkunst in der römischen Kaiserzeit, in der nicht nur Fußböden, Wände und Gewölbe in Staatsgebäuden und Thermen, sondern auch viele private Villen mit Mosaikengemälden, geometrischen Mustern, hauptsächlich in der Form des einfachen oder komplexen Mäanderbandes, und floralem Rankenwerk aus Weinlaub oder Blattgirlanden ausgeschmückt wurden. Nicht nur Natursteine in allen Farbvariationen wurden zu kleinen Würfeln geschnitten und poliert, sondern auch Glas wurde durch Pigmentbeimischungen in praktisch allen Farbtönen hergestellt und zu Würfeln gebrochen. Schließlich überzog man Glasplatten mit Blattgold oder Silberfolien, ließ darüber eine zweite gläserne Deckschicht auftragen und gewann nach dem Zuschneiden jene kleinen Mosaikwürfel, die in ihrem Glanz den Eindruck der Ewigkeit vermitteln. Die Bilder aus den zusammengefügten Mosaikwürfeln, eingedrückt in eine frische Mörtelschicht, sind nicht so eben wie es eine Freskomalerei sein kann; und das ist gerade der Vorteil des Mosaiks. Denn beim Einfall und beim Wandern des Lichtes der Sonne oder der Kerzen erwecken die Mosaike den eigentümlichen Eindruck eines immer in anderen Farbvariationen erscheinenden, lebenden Bildes. Mosaike können zwar verschmutzen, doch da Steine und Glaswürfel in sich farbig sind, erhalten sie nach der Reinigung stets ihre ursprüngliche Farbigkeit und Leuchtkraft wieder.

Erstaunlich ist, daß weder Griechen noch Römer für die von ihnen so sehr geschätzte Mosaikkunst ein eigenes Wort geprägt haben, sondern durch Umschreibung, wie z. B. »aus kleinen farbigen Steinen zusammengefügt« das Gemeinte benannten. Erst im 3. Jahrhundert n. Chr. auf dem Höhepunkt der Mosaikgestaltung haben die Römer unter Verwendung des griechischen Begriffes »mouseion«, d. h. den Musen geweiht, das Werk als »opus musivum« bezeichnet. Über das italienische »musaico, mosaico« und das französische »mosaïque« gelangte der Begriff als Mosaik ins Deutsche.

In der letzten Epoche der römischen Kaiserzeit mit ihrer hervorragenden Mosaikkunst wurden auch die ersten christlichen Kultgebäude mit unvergleichlichen Mosaiken ausgeschmückt. Erwähnt sei das noch bestehende Deckengemälde in der Rundkirche von Santa Constanza in Rom, die Kaiser Konstantin als Grabkirche für seine Töchter Constantia und Helena um 330 errichten ließ; hier sind es nicht mehr blutige Gladiatorenkämpfe, einst in Rom so beliebt, sondern die friedfertigen Gestalten von Eroten bei der Weinlese und Vögel zwischen Blumengirlanden, die das Gewölbe schmücken. Ebenso vortrefflich ist die Ausschmückung des sog. Mausoleums der Galla Placidia, einer Tochter des Kaisers Theodosios II. (408–450), in Ravenna, das aber tatsächlich nicht ihre Grabeskirche, sondern eine Taufkapelle war. Die Mosaike, wohl die ältesten in Ravenna, stammen aus dem 2. Viertel des 5. Jahrhunderts. Hier thront der Gute Hirt als »das Lamm auf dem Berge Zion« (Offb 14,1) inmitten seiner Lämmer unter sternefunkelndem Himmel, er führt sie auf die »grünen Auen« (Ps 23, 2) des durch die Taufe erneuerten Paradieses. Als Hauptstadt des oströmischen Exarchates auf italischem Boden und der Ostgoten wurde Ravenna mit prachtvollen Kirchen und großartigen Mosaiken ausgeschmückt. Das Baptisterium der Arianer - die Ostgoten bekannten sich zum arianischen Glauben - und ihre dem Erlöser Christus geweihte Kirche, später San Apollinare Nuovo genannt, mit den einzigartigen Mosaiken, die neutestamentliche Begebenheiten darstellen, wurden unter der Herrschaft des tatkräftigen Königs Theoderich (493–526) erbaut und ausgeschmückt, ebenso das Baptisterium der orthodoxen Christen; beide Baptisterien bieten im Kuppelgewölbe das Bild der Taufe Christi, das von den ehrwürdigen Gestalten der Apostel im Paradiesgarten umrundet ist. Unter dem machtvollen oströmischen Kaiser Justinian (527–565), der eine politische und kulturelle Einheit des griechischen Ostens und des lateinischen Westens anstrebte, erfuhr Ravenna einen noch glanzvolleren Aufstieg. Im Jahre 548 wurde die Basilika des hl. Vitalis (San Vitale) eingeweiht; mit ihrem oktogonalen Grundriß und den Mosaiken, die die Idealbildnisse des Kaisers Justinian und seiner Gemahlin Theodora und ihres Hofstaates zeigen, ist sie ein einmalig erhabenes Zeugnis byzantinischer Baukunst im Abendland. Schon ein Jahr später (549) wurde am Hafen die dem hl. Apollinaris, dem Schutzheiligen der Stadt, errichtete Kirche (San Apollinare in Classe) mit ihren ausdrucksstarken Mosaiken eingeweiht. Mit dem Einzug der Langobarden 751 erlosch der Glanz von Ravenna. In gleicher Weise wie Ravenna war auch die Reichshauptstadt Konstantinopel mit Kirchen und leuchtenden Mosaiken geschmückt; sie fielen alle dem Bildersturm in der orthodoxen Kirche (730 mit Unterbrechungen bis 843) zum Opfer.

So bekannt und berühmt die Kirchen mit ihren Mosaiken in Ravenna sind, so vergessen waren die gleichwertigen christlichen Bauten im syrischen Orient, bis sie durch archäologische Grabungen seit etwa hundert Jahren als Ruinen und Fragmente der Öffentlichkeit wiedergegeben wurden. Erdbeben, Zerstörungen durch Kriegseinwirkungen und Vernichtungen durch fanatische christliche, jüdische und islamische Bilderstürmer hatten sie für Jahrhunderte der Vergessenheit preisgegeben. Inzwischen sind Hunderte von Kirchen aus dem 4. bis 8. Jahrhundert freigelegt worden. Während in Ravenna die oberen Bereiche der Wände und die Apsisgewölbe im Mosaikschmuck leuchten, waren die unteren Teile der Wände und die Fußböden mit Marmorplatten belegt. Derartige genaue Angaben lassen sich für die Kirchen im östlichen Teil des Römischen Reiches mit Sicherheit nicht machen; denn keine einzige (bis auf die Geburtskirche in Bethlehem) hat die Zeiten überdauert, erst recht nicht die Großkirchen der syrischen Hauptstadt Antiocheia (heute: Antakya in der Südosttürkei). Wie jedoch die wenigen Wand- und Apsismosaiken (Bethlehem, Katharinenkloster auf dem Sinai, Marienkirche in Kition auf Zypern) nahelegen, waren auch im syrischen Orient die Wände, Gewölbe und Apsiden mit Mosaiken geschmückt. Darüber hinaus aber - und dies ist ein hervorragendes Kriterium der Kirchen im syrischen Kulturraum - trugen auch die Fußböden erlesene Mosaike; und sie sind es, die die Archäologen erst im 20. Jahrhundert freigelegt haben. Nach dem Vorbild der wohlhabenden gräzisierten aramäischen Bürger und der römischen Großgrundbesitzer in Syrien, die vom 3. Jahrhundert an ihre Villen mit prachtvollen großflächigen Bodenmosaiken ausstatteten, ließen vom 5. Jahrhundert an auch die christlichen Syrer nicht nur für ihre Wohnhäuser, sondern auch für ihre Kirchen und Baptisterien Mosaikböden anfertigen. Wie die vielen Beispiele im einzigartigen Mosaikenmuseum von Antiochien (Antakya), das noch unter französischem Mandat (bis 1939) errichtet wurde, zeigen, änderten sich in den christlichen Villen die Motive: Statt der zuvor beliebten Kriegshandlungen und Gladiatorenspiele bevorzugten die Christen hauptsächlich geometrische und florale Muster in ungezählten Abwandlungen, darunter die Kreuz-Rose oder das Rosen-Kreuz und die kleinen roten Anemonen, die in Jesu Predigt als »Lilien des Feldes« (Mt 6, 28) bezeichnet werden. Wie in der römischen Diözese Oriens (Syrien) wurde die Gepflogenheit, die Fußböden der Gotteshäuser, vor allem der Tauf-kapellen, die als erneuertes Paradies bezeichnet wurden, mit Mosaikmalerei zu versehen, im Norden auch in Kleinasien bis zum Balkan und nach Aquileia hin und im Süden in der Kyrenaika (Libyen) bis nach Africa Proconsolaris (Tu-nesien, Algerien) praktiziert. Einige der syrischen Mosaikböden, die wie große Teppiche wirken, sind noch vollständig aus dem Ruinenschutt zutage geför-dert worden wie z. B. die in der Lot- und Prokop-Kirche am Berg Nebo und in der Stephanus-Kirche von Umm ar-Rasas, beide in Jordanien, der im ehe-maligen Kloster der Stifter Maria und Maximus bei Beth Shean in Israel oder jener der armenischen Polyeuktos-Kirche von Jerusalem, um nur einige Bei-spiele zu nennen. Von anderen Kirchen sind großflächige Fragmente erhalten wie z. B. in der Georgskirche im jordanischen Madaba, das Teile einer Land-karte des Heiligen Landes und seiner um Jerusalem gruppierten Pilgerstätten bietet.

Erwähnt seien noch einige Besonderheiten und Kennzeichen christlicher Kunstwerke jener Epoche. Wenn auch die Darstellungen von blutigen Gla-diatorenspielen und Kentaurenkämpfen in christlichen Kultgebäuden nicht vorkommen, so haben die Christen sich doch nicht gescheut, viele der alten griechischen Mythen in ihre Kunst aufzunehmen, nicht etwa weil sie sich von ihrer heidnischen Vergangenheit nicht leicht lösen konnten, sondern weil sie den interessanten Erzählungen bewußt eine christliche Deutung unterlegten in der Überzeugung, daß Gott auch außerhalb der jüdischen Religion in den heidnischen Lehren stets gegenwärtig gewesen ist, denn der göttliche Logos, »das wahre Licht, das jeden Menschen erleuchtet« (Joh 1, 9), durchflutet alles Suchen nach Erkenntnis und Wahrheit. So erscheint Christus als der göttliche Sänger Orpheus, der mit seinem Lied die vielen und unterschiedlichen heidnischen Völker um sich schart und in seiner Kirche als das neue Gottesvolk vereinigt. Er wird dargestellt als Odysseus am Mastbaum, der die Seefahrt des Lebens bestanden hat und am Mastbaum des Kreuzes den Verlockungen der Sirenen widerstand.

Ein weiteres Element christlicher Kunst ist die Aufgliederung der Darstellung in viele Einzelbilder, die durch geometrische Formen oder durch Rankenwerk voneinander abgegrenzt sind. So entsteht ein ornamentaler Teppich, in den Menschen, Tiere und Früchte eingewebt sind. Schon in der Kaiserzeit des 3. Jahrhunderts wurde die Auflösung in Einzelbilder praktiziert, die wie Medaillons in Kreisen, Sechs- oder Achteckfeldern erscheinen. Diese Technik der Auflösung der Gesamtkomposition kam den Vorstellungen der Christen insofern entgegen, als ihnen nicht daran gelegen war, eine Darstellung von einer Begebenheit im historischen oder mythologischen Sinn zu geben, sondern einen Hinweis auf eine geistige Wirklichkeit zu bezeugen. Deshalb sind auch die vielen Tiere in den teppichartigen Mosaikböden nicht nur als Illustration ihrer Erlebniswelt zu erklären wie etwa die Vogelwelt in der Brotvermehrungskirche von Tabgha am See Genesareth. Darüber hinaus und hauptsächlich sind sie für die frühe Christenheit, die noch symbolisch zu denken geschult war, als Zeichen für religiöse Werte zu verstehen. Neben Gartenfrüchten - vom Kürbis bis zur Traube - und Blumen - von der Anemone bis zur Rose - fanden vor allem friedliche und zahme Tiere, zumeist Vögel, Fische und Haustiere, Eingang in den christlichen Tierpark, Panther und Löwen nur, wenn sie eine besondere Botschaft zu vermitteln hatten.

Bei der Betrachtung der überlieferten Bildwerke darf man nicht außer acht lassen, daß die antike Naturbeobachtung gemessen an unseren wissenschaftlichen Beschreibungen sehr allgemein war und deshalb häufig ungenau in der Darstellung ist. Zudem haben die Mosaizisten zumeist nach Vorlagen in Musterbüchern gearbeitet, die aus den Schulen und Werkstätten von Antiocheia,

Alexandreia und Rom geliefert wurden. Das führte, da die Begabungen nicht von gleicher Höhe waren und auch das farbige Stein- oder Glasmaterial nicht immer ausreichend vorhanden war, gelegentlich zu typisierenden Wiederholungen und zuweilen zu Verflachungen in der Ausdruckskraft.

Zu Zeiten großer Friedensperioden im 5. und 6. Jahrhundert, vor allem unter Kaiser Justinianus (527–565) und seines Restaurationswerkes und der damit gegebenen wirtschaftlichen Prosperität in Syrien, zu einer Zeit, die man als das von den Propheten verheißene Gottesreich auf Erden deutete, wurden viele christliche Kultgebäude errichtet und mit kostbaren Mosaiken ausgestattet. Auch das Judentum im Orient hatte Anteil an diesem Wohlstand. Mosaizisten, offensichtlich aus den führenden Werkstätten von Antiocheia gerufen, wurden zur Ausschmückung der Synagogen herangezogen. So entstanden die prächtigen Fußböden von Hammat bei Tiberias am See Genesareth, von Beth Alpha bei Beth Shean, von Maon bei Gaza, von Jericho und Ein Gedi, um nur einige zu nennen. Auch hier wurden wie bei den Christen griechische mythologische Szenen übernommen; es wurden die Sonne und die Tierkreiszeichen eingebracht und Vögel und friedliche Landtiere wie z. B. Elefanten ins Mosaik umgesetzt. Als bestimmende jüdische Merkzeichen aber erscheinen Thora-Schrein, Menora (Siebenarmiger Leuchter), Widderhorn und Räucherschaufel und als Symbol für den Stamm Juda (der Juden) der Löwe.

Im Jahre 427 hat Kaiser Theodosios II. (408–450) durch Dekret die Darstellung des Kreuzes auf Fußböden verboten, damit niemand das Zeichen des Heiles durch seine Schritte verunehre. »Niemand soll sich unterfangen, das Zeichen des Erlösers Christus, möge es in Stein oder Marmor gehauen oder darauf gemalt sein, zu ebener Erde anzubringen. Das so Vorgefundene soll sogleich entfernt werden und der Betreffende, der Unserem Gesetz entgegenhandelt, den härtesten Strafen unterliegen« (Codex Iustinianus 1, 8, 1). Allgemein wird dieses Dekret herangezogen zur zeitlichen Einordnung der von den

Archäologen freigelegten Kirchen. So weisen Fußböden vor jenem Dekret zahlreiche und zu herrlichen Ornamenten gestaltete Kreuze auf wie der Fußboden einer Kirche, der auf dem Gelände des von deutschen Juden aus Rexingen in Schwaben 1938 gegründeten Kibbuz Shave Zyyon (Rückkehr nach Zion) nördlich von Akko freigelegt wurde. Doch darf man das Dekret des Jahres 427 nicht zur archäologischen Einordnung heranziehen; denn es mag noch eine Weile gedauert haben, bis der kaiserlichen Verfügung überall Folge geleistet wurde. Jedenfalls schärfte das 6. Ökumenische Konzil von Konstantinopel, das sog. Trullanum, von 691/2 im 73. Kanon dieses Verbot unter Androhung des Kirchenausschlusses noch einmal nachdrücklich ein.

Häufige Erdbeben, einige von verheerender Wucht (115 n. Chr., 363, 396, 511, 526, 528, 1157) haben blühende Städte mit ihren Theatern, Thermen und Kirchen in rauchende Trümmerhaufen verwandelt. Die Wirkung eines solchen Erdbebens im Jahre 396 auf die Menschen in Edessa und Umgebung (im Norden Syriens unterhalb des Taurus-Gebirges) beschreibt Kyrillonas in einem seiner Lehrgedichte zum Allerheiligenfest, das die östliche Christenheit am Sonntag nach Pfingsten feiert:

Mehrtägiges Erdbeben - Schrecken und Segen
Es bebte die Erde, als sich von ihr deine schützende Hand zurückzog.
Die Gebäude stürzten ein, weil deine Gnade sich abwandte.
Türme und Mauern zerstörte dein Befehl;
Tempel und Kirchen stürzte dein Wille.
Die Erde verschlang ihre Kinder lebendig,
und die Berge wichen von ihrer Stelle.
Dein Wille, der sie eingepflanzt hatte, hielt sie schwebend;
deine Allmacht, die sie gegründet hatte, trieb sie hinweg.
Aus den Wänden heraus ächzten die Steine,
und auf den Straßen schrien die Menschen.

Das heitere Sonnenlicht verfinsterte sich am Tage
und ward zur Nacht, zum finsteren Grabe.
Der Schlaf entfloh den Augen,
und die Menschen verließen ihre Wohnungen.
Deine Kirchen wurden wie Krüge gefüllt
von unzähligen Scharen, welche sahen,
wie dein Bogen, das Erdbeben, gespannt
und dein Zorn gleich einem Schwert gezückt war.
Da eilten herbei, um durch die Taufe Schutz zu finden,
selbst die, welche weit entfernt wohnten;
sie kamen zur Taufe und fanden Rettung;
sie nahmen ihre Zuflucht zum Kreuz, und der Zorn Gottes ließ nach.
Da ging der König neben dem Bettler
und bat den Höchsten um Erbarmen;
er verdemütigte sich und legte seine Prachtgewänder ab,
er weinte, seufzte und vergoß Tränen.
Der Schöpfer sah es und beschleunigte sein Erbarmen,
zog hinweg seinen Zorn gleich einem Gewölk
und vertrieb das Erdbeben gleich einem Schatten.
Er nahm das von ihren Zungen gespendete Lob an
und entsandte Erbarmen zur Rettung des Lebens.
Und nun, Herr, laß es genug sein mit diesen Züchtigungen
und leiste dir selbst Sühne für deine Geschöpfe!
Aus Erbarmen hast du im Anfang die Erde gegründet,
aus Liebe hat deine Hand den Menschen gebildet.
Da du ihn hervorgebracht hast, erdulde ihn jetzt auch;
der Vater erträgt ja auch die von seinem Sohn ihm zugefügte Schmach,
und die Mutter nimmt hin die harten Reden ihrer Kinder,
so auch Gott die Sünden der Menschen.

Kyrillonas: Bittgesang im Jahr 396 am Allerheiligenfest; 452-518.538 - 550; BKV 6,17-19

Auch kriegerische Auseinandersetzungen zwischen Römern (Byzantinern) und Persern und deren Invasionen in die Provinz Oriens in den Jahren 540 und 573 und ihre länger andauernde Besetzung Syriens und Palästinas (613–628) und die von ihnen und ihren jüdischen Hilfstruppen vollzogene Brandschatzung der Städte und Klöster und die Zerstörung der Kirchen haben der christlichen Bevölkerung schwere Leiden zugefügt. Einzig die Geburtskirche von Bethlehem wurde damals nicht angetastet, da eines ihrer Mosaike die Huldigung der in persischer Kleidung abgebildeten Magier vor dem Jesuskind darstellte. Die nach dem Sieg über die Perser eingeleitete Aufbauphase währte nur kurz. Denn nach der Eroberung Syriens durch die islamischen Araber (Damaskus fiel 636, Jerusalem 638) gerieten die Christen in noch größere religiöse Bedrängnisse und wirtschaftliche Not durch harten Steuerdruck. Schließlich wurde ihnen durch Verbot des Kalifen Yazid II. von Damaskus im Jahr 721 untersagt, ihre verbliebenen Gotteshäuser mit figürlichen Darstellungen zu schmücken; die vorhandenen mußten zerstört werden. Geduldet wurden nur wie bei der Ausschmückung der Moscheen florale und geometrische Schmuckbänder. Einen Rückhalt im Römischen Reich konnten Syriens Christen nicht erwarten; dort hatte unter dem Einfluß des Islam und unter Rückbesinnung auf das alttestamentliche Bilderverbot Kaiser Leon III. (717–741) den christlichen Bilderkult ebenfalls als Rückfall in den Götzendienst erklärt. Erst das 7. Ökumenische Konzil im Jahre 787 überwand den Ikonoklasmus; er dauerte allerdings noch bis zum Jahr 843 an, als Kaiserin Theodora durch Synodalbeschluß die Bilderverehrung als orthodoxe Glaubenspraxis bestätigen ließ. Während im Oströmischen Reich die kirchliche Bilderkunst zu neuer Blüte erwachte, war der religiösen Kunst in Syrien-Palästina ein frühes und dauerndes Ende bereitet. Heute bieten die christlichen Gemeinden in islamischer wie in jüdischer Umgebung nur ein schwaches Spiegelbild ihres glanzvollen Beginns. Doch aus den Trümmerhaufen der Geschichte lassen die Archäologen und die Phantasie der Besucher Bildzeugnisse von erhabener Schönheit entstehen.

DICHTER UND DICHTUNGEN -
DIE LITERARISCHEN QUELLEN

Geprägt vom Geist der jüdischen Psalmentradition, waren auch die früh-christlichen Gemeinden eine singende Kirche. Einige hymnische Texte hat uns das Neue Testament überliefert wie z. B. das paulinische Hohelied der Liebe (1 Kor 13), das Loblied auf Gottes Heilsplan im Epheserbrief (1, 3 - 14), die Christus-Hymnen im Philipperbrief (2, 6 - 11) und im 1. Timotheusbrief (3, 16) und den marianischen Gemeindegesang, mit dem das Lukasevangelium beginnt (1, 46 - 55). Insbesondere die Christen der syrisch-palästinensischen Kirche, deren Gemeinden außerordentlich lebendig und phantasiebegabt waren, haben nach der Aufforderung des Kolosserbriefes: »Singt Gott in euren Herzen Psalmen, Hymnen und Lieder, wie sie der Geist eingibt; denn ihr seid in Gottes Gnade« (3, 16) eine kaum überschaubare Anzahl geistlicher Lieder geschaffen. Wie schon der alttestamentliche Gottesdienst in Tempel und Synagoge durch Psalmengesang und Festtagslieder zu einem feierlichen Erlebnis gestaltet war, haben auch die christlichen Dichter in dieser Tradition für die kirchlichen Festzeiten Gesänge geschaffen. Griechische und syrische Stimmen in den Kirchen von Jerusalem, Antiochien und Edessa sind es, die den gewaltigen vielsprachigen Chor ins Leben riefen und durch Jahrhunderte begleiteten. Eine stattliche Anzahl ihrer Lieder finden sich noch heute in den liturgischen Büchern der syrischen und der griechisch-orthodoxen Kirche, und es ist unverkennbar, daß auch die orthodoxe Liturgie ihre Wurzeln im christlichen griechisch-syrischen Kulturraum hat. Auch gnostische Lieder, die wie z. B. die Oden Salomos in der Frühzeit der syrischen Kirche gedichtet wurden, gehören zum Bestand der christlichen Tradition in Syrien, wenngleich später die Kirche sie aus ihrem Liedgut verbannt hat.
Entsprechend der Bevölkerungsstruktur dieses Landes, das in den Küstenregionen und den größeren Städten Griechisch sprechende und im Hinterland

verschiedene syrisch-aramäische Dialekte sprechende Gemeinden aufwies, wurden im römischen Herrschaftsgebiet die kirchlichen Lieder griechisch oder westsyrisch bzw. westaramäisch und unter persischer Herrschaft im Zweistromland von Euphrat und Tigris ostsyrisch bzw. ostaramäisch verfaßt. In der Zeit des Hellenismus bis zum Ende des 3. Jahrhunderts etwa wurden hymnische Texte sowohl in griechischer wie syrischer Sprache verfaßt und jeweils auch in die andere Sprache übertragen. Danach bestimmte für zwei Jahrhunderte die semitische Bevölkerung das kulturelle Leben und das liturgische Geschehen und verschaffte den syrisch-aramäischen Dichtungen breiteren Raum in den Liturgien. Der Dialog und die gegenseitige kulturelle Beeinflussung der beiden Bevölkerungsteile blieben aber stets lebendig, wie der Austausch des Bilderreichtums ihrer Dichtungen bezeugt. Vom 6. Jahrhundert an ist unter dem Einfluß Konstantinopels, des Oströmischen Kaisers und des Ökumenischen Patriarchen, eine griechische Renaissance in Syrien zu beobachten, und die bedeutendsten Hymnographen der orthodoxen Kirche hatten ihre Heimat in Syrien und Palästina. Unter dem religiösen und politischen Druck der muslimischen Araber vom 8. Jahrhundert an und der türkischen Eroberer vom 14. Jahrhundert an wurden die Syrisch oder Griechisch sprechenden Bevölkerungsgruppen und ihre nationalen Kirchen immer mehr ihrer Rechte beraubt, bis ihre einst so reiche Kultur in Bedeutungslosigkeit versank. Die Sammlung von Texten der religiösen Poesie in diesem Buch enthält gleicherweise Hymnen im eigentlichen Sinn, aber auch Lieder, Gebete, (Lehr)gedichte und hymnische Predigten. Die ungeheure Fülle der tradierten Texte macht eine Auswahl notwendig und zuweilen eine Kürzung sinnvoll. Die Überschriften über den Dichtungen wurden aus ihrem Inhalt hergeleitet.

Frühe griechische und syrische Dichtungen

Ignatios von Antiochien (Antiocheia) eröffnet den großen Reigen der syrischen Hymnendichter griechischer Zunge. Er war der zweite Bischof dieser Stadt und wurde als Repräsentant des syrischen Christentums während einer lokalen Verfolgung unter Kaiser Trajan auf dem Land- und Seeweg nach Rom verbracht, wo er um 110 in der Arena von wilden Tieren zerrissen wurde. Während des Gefangenentransportes suchte er unterwegs Kontakte zu christlichen Gemeinden und schrieb von Smyrna (heute Izmir) aus Briefe an die kleinasiatischen Gemeinden von Ephesus, Magnesia und Tralles, in denen er sich für ihre Fürsorge auf seinem Leidensweg bedankt, und einen vierten an die Gemeinde von Rom, die er bittet, nichts für seine Freilassung zu unternehmen, damit er nicht des Martyriums verlustig gehe. Als Ignatios in Troas vor der Überfahrt nach Europa die Nachricht erhielt, daß die Verfolgungen in seiner Heimat aufgehört hatten, bat er in zwei Briefen an die Gemeinden von Philadelphia und Smyrna und in einem dritten an Polykarpos, den Bischof von Smyrna, seiner Gemeinde in Antiochien Glückwünsche für den erlangten Frieden überbringen zu lassen. Die sieben Briefe des Ignatios sind geprägt von einer tiefen Glaubensüberzeugung und von der Sehnsucht nach dem Martyrium, um mit Christus vereint zu werden.

Im Brief an die Gemeinde von Smyrna (8, 2) findet sich zum ersten Mal die Bezeichnung »katholische Kirche«, mit der er die Gesamtheit aller Gläubigen und die Universalität der Kirche Christi zum Ausdruck bringt. Die Briefe machen zudem deutlich, daß die Gemeinden von Bischöfen geleitet werden, denen Priester und Diakone zur Seite stehen. Die Gemeinde von Rom bedenkt Ignatios mit außergewöhnlich feierlichen Ehrenbezeichnungen und bescheinigt ihr in der Anrede, daß »sie den Vorrang in der Liebe« hat, ein Ausdruck, der zuweilen auch mit »Vorsteherin im Liebesbund« übersetzt wird. Petrus und Paulus werden als Autoritäten in Rom erwähnt und damit indirekt ihr

Aufenthalt und Wirken dort bezeugt (Röm 4, 3). Den Stil der Briefe kennzeichnet kraftvolle Rhetorik und kunstvolle Poesie; besonders im Brief an die Römer wird dies deutlich.

Die *Didaché* (Unterweisung, Lehre) basiert auf der jüdischen Lehre von den zwei Wegen, die der Unterweisung jener Heiden gedient hatte, die sich der jüdischen Gemeinde anschließen wollten. Die Veränderung des Titels (Lehre des Herrn durch die zwölf Apostel für die Heiden, kurz: Apostellehre) und Erweiterungen im Text machten sie für das frühe Christentum brauchbar. Dem Text der Zweiwegelehre wurden sodann liturgische Anweisungen für die Taufe, für Fasten und Beten, für die Danksagung und die Sonntagsfeier, aber auch Bestimmungen über christliche Lehrer und Propheten und zur Bestellung von Bischöfen und Diakonen angefügt. Die christliche Didaché ist in der ersten Hälfte des 2. Jahrhunderts in Syrien-Palästina entstanden; sie diente im 4. Jahrhundert als Grundstock für das 7. Buch der sog. Apostolischen Konstitutionen mit seinen Anweisungen für das christliche Leben und die liturgischen Feiern.

Die (sog.) *Oden Salomos* sind Zeugnisse frühchristlicher Dichtung und Mystik des syrisch-hellenistischen Kulturraumes, die trotz des Ansehens, das sie in christlichen Kreisen besaßen, schließlich von der Kirche wegen ihres gnostischen Gedankengutes als apokryph verworfen wurden. Entstanden im 2. Jahrhundert, alttestamentliche Psalmenbilder aufgreifend und versehen mit Gedanken aus der Erlösungstheologie des Johannesevangeliums und der spätpaulinischen Briefe, preisen die 42 Oden, dem königlichen Dichter Salomo zugeschrieben, um ihnen größeres Gewicht zu verleihen, die mystische Vereinigung des Beters mit dem Weltenschöpfer und dem von ihm gesandten Erlöser. Die Vereinigung erfolgt durch Selbstidentifikation des Gläubigen mit dem geliebten Retter. Die Motive des Aufstieges der Seele zur göttlichen Ruhe und Seligkeit, ihrer Bedrohung auf dem Weg durch Irrungen und Dämonen und ihres sicheren Geleites in der Obhut der Wahrheit, die sich schon in orientalischen Religionen finden, sind schließlich eingegangen in die Sterbeliturgien der östlichen Kirchen. Mit ihrer orientalischen rhythmischen Sprache und der Parallelität der Gedanken in Doppelversen waren sie einst in der liturgischen Feier beheimatet, wo sowohl der Herr und Erlöser zur Gemeinde spricht als auch der einzelne wie die Gemeinde die geschenkte Erlösung enthusiastisch preisen und mit einem Halleluja antworten.

Die Dichtung läßt sich keinem der bekannten gnostischen Systeme zuordnen. Anklänge an die geschichtlichen Ereignisse der Evangelientradition sind recht blaß und wenig konkret, zugleich aber bieten sie mystisches und mythisches Gedankengut. Diese Ungeschichtlichkeit des Rahmens wie der Inhalte führte wohl dazu, daß die Kirche diese Gesänge abgelehnt hat. Gleichwohl sind sie wertvolle Zeugnisse der frühen Mystik des Christentums.

Die apokryphen *Johannes-Akten* sind im 2./3. Jahrhundert im syrisch-kleinasiatischen Raum entstanden und wollen in stark gnostisch geprägter Anschauung den Apostel Johannes, seine Wundertaten in Ephesus und seinen Tod verherrlichen. Daß diese legendäre Erzählung sehr beliebt war, bezeugen ihre weite Verbreitung und ihre Übersetzung in zahlreiche orientalische Sprachen und ins Lateinische. Erst das 7. Ökumenische Konzil von Nikaia (Nizäa) verbot 787 wegen der phantastischen Darstellungen und der gnostischen Lehre ihre weitere Verbreitung. Erhalten sind deshalb nur große Fragmentstücke in Übersetzungen.

Die apokryphen *Thomas-Akten* haben ihren Ursprung in gnostischen Kreisen und wurden zu Beginn des 3. Jahrhunderts syrisch verfaßt. Der Urtext ist nicht mehr erhalten, wohl aber mehrere Bearbeitungen aus späterer Zeit in syrischer, griechischer, lateinischer, armenischer und äthiopischer Sprache, was für ihre weite Verbreitung und große Beliebtheit spricht. Die überlieferten Bearbeitungen, in denen die gnostischen Elemente zurücktreten, dienen der Verherrlichung des Apostels Thomas; sie erzählen in legendärer Weise von seinen Wundertaten und seiner Missionsreise bis in den Nordwesten Indiens, wo er den Martyrertod erlitt. Eingewoben in die Akten sind liturgische Texte zu Taufe und Eucharistie und zwei Hymnen, das Hochzeitslied und das Perlenlied, in denen die gnostische Erlösungslehre zum Ausdruck kommt. Zu beachten ist, daß der Heilige Geist im Hebräischen wie im Syrischen in weiblicher Form als die Ruach bezeichnet wird, was später Muhammad als Göttin neben Gott mißverstand und deswegen den Christen im Koran den Vorwurf macht, daß sie Gott eine Frau und einen Sohn zur Seite stellen und ihm eine Familie andichten.

Der *Physiologus* (der Naturkundige) ist eine hellenistische Beschreibung von Naturerscheinungen und ihre frühchristliche Deutung in allegorischer Weise. Diese bereits gegen Ende des 2. Jahrhunderts entstandene und bis zum 4. Jahrhundert erweiterte Darstellung von seltsamen, staunenswerten Verhaltensweisen bei Tieren, Pflanzen und Steinen und ihre Übertragung auf Christus und die Christen war für die katechetische Arbeit erstellt worden. Die Prediger konnten auf bemerkenswerte Erscheinungen in der Natur verweisen, die dem Verständnis einer vorwissenschaftlichen Zeit durchaus einleuchtend waren, um daran die Mysterien Christi und der Kirche zu erläutern. Der Physiologus war in der alten Kirche sehr beliebt und wurde in zahlreiche Sprachen übersetzt, ins Deutsche schon im 11./12. Jahrhundert. Einem naturkundlichen Teil schließen sich zumeist eine oder mehrere dogmatische oder moralische Auslegungen an, die durch Bibelzitate erhärtet werden. Als katechetisches Buch, dessen Entstehung in Syrien oder Alexandrien angenommen wird, ist der Physiologus stets neuen Problemen angepaßt und dementsprechend verändert worden, so daß aus der griechisch abgefaßten Schrift mit ursprünglich 48 Kapiteln schließlich ein vielschichtiges Werk mit 84 Kapiteln wurde, allerdings mit vielen Dubletten. Die von Ursula Treu besorgte deutsche Ausgabe (Hanau 1981) bietet die sorgfältigste Übersetzung ohne die Doppeltexte. Hauptsächlich der Physiologus wird neben anderen Überlieferungen in diesem Werk zur Deutung der antiken Tierwelt herangezogen.

Die *Jakobus-Liturgie* ist ein palästinensischer Liturgietext aus der 2. Hälfte des 3. Jahrhunderts, der weite Verbreitung fand, da er als Göttliche Liturgie des heiligen Apostels Jakobus, des Herrenbruders und ersten Bischofs von Jerusalem, wie der volle Titel lautet, angesehen wurde. Die eindringlichen Fürbitten für Verfolgte, Verbannte, Gefolterte und Versklavte sind als Antwort der Gemeinde auf die staatlichen Maßnahmen gegen die Kirche und ihre Mitglieder anzusehen und spiegeln die Christenverfolgungen unter den Kaisern Diokletian und Galerius zwischen 303 und 313 wider. Die ursprüngliche Version war griechisch und fand von Jerusalem aus in den Westen bis in das griechische Unteritalien Verbreitung; von ihr leiten sich die slawische und georgische Fassung ab. Allmählich hat aber die Liturgie der Hauptstadt Konstantinopel, die sog. Chrysostomos - Liturgie, die Jakobus - Liturgie beeinflußt und schließlich verdrängt. Im 6. Jahrhundert wurde der griechische Text jedoch ins Syrische übersetzt. Von dieser syrischen Rezension, die trotz vieler sprachlicher Umformungen bis heute in den Syrischen Kirchen erhalten geblieben ist und die wiederum für weitere syrische Liturgieformulare als Vorlage gedient hat, stammen die armenische, koptische und äthiopische Fassung ab.

Die (sog.) *Apostolischen Konstitutionen* (Anordnungen der heiligen Apostel) sind eine acht Bücher umfassende kirchenrechtlich - liturgische Sammlung. Die ersten sechs Bücher sind der Zeit angepaßte Ergänzungen der Didaskalia, einer Kirchenordnung für heidenchristliche Gemeinden in Syrien aus dem 3. Jahrhundert. Das 7. Buch ist eine Erweiterung der Didaché, der sich eine beachtliche Sammlung von Gebetstexten anschließt. Das 8. Buch bietet Formulare für kirchliche Weihen und die älteste überlieferte Meßliturgie, dazu Bestimmungen für kirchliche Stände und Feiertage. Angefügt sind 85 Apostolische Kanones in Form von Synodalbeschlüssen, die Wahl, Weihe und Aufgaben des Klerus betreffen. Die acht Bücher der Apostolischen Konstitutionen sind wohl um 380 in Syrien entstanden. Das griechisch überlieferte Werk wurde wegen seiner arianischen Einflüsse auf der Trullanischen Synode 692 als

häretisch verworfen; nur die 85 Apostolischen Kanones gingen in die Rechtsordnung der orthodoxen Kirche ein.

Syrische Dichter

Ephräm mit dem Beinamen *der Syrer* eröffnet den Chor syrisch - westaramäi-
scher Hymnendichter. Allerdings sind über den größten Meister altsyrischer
Kirchendichtung nur wenig gesicherte Fakten bekannt. Um 306 wurde er in
Nisibis in Nordostsyrien geboren und wirkte als Diakon und Katechet in seiner Heimatstadt. Als diese 363 von den Persern erobert wurde, verließ er sie
mit vielen Christen und setzte sein Wirken in Edessa (heute Urfa in der Südosttürkei) im römischen Reichsgebiet fort; dort starb er 373. Als Exeget, Prediger, Hymnograph und Kämpfer gegen die arianische Irrlehre schuf er eine überaus große Anzahl von Lehrgedichten und Hymnen, die schon sehr früh ins
Griechische und in andere Sprachen übersetzt wurden. Obwohl er nur syrisch
sprach und schrieb, erwarb er sich im Morgen- wie im Abendland schnell Be-
wunderung und Anerkennung, so daß viele Legenden seine kargen Lebensdaten bereicherten. In rhetorisch - poetischer Wortfülle verkündet er die biblisch - theologische Lehre der Kirche, wobei die einzelnen Strophen der Hymnen, beladen mit vielerlei Gedanken und Bildern, oft nur lose miteinander verknüpft wurden und selten einen thematisch einheitlichen Gedankengang enthalten oder entfalten. Der Fülle seiner Lieder entsprechend kommt der frucht-
barste aller syrischen Hymnographen in dieser Anthologie angemessen zu
Wort.

Zu den großen Martyrergestalten der ostsyrisch-persischen Kirche gehört
Simon bar Sabbaë, er war Bischof von Seleukeia-Ktesiphon am Euphrat und
Oberhaupt (Katholikos) der nestorianischen Kirche unter der Regierung des

persischen Königs Schapur II. (309–379). Dieser tatkräftige Sassanidenherrscher drang weit nach Westen vor und entriß den Römern die Provinzen in Ostsyrien und Armenien. Seit 342 verfolgte er die Christen, da er sie für Parteigänger des römischen Westens hielt und sie nicht dem alten persischen Sonnen- und Feuerkult huldigten. Als Bischof Simon sich weigerte, von den Christen doppeltes Kopfgeld als Steuer einzutreiben, wurde er um 344 hingerichtet. Auch seine beiden Nachfolger erlitten mit vielen tausenden Gläubigen das Martyrium. Überliefert ist von Simon und seinen Gefährten eine später verfaßte Leidenserzählung (Passio), die einige ergreifende Gebete enthält.

Über den syrischen Dichter *Kyrillonas* hat sich kaum eine verwertbare Nachricht erhalten; nur sechs von ihm verfaßte Gedichte tragen seinen Namen. Seine Heimat war wahrscheinlich Edessa im Norden Syriens (heute Urfa in der Südosttürkei), wo er als Diakon oder Priester wirkte. Das einzig gesicherte Datum in seiner Biographie ist das Jahr 396, in dem die Hunnen Kappadokien, Syrien und Persien durchstreiften und verwüsteten. Diesen drohenden Hunneneinfall erwähnt Kyrillonas in einem seiner Lehrgedichte.

Rabbula (griech.: Rabulas) ließ sich erst um 400 als Erwachsener während einer Pilgerfahrt ins Heilige Land taufen. Er wurde Mönch und 412 zum Bischof von Edessa (heute: Urfa in der Südosttürkei) geweiht. Für Priester und Mönche verfaßte er Lebensregeln, die überliefert sind, während seine umfangreiche Korrespondenz mit Kaisern, Bischöfen und Mönchen nur fragmentarisch vorliegt. Auch einige Hymnen für die syrische Liturgie, die er zum Teil aus dem Griechischen übersetzte, sind erhalten. Er starb 436.

Balai (griech.: Balaios, lat. Balaeus) war wahrscheinlich Bischof für die ländlichen Gebiete um Beröa (heute: Aleppo) in Nordsyrien. Er wirkte in der ersten Hälfte des 5. Jahrhunderts und war ein erfolgreicher Hymnograph; u. a.

verfaßte er fünf Loblieder auf seinen 432 verstorbenen Oberbischof Akakios von Beröa. Viele seiner hymnischen Gebete fanden Aufnahme in den liturgischen Büchern der syrischen Kirche. Er starb um 460.

Isaak von Antiochien, wegen seiner Bedeutung für die syrische Literatur von den Syrern auch Isaak der Große genannt, läßt sich unter mehreren Trägern dieses Namens nicht mit Sicherheit identifizieren. Wahrscheinlich wurde er in Amida in Nordsyrien (heute: Diyarbakir in der Osttürkei) geboren. Nach einem Studium in Edessa sei er nach Antiocheia gegangen, wo er in einem Kloster als Priestermönch gewirkt und ein asketisches Leben geführt habe. Um 460 ist er wohl gestorben. Seine ihm zugeschriebenen Homilien sind in Versform abgefaßt.

Jakob von Batna, auch Jakob von Sarug genannt, wurde um 451 in Kurtam am oberen Euphrat im Gebiet von Sarug geboren. (Später wurde der Name der Landschaft Sarug mit dem Namen der Stadt Batna gleichgesetzt.) Viele Jahre wirkte Jakob in Vertretung des Bischofs von Edessa (heute: Urfa in der Südosttürkei) als Landbischof (Chorbischof) unter der Land- und Nomadenbevölkerung seiner Heimat, bis er 519 zum Bischof von Batna bei Edessa gewählt wurde. Ihm werden zahlreiche Briefe zugeschrieben, dazu viele Homilien, von denen einige in Gedichtform abgefaßt sind. Die Erhabenheit der Gedanken und die Schönheit des Stils trugen ihm bei den Syrern den Beinamen Flöte des Heiligen Geistes und Harfe der Kirche ein. Nach zweieinhalb Jahren im bischöflichen Amt starb Jakob 521 in Batna.

Isaak von Ninive, ein asketischer und mystisch begabter Ostsyrer, verzichtete nach fünf Monaten Amtszeit im Jahr 661 auf sein Bistum Ninive und zog sich in das westpersische Gebirgsland zurück, wo er als Einsiedler und Mönch lebte; gegen Ende des 7. Jahrhunderts starb er. Er folgte der Lehre des Nestorios, nach der die göttliche und menschliche Natur in Christus nicht geeint

84

sind und Maria deshalb nicht als Gottesgebärerin bezeichnet werden kann, da sie nur den Menschen Christus geboren habe. Ein umfangreicher literarischer Nachlaß, der unter dem Namen Isaaks überliefert ist, läßt sich nur schwer einordnen, da es mehrere Autoren gleichen Namens gegeben hat.

Johannes von Dalyatha und *Josef Hazzaya* (der Seher), zwei ostsyrische Mönche und Schriftsteller des 8. Jahrhunderts, stehen in der asketischen und mystischen Nachfolge des Isaak von Ninive. Aufgewachsen in Ostsyrien im Gebiet des oberen Tigris, das vom persischen Mazdaismus mit seinem Feuerkult geprägt war und seit 640 unter der Herrschaft der islamisch-arabischen Eroberer stand, haben sie durch ihr seelsorgerisches Wirken und ihre schriftstellerische Arbeit wie Isaak von Ninive die geistigen Grundlagen dafür gelegt, daß die ostsyrische, vom Mönchtum getragene Kirche in den folgenden Jahrhunderten nicht nur lebendig blieb, sondern mit starken missionarischen Kräften das Christentum bis nach Indien, in die Mongolei und nach China trug. Ihre Schriften und Gebete sind durchdrungen von tiefer mystischer Christusfrömmigkeit.

Späte griechische Hymnen und Hymnographen

Aus der *Jerusalemer Liturgie* sind einige Gesänge überliefert im Großen Lektionar, das, ursprünglich entsprechend der Liturgiesprache Jerusalems griechisch verfaßt, in einer georgischen Version des 10. Jahrhunderts erhalten blieb. Seit dem 4. Jahrhundert war Jerusalem das bedeutendste liturgische Zentrum im syrisch-palästinensischen Orient, bis vom 10. Jahrhundert an die Liturgie von Konstantinopel für das orthodoxe Syrien und für Jerusalem verbindlich wurde. Helmut Leeb hat die zahlreichen Jerusalemer Gesänge aus dem georgischen Lektionar in deutscher Sprache vorgelegt (Die Gesänge im

Gemeindegottesdienst von Jerusalem, Wien 1970). Einige der Gesänge Jerusalems haben auch Aufnahme gefunden im Stundengebet der Kirche von Konstantinopel, dort sind sie bekannt unter dem Begriff *Hypakoe* (Hypakoi, Hinhören), als kurze Gesänge, die im Morgenlob (Orthros) an Sonntagen und einigen Herrenfesten erklingen.

Romanos, genannt der Sänger (der Melode), gegen Ende des 5. Jahrhunderts wahrscheinlich aus jüdischer Familie in Emesa (heute: Homs) in Syrien geboren, war zunächst Diakon in Berytos (heute: Beirut, Libanon) und kam zwischen 491 und 518 als Diakon in die Hauptstadt Konstantinopel, wo er der Legende nach in einer Weihnachtsnacht von Maria selbst die Gabe der Dichtkunst empfing und unmittelbar darauf in der Liturgie sein berühmtes Lied: »Die Jungfrau gebiert heute« sang. Er gilt als der bedeutendste Verfasser von Kontakien (Kurzpredigten in Hymnenform), die für die kirchlichen Feste gedichtet wurden und Leben und Wirken Christi und biblischer und kirchlicher Heiliger zum Inhalt haben. Die Erhabenheit der Gedanken, die reiche Bildersprache und die kunstvolle Form erweisen Romanos als einen der größten Hymnendichter. Unter syrischem Einfluß entstanden, fanden seine Kontakien zahlreich Eingang in Liturgie und Stundengebet der griechischen Kirche. Wahrscheinlich stammt auch der berühmte griechische Akathistos-Hymnos zu Ehren der Gottesgebärerin Maria aus der Feder Romanos. Um 560 starb er in Konstantinopel.

Sophronios, in Damaskus geboren, war zunächst Lehrer für Rhetorik, bevor er als Mönch in das Theodosios-Kloster bei Bethlehem eintrat. Er unternahm Reisen nach Ägypten, Rom und Konstantinopel. Eine Reihe von Homilien und von Predigten zu Ehren der Heiligen hat er verfaßt, ebenso auch Gesänge (Oden) auf die heiligen Stätten in Jerusalem und Bethlehem. Die große Doxologie zur Weihe des Wassers am 6. Januar trägt seinen Namen. Im Jahre 614 erlebte er die Eroberung des Heiligen Landes durch die Perser und die Zerstörung der Kirchen durch die mit ihnen verbündeten Juden. Die persische Herrschaft dauerte bis 627; danach bemühte sich Sophronios um den Wiederaufbau der heiligen Stätten. Dank seines Einsatzes wurde er 634 zum Patriarchen von Jerusalem erhoben. Doch schon 637 wehte über vielen Städten des Heiligen Landes die Fahne des Propheten Muhammad. Jerusalem fiel 638 nach einjähriger Belagerung durch den Kalifen Umar in die Hände der arabischen Muslime. Im gleichen Jahr ist Sophronios gestorben.

Andreas von Kreta, geboren um 660 in Damaskus, wirkte zunächst als Mönch und Diakon im Kloster des heiligen Grabes zu Jerusalem; deshalb auch Andreas von Jerusalem genannt. Im Jahr 685 ging er nach Konstantinopel und machte sich einen Namen als Verteidiger der orthodoxen Bilderverehrung, bis er 692 zum Erzbischof von Gortyna auf Kreta berufen wurde. Zahlreiche Predigten erweisen ihn als hervorragenden Redner und seine Dichtungen von liturgischen Kanones (Gesänge aus mehreren Oden) und Idiomela (kurze Lieder mit eigener Melodie) als bildreichen und wortgewaltigen Dichter, dessen Schöpfungen bald Eingang fanden in Liturgie und Stundengebet der griechischen Kirche. Andreas starb um 740.

Mit Johannes von Damaskus beginnt der Ausklang der griechischen patristischen Vätertradition im syrischen Raum. Er wurde um 650 geboren und stammte aus einer vornehmen arabisch-christlichen Familie. Er wirkte zunächst als Mitarbeiter seines Vaters, der am Hof des Kalifen zu Damaskus Finanzminister war. Als der islamische Druck gegen die Christen wegen ihres praktizierten Glaubens und der Bildausschmückung in ihren Kirchen stärker wurde, zog sich Johannes mit seinem Adoptivbruder Kosmas um 700 in das heute noch bestehende Mar-Saba-Kloster bei Bethlehem als Mönch zurück; dort empfing er auch die Priesterweihe. Als Schriftsteller, Hymnograph und Gelehrter weit bekannt und hoch geschätzt, wurde er Ratgeber verschiedener Bischöfe. Er gilt als der größte Theologe seiner Zeit, wenn er auch als treuer

Hüter der Tradition seinen programmatischen Grundsatz, nichts Eigenes sagen zu wollen, wahrmachte. Sein Hauptwerk »Quelle der Erkenntnis« hatte als theologische Summe großen Einfluß auf die spätere Theologie der östlichen und westlichen Kirche. Im 3. Teil dieses Werkes legt er in hundert Kapiteln den »Orthodoxen Glauben« der griechischen Väter dar. Seine drei berühmten Reden gegen die Bilderfeinde wurden mit ihrer theologischen Argumentation maßgebend für die Theologie der Bilderfreunde. Viele asketische und hagiographische Texte, u. a. der Mönchsroman »Barlaam und Joasaph«, in den das Leben Buddhas eingewoben ist, entstammen seiner Feder. Sein dichterisches Schaffen hat in den gottesdienstlichen Büchern der orthodoxen Kirche ihren Niederschlag gefunden. Johannes starb im hohen Alter von etwa 104 Jahren.

Über des Johannes von Damaskus Adoptivbruder *Kosmas* besitzen wir keine gesicherten Lebensdaten, außer daß er mit jenem um 700 in das Mar-Saba-Kloster als Mönch eintrat und später Bischof von Majûma bei Gaza in Palästina wurde. Wegen seiner umfangreichen Dichtung erhielt er den Beinamen Melode (Sänger). Nach dem Vorbild des Andreas von Kreta (oder: von Jerusalem) schuf er wie sein Bruder Johannes zahlreiche Kanones und Idiomela, die in den liturgischen Büchern der orthodoxen Kirche seinen Namen tragen. Trotz vieler Künsteleien im Versbau gilt er als der berühmteste spätgriechische Hymnograph.

Mit *Theophanes* erreicht die hymnographische Tradition griechischer Dichter aus Syrien ihr Ende. Um 755 geboren, wurde Theophanes zunächst Mönch im Mar-Saba-Kloster bei Bethlehem. Mit seinem Bruder Theodoros, ebenfalls dort Mönch, ging er um 813 nach Konstantinopel, wo sich beide energisch für die orthodoxe Bildverehrung einsetzten. Zur Strafe und Abschreckung ließ ihnen der bilderfeindliche Kaiser Theophilos Spottverse in die Stirn einbrennen; daher beider Beinamen Graptos (Gezeichneter). Nach Beendigung des Bilderstreites 843 durch die Kaiserin Theodora wurde Theophanes Graptos

Bischof von Nikaia (Nizäa, heute: Iznik, Nordwesttürkei), wo er 845 starb. Ihm verdanken wir viele Kanones (Liedersammlungen für den Abend- und Morgengottesdienst) und Idiomela (Lieder mit eigener Melodie).

MOSAIKE UND HYMNEN

Die Heilige Stadt Jerusalem

Jerusalem aus der Vogelperspektive,
Georgskirche in Madaba, Jordanien, 2. Hälfte des 6. Jahrhunderts

Jericho und der Jordan

Jericho und der Jordan aus der Vogelperspektive,
Georgskirche in Madaba, Jordanien, 2. Hälfte des 6. Jahrhunderts

Die Heilige Stadt

Hagiapolis, Heilige Stadt Jerusalem,
Stephanuskirche in Umm ar-Rasas, Jordanien, um 785

4. TAFEL:

Hafenstadt Askalon

Askalon,
Stephanuskirche in Umm ar-Rasas, Jordanien, um 785

5. TAFEL:

Winzer und Steppenwolf

Winzer erwehrt sich eines Steppenwolfes,
Lot- und Prokop-Kirche in Khirbet al-Mukhayyat am Berg Nebo, Jordanien, 557

6. TAFEL:

Winzer bei der Weinlese

Winzer bei der Weinlese,
Lot- und Prokop-Kirche in Khirbet al-Mukhayyat am Berg Nebo, Jordanien, 557

Heimkehr mit der Ernte

Heimkehr mit der Ernte,
Lot- und Prokop-Kirche in Khirbet al-Mukhayyat am Berg Nebo, Jordanien, 557

Keltern der Trauben

Keltern der Trauben,
Lot- und Prokop-Kirche in Khirbet al-Mukhayyat am Berg Nebo, Jordanien, 557

9. TAFEL:

Flöte spielender Hirt

Flöte spielender Hirt,
Kloster der Maria und des Maximus bei Beth Shean, Galiläa, um 567

11. TAFEL:

Kamelkarawanenführer

Kamelkarawanenführer Mouchasos,
Georgskirche von Deir el-Adas (heute Zitadelle von Bosra), Syrien, 621

12. TAFEL:

Erntetransport zu Wasser

Frachtschiff auf dem Nil,
Haditha bei Lod (heute Haifa, Museum für Seefahrt), Israel, 6. Jahrhundert

Tierschausteller

Tierschausteller,
Baptisterium des Mose-Heiligtums am Berg Nebo, Jordanien, 531

Äthiopier mit Opfergabe

Äthiopier (Nubier) mit Opfergabe,
Kathedrale von Petra, Jordanien, 6. Jahrhundert

15. TAFEL:

Allegorie des Frühlings

Der Frühling,
Kathedrale von Petra, Jordanien, 6. Jahrhundert

Allegorie des Sommers

Der Sommer,
Kathedrale von Petra, Jordanien, 6. Jahrhundert

17. TAFEL:

Landmann im Dezember

Landmann,
Kloster der Maria und des Maximus bei Beth Shean, Israel, um 567

18. TAFEL:

Personifikation des Meeres

Personifikation des Meeres,
Apostelkirche in Madaba, Jordanien, 578

19. TAFEL:

Beter Johannes

Johannes, des Ammonios Sohn,
Georgskirche in Khirbet al-Mukhayyat am Berg Nebo, Jordanien, 536

Beterin Georgia

Georgia, Frau des Paramonars Theodoros,
Kosmas- und Daminian-Kirche in Gerasa, Jordanien, 533

21. TAFEL:

Tiere im Weinstock –
Menschliches Verhalten im Gleichnis

Weinstock mit Tieren und Früchten, Mosaikteppich,
Armenische Polyeuktos-Kirche, Jerusalem, 5. Jahrhundert

Adam und die Tiere –
Verantwortung für die Schöpfung

Adam und die Tiere, Apameia,
Museum, Syrien, 6. Jahrhundert

Noachs rettende Arche –
Kirche, Zuflucht im Glauben

Rettende Arche, Misis (Mopsuestia), Osttürkei, 2. Hälfte des 4. Jahrhunderts

24. TAFEL:

Pfau am Lebensbrunnen –
Ewiges Leben, Unsterblichkeit

Zwei Pfauen am Lebensbrunnen,
Armenische Polyeuktos-Kirche, Jerusalem, 5. Jahrhundert

25. TAFEL:

Phönix im Paradiesgarten –
Auferstehung und göttliche Fürsorge

Phönix im Paradiesgarten,
Daphne bei Antiochien (Antakya, Südtürkei; heute im Louvre, Paris),
5. Jahrhundert

Hirsch und Schlange –
Taufe, Sieg über Satan

Schlange tötender Hirsch, Apameia, Museum, Syrien, 6. Jahrhundert

Reiher im Kampf mit Schlange –
Christi Sieg über Satan

Reiher im Kampf mit Schlange,
Tabgha, Brotvermehrungskirche am See Genesareth, Israel, um 480

Kormoran (Meeresrabe) –
Gottes Fürsorge für die Geschöpfe

Kormoran, Tabgha, Brotvermehrungskirche am See Genesareth, Israel, um 480

29. TAFEL:

Entenpaar auf Lotosblatt –
Treue, Eintracht, Frieden

Entenpaar auf Lotosblatt,
Tabgha, Brotvermehrungskirche am See Genesareth, Israel, um 480

Adler mit Perle am Halsband –
Erneuerung durch Taufe und Buße, Christi Fürsorge

Adler aus einer Kapelle in Eleutheropolis (Beth Guvrin), Anfang 6. Jahrhundert

Reißender Löwe –
Unheil, Bedrohung durch feindliche Völker

Löwe, Jungstier reißend,
Mosaik aus dem Ostjordanland, Jerusalem, Museum biblischer Länder, 475 – 525

32. TAFEL:

Betender Löwe und weidendes Rind –
Bekehrung und Friede

Betender Löwe und weidendes Rind,
Horvat Berachot südwestlich von Bethlehem, jetzt Israel-Museum, Jerusalem,
5. Jahrhundert

33. TAFEL:

Sprechender Papagei –
Nachahmung Christi und der Heiligen

Papagei,
Horvat Berachot südwestlich von Bethlehem, jetzt Israel-Museum, Jerusalem,
5. Jahrhundert

34. TAFEL:
Perlhühner –
Gottes Fürsorge und Mütterlichkeit

Perlhühner, Quasr el-Hallabat, Jordanien, 6. Jahrhundert

Rebhuhn –
Täuschung, Einfalt, Bescheidenheit

Rebhuhn, Konstantinische Basilika in Bethlehem, Anfang des 5. Jahrhunderts

36. TAFEL:

Gefangenes Rebhuhn –
Sehnsucht nach Freiheit und Erlösung

Gefangenes Rebhuhn (Steinhuhn),
Elija-Kapelle in Gerasa, jetzt Theater-Museum, Amman, Jordanien,
Anfang 7. Jahrhundert

Teichhuhn –
Gottes Schutz für Einfältige und Bedrängte

Teichhuhn (Wasserralle),
Klosterkirche von Gergesa (Kursi) am See Genesareth, Galiläa,
Ende 5. Jahrhundert

Felsentaube (Turteltaube) –
Treue, Reinheit, Friede

Felsentaube,
Armenische Polyeuktos-Kirche, Jerusalem, 5. Jahrhundert

Schwalbenpaar –
Zuverlässigkeit Gottes, Neubeginn

Schwalbenpaar, Armenische Polyeuktos-Kirche, Jerusalem, 5. Jahrhundert

Straußenpaar –
Hinwendung zu Gott und seiner Güte

Straußenpaar,
Armenische Kapelle im Eleona-Kloster auf dem Ölberg, Jerusalem, 5. Jahrhundert

41. TAFEL:

Streithühner –
Mahnung zu Frieden und Gerechtigkeit

Kampfhähne und Früchtekorb,
Kloster der Maria und des Maximus bei Beth Shean, Israel, um 567

Steinbock –
Sicherheit und Geborgenheit bei Gott

Steinbock,
Qasr el-Hallabat, Jordanien, 6. Jahrhundert

Antholops (Antilope) unter Palme –
Kampf gegen das Laster

Antholops (Antilope) unter Palme,
Georg-Kirche in Khirbet al-Mukhayyat am Berg Nebo, Jordanien, 536

Fuchs am Traubenkorb –
Verschlagenheit, List des Teufels

Fuchs am Traubenkorb,
Georg-Kirche in Khirbet al Mukhayyat am Berg Nebo, Jordanien, 536

45. TAFEL:

Steppenwolf –
Raub, List der Irrlehrer

Steppenwolf,
Martyrios-Kloster bei Jerusalem, Israel, um 480

Schaf am Baum –
Christi Opfer und Hirtensorge

Schaf an Baum gebunden,
Baptisterium der Kathedrale von Madaba (heute: Museum), Jordanien, um 575

Perle und Fisch –
Christus und sein Reich

Perle und zum Mahl bereiteter Fisch, Kirche Dominus flevit am Ölberg in Jerusalem, Israel, 6. Jahrhundert

48. TAFEL:

Granatapfel –
Liebe, Fruchtbarkeit, Unsterblichkeit

Granatäpfel,
Neilos-Kirche in Mampsis (Mamshit), Negev, Israel, Mitte des 4. Jahrhunderts

Aufgeschnittene Feigen –
Wohlergehen, Fruchtbarkeit, Auferstehung

Aufgeschnittene Feigen,
Armenische Kapelle im Eleona-Kloster auf dem Ölberg, Jerusalem, 5. Jahrhundert

50. TAFEL:

Lotos mit Blatt und Blüte –
Reinheit, Licht, Freude

Lotos mit Blatt und Blüte,
Kirche Dominus flevit am Ölberg in Jerusalem, Israel, 6. Jahrhundert

51. Tafel

Sonnenrad –
Kreuz

Sonnenrad-Kreuz von Hirschen umgeben,
Marienkirche in Kiti (Kition) bei Larnaka, Zypern, 6. Jahrhundert

52. TAFEL:

Siegel des Kreuzes

Kreuz-Symbole aus dem Fußboden einer Kirche in El-Mark,
östlich von Akko in Westgaliläa (heute Israel-Museum, Jerusalem),
frühes 5. Jahrhundert

Kreuz und Stern

Davidstern und Christuskreuze aus dem Fußboden einer Kirche in El-Mark,
östlich von Akko in Westgaliläa (heute Israel-Museum, Jerusalem),
frühes 5. Jahrhundert

Balkenkreuz mit Edelsteinen

Balkenkreuz aus einer Kirche in El-Mark,
östlich von Akko in Westgaliläa (heute Israel-Museum, Jerusalem),
frühes 5. Jahrhundert

55. TAFEL:

Kreuz inmitten von Sechs- und Achteckfeldern

Kreuze, von Sechs- und Achteckfeldern umgeben,
Apameia, Museum, Syrien, Anfang 5. Jahrhundert

Kreuz-Rose und Rosen-Kreuz

Kreuz-Rose in der Klosterkirche von Gergesa (Kursi) am See Genesareth, Galiläa, 6. Jahrhundert

Sonnenrad-Kreuz (Haken-Kreuz)

Sonnenrad-Kreuze (Haken-Kreuze) im Seitenschiff einer Kirche auf dem Gelände des Kibbuz Shave-Zyyon bei Akko, Israel, 4. Jahrhundert

58. TAFEL:

Kreuz des Triumphes

Triumphkreuz im Fußboden der konstantinischen Basilika in Bethlehem, Anfang 5. Jahrhundert

Kreuz und ICHTHYS (Fisch) – Inschrift

Ichthys (Fisch)-Inschrift im unteren Mittelfeld, von Mäanderbändern und Sonnenrädern (Haken-Kreuzen) umrahmt.
Konstantinische Basilika in Bethlehem, Anfang 5. Jahrhundert

Kreuz als Baum des Lebens

Kreuz, geschmückt mit dem Endlosflechtband,
Kirche auf dem Gelände des Kibbuz Shave-Zyyon bei Akko, Israel, 4. Jahrhundert

61. TAFEL:

Kreuz im Kranz des Lebens

Kreuz im Kranz des Lebens, Kirche auf dem Gelände des Kibbuz Shave-Zyyon bei Akko, Israel, 4. Jahrhundert

Christus, der wahre Orpheus

Christus, der wahre Orpheus, Mosaik aus Jerusalem,
heute im Archäologischen Museum von Konstantinopel (Istanbul),
5./6. Jahrhundert

63. TAFEL:
Ampel mit Flamme –
das Licht der Welt

Hängelampe mit Flamme,
Misis (Mopsuestia), Südtürkei, 2. Hälfte des 4. Jahrhunderts

Taube über Wasser –
der Heilige Geist und die Taufe

Taube über Wasser,
Hyppolytos-Saal, Madaba (jetzt TAFEL:Theatermuseum, Amman), Jordanien,
6. Jahrhundert

65. TAFEL:

Wein und Getreide –
die Gaben für die Eucharistie

Kelch mit Wein und Korb mit Getreide,
Pantaleon-Kirche in Aphrodisias, Kilikien (Südtürkei), um 400

66. Tafel

Fische und Brote

Fische und Brotkorb,
Tabgha, Brotvermehrungskirche am See Genesareth, Israel, um 480

Fisch und Traube – die Eucharistie

Fisch und Traube,
Armenische Kapelle im Eleona-Kloster auf dem Ölberg. Jerusalem, 5. Jahrhundert

Christi Einzug in Jerusalem –
die Vollendung seines Wirkens

Christi Einzug in Jerusalem,
Justinianische Geburtsbasilika in Bethlehem, 1. Hälfte des 6. Jahrhunderts

Bekehrung des Paulus –
die Brunnentaufe

Bekehrung des Paulus,
Justinianische Geburtsbasilika in Bethlehem, 1. Hälfte des 6. Jahrhunderts

70. TAFEL:

Maria –
die Brücke zwischen Himmel und Erde

Maria mit Christus,
Apsismosaik der Marienkirche in Kiti (Kition) bei Larnaka auf Zypern,
6. Jahrhundert

† HAГIA † MAPIA †

MIXAHΛ

ГАВРIHΛ

71. TAFEL:

Engel –
die Boten Gottes

Gabriel,
Apsismosaik der Marienkirche in Kiti (Kition) bei Larnaka auf Zypern,
6. Jahrhundert

Christi Verklärung –
die Vollendung der Schöpfung

Christi Verklärung,
Apsismosaik im Katholikon (Hauptkirche) des Katharinen-Klosters auf dem Sinai,
6. Jahrhundert

DAS LAND UND SEINE BEWOHNER

1. DIE HEILIGE STADT JERUSALEM

Wie freute ich mich, als man zu mir sagte: Zum Haus des Herrn wollen wir pilgern! Schon stehen wir in deinen Toren, Jerusalem; Jerusalem, du starke Stadt, dicht gebaut und fest gefügt. *Psalm 122, 1 f.*

Der bedeutendste Mosaikteppich in Jordanien ist zweifellos die Palästinakarte in der Georgskirche von Madaba. Die heutige Kirche aus dem 19. Jahrhundert erhebt sich über den Grundmauern einer Kirche, deren Boden in der 2. Hälfte des 6. Jahrhunderts mit einer Landkarte von ca. 7 x 22 m ausgestattet worden war. Im Vogelflugpanorama erfaßte sie das Gebiet von Unterägypten bis zum Libanon und vom Mittelmeer bis zur Syrischen Wüste. Erdbeben, Brände und Bestattungen haben große Teile der Karte zerstört; das restliche aufgewölbte Mosaikbild haben deutsche Restauratoren 1965 in frische Bettung neu verlegt und konserviert. Das Hauptfragment erfaßt Teile der Landschaft, die vom Nildelta bis nach Samaria und von der Küstenebene bis zum Hochland östlich des Toten Meeres reichen. Den Mittelpunkt der Palästinakarte bildet »He Hagiapolis Ierousalem«, die Heilige Stadt Jerusalem.

Die Auftraggeber dieser Palästinakarte haben mehr bezweckt, als christlichen Pilgern eine anschauliche Panoramakarte der heiligen Stätten zur Orientierung oder zur Erinnerung zu bieten. Die Karte mit ihrer griechischen Beschriftung ist geostet, d.h. sie läßt sich nicht vom Berg Nebo, südöstlich von Jericho, von wo Mose einst das Gelobte Land schauen durfte, betrachten und lesen. Vielmehr schaut der Betrachter die Karte vom Westen her in Richtung Osten und sieht rechter Hand das Nildelta in Ägypten und zur Linken die Küste von Tyrus und das Bergland von Samaria. Im Mittelpunkt vor ihm liegt als großes

Oval die Heilige Stadt Jerusalem. Von ihrer Bedeutung her ist sie der Mittelpunkt der Welt, und in Jerusalem ist das Zentrum der Stadt die Gedenkstätte, die den Mysterien des Todes und der Auferstehung Christi geweiht ist.

In diesem aus der Vogelperspektive geschauten Stadtbild, das kartographisch recht genau ist, sind Gebäude und Anlagen entsprechend ihrer Bedeutung hervorgehoben. Der Cardo maximus, die Hauptstraße, durchzieht die Stadt von links nach rechts, von Norden nach Süden; Teile von ihr sind heute wieder freigelegt. Der Cardo beginnt an einem Tor und einem Platz, auf dem eine Prunk- und Meilensäule steht; es ist das Gebiet um das heutige Damaskustor. Mit seinen Säulen und Arkaden, hinter denen die Geschäfte lagen, war der Cardo die Prachtstraße von Jerusalem. Sie führt zu zwei großen Kirchen mit roten Dächern. Bei der oberen handelt es sich um die Neue Marienkirche, Nea genannt, die Kaiser Justinian 542 erbaute. Sie wurde im Jahr 614 von den Persern und Juden zerstört; ihre Fundamente wurden erst kürzlich entdeckt. Mit ihren Steinen erbauten die Araber die El-Aksa-Moschee. Die untere Kirche ist das heilige Zion, erbaut an jenem Ort, wo sich die Urgemeinde versammelt hatte. In der Mitte des Cardo erhebt sich ein Prachtbau; es ist die Doppelkirche zum Gedächtnis von Christi Tod und Auferstehung. Breite Stufen führen zu den drei Portalen der unter Kaiser Konstantin zu Anfang des 4. Jahrhunderts erbauten Martyrion-Basilika mit dem Golgotha-Felsen empor. Dahinter leuchtet die goldene Kuppel über der Anastasis-Rotunde, die das Grab des Herrn umschließt.

Die Karte von Jerusalem gibt die Stadtanlage aus der Zeit des Kaisers Justinian (527–565) bis zur persischen Zerstörung (614) und arabischen Eroberung (638) wieder. Obwohl Jesus vor den Toren der Stadt gekreuzigt und begraben worden war, liegt die Gedächtnisstätte jetzt im Zentrum der Stadt am Cardo maximus. (Nach ihrer völligen Zerstörung durch Kalif Kakim im Jahr 1009 haben die Kreuzfahrer sie als verkleinerte Anlage wieder aufgebaut; sie umfaßt bis heute nur die Rotunde und den einstigen Vorhof, jetzt Mutterkirche der orthodoxen Christen im Heiligen Land. Die alte Martyrion-Basilika mit Trep-

penanlage und Vorhof ist von Geschäften und einem koptischen Kloster über-
baut.) Für die Christenheit des ersten Jahrtausends war Jerusalem mit dem
Martyrion und der Anastasis geistig und geographisch Mittelpunkt der Welt.

EPHRÄM: DAS VERÖDETE JERUSALEM - DER PILGER ZIEL
Daniel hat über Jerusalem das Urteil gesprochen
und entschieden:
Nicht wird es wieder aufgebaut werden (Dan 9,26 f.).
Und Zion glaubte ihm.
Sich selber beklagten und beweinten sie (die Juden),
ihre Hoffnung gaben sie auf.
Doch Kana hat durch seinen Wein getröstet
die beiden Trauernden (Zion und Jerusalem)
und ihnen den Rat gegeben:
Entziehet nicht den schuldigen Dank
dem Gütigen durch eure Trauer!

Besser als jenes heidnische Stadtleben
ist für euch nun da
die Verödung ohne Sünde
und die Einsamkeit ohne Orakelspruch.
Bethlehem und Bethanien,
die beiden verbürgten (durch Christus) euch beiden,
daß statt jenes Volkes, das ausgerottet wurde,
von allen Völkern Pilger kommen mit Lobgesängen,
um in eurem Schoß zu schauen das Grab und Golgotha.
                4. Lied gegen den abtrünnigen Kaiser Julian (361-363), 23.25; CSCO 175,85

Sophronios: Lobpreis auf die Auferstehungskirche

Heilige Stadt, göttliches
Jerusalem, in deinen Toren
möcht' ich jetzt stehen,
um frohlockend einzutreten!

Heilige Glut zum herrlichen (Jeru-) Salem
überwältigt beständig und heftig mein Herz!

Über deine Straßen schreitend
will zur Auferstehungskirche ich gehen,
wo der Allherrscher erstand,
des Todes Macht zertretend.

Deinen schönen Boden will ich küssen,
die hehre Kuppel betrachten,
das große Himmelsgewölbe
von vier Pfeilern getragen.

Über die heilige Schwelle
mitten in das göttliche Grab
gelangt, möchte jenen Felsen ich,
mich tief verneigend, küssen.

Des herrlichen Grabmahls
Säulen im Rund und die Kapitelle,
oben mit vergoldeten Lilien geschmückt,
möcht ich küssen und springen vor Freude.

Zum dreiportaligen Vorhof möchte ich gehen,
ganz mit edlen, farbigen Steinen bedeckt,
um den überaus prächtigen Schranken
um die Schädelstätte gebeugt mich zu nahen.

Ozean des Lebens, immer lebendig,
und der wahren Ruhe, lichtbringendes Grab!

Den göttlichen Mittelpunkt der Erde,
den Felsen möcht' hingestreckt ich küssen,
wo das Holz (des Kreuzes) fest im Boden stand,
das des Holzes Fluch gelöst hat.

Wie groß ist dein Ruhm, leuchtender Fels,
auf dem das Kreuz stand zur Erlösung der Menschen!

20. Ode auf die hl. Stätten; PG 87,3,3817 A - 3820 A

KOSMAS: FRIEDE ÜBER ISRAEL UND HEIL DEN VÖLKERN

Ein Loblied bringt dar die Kirche der Heiligen
dir, der auf dem Zion weilt, Christus.
In dir, seinem Schöpfer, hat Israel Freude,
und die Berge, Sinnbild der Heidenvölker
mit steinernen Herzen, jubeln vor deinem Angesicht
und singen dir ein Siegeslied, Herr!

Zion Gottes, heiliger Berg,
und Jerusalem, im Kreis erhebe deine Augen
und schaue deine Kinder versammelt in dir!

241

Siehe doch, von weit her sind sie gekommen,
deinen König zu verehren.
Friede über Israel und Heil den Völkern!

Freue dich gar sehr, Zion!
Dein Gott herrscht als König in Ewigkeit, Christus.
Er kommt, wie geschrieben, sanftmütig und als Retter,
als unser gerechter Erlöser, auf einem Fohlen,
zu vernichten die zügellose Frechheit des Feindes
derer, die rufen: Alle Geschöpfe, preiset den Herrn!

Kanon am Palmsonntag, Troparia der 1.5.8. Ode; Anthologion II, 963-968

Theophanes: Der Kirche Schmuck in ihren heiligen Bildern

Der Kirche väterliche Satzungen bewahren wir,
wir malen Bilder und verehren sie
mit Mund, Herz und Willen,
die Bilder Christi und seiner Heiligen, und singen:
Lobet, all ihr Werke des Herrn, den Herrn!

Auf das Urbild beziehen wir klar des Bildes Würde
und seine Verehrung und halten es heilig.
Der Gotteskünder Lehren folgen wir,
und Christus jubeln gläubig wir zu:
Lobet, all ihr Werke des Herrn, den Herrn!

Mit der Bilder heiligen Zeichen schauen wir
geschmückt von neuem die ehrwürdige Kirche.
In Ehrfurcht laßt uns alle hineilen

und Christus zujubeln:
dich preisen wir laut, Dreiheiliger!

Auszeichnung und Kostbarkeit
besitzt die Kirche in deinem Kreuz,
in den ehrwürdigen Bildern
und den Darstellungen der Heiligen.
Mit Frohlocken, Gebieter,
und Herzlichkeit preist sie dich laut.

Kanon zum Fest der Orthodoxie, Troparia der 8. und 9. Ode; Anthologion II, 624 f.

2. JERICHO UND DER JORDAN

Wie eine Palme in En-Gedi wuchs ich empor, wie Rosenstöcke in Jericho, wie ein prächtiger Ölbaum in der Schefela, wie eine Platane am Wasser wuchs ich empor *Jesus Sirach 24, 14*

Zu den geschichtlich interessantesten Darstellungen auf der Palästina-Karte von Madaba gehört das Gebiet von Jericho. Oberhalb der Oasenstadt fließt der Jordan dem Toten Meer zu. Eine Brücke überspannt den Fluß; sie gehört zur Straßenführung von Jerusalem nach Philadelphia (Amman). Fische begegnen sich im Fluß. Während eine Forelle noch frohgemut flußabwärts zieht, kommt ihr vom Salzmeer ein Barsch entgegen; sein Gesicht scheint das Entsetzen über das ungenießbare Wasser dort widerzuspiegeln. Am Westufer des Jordans ist eine Kapelle dargestellt, und die Beischrift gibt sie als den Ort aus, wo Johannes der Täufer gewirkt hat. Heute erhebt sich an dem vermuteten Platz das orthodoxe Johanneskloster. Weiter rechts ist eine andere Kapelle abgebildet. Durch die Beischrift ausgewiesen, steht sie in Beth Agla (Beth Hogla) in der Nähe des Salzmeeres und soll an die Grenzziehung für den Stamm Juda erinnern (Jos 15,6). Dort in der Nähe einer Quelle (Ein Hogla) erhebt sich jetzt ein kubusförmiges orthodoxes Kloster (Deir Hadjila). Links im Bild erhebt sich eine dritte Kapelle. Mit ihren zwölf hellen Punkten (Steinen) bezeichnet sie den Ort Galgala (Gilgal), wo Josua nach der Jordanüberquerung der zwölf Stämme zwölf Steine »zum ewigen Gedenken« aufschichten ließ (Jos 4,1-9) und wo die Israeliten beschnitten wurden, bevor sie das Gelobte Land in Besitz nehmen durfen (Jos 5,9). Die Ruinen einer Kirche aus dem 4. Jahrhundert wurden dort freigelegt.

Schließlich erhebt sich unten im Bild, umrahmt von Palmen, die Oase Jericho als befestigte Stadt. Im 13. Jahrhundert v. Chr. war Jericho eine unbedeutende Ortschaft mit verfallenen Wehranlagen. Später sprach die Überlieferung vom Klang der Widderhörner (Posaunen) und vom Kriegsgeschrei, die die Mauern

244

zum Einsturz brachten, so daß die Israeliten ungehindert in das Gelobte Land einziehen konnten. In Jericho hat Jesus den blinden Barthimäus geheilt (Mk 10,46-52) und sich vom Zollpächter Zachäus zum Mahl einladen lassen (Lk 19,1-10). In byzantinischer Zeit war Jericho Bischofssitz und besaß neben einer Synagoge sechs Kirchen. Diese Zeit dokumentiert das Mosaik, das Jericho mit seinen stattlichen Mauern darstellt.

IGNATIOS VON ANTIOCHIEN: DES JORDANS REINIGUNG

Unser Gott Jesus Christus
ward im Leib getragen von Maria
nach Gottes Heilsplan,
aus Davids Samen zwar,
doch durch Heiligen Geist;
er wurde geboren und getauft,
damit er durch sein Leiden das Wasser reinige.

Brief an die Epheser, 18,2; Die Apostolischen Väter, 188

EPHRÄM: CHRISTI HOCHZEITSFEST AM JORDAN

Mein Geist trug mich an den Jordan,
und ich sah ein Wunder sich offenbaren;
den herrlichen Bräutigam, welcher der Braut
das Hochzeitsfest bereiten und sie heiligen will.

Ich sah Johannes voller Staunen
und um ihn die Scharen stehen
und den herrlichen Bräutigam, wie er sich beugt
zum Sohn der Unfruchtbaren (Elisabeth), damit er ihn taufe.

Er, der alle tauft, kam zur Taufe
und tat sich kund am Jordan.
Es erblickte ihn Johannes und zog seine Hand zurück,
indem er bittend also sprach:

Wie kann ein Splitter das Feuer
mit Händen fassen, da er doch dürres Holz ist!
Feuriger, habe Mitleid mit mir;
laß mich dich nicht berühren, es ist unmöglich für mich!

Ich habe dir meinen Willen kundgetan; was redest du noch?
Komm und taufe mich, ohne zu verbrennen!
Das Brautgemach ist bereitet; halte mich nicht zurück
vom Hochzeitsmahl, das bereitet ist.

Die Braut, die du für mich geworben, wartet auf mich;
ich will hinabsteigen, getauft werden und sie heiligen.
Freund des Bräutigams, verweigere nicht
das Bad, das auf mich wartet!

5. Marienhymnus, 1 f.6.11 f.28; CSCO 187,201-204

BALAI: LOBPREIS AUF JOHANNES

Selig bist du, Johannes, Auserwählter, Heiliger!
Denn unter den von Frauen Geborenen erstand
niemand, der dir gleich ist.
Dein Herr hat über dich ein schönes Zeugnis abgelegt,
als du im Jordan tauftest ihn, den Herrn der Schöpfung.

246

Selig bist du, Johannes, Prophet und Apostel!
Wie einen Martyrer tötete dich des Herodes Schwert;
wie ein Prophet verkündetest du;
wie ein Apostel predigtest du;
wie ein Priester wiesest du hin auf den Hohenpriester.

Wehe dir, Herodes, frevelhafter König!
Deiner wartet das Gericht vor Christi Richterstuhl,
weil du den Heiligen mit dem Schwert hast enthaupten
und sein Haupt auf einer Schüssel
vor die Tischgenossen hast bringen lassen.

Gebet zu Ehren des Johannes; BKV 6,96

JERUSALEMER LITURGIE: DIE HEILSEREIGNISSE AM JORDAN

Als Johannes am Jordan
zu predigen gesandt wurde,
da wurde der Dienst des Gesetzes gelöst,
und es erschien die Gnade zu unserer Rettung.

Einer Taube ähnlich sah Johannes
den Heiligen Geist vom Himmel herabkommen;
er rief: Siehe, das Lamm Gottes,
das die Sünden der Welt auf sich nehmen wird!

Du, Erlöser, bist heute zum Jordan gekommen;
du, Sündenloser, wurdest von Johannes getauft.
Du, der wie ein Gewölbe die Himmel geneigt hast,
neigst dein unvergängliches Haupt unter des Vorläufers Hand!

Da wurde von oben des Vaters Stimme zum Zeugnis vernommen:
Dies ist mein geliebter Sohn,
an dem ich von Ewigkeit her mein Wohlgefallen habe.
Herr, Preis sei dir!

Leeb, Gesänge im Gemeindegottesdienst, 216.232

ROMANOS: DAS BAD DER ERNEUERUNG

In meinem innigen Erbarmen
ließ ich mich als Barmherziger herab und ging zu dem Geschöpf,
ich breitete meine Arme aus, um dich zu empfangen.
Schäme dich also meiner nicht, weil ich dich,
den Entkleideten, entkleide und untertauche!
Der Jordan sieht mich und tut sich auf, und Johannes bereitet
die Wege für mich im Wasser und im Herzen.
Solche Gedanken - nicht mit Worten, sondern durch Taten -
teilte der Erlöser dem Menschen mit.
Er kam und näherte sich dem Fluß mit seinen Füßen,
dem Vorläufer aber als das unvergängliche Licht.

Ikos am 8. Januar; Anthologion II, 1417

ANDREAS VON JERUSALEM: ÖFFNUNG DES PARADIESES

Wiederum läßt sich mein Jesus reinigen im Jordan,
richtiger: er reinigt uns von unseren Sünden.
Er kommt wirklich zum Taufbad, will reinwaschen
die Schuldschrift gegen Adam und spricht zu Johannes:
Komm, strecke sogleich deine Hand aus,

berühre dessen Scheitel, der des Drachen Haupt zerschmettert
und das Paradies öffnet, welches die Übertretung verschloß
durch den Betrug der Schlange und das Kosten vom Baume.

Idiomelon am 2. Januar; Anthologion I, 1339

JOHANNES VON DAMASKUS: DER TAUFE WUNDERBARE GABEN

Strahlend war das vergangene Fest,
strahlender jedoch, Erlöser, das kommende!
Jenes hatte einen Engel zum Freudenboten;
dieses fand den Vorläufer als Wegbereiter.
An jenem, da Blut vergossen ward,
hat Bethlehem wie eine kinderlose Mutter geklagt;
an diesem, da Wasser gesegnet wurde,
wird das Taufbecken zur Mutter vieler Kinder erklärt.
Damals hat ein Stern auf die Magier hingewiesen;
jetzt aber hat der Vater sich der Welt offenbart.
Fleischgewordener und öffentlich wiederkommender Herr,
Ehre sei dir!

Idiomelon zum 2. Januar, Anthologion I, 1338

SOPHRONIOS: DES JORDANS HEILIGUNG UND JUBEL

Heute wird die Natur der Wasser geheiligt,
und der Jordan bricht in Jubel aus,
da er seiner Wellen Flut dem Herrn anbietet
und sieht, wie er ihn berührt!

249

Zur Stimme dessen, der in der Wüste ruft:
Bereitet den Weg des Herrn!
kamst du, Herr, in des Knechtes Gestalt
und batest um die Taufe, obwohl du die Sünde nicht kanntest.

Es sahen die Wasser dich und erbebten:
erschrocken war der Vorläufer und rief die Worte:
Wie soll der Leuchter erleuchten das Licht?
Wie soll der Diener mit der Hand berühren den Herrn?

Heilige du mich und die Wasser, Erlöser,
der du hinwegnimmst die Sünde der Welt!

Idiomela in den Großen Horen zum Epiphaniefest; Anthologion I, 1364

3. DIE HEILIGE STADT

In deiner Huld tu Gutes an Zion; bau die Mauern Jerusalems wieder auf!
Psalm 51, 20

Keine andere der vielen Ruinenstätten in Jordanien bietet ein so gewaltiges und zugleich trostloses Bild der Zerstörung wie das östlich des Toten Meeres am Rand der Wüste gelegene Umm ar-Rasas. Es handelt sich um die einst aus einem römischen Kastell erwachsene Kleinstadt Kastron Mephaa, die nach einem Erdbeben nicht mehr besiedelt wurde. Die alten, noch gut erkennbaren Mauern der römischen Militäranlage von ca. 250 x 250 m umgrenzen ein Trümmerfeld, aus dem einige Steinbögen ehemaliger Straßen und Apsiden christlicher Kirchen hervorragen. Offenbar hatte sich aus dem römischen Kastell eine Stadtsiedlung entwickelt, wo Karawanen Station machten und die christlichen Araberstämme der Ghassiden vom 6. bis 8. Jahrhundert religiös betreut wurden. Den christlichen Charakter der Festung bezeugen die zehn bisher georteten Kirchen, von denen nur die an der nördlichen Stadtmauer gelegene Stephanuskirche 1987 freigelegt und archäologisch gesichert wurde. Daß das römische Kastron Mephaa, bzw. die von den Beduinen Umm ar-Rasas genannte Kleinstadt durch Karawanenhandel zu Wohlstand gelangt war, macht die kostbare Ausschmückung der Stephanuskirche deutlich. Sie wurde erst um 785, also nach der arabischen Eroberung, vollendet. Ab 750 herrschten die Abbasiden im fernen Bagdad, die sich wenig um Palästina kümmerten, so daß das christliche Leben am Rande der Wüste kaum Beschränkungen unterlag.

Ein einzigartiger Mosaikteppich bedeckt den ganzen Kirchenraum. Das Mittelfeld ist von Weinranken durchzogen, in denen Vögel leben und Früchtekörbe angeordnet sind. Eine erste Bordüre zeigt Bilder von der Landwirtschaft und vom Fischfang. Eine zweite, äußere bietet wie eine fortlaufende

Dia-Reihe Ansichten von Städten, so z.B. Hagiapolis (die Heilige Stadt Jerusalem), Neapolis (Nablus), Philadelphia (Amman), Kesaria (Cäsarea), Eleutheropolis (Beth Guvrin, südöstlich von Jerusalem), Alexandria, Askalon. Die griechischen Beischriften weisen orthographische Fehler auf, die durch provinziale Schreibweise zu erklären sind.

Als die Stephanuskirche erbaut wurde, gab es im arabisch beherrschten Palästina noch blühende christliche Gemeinden, wenn auch die größeren Städte wie Jerusalem und Neapolis (Nablus) immer mehr von den Religionsgesetzen der islamischen Eroberer bestimmt wurden. Interessant ist nun, daß das Nordtor (heute Damaskustor) im Mosaikbild der Heiligen Stadt Jerusalem in seiner alten Pracht aus byzantinischer Zeit dargestellt ist, obwohl die Stadt, 614 von den Persern verwüstet und 638 nach einjähriger Belagerung von den Arabern erobert, einen trostlosen Anblick bot. Doch die Heilige Stadt, in der Jesus gekreuzigt worden war und auferstanden ist, besaß als irdisches Abbild des himmlischen Jerusalem einen unüberbietbaren Symbolwert, und es galt, sie nicht abzubilden mit ihren »Flecken, Falten oder anderen Fehlern« (Eph 5, 27), sondern »wie eine Braut, die sich für ihren Mann geschmückt hat« (Offb 21, 2). Vereinfachungen, Schematisierungen und symmetrische Anordnung der Bauelemente dienen der Darstellung dieses Idealbildes.

EPHRÄM: DIE ASYLSTÄDTE DER CHRISTEN

Asylstadt
ist heutzutage die Buße.
Sie ist nahe, nicht fern gelegen,
und jedermann steht an ihrem Tor.
Der Hebräer hatte eine weite Strecke zu laufen,
und nur mit Mühe erreichte er sie oder vielleicht gar nicht.

Diese unsere Asylstadt
eilt selber den Sündern entgegen.
Gepriesen sei der Gütige, der sich uns übergab;
o Buße, Stadt unserer Zuflucht!

Wenn einer einen Stein warf oder Holz fällte,
und sie verletzten ohne Absicht tödlich (Num 35,22-29),
dann erklärte man sie nicht ohne weiteres für unschuldig;
sie mußten zur Asylstadt fliehen, wie um Buße zu tun.
Wer nun aber willentlich seinen Mitmenschen schlägt,
wer mit seinem Wort verletzt, das schlimmer ist als ein Stein -
wohin sollen diese fliehen, wo ihre Zuflucht suchen,
wenn nicht im Schoß der Buße!
Gepriesen sei, der zahlreich gemacht hat
die Asylstädte, damit die Büßer zahlreich würden!

Zur Tür der Arche eilten
die Menschen in Scharen; doch sie öffnete nicht.
Tieren hat sie das Tor geöffnet,
vor den Sündern verschloß sie es.
Die Buße, meine Brüder, ist eine barmherzige Arche.
Laßt uns freudig ihr entgegeneilen, dieser Liebhaberin der Menschen!
Vor den Tieren verschließt sie,
den Menschen öffnet sie das Tor.
Der Berg war der Hafen für die Arche;
das reine Herz ist dein Hafen, du Buße.

Doch die Asylstadt
öffnete nicht allen die Tore.
Denn nicht betrat sie der Mörder,

der absichtlich getötet hatte.
Betrat er sie, ergriff sie ihn und lieferte ihn dem Schwert aus (Dtn 19,11 f.).
Zornig war sie, feindselig und schrecklich für die Sünder.
Die Buße aber hat ihre Arme ausgebreitet,
um alle zu umarmen, die zu ihr kommen.
Gottes Güte ist in dir, Buße, abgebildet,
da du die Bösen liebst wie dein Herr.

34. Hymnus über die Kirche, 1-3.7; CSCO 199,82 f.

EPHRÄM: ERRETTUNG DER HEIMAT

Gott rettete uns ohne die Stadtmauer und lehrte uns so,
daß er unsere Mauer ist.
Er rettete uns ohne den König und bewies so, daß er unser König ist.
Er rettete uns mit allem aus allem und zeigte so, daß er alles ist.
Er rettete uns durch seine Güte und tat so auch kund,
daß er umsonst sich erbarmte und das Leben gab. Jedem, der sich rühmt,
nahm er das Sich-Rühmen und gab es seiner Güte.

Ein Festtag ist es, von dem alle Feste abhängen.
Hätte das Zorngericht uns in Gefangenschaft geführt,
wären unsere Feste verschwunden.
Weil unser Friede strahlend siegte, darum rauschen unsere Feste.
Dieser gepriesene Tag trägt alles.
Von ihm hängt die Stadt ab, von der Stadt das Volk,
vom Volk der Friede, vom Frieden alles!

Verkündet und lobet, meine Erlösten, an diesem Tag,
Greise und Knaben, junge Männer und Jungfrauen,

Kinder und Unschuldige und auch du, Kirche, Mutter der Stadt!
Denn den Greisen blieb die Gefangenschaft erspart,
den jungen Männern die Marter, den Säuglingen die Zerschmetterung,
den Frauen die Entblößung und der Kirche die Schmähung.

Der Tag deiner Rettung rüttle dich aus tiefem Schlaf!
Als die Mauer barst, die Elefanten anstürmten,
als es Pfeile regnete, Männer verwegen angriffen,
da war es ein Schauspiel für die Himmlischen:
Die Sünde kämpfte dort, das Erbarmen triumphierte dort.
Das Erbarmen siegte auf Erden, die Engel frohlockten im Himmel!

2. Lied aus Nisibis (von Persern belagert im Jahr 350), 2.4.6.18; CSCO 219,7 f.10

ISAAK VON ANTIOCHIEN: FASTEN ZUM WOHL DES VATERLANDES

Der Beginn unseres Fastens möge zu Gott emporsteigen
wie lieblich duftender Weihrauch,
damit nicht der Hauch des Mordens wehe
in unserem den Feinden zur Beute gewordenen Land!
Unsere ganze Heerschar möge Gebete darbringen,
Gott zu versöhnen, damit durch seine Gnade
uns ein Jahr voller Segen zuteil werde!
Unsere ganze Gemeinde möge sich
am vergebungsvollen Fasten beteiligen,
damit das ganze Jahr durch Frieden,
reiche Ernte und Gesundheit gesegnet werde!
Laßt uns in der Fastenzeit reichlich Vergebung gewähren,
damit uns im Sommer Heil verliehen werde!
Laßt uns in der Fastenzeit die Bedrängten unterstützen,

damit sich unsere Drangsale nicht mehren!
Durch das Fasten wollen wir die Hungrigen sättigen,
damit sich die Vögel nicht an uns sättigen.
Durch das Fasten wollen wir die Dürstenden tränken,
damit die Erde nicht unser Blut trinke.
Durch das Fasten laßt uns die Nackten bekleiden,
damit uns nicht die Vögel entblößen!
Durch das Fasten laßt uns die Armen bestatten,
damit uns nicht die Fremden einschließen!
Die Waisen mögen bei uns eine Bleibe finden,
damit wir alle innerhalb unserer Grenzen wohnen bleiben!
Die Witwen mögen unter uns wohnen,
damit wir nicht in der Fremde zu Sklaven werden!
Laßt uns nicht die Gerechtigkeit überschreiten,
damit wir nicht aus unserer Heimat in die Fremde schreiten müssen!
Laßt uns nicht von der Gnade abweichen,
damit wir nicht von der Gerechtigkeit verurteilt werden!
Laßt uns niemanden im Frieden gefangen nehmen,
damit wir uns nicht in die Wüste gefangen abgeführt sehen!
Niemand führe einen anderen gewalttätig weg,
damit kein feindliches Heer sich in unserem Lande Gewalttätigkeiten erlaube!
Laßt uns das Brot der Demütigen verzehren,
damit uns nicht das Schwert verzehre!
Laßt uns im Gebet Tränen vergießen,
damit unser Blut nicht in unserem Lande vergossen werde!
Hüllen wir uns in Bußgewänder,
damit sich die Farbe unseres Angesichtes nicht verfinstere!
Kleiden wir uns in Trauer und Verdemütigung,
damit wir nicht Trauergewänder für die Gefangenschaft anlegen müssen!
Der Priester möge mit seinem Diakon beten,

daß wir nicht den Tod durch das Schwert zu kosten brauchen!
Die Herde unserer Weide möge beten,
daß sie kein Zeichen des Zornes sehe!
Alle mögen gemeinschaftlich beten,
daß wir eines natürlichen Todes sterben
und nicht den schrecklichsten Tod
durch die Wut der Eroberer erleiden müssen!
Nicht mögen wir sehen, Herr,
wie Kinder unter den Hufen der Pferde zerstampft werden
und die Mütter zermalmt unter dem Tritt der Fleischtürme (Elefanten);
wie die Mädchen von den Pferden zerrieben
und die Jungfauen unter ihren Hufen zertreten werden;
wie die Knaben an den Götzenaltären geopfert werden
und die jungen Männer geschlachtet zu Ehren der Dämonen.
Dein Leib und dein Blut, die wir empfangen haben,
möge unserm Land Schutz verleihen!

2. Gedicht (während der persischen Eroberung) über das Fasten (Auszug); BKV 6,277-230.232 f.

4. HAFENSTADT ASKALON

Die Völker sollen dir danken, Gott; die Nationen sollen sich freuen und jubeln, denn du richtest den Erdkreis gerecht *Psalm 67, 5 f*

Das antike Askalon (Aschkalon, Ashqelon) lag etwa zwei km südlich der heutigen Stadt. An der uralten Handelsroute von Syrien nach Ägypten gelegen, besaß diese Hafenstadt am Mittelmeer große Bedeutung für Kanaanäer, Ägypter, Philister, Perser und Griechen. Für die Juden blieb sie eine Stadt der Heiden, und es gelang ihnen nicht, selbst Herodes nicht, der dort geboren war, sie unter ihre Herrschaft zu bringen. Auch die Römer mußten ihr den Status einer Freien Stadt zugestehen. Erst in christlicher Zeit wurde Askalon in das Oströmische Reich integriert. Vom 4. Jahrhundert an war Askalon Bischofssitz und zählte in den folgenden Jahrhunderten zu den bedeutendsten Städten im Heiligen Land. Auf der Palästina-Karte von Madaba in Jordanien ist Askalon als eine prachtvoll ausgestattete Stadt dargestellt. Bisher wurden, eher zufällig bei Bauarbeiten, drei Kirchen freigelegt. Im Jahre 638 eroberten die islamischen Araber die Stadt und bauten sie zu einer stark befestigten Seestadt aus. Die schematisierte Ansicht von Askalon in der Mosaikbordüre der Stephanuskirche von Umm ar-Rasas aus der Zeit um 785 stellt die Stadt nach einer Vorlage aus der christlichen Epoche dar, als wäre der Islam, dessen Repräsentanten im fernen Bagdad residierten, nur eine vorübergehende Erscheinung im Heiligen Land. Askalon mit Torturm und doppeltem Mauerwerk erscheint im Idealzustand, das der Hoffnung Ausdruck verleiht, die arabischen Herren werden sich einst wie zuvor Griechen und Römer dem Glauben an Christus zuwenden.

APOSTOLISCHE KONSTITUTION:
GEBET FÜR DAS GOTTESVOLK AUS DEM HEIDENTUM

Herr und Gott,
du hast die Weissagungen der Propheten erfüllt
und dich über Zion und Jerusalem erbarmt,
als du in seiner Mitten den Thron deines Sohnes Davids aufgerichtet,
da Christus, dem Fleische nach von David abstammend,
aus einer Jungfrau geboren ward.
Nimm nun auch gnädig auf
die Bitten deines aus den Heiden berufenen Volkes,
welches dich in Wahrheit anruft,
wie du einst gnädig aufgenommen hast die Opfer der Gerechten.
Erhöre auch jetzt die Bitten deines Volkes,
welche dir geistig dargebracht werden durch Christus im Heiligen Geist.

Apostolische Konstitutionen VII, 37; Boxler (BKV), 245 f.

SIMON BAR SABBAË: DES HIRTEN GEBET FÜR STADT UND LAND

Segne, Herr, die Dörfer und Städte
im Bereich des Orients, den du dir anvertraut hast.
Behüte alle Gläubigen darin wie deinen Augapfel.
Laß sie vom Schatten deiner Flügel
beschützt werden, bis alle Wirrnis vorübergeht.
Sei mit ihnen bis zur Vollendung der Welt gemäß deiner Verheißung.
Segne, Herr, diese Stadt, wo wir aufgenommen und gekrönt wurden.
Dein Kreuz sei ihr Wächter im Glauben der Wahrheit
jetzt und immer und in alle Ewigkeit. Amen.

Gebete der ersten Christen, 111

EPHRÄM: WELTEROBERER UND VERSAGER

Der Mensch weiß und versteht,
Meer und Land zu erproben,
Acker und Setzlinge,
Samen und Pflanzen,
handgefertigte und gegossene Werke.

In seinem Wissen ist er kein Kind,
in seinem Verstehen kein Schwachsichtiger.
Nicht gering ist das Maß seiner Kenntnisse.
Denn er ist der Quell der Erfindungen,
der sich die ganze Schöpfung unterwirft.

Eine Motte ist er in seiner Winzigkeit,
ein Holzwurm in seiner Schwachheit,
wie eine Heuschrecke ist er in seiner Kleinheit;
doch wie eine Made in der Scheune des Königs
zernagt er dessen Schöpfung.

Die Berge hat er durchforscht;
Ströme - er hat sie geplündert.
die Tiefen des Meeres hat er durchsucht
und in das Innere der Wälder und Höhlen
ist er eingedrungen und hat sie durchforscht.

Er spaltet die Bäume bis ins Innerste
und gewinnt durch Bewässerung Früchte,
er öffnet das Mark des Weinstocks,
er durchgräbt die Erde
und nimmt aus ihr ihre Schätze.

Gottes Bild ist er in der Schöpfung,
da er das Wasser zwingt, aus der Tiefe
in große Höhen zu steigen
in Wasserrädern wie in Wolken,
in Nachahmung seines Schöpfers.

Statt der Schöpferkraft
verfügt er über die Technik,
und statt des alles schaffenden Winkes
besitzt er den alles unternehmenden Trieb
und die alles vollendende Lehre.

Wer vermag seine Schätze aufzuzählen!
Für das Färben fand er alle Farben,
für das Weben die Webstühle.
Und wie viele Figuren bei seinem Gießen,
und wie viele Statuen bei seiner Bildhauerei!

Wer könnte damit zu Ende kommen!
Bei seinem Mischen - wie viele Öle aus seinem Öl,
wie viele Gerichte aus seinem Getreide!
Wie im Paradies Eden
ist sein Tisch mit allen Leckerbissen gefüllt.

Doch wenn du ihn rufst und ihm
von Gericht und Vergeltung sprichst,
dann überwältigt ihn jegliche Faulheit
und überflutet ihn Trägheit,
und wie im Traum hört er deine Stimme.

Läßt du aber von ihm ab, rührt und erhebt er sich
und bemüht sich um Gewinn
aus Zinsen und Erträgen;
er wird ganz Auge,
übersieht keinen Pfennig.

Seine Hand hält er ausgestreckt über allem;
die Leute drinnen ermüdet sein Joch,
die Leute draußen auf dem Feld seine Fron;
die Arbeit der Tagelöhner genügt ihm nicht,
er nötigt jeden, der ihm begegnet.

Alle Weltgegenden hält er für nahe,
Meer und Land sind ihm Nachbarn;
nur die Kirche liegt ihm fern.
Seine Hand reicht weit, um zu nehmen;
doch für Almosen ist sie zu kurz.

Das Angesicht der Erde
und des Himmels versteht er zu deuten.
Wann es Hitze geben wird
und wann Regen,
und das schöne Wetter sagt er voraus.

Und noch etwas anderes, Bitteres,
daß er mit seinem Wissen übertreffen
will sogar seinen Schöpfer,
als ob das Geschöpf ihn erforschen könnte
und der Schöpfer begrenzt wäre!

45. Hymnus über die Kirche, 11.17-28.30 f. CSCO 199,111-113

Jakob von Batna: Der wahre Schutz für Stadt und Land

Die Martyrer Schamonas und Gurias, welche in ihren Leiden triumphierten,
haben liebevoll von mir verlangt, daß ich ihre Triumphe besingen möchte.
Sie waren einfache Greise, die mit männlichem Mut in den Kampf zogen
und im Streit bis aufs Blut große Siege errangen.
Sie sind Salz unserem Land geworden,
durch dessen Würze es Wohlgeschmack gewann,
nachdem es durch die Götzenverehrung fade geworden war.
Sie sind goldene Lampen, gefüllt mit dem Öl des Kreuzes,
durch welche unsere ganze zuvor finstere Gegend erhellt wurde;
zwei Fackeln, deren Licht alle Macht des Irrwahns
nicht auszulöschen vermochte,
obwohl er alle Stürme gegen sie aufbrausen ließ;
gute Arbeiter, welche vom Beginn des Tages an
im gesegneten Weinberg Gottes getreulich gearbeitet haben.
Sie sind zur Mauer für unser Land geworden,
zum Schutz gegen alle räuberischen Horden,
welche uns in vielerlei Kämpfen umringen.
Ein Hafen des Friedens und ein Zufluchtsort sind sie für alle Bedrängten,
und eine Stütze, an welche alle Hilfsbedürftigen ihr Haupt anlehnen können.
Schamonas und Gurias, ihr Söhne der Armen,
seht, wie die Reichen vor euren Türen gebeugt stehen,
um von euch zu empfangen, wessen sie bedürfen!
Der Sohn Gottes hat durch seine Armut und Dürftigkeit
der Welt gezeigt, daß ihr ganzer Reichtum nichtig ist.
Lauter Fischer, lauter Arme, lauter Niedrige,
lauter Verachtete verherrlichen den Glauben an ihn.
Einen Fischer, dessen Heimatort sogar Fischhausen (Bethsaida) hieß,
machte er zum Haupt der Zwölf und zu seinem Hausverwalter.

Einen Zeltweber, welcher anfangs ein Verfolger war, zog er an sich
und machte ihn zu einem auserwählten Gefäß für den Glauben.
Schamonas und Gurias kamen aus ärmlichen Orten,
und siehe, jetzt sind sie in der großen Stadt (Edessa) zu Herren geworden.
Die Vorsteher und Richter dieser Stadt stehen vor ihren Türen
und flehen ihr Erbarmen an, damit sie ihnen verleihen, wessen sie bedürfen.
Durch das Bekenntnis des Glaubens an den Gottessohn
erwarben die Seligen diesen unbegreiflichen Reichtum.
Er ist arm geworden, um die Armen reich zu machen,
und siehe, die ganze Welt ist durch seine Armut bereichert.

Loblied auf die unter Diokletian um 300 gefolterten Blutzeugen, 7-20.107-124;
BKV 6,375 f.379

5. WINZER UND STEPPENWOLF

Gott der Heerscharen, sorge für diesen Weinstock und für den Garten, den deine Rechte gepflanzt hat *Psalm 80, 15 f*

Ein Prunkteppich mosaizistischer Arbeit mit einer Bildfolge aus dem Landleben und dem Weinbau breitet sich über dem Boden der Lot- und Prokop-Kirche am Berg Nebo in Jordanien aus. Zwischen Weinranken und Akanthusblättern und umgeben von Feldhühnern, Hasen, Schafen und Hunden entfaltet sich das bunte Leben, das mit der Weingewinnung gegeben ist. Das Mosaik, das zweifellos von Darstellungen antiker Weinfeste inspiriert worden ist, wurde aber von den christlichen Besuchern der Kirche nicht nur als kunstvolle Veranschaulichung ihres ländlichen Lebens erlebt, sondern auch in einem neuen, von Bibel und Predigt gedeuteten Sinn verstanden. - Die folgenden vier Abbildungen sind diesem Weinbauzyklus entnommen. (Die Brandspuren im Mosaikboden stammen von den Lagerfeuern der Beduinen.)

Ein Winzer erwehrt sich mit einer Lanze eines Steppenwolfes. Als Feind der Menschen und ihrer Haustiere wurde der Wolf, dem man nachsagte, in seiner Gefräßigkeit fresse er sogar Leichen, und dessen Erscheinen Unheil bedeutete, überall gejagt und verfolgt. Auch in der Bibel hat er keinen guten Ruf, und im Munde Jesu erscheint er als Inbegriff falscher Propheten und ihrer Verstellungskünste: »Hütet euch vor den falschen Propheten! Sie kommen zu euch wie Schafe; in Wirklichkeit aber sind sie reißende Wölfe« (Mt 7,15). Im Bild des Wolfes erblickte der Christ nicht nur einen warnenden Hinweis auf die Irrlehrer und ihre Täuschungen, sondern auch eine Mahnung vor eigener Habgier und Freßlust (s. Nr. 45), denen er wie der Winzer im Bild entschieden Widerstand zu leisten von der Kirche aufgefordert wurde. In seinem sittlichen Kampf darf der Gläubige auf den Beistand Gottes hoffen. Er wird sein Volk, in vielen Bildern und Gleichnissen der Bibel als der göttliche Weinberg beschrieben, trotz Ausplünderung durch schlechte Hirten (Jer 12,10) oder Verwüstung durch feindliche Nachbarvölker, welche die Pflanzung wie »der Eber aus dem Wald« umwühlen (Ps 80,14), nicht dem Untergang preisgeben.

EPHRÄM: DES SCHÖPFERS SCHÖNE SCHÖPFUNG

Wenn du die Natur betrachtest -
sie ist ganz schön wegen ihres Schöpfers.
Wenn du aber auf die menschlichen Gewohnheiten schaust -
sie sind ganz verderbt wegen unseres Willens,
der die Makel der Gewohnheiten über die Natur gebreitet hat;
so wurde die schöne Natur durch die häßlichen Gewohnheiten entstellt.
Doch wenn jemand die Makel der bösen Gewohnheit ablegt,
kleidet er sich in rechter Weise mit den Gaben der Natur.
Es lege unser Mund die Lästerungen ab,
und unsere Zunge hülle sich in Lob!

Zeugen sollen für die Natur sein
die Ärzte mit ihren Waagen;
denn nach Maß und Gewicht
haben sie in die Arzneien hilfreiche Gifte gemischt.
Überwiegt aber eines das andere, dann entsteht Schaden.
Der Allheilende, der es unternahm, die Geschöpfe zu ordnen,
ordnete in Liebe die Natur,
doch verwirrt er im Zorn die menschlichen Sitten.
Gepriesen sei, der durch die Geschöpfe
Ordnung lehrt uns freien Menschen!

Auch Haare und Nägel des Leibes,
sind abstoßend, wenn sie zu sehr gewachsen sind.
Doch auch ohne sie ist der Leib häßlich;
denn sie sind ein Schmuck für ihn.
Wie sehr müssen erst die Sünden die Natur entstellen!
Auch der Wein - ist er geklärt, dann ist er gut.
Durch den Willen sündigten die Sünder,
durch ihre schlechten Gewohnheiten trübten sie die Natur.
Gepriesen sei, der uns das schöne Kleid gab,
die reine Natur, das an uns schmutzig wurde!

Wenn du die Natur suchst,
dann suche sie nicht dort, wo wir sie getrübt haben!
Zum Ursprung der Quelle laßt uns hinaufsteigen,
der rein war, bevor die Menschen kamen.
Der Herr sah alles, und es gefiel ihm alles!
Denn wenn es schon ein böses Wesen gegeben hätte,
dann hätte es damals gekämpft
mit dem Schöpfer und nicht mit dem Geschöpf.
Gepriesen sei, der sich selber uns offenbarte,
daß er mächtig, weise und gütig sei!

29. Hymnus gegen die Irrlehrer, 3.5-7; CSCO 170,101 f.

EPHRÄM: DAS RETTENDE SCHAF UND DER WÖLFE RAUBGIER

Der Sohn stieg herab, um die Knechte zu heilen,
deren Krankheiten sich hartnäckig hielten.
Obwohl Ärzte kamen, sich einfanden, sich mühten, sich plagten,
heilten sie wenig und ließen viel übrig.

267

Da die Schafe ihn nicht wahrgenommen hätten,
nahm er sich das Kleid vom Schaf.
So nahte sich ihm die Herde und mißtraute ihm nicht;
denn der Geruch der Schafe kam aus seinen Kleidern.

Die Wölfe aber, die schlau waren,
fürchteten sich vor ihm, der sich verwandelt hatte.
Seine Kleider zerrissen sie und machten offenkundig seine Herrlichkeit;
gegen ihre Absicht erstrahlte sein Glanz aus seiner Verhüllung.

Die Winzer, die ihn kreuzigten, merkten,
daß er der Erbe und der Herr des Weinbergs ist.
Die Hirten hielten ihn für einen Artgenossen der Schafe,
da er in seiner Liebe das Paschalamm geworden ist.

36. Hymnus über den Glauben, 1-3.5; CSCO 155,97

KYRILLONAS: HEUSCHRECKEN

Ich hatte Korn entliehen, gesät, gearbeitet, gepflanzt,
eine Hypothek verschrieben, um darauf geborgt zu erhalten,
eine Schuldverschreibung gemacht, um dadurch Hilfe zu erlangen,
die Saat bewässert, zum Wachstum gebracht und sehr gelobt.
Schon nahten meine Äcker wie Schiffe dem sicheren Hafen,
und ich war gewiß, daß sie in Ruhe landen werden.
Da plötzlich, als ich noch froh und heiter war,
stürmten gleich einer Rauchwolke die leidigen Heuschrecken heran.
Sie drangen vor, wie gewaltige Wogen,
ließen sich nieder auf meinen Äckern und bedeckten meinen Boden.
Sie flogen heran, lagerten auf mir, kamen und weilten auf mir,

die leidigen Fremdlinge, die an mir zehrten.
Ja, wenn dein Wille sie nicht gehindert hätte,
würden sie nicht einmal Steine und Erde verschont haben.
Doch war deine Strafe immerhin nicht so schwer wie meine Schuld;
deine Züchtigung entsprach nicht meiner Torheit.
Wunderbar war es, Brüder, wieviel Barmherzigkeit
doch mit diesem Strafgericht verbunden war!
Denn der Herr legte den Heuschrecken Fußschellen an,
daß sie nicht so viel verderben konnten, wie ihre Bosheit wünschte.
Sie ließen sich im Weinberg nieder, aber das Maul war ihnen zugehalten;
sie lagerten sich auf den Reben, aber ihr Schwert blieb in der Scheide.
Als sie zu den Bäumen kamen, wehrte sie der Gütige ab;
als sie sich den Saaten näherten, hinderte sie sein Wille.
Als sie sich auf den Früchten lagerten, bog er ihnen den Hals zurück;
als sie auf den Zweigen ruhten, vermochten sie nicht sie zu zerstören.
Der Herr hat sie herbeigerufen, uns Schrecken einzuflößen;
aus Barmherzigkeit aber befahl er ihnen alsdann zu fasten.
Gräser und Dornen gestattete er ihnen,
versagte ihnen aber das Brot der Menschen.
Dem bösen Arbeiter, der leidigen Heuschrecke,
die sich wie ein Schnitter auf meinen Feldern niederließ,
hast du, Gütiger, ihre Zahnreihen zerbrochen,
damit sie nicht mehr zermalme als die ihr bestimmte Nahrung.

Bittgesang im Jahr 396 am Allerheiligenfest, 381-449; BKV 6,16 f.

6. WINZER BEI DER WEINLESE

Sobald sich Saft in der Traube findet, sagt man: Verdirb sie nicht; denn es ist Segen darin. *Jesaja 65, 8*

Der Weinbau, in der Bibel zum ersten Mal in der Erzählung vom geretteten Noach erwähnt (Gen 9,20 f.), war überall im syrisch-palästinensischen Kulturraum verbreitet, und der Wein war Genußmittel des Volkes und durfte vor allem beim Festmahl nicht fehlen. Erst nach dem Einbruch des Islam fand die Weinkultur ihr fast völliges Ende. In biblischer Zeit waren besonders geschätzt die Weine von Hebron und Damaskus und aus dem Libanon. Auf Qualität wurde großer Wert gelegt. Die Weinstöcke wurden regelmäßig be-schnitten und gereinigt und die Ranken an Stangen oder Feigenbäumen hochgebunden, so daß man in ihrem Schatten ausruhen und die Glut des Sommers überstehen konnte. Die Weinlese war eine Zeit der Hochstimmung, und eine gute Ernte pries man als göttlichen Segen. Seit frühester Zeit beging das jüdische Volk im Herbst (Anfang Oktober) das Laubhüttenfest, bei dem man acht Tage lang auf den Feldern, aber auch in Jerusalem in Hütten aus grünen Zweigen wohnte. Die Festlichkeiten waren bestimmt vom Dank an Gott für die Ernte und von der Bitte um gedeihlichen Regen für das kommende Jahr.

Zum Erweis der ungeahnten Fruchtbarkeit des Gelobten Landes schnitten die Kundschafter des Mose im Traubental bei Hebron »eine Rebe mit einer Weintraube ab und trugen sie zu zweit auf einer Stange« (Num 13,23). (Mit diesem Bild stellt sich noch heute das israelische Tourismusgewerbe dar.) Auch im Mosaikbild der Lot- und Prokop-Kirche am Berg Nebo soll die unwahrscheinliche Größe der Traube, die der Winzer von der hochgezogenen Ranke mit einem sichelförmigen Messer schneidet, den göttlichen Segen der Ernte hervorheben.

EPHRÄM: DER REBZWEIG DER WAHRHEIT UND DER LIEBE

Vertraut auf die Wahrheit und fürchtet euch nicht, Brüder!
Denn unser Herr ist nicht schwach, daß er uns in Prüfungen im Stich ließe.
Er ist die Macht, von der die Schöpfung abhängt und ihre Bewohner.
An ihm hängt die Hoffnung seiner Kirche.
Wer könnte ausreißen ihre himmlischen Wurzeln!
Gepriesen sei er, dessen Macht herabstieg und seine Kirchen durchdrang!

Zahlreich wurden die Söhne der Wahrheit an jenem Rebzweig der Wahrheit;
sie reiften und wurden zu Früchten, würdig des Reiches.
Obwohl der Zweig lebendig ist, gibt es auch Früchte an ihm
ohne Leben, die nur zum Schein erblühen.
Der Wind prüfte sie und ließ ihre leeren Früchte herabfallen.
Gepriesen sei er, der den Kranz denen verlieh, die an ihm festhielten.

Jesus, neige zu uns herab deine Liebe, damit wir sie ergreifen!
Das ist der Zweig, der seine Früchte herabneigte zu den Undankbaren;
sie aßen, sättigten sich, wandten sich ab und schmähten ihn; er aber neigte sich
herab bis zu Adam in der Unterwelt.
Hinaufsteigend führte er ihn empor und kehrte mit ihm nach Eden zurück.
Gepriesen, der sich herabneigte, daß wir ihn ergreifen
und an ihm emporsteigen!

Wer sollte nicht festhalten an jenem Zweig der Wahrheit,
der die wahren Gläubigen trägt, die falschen abwirft!
Nicht weil sie zu schwer wären für seine Kraft, hat er sie abgeworfen;
für uns hat er sie geprüft durch den Windhauch,
der die verdorrten Früchte herabfallen läßt.
Gepriesen, der den Weinberg verwarf, die Quelle saurer Beeren (Jes 5,1-7).

Da die Lügner jenen Zweig des Lebens mißbrauchen,
indem sie zur Zeit seiner Erhöhung in seinem Schatten sitzen,
in der Zeit seiner Erniedrigung aber gegen ihn undankbar sind,
gleichen sie Menschen, die vorübergingen für einen Augenblick,
die herzukamen und Früchte pflückten,
dann die Weinstöcke nicht mehr beachteten, sie verließen.
Gepriesen sei er, dessen Winzer in seinem Weinberg ausharren!

Hymnus über die Kirche, 1.3.8.10 f.; CSCO 175,61-63

KYRILLONAS: DES WAHREN WEINSTOCKS LEBENSKRAFT

Ich bin der wahre Weinstock und mein Vater ist der Winzer. -
In dem Weinstock seines Leibes ist der Gottheit Süßigkeit verborgen.
In ihm ist eingepflanzt der Rebzweig und Setzling unserer Menschheit.
Aus ihm quillt für uns der Trank hervor, der unseren Durst stillt.
Aus dem Setzling seiner Menschheit strömen für uns Bäche seiner Gnade.
Dies ist der Weinstock, der die Menschen tränkt und ihnen das Leben verleiht.
Dies ist der Weinstock, der mit seinem Trank der Betrübten Seelen tröstet.
Dies ist der Weinstock, der mit seinem Wein die Welt
von der Sünde reinwäscht.
Er ist die Traube, die sich zur Abendzeit im Speisesaal selbst ausgepreßt
und sich im Becher der Jünger als das Testament der Wahrheit dargereicht hat.
Weinstock, wie gewaltig bist du; dein Reichtum wird niemals erschöpft!
Räuber nahten sich ihm, stahlen die Blätter,
wagten sich aber nicht an die Trauben.
Gleich Dieben stürzten sich die Juden auf den Weinberg unseres Erlösers,
nahmen ihm Gewand und Mantel,
ließen aber die Traube und ihren Wein unberührt.
Die Füchse heulten zwischen den Reben, aber nur eine einzige verdorrte.

Der Igel im Stachelgewand bedrohte diesen Weinstock;
eines Herlings konnte er sich bemächtigen,
die Trauben blieben ihm unerreichbar.
Zion, dieser Igel voller Bosheiten, hatte sich des Judas Iskariot bemächtigt.
Durch die dreißig Silberlinge raubte es sich selbst die ihm verheißene Süßigkeit.
Es suchte den Weinstock auszutilgen, aber die Wächter erhoben ihre Stimme.
Propheten hatten ihn öffentlich verkündigt;
doch der Weinstock wuchs in der Stille.
Dreißig Jahre hatten sie dürstend gewartet;
sie hörten von ihm und strömten herbei.
Adam eilte aus dem Grab, Eva kam aus der Unterwelt;
die Kirche lief herzu von den Bergen, die Völker aus allen Himmelsgegenden.
Sie sahen die Traube hoch am Kreuz hängen;
ihr Rebzweig war Golgotha, von wo die Süßigkeit herabblickte.
Mit ihren Lippen fingen sie sein Blut auf
und pflückten mit Händen seine Wahrheit.
Christus ist der Weinstock, welcher uns aus Liebe die Traube gereicht hat.
Die Traube neigt freudig ihr Haupt vor dem Pflückenden,
wie unser Herr sein Haupt geneigt hat vor dem Knecht, der ihn schlug.
Keinen Laut gibt die Rebe von sich, wenn der Winzer sie abschneidet;
auch Christus gab keine Antwort, als Kajaphas ihn verurteilte.
Das Messer durchschneidet den Rebzweig,
Wasserbäche strömen aus ihm hervor;
ebenso durchbohrte die Lanze Christus, und Gnadenströme flossen für uns.

2. Predigt über das Pascha Christi, 290-200.309-367; BKV 6,44-46

Johannes von Damaskus: Des Weinstocks österliche Freude

Dies
ist der erhabene und heilige Tag -
der erste nach dem Sabbat,
die Königin und Herrin,
das Fest der Feste,
die Feier aller Feiern -,
an dem wir Christus preisen
in Ewigkeit.

Kommt,
an des Weinstocks neuer Frucht,
an der göttlichen Freude,
an dem glückverheißenden Tag
der Auferweckung
und des Reiches Christi laßt uns teilnehmen
und Lieder singen ihm als Gott
in Ewigkeit!

Erhebe
im Kreis deine Augen, Zion, und schau!
Denn sieh, es kommen zu dir
göttlich leuchtend wie Sterne
vom Sonnenuntergang und vom Nordwind her,
vom Meer und vom Sonnenaufgang deine Kinder,
um in dir Christus zu preisen
in Ewigkeit!

Vater,
Allherrscher und Wort und Geist,
in drei Personen
in einer Natur geeint,
überwesentlich
und übergöttlich, auf dich sind wir getauft,
und dich preisen wir Gläubige
in Ewigkeit!

Auferstehungskanon, 8. Ode, Anthologion III,184

7. HEIMKEHR MIT DER ERNTE

Du läßt das Gras wachsen für das Vieh, auch Pflanzen für den Menschen, die er anbaut, damit er Brot gewinne von der Erde und Wein, der des Menschen Herz erfreut. *Psalm 104, 14 f.*

Weinpflanzungen waren in günstigen Lagen, an Abhängen von Bergen und Hügeln angelegt. Der Boden mußte umgegraben und von Steinen gereinigt werden. Steinwälle sollten die Weingärten vor Ziegen und Schafen und vor wilden Tieren schützen. Oft wurden sie von Aufsehern bewacht; Hütten im Weinberg dienten ihnen zum Aufenthalt. Die Bibel erlaubt, in fremden Gärten Trauben zu essen, verbietet aber, sie mitzunehmen: »Wenn du in den Weinberg eines anderen kommst, darfst du so viel Trauben essen, wie du magst, bis du satt bist; nur darfst du nichts in ein Gefäß tun« (Dtn 23,25). Mitte September begann die Ernte und dauerte bis Oktober. Eine Nachlese verbietet die Bibel; sie war allein für die Armen bestimmt, für Fremde, Witwen und Waisen (Dtn 24,21). Die geernteten Trauben wurden dann zur Kelter gebracht, die sich zuweilen im Weingarten, meistens aber im dörflichen Wohngebiet befand. Der Esel, Reittier der einfachen Bevölkerung, diente auch als Transporttier; wegen seines vorsichtigen Ganges war er im gebirgigen und steinigen Gelände unersetzlich.

Der Winzer in der Mosaikdarstellung hat die Traubenernte seinem Esel in einem geflochtenen Doppelkorb, wie in orientalischen Ländern noch heute üblich, aufgeladen und führt ihn nun an einem Strick zur heimatlichen Kelter.

ODE SALOMOS: DES HERREN FRUCHTBARE PFLANZUNG

Mein Herz wurde beschnitten und seine Blüte erschien,
es wuchs in ihm die Güte und brachte Früchte für den Herrn.

Denn der Höchste beschnitt mich durch seinen Heiligen Geist,
er legte offen vor sich mein Inneres und erfüllte mich mit seiner Liebe.

Mir wurde seine Beschneidung zur Erlösung;
ich eilte dahin auf dem Weg zu seinem Frieden, auf dem Weg der Wahrheit.

Redendes Wasser berührte meine Lippen
aus der Quelle des Herrn ohne Mißgunst.

Ich trank und wurde berauscht
von dem lebendigen Wasser, das nicht stirbt.

Von oben her schuf er mir unvergängliche Ruhe;
ich wurde wie das Land, das sproßt und über seine Früchte frohlockt.

Der Herr war wie die Sonne
über dem Antlitz der Erde.

Meine Augen erleuchtete er,
und mein Angesicht empfing Tautropfen.

Auch meine Nase wurde erfreut
durch den erfreulichen Duft des Herrn.

Und er führte mich in sein Paradies,
wo der Reichtum der Freundlichkeit des Herrn ist.

Ich warf mich nieder vor dem Herrn, um ihn zu preisen;
ich sprach: Heil denen, Herr,

die gepflanzt sind in deinem Lande,
die einen Platz haben in deinem Paradies!

Viel Platz ist in deinem Paradies;
nichts Überflüssiges ist darin, alles ist voller Früchte.

Preis dir, Gott, Wonne im Paradies für die Ewigkeit!
Halleluja!

11. Ode, 1-3.6f. 12-18.23 f.; Hennecke-Schneemelcher II, 590-592

EPHRÄM: EINES WINZERS TÖRICHTES TRACHTEN

Wer ist törichter als der Mensch,
der mehr um sein Leben sich kümmert als um seine Seele.
Die Gewänder in seiner Kleiderkiste mustert er jeden Tag;
doch eine unsichtbare Motte sitzt in seinen Gliedern.
Risse in seinen Kleidern näht er; doch der Riß in seinem Geist bleibt bestehen.
Sein Haus erleuchtet er; doch sein Herz bleibt im Finstern.
Er hat die Sinne verklebt und die Fenster geöffnet.
Seine Tür ist verschlossen und sein Silber bewacht;
doch sein Mund steht offen, und der Schatz seines Geistes ist gestohlen.
Der Tor ehrt sein Lasttier mehr als sich selbst.
Denn er sorgt sich mehr um seinen Besitz als um seine Seele.
Guten Samen sät er auf seinen Acker, in sein Herz sät er Unkraut.
Sein Sinn steht offen und ist allem preisgegeben;
doch an der Einfriedung seiner Weinberge arbeitet er.

Ausgewählte Schößlinge pflanzt er,
während sein Geist ein Weinstock aus Sodom ist.
Den Wildesel hält er von den Saaten fern;
doch der Eber des Waldes weidet sein Sinnen und Denken.

40. Lied aus Nisibis, 5 f.; CSCO 241,23 f.

EPHRÄM: LOBPREIS DEM GÖTTLICHEN BRÄUTIGAM UND SEINEN GABEN

Kana danke dir; denn du hast sein Hochzeitsmahl mit Freude begleitet!
Der Kranz des Bräutigams ehre dich, weil du ihn geehrt hast,
und der Kranz der Braut wurde für dich zum Siegeskranz.
Spiegelbildlich fanden Gleichnisse ihre Erklärung und Darstellung.
Denn deine Kirche stelltest du in der Braut dar,
und in den Gästen fand sich das Bild der von dir Geladenen;
im Festzug von Kana hast du dein eigenes Kommen dargestellt.

Das Hochzeitsfest danke ihm; denn er hat den Wein vermehrt!
Sechsfach staunenswerte Wunder geschahen dort,
die sechs vorzüglichen Weine aus Wasser!
Der König goß denen, die ihn eingeladen hatten, seine Weine ein.
Selig, wer dort Gast war,
daß er, die Schönheit der Braut gering achtend,
dich schauen konnte, deine große Herrlichkeit!

Mit meinen Gästen danke ich, daß er mich gewürdigt hat, ihn einzuladen,
diesen himmlischen Bräutigam, der sich erniedrigte und alle einlud.
Ich bin eingeladen, bei seinem reinen Hochzeitsfest einzutreten.
Unter allen Menschen will ich bekennen, daß nur er der Bräutigam ist.
Sein Brautzelt ist aufgeschlagen für die Menschen;

sein Hochzeitsmahl ist reich und nicht armselig
wie mein Hochzeitsmahl, dem der Wein ausging und dem er ihn in Fülle gab.

33. Hymnus über die Jungfräulichkeit, 1-3: CSCO 224,103 f.

8. KELTERN DER TRAUBEN

Mit Gottes Segen bin ich vorangekommen, wie ein Winzer habe ich die Kelter gefüllt. *Jesus Sirach 33, 17*

Das Keltern der Trauben war schwere Arbeit. Das Erntegut wurde in eine Kufe geschüttet und mit bloßen Füßen zertreten und zerquetscht. Um den Ertrag des Saftes zu erhöhen, setzte man anschließend den seit dem 1. Jahrhundert v.Chr. bekannten Kelterbaum mit Schraubspindel ein, unter dessen Druck der letzte Saft aus den Trauben gepreßt wurde. Der völlig ausgepreßte Trester wurde an die Tiere verfüttert. Durch eine Rinne floß der Saft aus der Kufe in einen tiefer liegenden Trog und wurde dann in Krüge oder Schläuche aus Tierhaut abgefüllt, um durch Gärung zu Wein zu werden.

Der Wein gehörte nach Auskunft der Bibel zu den dringlichsten Notwendigkeiten des Lebens und wurde auch auf Reisen als Mundvorrat mitgenommen, so daß der barmherzige Samariter im Gleichnis Jesu ihn sogleich als Medizin für den von Räubern zerschlagenen Mann zur Hand hatte (Lk 10,34). Schon die alttestamentliche Weisheitsliteratur schätzt den Wein als Lebenswasser. »Wie ein Lebenswasser ist der Wein für den Menschen, wenn er ihn mäßig trinkt. Was ist das für ein Leben, wenn man keinen Wein hat, der doch von Anfang an zur Freude geschaffen wurde?« (Sir 31,27). Andererseits benutzt der Prophet Jesaja das Bild des Keltertreters, um auf das Strafgericht Gottes über die unbußfertigen Völker hinzuweisen: »Wer ist jener, der aus Edom kommt, aus Bosra in rot gefärbten Gewändern? ... Warum ist dein Gewand so rot, ist dein Kleid wie das eines Mannes, der die Kelter tritt? - Ich allein trat die Kelter, von den Völkern war niemand dabei. Da zertrat ich sie voll Zorn, zerstampfte sie in meinem Grimm. Ihr Blut spritzte auf mein Gewand und befleckte meine Kleider« (Jes 63,1-3). Die frühchristliche Predigt hat im Keltertreter einen Hinweis auf Christus und sein Gericht gesehen (Offb 14,19 f.; 19,15).

Die Mosaikdarstellung in der Lot- und Prokop-Kirche am Berg Nebo erweckte bei den Besuchern des Gottesdienstes zunächst gewiß Erinnerungen an ihre eigene Lebenswelt. Nur mit einem Lendentuch sind die beiden Männer in der Kelter bekleidet; sie lassen so die schweißtreibende Arbeit des Traubentretens erahnen. Sie fassen sich bei der Hand oder halten sich am Kelterbaum fest und gehen im Kreis durch den Bottich; in ihm ist die Spindelpresse wie ein Kreuz aufgerichtet. Mit dieser Darstel-lung weist die Kirche die Gläubigen hin auf die Predigt vom Leiden Christi und seinem Gericht, erinnert sie aber auch an die Mahnung des Paulus, sich nicht dem Weinrausch hinzugeben: »Berauscht euch nicht mit Wein - das macht zügellos -, sondern laßt euch vom Geist erfüllen« (Eph 5,18).

EPHRÄM: WEINRAUSCH UND LIEBESRAUSCH

Fürchte den Wein, der den ehrbaren Noach,
Sieger seiner Generation, entblößte!
Der die Wasserflut besiegen konnte, ihn hat eine Handvoll Wein besiegt;
jenen, den außen die Sintflut nicht bezwang,
hat innen der Wein bezwungen.
Der Wein, der Noach, das neue Haupt aller Menschen, entblößt zu Boden warf,
wie leicht wird er dich Einsamen besiegen!

Ein vom Wein Betrunkener ist weniger schlimm
als der von häßlicher Liebe Trunkene.
Harte Fesseln sind für ihn weich, verächtlich der Stecken, schwach der Stock.
Tadel und Zurechtweisung
gehen wie Fabeln durch sein Ohr.
Selbst Beschämung ist für ihn wie Freude,
und Speichel, ins Gesicht gespien, hält er für Tautropfen.

Denn ganz gefüllt ist die weite Schale seines Geistes
von dem Tropfen der Liebe, der hineinfiel und zu einem großen Meer wurde.
Und nun tauchen seine Gedanken darin auf und unter
wie ein Schiffer, dessen Schiff geborsten ist;
und sein Sinnen treibt umher auf den Wogen der Begierden
wie ein Schiff, das der Steuermann verlassen hat.

1. Hymnus über die Jungfräulichkeit, 10.12.14; CSCO 224,3 f.

RABBULA: DIE MARTYRER – DER KIRCHE GEKELTERTE TRAUBEN

Ihr gesegneten Martyrer,
ihr habt euch als vernunftbegabte Trauben bewährt,
an deren Wein sich die Kirche erquickt hat.
Glorreiche und göttliche Lichter,
die ihr euch freudig allen Qualen entgegengestellt
und die verruchten Tyrannen durch euren Kampfesmut
besiegt und zuschanden gemacht habt!
Ehre sei der Kraft, die euch in euren Kämpfen gestärkt hat!
Gott, der zur Erlösung seiner Geschöpfe gekommen ist,
möge sich unser erbarmen!

Als die Heiligen kamen
und sich niederließen zum Gastmahl des Leidens,
da tranken sie alle von jenem Most,
den das Volk der Juden auf Golgotha gekeltert hatte,
und lernten die verborgenen Geheimnisse des Hauses Gottes.
Deshalb sagen wir lobsingend:
Gelobt sei Christus, welcher die Martyrer
durch das Blut aus seiner Seite trunken gemacht hat!

Martyrer-Hymnen I; Bickel, Schriften der syrischen Kirchen-väter (BKV), 262

Jakob von Batna:
Trunkenheit durch des Gekreuzigten Traubensaft

An einem großen Fest, da alle Völker versammelt waren,
ertönten vom Abendmahlssaal her neue, bisher nie gehörte Laute.
Es hörten die Griechen und Fremden ihre Muttersprache von den Jüngern,
die ganz und gar im Judenlande aufgewachsen waren.
Es kamen Barbaren aus Völkern, die weit entfernt waren,
und vernahmen ihre Muttersprache vom Abendmahlssaale her.
Die Juden aber, die durch ihre Umtriebe die Wahrheit zu verdunkeln suchten,
stellten dieses ganz augenscheinliche Wunder in Abrede:
Sie haben Most getrunken, sind berauscht und darum von Sinnen! -
Ihr Betrüger, wer sich betrinkt, bringt seinen Geist in Unordnung;
des Weines Genuß verleiht nicht die Gabe, eine neue Sprache zu sprechen,
und der Most bewirkt nicht vernunftbegabtes Reden!
Haben sie Most getrunken und sind berauscht, wie ihr glauben machen wollt,
dann muß ihre Sprache auch vorher schon verwirrt gewesen sein.
Siehe, sie sind erleuchtet und reden so in allen Sprachen;
welcher Wein vermag solche Kenntnisse beizubringen?
Der Gekreuzigte ist es, der sie mit seinem Wein zum Reden begeisterte,
und von ihm haben sie die neue Weisheit ohne Unterricht empfangen.
Seht, der Traubensaft, den das Volk auf Golgotha ausgepreßt hat,
wallt in ihnen auf und lehrt sie alle Sprachen.
Der neue Wein, den die Seite des Sohnes ausgegossen hat,
ward ihnen zum Lehrmeister, belehrt und unterrichtet sie.
Wo saht ihr je einen betrunkenen Menschen, wie ihr meint,
der in neuen Sprachen redete, wie ihr hier es vernehmt?
Wer Wein trinkt und sich berauscht, verliert vielmehr die Sprache;
doch woher kommt es, daß diese alle Sprachen verstehen?

Gedicht über das Pfingstfest, 205-230; BKV 6,278 f.

Romanos: Des Lebens Traube in der Kelter

Besiegt werde ich von der Liebe, die ich empfinde für die Menschen,
sprach der Schöpfer. Meine Magd und Mutter,
ich will dich nicht betrüben; wissen laß ich dich,
was zu tun ich beabsichtige; ich will deine Seele schonen, Maria.
Den in Armen du hältst, mich wirst an Händen angenagelt
in Kürze du sehen, weil leidenschaftlich ich liebe dein Geschlecht.
Den mit Milch du nährst, werden andere mit Galle tränken.
Den herzlich du küßt, wird mit Speichel bedeckt.
Den das Leben du nanntest, wirst zu sehen du bekommen
am Kreuze hängend, und beweinen wirst du mich als Toten;
doch wirst du mich begrüßen als Auferstandenen, du voller Gnade!

All dies werde nach eigenem Willen ich erdulden,
und all dessen Grund wird die Gesinnung sein,
die von alters her bis jetzt
gegen die Menschen ich als Gott bekundet voll Verlangen, sie zu retten.
Als Maria dies vernahm, stöhnte aus tiefstem Herzen sie
und rief: Meine Traube, nicht sollen dich auspressen die Verbrecher!
Du aus mir entsprossen, ich will nicht schauen des Kindes Hinschlachtung.
Er dagegen sprach zu ihr solche Worte:
Halt ein, Mutter, und beweine nicht, was du nicht begreifst!
Denn wenn es nicht vollbracht wird, gehen alle doch zugrunde,
für die du mich anflehst, du voller Gnade!

2. Hymnus auf Christi Geburt, 16 f.; SC 110,108

9. FLÖTE SPIELENDER HIRT

Ich gebe euch Hirten nach meinem Herzen; mit Einsicht und Klugheit werden sie euch weiden *Jeremia 3, 15*

Die Sorge der Viehzüchter für ihre Tiere hat im orientalischen Raum das Bild des fürsorglichen Herrschers und Gottes geprägt. Schon die assyrischen Könige trugen den Hirten-Titel, und auch im alten Ägypten ist das Bild des guten Hirten als Symbol liebevoller Fürsorge anzutreffen. Der Hirt in Israel hatte die verantwortungsreiche Aufgabe, Weideplätze und Wasserstellen zu suchen, was in den gebirgigen und steppenartigen Gegenden Palästinas nicht leicht war und viel Geduld erforderte. Er mußte die Herde, zumeist Schafe und Ziegen, vor Raubtieren und Dieben schützen und Tiere, die sich verlaufen hatten, mühevoll suchen und, da sie oft geschwächt oder verletzt waren, auf den Schultern heimtragen. Bis heute haben sich die Lebensbedingungen in den Dürregebieten des Orients für Hirten und Herden kaum geändert.

In der Bibel, die die Könige, vor allem aber Jahwe als Hirten des Volkes Israel bezeichnet, dient der Hirten-Titel schließlich zur Charakterisierung des davidischen Königs der erwarteten Heilszeit: »So spricht Jahwe, der Herr: Jetzt will ich meine Schafe selber suchen und mich selber um sie kümmern. Wie ein Hirt sich um die Tiere seiner Herde kümmert an dem Tag, an dem er mitten unter den Schafen ist, die sich verirrt haben, so kümmere ich mich um meine Schafe und hole sie zurück von allen Orten, wohin sie sich am dunklen, düsteren Tag zerstreut haben. ... Ich werde meine Schafe auf die Weide führen, ich werde sie ruhen lassen - Spruch Jahwes, des Herrn. Die verlorengegangenen Tiere will ich suchen, die vertriebenen zurückbringen, die verletzten verbinden, die schwachen kräftigen, die fetten und starken behüten. Ich will ihr Hirt sein und für sie sorgen, wie es recht ist. ... Ich setze für sie einen einzigen Hirten ein, der sie auf die Weide führt, meinen Knecht David. Er wird sie weiden, und er wird ihr Hirt sein« (Ez 34, 11 f, 15 f, 23). Diese Zusage Gottes sah die frühe Kirche im Messias Jesus, dem Nachkommen Davids, erfüllt. Er ist der gute Hirt, »der sein Leben hingibt für die Schafe« (Joh 10, 11).

Unter den Darstellungen der Bodenmosaike im Kloster bei Beth Shean, das die adlige Frau Maria und ihr Sohn Maximus errichten und ausschmücken ließen, ist auch das Bild eines Flöte spielenden Hirten mit seinem Hund zu finden, eine Szene, wie sie in dieser oder ähnlicher Art zu jener Zeit in allen Regionen des Römischen Reiches zur Ausstattung vieler Kirchen und Klöster gehörte. Inmitten von Weinranken und Trauben, den Bildern der Fruchtbarkeit, des Friedens und des Wohlstandes im Land, sitzt ein Mann auf einem gepolsterten Sitz, als genieße er nach anstrengender Arbeit die verdiente Ruhe. Sein Hund hat sich vor ihm auf die Hinterläufe gesetzt; doch scheint er von dem Spiel seines Herrn nicht sonderlich beeindruckt zu sein. Er hat sein Gesicht, angemessen seiner Aufgabe, nach hinten gewandt, als wolle er die Herde während des sorglosen Spiels des Hirten nicht aus den Augen lassen. Derweil hat sich furchtlos ein Hase in die Nähe des Hundes begeben und tut sich gütlich an den süßen Trauben. Für den christlichen Betrachter war dieses idyllische Bild mehr als die Wiedergabe einer bukolischen Szene; es ist die anschauliche Erinnerung an das immer wieder gesungene Lied von Gott, dem guten Hirten, der sich im Hirtendasein Jesu geoffenbart hat: »Der Herr ist mein Hirte, nichts wird mir fehlen. ... Lauter Güte und Huld werden mir folgen mein Leben lang, und im Haus des Herrn darf ich wohnen für lange Zeit« (Ps 23, 1. 6).

Apostolische Konstitutionen:
Die Feier der Ruhe und der Auferstehung

Allmächtiger Herr,
du hast die Welt durch Christus erschaffen
und zum Gedächtnis daran die Feier des Sabbats (Samstags) eingesetzt,
an dem der Mensch knechtliche Arbeit unterlassen
und sich der Betrachtung deines Gesetzes hingeben soll.

Du hast die Festtage angeordnet,
damit unsere Seele sich erfreue
und sich deiner Weisheit erinnere, die du geschaffen,
und daran, wie dein göttliches Wort sich der Geburt aus einer Frau unterzog,
sich im Leben offenbarte, indem es bei seiner Taufe kundtat,
daß er, der Erschienene, Gott und Mensch sei;
gemäß deiner Zustimmung hat er unseretwegen gelitten,
ist gestorben und in deiner Kraft auferstanden.

Deshalb begehen wir die Feier der Auferstehung des Herrn am Sonntag
und freuen uns über den, welcher den Tod überwunden
und Leben und Unsterblichkeit aufleuchten ließ.
Durch ihn hast du die Völker zu dir geführt
als das auserwählte Volk, das wahre, Gott teure Israel.

Damit die Menschen sich nicht mit Unwissenheit entschuldigen könnten,
befahl der Herr, an jedem Sabbat zu ruhen,
auf daß niemand ein Zorneswort am Sabbat ausstoße.
Der Sabbat ist die Ruhe nach der Schöpfung,
die Vollendung der Welt, die Betrachtung der Gesetze,
das Lob Gottes für alles, was er den Menschen Gutes getan.

Der Tag des Herrn (Sonntag) aber überragt alle anderen Tage;
denn er führt uns vor Augen den Vermittler selber,
den Fürsorger und Gesetzgeber,
den Urheber der Auferstehung,
den Erstgeborenen jeglicher Schöpfung,
das göttliche Wort, welches Gott und Mensch ist,
den, welcher aus Maria ohne Zeugung Fleisch angenommen,
der heilig gelebt auf Erden,
der unter Pontius Pilatus gekreuzigt wurde,
gestorben ist und von den Toten auferweckt wurde.

Der Tag des Herrn mahnt daher,
dir, Gott, Dank darzubringen für alles.
Denn die uns von dir erwiesene Gnade ist derart,
daß sie in ihrer Größe jede andere Wohltat überstrahlt.

Apostolische Konstitutionen VII, 36; Boxler (BKV), 243-245

EPHRÄM: DER EINEN WAHRHEIT UNTERSCHIEDLICHE WEISEN

Wenn die Harfe auch die Weisen wechselt,
bleiben sich gleich Harfe und Künstler.
Auch die Harfen der Wahrheit, mein Sohn,
wechselten ihre Weisen, während die Wahrheit nur eine ist.

Auch ein und dieselbe Flöte kann verschiedene Melodien hervorbringen;
für die Ohren der Kräftigen singt sie kräftige Weisen,
für die Ohren der Einfältigen schlichte Weisen,
für die Ohren der Kranken milde Weisen.

Welche Harfe, welches Horn, welche Trompete
würde immerfort unterschiedslos nur eine Weise spielen!
Durch verschiedene Weisen können sie helfen.
Daher sind überreich geworden die Weisen der Wahrheit.

22. *Hymnus über den Glauben, 2 f. 5; CSCO 155,62 f.*

EPHRÄM: DES VERIRRTEN SCHAFES HEIMHOLUNG

Jener Allhirte flog herab
und suchte Adam, das verirrte Schaf.
Er lud es auf die Schultern und stieg empor.
Er wurde zum Opfer für den Herrn der Herde.
Gepriesen sei sein Erbarmen!

Von der Höhe stieg zu uns die göttliche Macht herab,
und aus dem Mutterschoß erstrahlte uns die Hoffnung.
Aus dem Grab erstand uns das Leben,
und zur Rechten Gottes nahm für uns der König Platz.
Gepriesen sei sein Ruhm!

Von der Höhe stieg er herab als Herr,
aus dem Mutterschoß kam er hervor als Knecht.
Der Tod sank vor ihm in die Knie in der Unterwelt,
und bei seiner Auferstehung betete ihn das Leben an.
Gepriesen sei sein Sieg!

Seine Geburt ist für uns die Reinigung
und seine Taufe für uns die Entsühnung,
sein Tod ist für uns das Leben

und seine Himmelfahrt für uns die Erhöhung.
Wie sehr wollen wir ihm danken!

1. Hymnus zur Auferstehung, 2.5.8.16; CSCO 249,63 f.

SIMON BAR SABBAË: DES HIRTEN GEBET VOR DEM MARTYRIUM

Gib mir, Herr, die Krone;
du weißt ja, wie ich danach verlangt habe!
Denn ich liebe dich mit meiner ganzen Seele
und mit meinem Leben.
Dich schauend, werde ich mich freuen,
und du wirst mir Ruhe schenken.

Ich werde nun nicht länger auf dieser Erde leben,
das Unglück meines Volkes sehend,
deine Kirchen zerstört und deine Altäre umgestürzt,
deine heiligen Priester überall bedrängt,
Schwache befleckt
und Kleinmütige von der Wahrheit abgekehrt,
meine dichtgedrängte Herde,
die spärlich geworden in der Prüfung,
meine vielen Freunde von Angesicht,
die im Herzen meine Feinde und Mörder geworden sind,
meine Vertrauten auf Zeit,
welche die Zeit durch ihre Versuchung von mir entfernte,
während die Kreuziger noch höhnen
und sich in ihrem Stolz gegen unser Volk erheben.
Aber ich will in dem aushalten als Held, wozu ich berufen bin,
und mit Kraft tun, wozu ich bestimmt bin,

und deinem ganzen Volk des Morgenlandes ein Beispiel sein.
Ich habe am ersten Platz gesessen
und will an der Spitze der Reihe sterben
und vor ihnen mein Blut geben.

Die Fehltritte meiner Füße
werden in dir geheilt werden, du Weg aller Menschen.
Die Erschöpfung meiner Glieder
wird in dir Ruhe finden, Christus, du Öl unserer Salbung.
Die Traurigkeit meines Herzens
wird in dir der Vergessenheit übergeben, du Kelch unseres Heils.
Die Tränen meines Auges
werden in dir gestillt werden, du Trost unserer Freude!

Gebete der ersten Christen, 107 f.

10. ANGLER

Wohin der Fuß gelangt, da werden alle Lebewesen, alles, was sich regt, leben können, und sehr viele Fische wird es geben. *Ezechiel 47, 9*

In der dreischiffigen Lot- und Prokop-Kirche am Berg Nebo oberhalb des Jordans befinden sich zwischen den Stümpfen der Säulen, die die Kirche gliederten, Mosaike, die vom Leben am Wasser erzählen; sehr gut erhalten ist eine Szene mit einem Bootsmann und einem Angler. Zwischen beiden erkennt man die Frontansicht einer stattlichen Kirche, die mit ihren eleganten Türmen, den großen Fenstern und dem roten Giebeldach die hervorragende Baukunst in Syrien-Palästina anschaulich darstellt. Sicherlich stand eine solche Kirche nicht am recht unscheinbaren Jordan, sondern eher in einer Hafenstadt am Mittelmeer oder in Tiberias am See Genesareth, worauf auch der Fischreichtum in beiden Bildern hinweist.

Wenn auch die alttestamentlichen Israeliten im Gegensatz zu ihren Nachbarn in Ägypten und Syrien wenig Geschick oder Lust zur Seefahrt entwickelt hatten, so änderte sich die Einstellung der Menschen unter griechischem und römischem Einfluß. In byzantinischer Zeit war die palästinensische Bevölkerung mit der Kunst der Schiffahrt wohl vertraut und wußte sie zu schätzen, wie das Mosaik in dieser Kirche, im Ostjordanland am Rand der Wüste gelegen, bezeugt. Das mit dem Fischer im Boot korrespondierende Bild ist der Angler an Land. Bekleidet mit einem Lendentuch, sitzt er auf einem Felsen am Ufer. Der Korb auf seinem Rücken läßt erahnen, daß er einen guten Fang erwartet. Der Fischreichtum des Sees Genesareth und des Mittelmeeres vor den Küsten Syriens und Palästinas war bekannt, und der Prophet Ezechiel spielt in seiner Zukunftsvision darauf an. In spätjüdischer Zeit wurden Fische von Tyrus in Phönikien (heute Libanon) bis nach Jerusalem eingeführt. Nehemia, der diesen Handel erwähnt, beklagt dabei allerdings, daß die Juden sich auch am Sabbat mit diesem Geschäft abgeben (Neh 13,16). Der fischreiche See Genesareth bildet den Schauplatz für die neutestamentlichen Erzählungen vom Fischfang und für Jesu Aufforderung an die Jünger, die fast alle Fischer waren, ihren Beruf aufzugeben und sich in seinem Dienst als »Menschenfischer« zu betätigen (Mt 4,19). Der Angler im Mosaikbild hat gerade einen großen Fisch an der Angel von der Art, wie er noch heute als sog. Petrus-Fisch im See Genesareth lebt. Vorsichtig zieht er ihn aus dem Wasser, um ihn in seinen Korb zu legen. »Mit dem Himmelreich ist es wie mit einem Netz... Die Fischer lasen die guten Fische aus und legten sie in Körbe, die schlechten warfen sie weg« (Mt 13,47 f.).

EPHRÄM: DER FISCHER AM TAUFBECKEN

Folgt mir nach,
und ich werde euch zu Menschenfischern machen!
Fürwahr, statt vergänglichen Fanges
fingen sie ewige Beute;
die, welche Fische für den Tod fingen,
tauften und gaben das Leben den Sterblichen.

Seht, unser Priester ist wie ein Fischer:
An einem kleinen Wasser steht er;
doch holte er daraus einen großen Fang
jeder Gestalt und jeden Maßes.
Er zog einen Fisch heraus,
der dem himmlischen König dargebracht wurde.

Simon fing Fische, die, an Land gezogen,
vor unseren Herrn gebracht wurden.
Unser Priester fing aus dem Wasser

kraft der von Simon stammenden Macht
jungfräuliche und reine Menschen, die am Fest
dem Herrn des Festes dargebracht wurden.

7. Hymnus zur Epiphanie, 24.26 f.; CSCO 187,154 f.

Ephräm: Des Fischers Simon lebenschaffendes Fischen

Simon freute sich, als er sein Netz ausgeworfen
und lebende Fische für den Tod gesammelt hatte.

Simon jedoch hörte auf jenen, der zu ihm sagte:
Du, der für den Tod fing, belehre für das Leben!

Du fingst Fische, damit sie gegessen werden.
Komm, fische die Völker, damit sie nicht verschlungen werden!

So fischte er also und gab Fische zur Speise.
Dann rettete er die Völker vor dem Verschlinger.

Sein Netz erfreute einst den Mund der Menschen.
Seine Botschaft aber betrübte den Mund des Todes.

Die Fische, deren Leben im Schoß des Meeres ist,
brachte der Tod an das Land.

Die Völker, die tot waren im Schoß der Sünde,
erhob der Lebendige zum Himmel.

43. Hymnus über die Jungfräulichkeit, 1.3 f.12 f. 16 f.; CSCO 224,127 f.

EPHRÄM: GLEICHNIS VOM TÖRICHTEN FISCH

Außerstande, zu erforschen
das Meer, in dem er wohnte,
wollte der Fisch die Luft spalten
und die Höhe untersuchen;
unfähig, zu leben
an dem ihm fremden Ort,
will er, den die Tiefe
schon verwirrte,
springen, sich überheben,
um hinaufzusteigen, zu erforschen die Luft,
deren Hauch ihn betäubt
und in sein Wasser zurückschickt.

Und da er ein Sohn des Wassers ist,
glaubt er, alles
habe seine Wohnung im Wasser.
Der Fluß lehrt über ihn,
daß ihm fremd ist, zu erforschen
das Wohnen in Gemächern.
Und doch ist seine Wohnung ähnlich
unserer Wohnung,
da auch uns fremd ist
das Erforschen und die Fähigkeit,
bis zu den Himmlischen zu gelangen
und ihr Wesen zu ergründen.

Es sprudelte hervor wie der Gihon
das Evangelium, um die Welt zu tränken;

im Euphrat sind vorgezeichnet Christi Nachkommen,
die zahlreich wurden durch seine Lehre;
im Pison ist bildlich dargestellt
das Versagen der Erforschung (Christi);
gereinigt hat uns wie der Tigris
des Evangeliums Wort.
Laßt uns in ihm hinaufschwimmen
dem Paradies entgegen;
doch nicht sollen die Fische
die Grenzen seiner Lebensflut überschreiten!

48. Hymnus über den Glauben, 8-10; CSCO 155,130 f.

11. KAMELKARAWANENFÜHRER

Zahllose Kamele bedecken dein Land, Dromedare aus Midian und Epha. Alle kommen von Saba, bringen Weihrauch und Gold und verkünden die ruhmreichen Taten des Herrn. *Jesaja 60, 6*

Das einhöckrige, sog. arabische Kamel, von den Griechen Dromedarios, Läufer, genannt, prägt als Last- und Reittier bis in die Neuzeit das Leben im Orient und in Nordafrika. In der Bibel wird es bereits für die Zeit der Erzväter bezeugt, wenngleich es als unrein erklärt wurde (Lev 11,4). Trotzdem ist von Johannes dem Täufer überliefert, daß er sich in ein Gewand aus Kamelhaaren gekleidet hat (Mk 1,6). Als Karawanenführer von jeweils zwei- bis vierhundert Lastkamelen haben sich im semitischen Orient seit dem 2. Jahrhundert v.Chr. bis in das 4. christliche Jahrhundert vor allem die Nabatäer verdient gemacht. Durch genaue Kenntnisse über Wege und Oasen zwischen dem Persischen Golf und dem Roten Meer, bzw. dem Mittelmeer stiegen diese ursprünglichen Nomaden zum geschätzten Handelsvolk Nordarabiens auf, ihr altes Kultzentrum Petra ist heute weltberühmt. Vor allem für den römischen und byzantinischen Orienthandel von den östlichen Mittelmeerhäfen über Palästina nach Südarabien (Weihrauch) und von dort weiter nach Persien und Indien (Seide, Gewürze, Elfenbein, Edelsteine) waren sie unentbehrliche Vermittler. Mit der Herrschaft der Muslime über Arabien brach der römisch-byzantinische Orienthandel zusammen.

Das Mosaik aus der Georgskirche von Deir el-Adas im Süden Syriens, heute in der Zitadelle von Bosra, dem ehemaligen griechischen Theater, stellt den arabischen Kamelführer mit seinem gräzisierten Namen Mouchasos als Kamilaris vor, wie er seinen Tieren voranschreitet und sie am Leitseil führt. Die Dromedare, mit Glocken am Hals versehen und durch die kostbaren Decken als Reittiere ausgewiesen, stehen in ihrer prächtigen Erscheinung in auffallendem Gegensatz zu seiner ärmlichen Kleidung; offenbar verdiente er sich als Kamelführer für reiche Herrschaften oder antike Touristen seinen Lebensunterhalt. Gewiß war er aber in seiner südsyrischen Heimat eine bekannte Erscheinung, der der Mosaizist in der Georgskirche ein ehrendes Denkmal gesetzt hat. In den Besuchern der Kirche wurden durch diese Darstellung und die Lesungen und Gesänge Erinnerungen geweckt an das Fest der Erscheinung Christi, wenn die Kirche auch der Weisen aus dem Orient auf ihren Kamelen und ihrer königlichen Geschenke gedenkt.

ODE SALOMOS:
DES GLÄUBIGEN SICHERES DURCHSCHREITEN GEWALTIGER STRÖME

Gewaltige Ströme sind die Streitmacht des Herrn,
die jene, welche ihn verachten, kopfüber hinwegreißen.

Sie hemmen ihre Schritte
und verhindern ihr Hinüberschreiten;

Sie raffen ihre Leiber hin
und vernichten ihre Seelen.

Durchdringender sind sie als der Blitz
und schneller.

Doch die, die sie überschreiten im Glauben,
sollen nicht erschüttert werden.

Ziehet also den Namen des Höchsten an und erkennet ihn,
und ihr werdet gefahrlos hinübergehen, da die Ströme euch gehorchen!

Es überbrückte sie der Herr durch sein Wort;
er ging hin und überschritt sie zu Fuß.

Seine Fußstapfen standen fest auf dem Wasser und wurden nicht zerstört;
sie waren wie Holzbalken, die fest eingerammt sind.

Hüben und drüben erheben sich Wogen,
doch die Fußstapfen unseres Herrn Christus stehen fest.

Sie werden nicht ausgelöscht,
auch nicht zerstört.

Es wurde ein Weg angelegt für die, die hinter ihm hinübergehen,
für die, die übereinstimmen mit dem Gange seines Glaubens

und anbeten seinen Namen.
Halleluja!

39. Ode, 1-5.8-13; Hennecke-Schneemelcher II, 620 f.

APOSTOLISCHE KONSTITUTIONEN: GOTTES WEISE UND GNÄDIGE FÜHRUNG

Ewiger Heiland, König der Götter,
du alleiniger, allmächtiger Gott und Herr!
Du hast die gegenwärtige Zeit
als Laufbahn der Gerechtigkeit angeordnet
und allen die Türe der Barmherzigkeit geöffnet.
Jedem Menschen hast du durch die angeborene Erkenntnis
und durch die natürliche Unterscheidungskraft
und den Zuruf des Gesetzes gezeigt,

daß des Reichtums Besitz nicht ewig
und der Schönheit Zierde nicht unvergänglich,
daß die Festigkeit der Kraft gar leicht sich löst
und alles Rauch und Eitelkeit ist.
Nur ein Glauben ohne Arg und Falsch
wandelt festen Schrittes einher,
steigt in Wahrheit mitten durch den Himmel empor
und ergreift die Rechte künftigen Lebens.
Gepriesen seist du in Ewigkeit!

Apostolische Konstitutionen VII,33; Boxler (BKV), 237 f.

EPHRÄM: BETRÜGERISCHE HÄNDLER

Das Unrecht übertrifft den Rauch; von überall her steigt es auf.
Der Rauch schadet den Augen; Unrecht blendet den Geist.
Von Kauf und Verkauf sind die Händler zahlreich geworden.
Alles, was ein Armer kauft, geht durch die Hände der Händler.
Zahlreicher als die gerechten Verkäufer wurden die sündigen Kaufleute.
Gezählt wurde die Münze für den Kauf von Händler zu Händler.
Eine Sache, die einen Pfennig wert ist, stieg zum Preis von hundert,
von einem Talent auf hundert; die Händler waren die Stufen.
Der Schöpfer bringt Wein hervor in den Weinstöcken, er gibt ihn kostenlos;
der Wirt gab um teures Geld Wasser,
mit dem er den Wein verdarb in den Krügen.
Er mischte und teilte aus vom Faß, Wasser auf Wasser gießend;
List findet sich beim Wein, Betrug auch beim Öl.
Doch nicht entgeht unser Maß jenem, der das große Meer gemessen hat.
Auch unser Gewicht entgeht nicht jener Macht, die die Berge trägt.

2. Predigt, 367-390.409-412; CSCO 309,26 f.

Isaak von Antiochien: Verantwortung für die Armen

Von den Priestern und Diakonen fordert Christus Rechenschaft
über die Herde der Kirche und von den Reichen über die Herde der Armen.
Wenn er einst wiederkommt, wird er die Hirten zur Verantwortung ziehen,
wie sie die durch das kostbare Blut erkaufte Herde geweidet haben,
und wenn er erscheint, wird er von den Richtern Rechenschaft fordern,
wie sie die durch seine Güte erschaffene Welt regiert haben.
Vergeßt nicht, ihr Reichen, daß er kommen und die Unterdrückten rächen,
ja bis auf den letzten Heller Rechenschaft fordern wird!
Denn wie ihr Verwalter über eure Güter einsetzt,
so seid auch ihr zu Verwaltern für die Bedürftigen bestellt,
und wie ihr Herren über die Diener seid, so seid auch ihr selbst
Diener des höchsten Herrn, der euch behandelt wie ihr eure Untergebenen,
die ihr zur Rechenschaft zieht; gemäß euren Forderungen fordert er von euch.
Wenn du mit deinem Verwalter abrechnen kannst, ohne bei der Abrechnung
dich zu irren, wieviel mehr wird der Allwissende,
der sich jeden Winkes deines Auges erinnert, alles ohne Buchführung wissen!
Wenn dein Verwalter dich bestiehlt und seine Mitknechte mißhandelt,
so wird er mit Recht verurteilt deswegen, was seine Zunge gesprochen hat.
Ebenso verurteilt dein Herr auch dich im gerechten Gericht, wenn du
gegen ihn und die Armen sündigst, weil du deine Mitknechte beraubt hast.
Oder willst du in deinem Übermut nichts davon wissen,
daß du einen Herrn über dir hast? Blicke doch zum Himmel auf,
wo dein verborgener Herr thront, und versinke in Staunen!
Er ist dein Herr so gut wie der Herr der Armen, deiner Mitknechte!

1. Gedicht über das Fasten, 238-282; BKV 6,221 f.

12. ERNTETRANSPORT ZU WASSER

Deine Vorsehung, Vater, steuert das Boot; denn du hast auch im Meer einen Weg gebahnt und in den Wogen einen sicheren Pfad. *Weisheit 14, 3*

Die jährlichen Überschwemmungen des Nils und seine Schlammablagerungen bescherten der etwa 1000 km langen und durchschnittlich 10 bis 20 km breiten Flußoase Ägyptens eine sagenhafte Fruchtbarkeit. Nach der kampflosen Eroberung durch Alexander III. (332) wurde Ägypten, zu dem die griechische und orientalische Welt schon jahrhundertelang Beziehungen unterhalten hatte, von den Ptolemäern in Alexandria regiert, dem neuen politischen und kulturellen Mittelpunkt. Nach Oktavians (Augustus) Sieg über Antonius und Kleopatra VII. wurde das Land im Jahr 30 v. Chr. römische kaiserliche Provinz und Kornkammer des Reiches. Römische Großgrundbesitzer, die ihre Äcker von Sklaven oder, da rentabler, von Pächtern bewirtschaften ließen, sorgten für regelmäßige Lieferungen von Getreide (Gerste und Weizen), Wein, Öl und Papyrus nach Rom und später auch nach Konstantinopel. Da die Gutsherren mehr am Gewinn als am Wohlergehen ihrer Pächter interessiert waren und da die Bevölkerung die drückende Reichssteuer zu entrichten hatte, wurde das Land regelrecht ausgeplündert. Wegen der hohen Abgaben sahen sich in byzantinischer Zeit viele Kleinbauern und Pächter zur Flucht - auch als Mönche in die Klöster - gezwungen, so daß schließlich große Ländereien brach lagen. Die arabischen Eroberer (638) wurden deshalb als Befreier begrüßt, bis auch sie durch ihre maßlosen Steuererhebungen die Christen, von ihnen Kopten (hergeleitet von Ägypten) genannt, reif für den Übertritt zum Islam machten. Die Transportschiffe für die Ernteerträge, breit, schwerfällig und langsam, besaßen einen großen Innenraum für die Fracht. Ein Rahsegel am Mast sorgte für das Vorwärtsgleiten unter Wind; mit zwei Steuerrudern beidseitig des Hecks wurden sie gelenkt. Der Künstler hat ein solches Transportschiff, beladen mit Krügen für die Aufnahme von Wein, Oliven oder Getreide in idyllischer Nillandschaft mit Fischen und stilisiertem Lotos für eine Kirche bei Lydda (heute Lod im Flughafengelände) angefertigt; es befindet sich jetzt im Museum für Seefahrt in Haifa. Die in der Abbildung nicht einbezogene Beischrift neben einer von Mauern umgebenen Stadt lautet in spätgriechischer Schreibweise »Egyptos«. Zwei nackte Seeleute, gestaltet wie Eroten ohne Flügel, begleiten die Fracht, der eine bedient das Doppelruder, der andere, für das Segel zuständig, begrüßt einen Wanderer am Ufer. Wichtiger als die Darstellung war aber wohl der z.T. zerstörte, in der Abbildung nicht wiedergegebene Text; es handelt sich um ein Bittgebet für Seeleute: »Herr, Gott der Mächte, erweise allen dein Erbarmen, die Erntegüter befördern und sie zu Land und zu Wasser transportieren!«

EPHRÄM: DIE HULDIGUNG DES SEES GENESARETH

Der See bekränzte dich mit dem Fischfang, den es dir darbot.
Wie einen Blumenstrauß mischte er jede Art von Fischen und reichte sie dir dar.
Er sammelte, häufte und füllte zwei Schiffe in symbolischer Weise:
Mit der Harfe des Propheten David wetteiferte zeichenhaft
das Netz der Apostel mit den hundertfünfzig Fischen;
denn auch er flocht den bunten Kranz
der hundertfünfzig Psalmen.

Der weite See wurde zum ebenen Land ohne Schmutz.
Der Reine stieg aus dem Boot und wandelte über den See in Klarheit.
Es flocht der See seine Wellen zu einem Kranz für Gott.
Er sah ihn auf den Wassern wandeln, und eilends bekränzte er ihn.
Auf seinen Wogen trug er ihn im Triumph, hob ihn empor
und übergab ihn dem Land, seinem Nachbarn.
Eifersüchtig auf den See erhob ihn auch das Land.

Dir wurde ein feuchter Pfad bereitet auf dem See
und ein ebener Weg geschmückt auf dem Land.
Vor die Füße unseres Herrn ließ der See seine Wellen sich legen;
Es eiferte auch das Land und nahm und breitete seine Kleider vor ihm aus.
Wellen sahen dich und legten sich;
Kleider sahen dich und breiteten sich aus.
Dich schmückten Wellen und Kleider.

33. Hymnus über die Jungfräulichkeit, 8-10; CSCO 224,104 f.

Ephräm: Der weise Steuermann der Schöpfung

Ein kleines Schiff ist die ganze Schöpfung
für jenen allweisen Steuermann.
Sein müheloser Wink lenkt es,
und da wähnten die Toren, er sei ihm nicht gewachsen.
Die Schöpfung ist ihm ein williges Gefährt,
und ein einziger Hauch seines Willens setzt es in Bewegung.
Der Zügel selber trägt das Pferd,
und der Stecken macht es klug.

39. Hymnus gegen die Irrlehren, 7; CSCO 170,141

Johannes von Damaskus: Rettung aus dem tödlichen Abgrund

Des Lebens Meer
schaue ich aufgewühlt
durch der Versuchungen Sturm
und eile zu deinem ruhigen Hafen;
zu dir rufe ich: Entreiße

dem Untergang mein Leben,
reich du an Erbarmen!

An das Kreuz geheftet, Herr,
mit Nägeln, hast du den Fluch,
gesprochen gegen uns, aufgehoben,
und von der Lanze durchbohrt in deiner Seite,
hast du die Schuldschrift gegen Adam
zerrissen und die Welt
zur Freiheit geführt.

Adam ward hinabgestoßen,
von Trug überlistet,
in des Hades Abgrund;
doch du, wirklich Gott und voller Mitleid,
bist hinabgestiegen, ihn zu suchen,
hobst ihn auf deine Schultern
und ließest ihn auferstehen mit dir.

Auferstehungskanon am 7. Ostersonntag, 6. Ode; Anthologion III, 555 f.

13. TIERSCHAUSTELLER

Gott verlieh mir die untrügliche Kenntnis der Dinge, so daß ich verstehe die Natur der Tiere und die Wildheit der Raubtiere. *Weisheit 7, 17.20*

Auf der Nordseite der dem Gedächtnis des Mose geweihten Basilika am Berg Nebo wurde 1976 ein Baptisterium mit einem kreuzförmigen Taufbecken und ein Vorraum mit einem sehr gut erhaltenen Mosaik von 5 x 5,5 m Fläche freigelegt. In den beiden oberen Feldern des Mosaikteppichs sind Kampfszenen mit Wildtieren dargestellt. Ein Bauer schützt sein Zeburind vor einem Löwen, und ein phrygischer Soldat erwehrt sich einer Löwin; ein Reiter, begleitet von einem Hund, greift mit einer Lanze einen Bären an, während ein anderer Reiter und sein Hund gegen ein Wildschwein angehen. Eine paradiesische Idylle bietet das dritte Feld: Im Schatten eines Baumes sitzt ein Hirt und wacht über seine Herde, eine Ziege und drei Schafe, die unter grünen Bäumen weiden. Im vierten Feld erscheinen zwei Schausteller, die gezähmte Wildtiere an der Leine führen, ein mit einem Lendentuch bekleideter Neger (Äthiopier) mit Strauß und ein Phrygier mit Zebra und Giraffe. - Dieser ist hier abgebildet.- Das Zebra, ein afrikanisches Steppentier, in der Antike selten zu sehen und darum als Wildesel verstanden, war wegen seiner Schnelligkeit schwer zu jagen; es wurde im Zirkus gezeigt oder vor Festzugwagen gespannt. Die Giraffe, wegen gewisser äußerlicher Ähnlichkeiten mit dem Kamel und hinsichtlich seines gefleckten Felles mit dem Panther von den antiken Zoologen als Camelopardalis bezeichnet, wurde als vielbestauntes ostafrikanisches Tier häufig als Spectaculum in Triumphzügen mitgeführt. Den Phrygier, im Norden beheimatet, kennzeichnet seine typische Kopfbedeckung, eine turbanartige Mütze, aus der sich offensichtlich das Phrygium, besser unter der Bezeichnung Mitra bekannt, entwickelt hat; ein weiteres Kennzeichen ist die weite und lange Hose, ein Beinkleid, wie es auch Perser, Gallier und Germanen trugen.

Die Botschaft dieses Bildteppichs läßt sich nur erfassen, wenn man den Ort, für den er gefertigt wurde, und die Zeit, in der er entstanden ist, bedenkt. Unter Kaiser Justinians Herrschaft (527–565) wurden die letzten Heiden genötigt, sich taufen zu lassen. Das frühchristliche Katechumenat von zwei bis drei Jahren Vorbereitung bestand nicht mehr; die Kirche, deren Lehren und Riten allgemein bekannt waren, begnügte sich mit einer ethischen Unterweisung. Offenbar wurden auch am Berg Nebo vor Erreichen des Gelobten Landes die in den Pilgergruppen mitziehenden Taufbewerber in einem »Schnellkurs« auf die Taufe vorbereitet. Im Vorraum wurde ihnen die schon von griechischen und römischen Philosophen verkündete Ethik anschaulich vor Augen geführt: Die menschlichen Begierden verglich man mit wilden Tieren wie Wildschwein, Bär und Löwe, die es abzuwehren oder zu erlegen galt. Auch die volkstümliche Weisheitsliteratur des Alten Testamentes kennt solche Kurzformeln der Ethik, die dieses Mosaik zur Sprache bringt: »Ein grollender Löwe, ein gieriger Bär - ein frevelhafter Herrscher über ein schwaches Volk!« (Spr 28, 15). Das dritte Bildfeld verkündet die christliche Ethik. Im Hirten, der sich um seine Herde kümmert, ist die christliche Tugend der Verantwortung füreinander und der Hirtensorge für den Nächsten dargestellt. Im letzten Feld werden dem Taufbewerber die gezähmten Wildtiere vor Augen geführt, die zwei Männer vom äußersten Rand des Römischen Reiches, der Phrygier aus dem Norden und der Afrikaner aus dem Süden, an der Leine führen. Es gilt, die Begierden im Zaum zu halten, wie es die »Wilden« vorbildlich mit ihren gezähmten Tieren tun. Im Vorraum zur Taufkapelle fand die letzte Unterweisung statt: »Legt den alten Menschen ab, der in Verblendung und Begierde zugrunde geht, ändert euer früheres Leben und erneuert euren Geist und Sinn! Zieht den neuen Menschen an, der nach dem Bild Gottes geschaffen ist in wahrer Gerechtigkeit und Heiligkeit« (Eph 4, 22 - 24).

EPHRÄM: DES MENSCHEN ERHABENHEIT UND WÜRDE

Gott gab dem Tier viele Lüste in Gerechtigkeit;
es kennt keine Scham über Ehebruch noch ein Erröten über Diebstahl.
Das Lustvolle, das ihm begegnet, hat es ohne Scham getan.
Es kennt weder Sorge noch Beschämung.
Die Lust des Genusses vermag es zu trösten.
Weil es nicht aufersteht, trifft es kein Tadel.

Der Tor, der sich weigert, seine Würde wahrzunehmen,
wäre zufrieden, ein Tier zu sein und kein Mensch,
damit er nur seine Gelüste befriedigen könne ohne Gericht.
Doch wenn ein wenig gesät wäre in die Tiere
der Sinn der Einsicht, dann hätten schon lange geheult und geweint
die Wildesel, warum sie nicht Menschen geworden.

David weinte über Adam, wie tief er gefallen sei von jener
seiner königlichen Wohnung zum Wohnort der Tiefe (Ps 49,13).
Weil er durch ein Tier sich verführen ließ, machte Gott ihn den Tieren gleich.
Er und sie nährten sich unter dem Fluche
von Kräutern und Wurzeln. Und er starb und wurde allen Tieren gleich.
Gepriesen sei, der ihn wieder getrennt hat von ihnen durch die Auferstehung!

Der Gütige wollte in seiner Liebe uns strafen, weil wir sündigten.
Wir mußten jenes herrliche Brautgemach des Paradieses verlassen;
bei den Tieren ließ er uns wohnen, damit wir Schmerz empfänden,
damit wir unsere Ehre sähen, wie sehr sie schwand,
und wir beten und bitten sollten, um zurückzukehren zu unserem Erbteil.
Lob sei jenem, der gelöst hat die Gefangenen gegen ihren Willen!

Über das Paradies, 12. Lied, 19 f.; 13. Lied, 5.10; CSCO 175,50-52

EPHRÄM: SIEG ÜBER BÖSE BEGEHRLICHKEIT

Nicht soll mir der Jäger,
der schlaue, die Schlinge seiner Lehre legen
und mich fangen, wie er will,
durch die Lüste seiner Begierden!
Nicht soll die Sünde wie ein Löwe
mir begegnen und meine Gedanken zerbrechen,
noch die Schuld wie eine Löwin
meinen Gewinn zerreißen und wegwerfen!
Der Löwe reißt auf sichtbare,
die Sünde auf unsichtbare Weise.
Schlimmer als der Löwe ist die Sünde,
weil sie Seele und Leib zerstört.
David hat, mein Herr, den Löwen besiegt
und mit deiner Kraft den Wolf getötet.
Mit deiner Kraft werde ich den Bösen besiegen,
den unsichtbaren Wolf, der mir auflauert.
Nicht soll er wie ein Löwe
seine Zähne in mich schlagen und mein Denken verderben;
er möge bezwungen werden wie der Löwe,
und dein Diener möge singen wie David.
Obwohl David aber den Löwen besiegte, hat ihn
auf dem Flachdach die Sünde gebissen.
Doch rasch hat er sie geschlagen und getötet mit der Schleuder der Buße.
Er hatte den Löwen besiegt und den Wolf getötet,
doch im bewohnten Land besiegte ihn der Bär.
Aber auf Nathans Wort hin tötete er
die Sünde, die ihn gefangen und erjagt hatte.

7. Predigt, 173-200; CSCO 306,131 f.

ROMANOS: ÜBERWINDUNG DES BÖSEN DURCH DEN HEILENDEN CHRISTUS

Als Christi Heilungshaus geöffnet
und daraus die Heilung für Adam hervorquellen sah
der Verderber, erfaßten ihn Schmerzen und Schrecken;
in seiner Gefährdung jammerte er und rief seinen Freunden zu:
Was soll ich antun dem Sohne Mariens?
Mich tötet der Bethlehemit,
der überall gegenwärtig ist und das All erfüllt.

Die ganze Welt ward erfüllt von seinen Heilungen;
doch ich leide im Innersten, vor allem da ich vernehme,
daß die Menschen aus Gnade geheilt werden:
Der eine legte den Aussatz ab,
der andere erlangte das Augenlicht wieder,
wieder ein anderer nimmt sein Bett auf die Schultern
und tanzt und singt: Mich ließ aufstehen,
der überall gegenwärtig ist und das All erfüllt.

Hymnus auf die Niederlage der teuflischen Mächte, 1 f.; SC 114,244 f.

14. ÄTHIOPIER (NUBIER) MIT OPFERGABE

Mein Geliebter ist weiß und rot, ist ausgezeichnet von Tausenden; sein Haupt ist reines Gold, seine Locken sind wie Dattelrispen, rabenschwarz.

Hoheslied 5,10 f.

Als fromme und gastliche Menschen galten den Griechen die Bewohner jener Weltgegend im äußersten Südosten, wo der Sonnengott seinen Lauf beginnt; weil er mit seinen Strahlen die Menschen dort verbrenne, nannte man sie »Leute mit verbranntem Gesicht«, d.h. Aithiopier. Seit der hellenistischen Zeit wurden die dunkelhäutigen Nuber südlich von Ägypten mit den Äthiopiern gleichgesetzt, und wie schon die alten Ägypter bezogen Griechen und Römer von dort Weihrauch, Elfenbein, Gold und exotische Sklaven mit rabenschwarzem, Dattelrispen ähnlich gewelltem Haar. Schon früh kam das Christentum nach Äthiopien (Nubien): Die Apostelgeschichte erzählt, wie ein gottesfürchtiger Äthiopier, ein Hofbeamter der Königin, nach Jerusalem gereist war, um im Tempel dort Gott anzubeten; offenbar gab es um die Zeitenwende im arabisch-äthiopischen Raum beiderseits des Roten Meeres jüdische Gemeinden. Auf der Heimreise traf der Hofbeamte in der Nähe von Gaza auf den Diakon Philippus, der ihm das Gottesknechtslied beim Propheten Jesaja (52, 13–53, 12), frühchristlicher Tradition entsprechend im Leiden und in der Auferstehung Christi erfüllt, erklärte und ihn taufte, da er sich als gläubig bekannte (Apg 8, 26–39). Um 330 nahm der König von Aksum (Axum) offiziell für sein Land den christlichen Glauben an. Die christlichen Äthiopier standen zum Oströmischen Reich in freundschaftlichen Beziehungen, und Kaiser Justinian (527–565) suchte mit ihrer Hilfe den Seehandel durch das Rote Meer nach Indien zu sichern. Doch gelang es weder Byzantinern noch Äthiopiern, ihren Kaufleuten gegen die persische Übermacht den Seeweg offenzuhalten. Nach der islamischen Eroberung im 7. Jahrhundert war Äthiopien vom griechisch-römischen Mittelmeerraum und von Europa abgeschnitten.

Ein Äthiopier (Nubier) mit dunklem Gesicht, krausem Haar und großem Ohrring, bekleidet mit engen Beinkleidern und kurzem, gegürtetem Obergewand, schmückt ein Mosaikfeld im linken Schiff der Kathedrale von Petra. Sein Bild befindet sich in der Nähe zum Altar; auf ihn zu schreitet mit erhobenem Haupt und erwartungsvoll weit geöffneten Augen der dunkelhäutige Ausländer und hebt zum Zeichen seiner Hingabe einen zweihenkligen Krug empor. Möglicherweise enthält die Amphora den Wein für das eucharistische Opfer. Wie der Äthiopier seinen Platz in der Gemeinde der christlichen Nabatäer von Petra gefunden hat, bleibt unklar. Er könnte ein Nachkomme ehemaliger nubischer Sklaven sein, wie ja noch heute zahlreiche dunkelhäutige Menschen in den islamisch-arabischen Ländern leben, oder ein »Gastarbeiter« zur Zeit Kaiser Justinians, als die Kathedrale erbaut wurde.

Im 4. Jahrhundert hielt das Christentum Einzug auch in Petra, der einstigen Nabatäer-Metropole, und die Hauptstadt der römischen Provinz Palaestina Tertia Salutaris wurde Bischofssitz. Bischof Jason ließ 446 das sog. Urnengrab in eine Kirche umwandeln; Einsiedler ließen sich in den benachbarten Höhlen nieder. Zur gleichen Zeit begann man, nördlich des Cardo in Nähe des sog. Tempels der geflügelten Löwen eine ca. 25 m lange und 16 m breite dreischiffige Kirche mit Atrium zu errichten. Im frühen 6. Jahrhundert wurden beide Seitenschiffe mit prächtigen Bodenmosaiken ausgestattet; das Hauptschiff war mit farbigem Marmorboden ausgekleidet. Eine Brandkatastrophe hat die Kirche vernichtet, die danach nicht mehr liturgisch, sondern als Lagerhaus genutzt wurde. Erst jüngst (1992 bis 1996) wurde das Gotteshaus mit seinen beiden fast vollständig erhaltenen Mosaikteppichen freigelegt. Das Mosaik im nördlichen Seitenschiff zeigt in Feldern, die von den Ranken eines aus einer Amphora herauswachsenden Weinstocks begrenzt werden, Blumen- und Früchtekörbe, Tierpaare und Menschen, u.a. auch den Äthiopier mit seiner Opfergabe; das südliche Seitenschiff gliedern zopfartige Endlosbänder ebenfalls in Felder, in denen Personifikationen von Jahreszeiten, Erde und Ozean erscheinen. Auch Spuren von figürlichen Wandmosaiken wurden entdeckt. Nach dem Sieg der islamischen Heere (636) wurden auch in Petra Götter- und Menschenbilder zerstört; den Rest besorgte die Natur durch Erdbeben und Sandstürme.

APOSTOLISCHE KONSTITUTIONEN:
DANK FÜR GOTTES GABEN IN DER NATUR

Wir danken dir, allmächtiger Gott,
der du alles geschaffen hast und für alles Sorge trägst,
durch deinen eingeborenen Sohn Jesus Christus, unseren Herrn,
für die von dir gesegneten Erstlingsfrüchte.
Durch dein göttliches Wort hast du alles zur Reife gebracht
und der Erde geboten, Früchte aller Art hervorzubringen
zu unserer Freude und als Nahrung.
Den Lasttieren und Schafen hast du Weideland,
den Pflanzen fressenden Tieren Pflanzen,
anderen Fleisch und wieder anderen Samenkörner gegeben,
uns aber Getreide als geeignete und angemessene Speise,
dazu verschiedenes anderes,
teils zum Gebrauch, teils zur Gesundheit, teils zum Genuß.
Für all das verdienst du Lob wegen deiner Wohltätigkeit gegen alle
durch Christus, mit welchem dir und dem Heiligen Geist
Ehre, Ruhm und Anbetung sei in Ewigkeit. Amen.
Apostolische Konstitutionen VIII, 40; BKV 5,72.

Ephräm: Der Gebete und Opfergaben Macht

Gott des Erbarmens, du hast Noach erfreut,
und auch er hat deine Barmherzigkeit erfreut:
Er brachte Opfer dar und verhinderte die Flut;
er spendete Opfergaben und empfing die Verheißung.
Mit Gebet und Weihrauch versöhnte er dich;
mit Schwur und Regenbogen erbarmtest du dich seiner.
Wo immer die Flut anstürmt,
um der Erde zu schaden,
spannt sich dagegen der Regenbogen aus,
um sie zu vertreiben und die Erde zu ermutigen.
Möge dein Schwur das bewohnte Land beschützen
und dein Bogen mit dem Zorngericht kämpfen!

Das schwache Opferblut, das Noach aussprengte,
schützte alle in jener Generation vor dem Zorngericht.
Wieviel mehr sollte das Blut deines Eingeborenen stark genug sein,
daß seine Aussprengung unsere Flut hemme!
Denn siehe, als Vorbild gewannen Kraft die schwachen Opfer,
die Noach darbrachte, mit denen er das Zorngericht verhindert hat.
Laß dich versöhnen durch das Opfer meines Altars,
und schütze mich vor der Flut, die das Leben bedroht.
Es mögen deine beiden Zeichen bewahren,
mich dein Kreuz und Noach dein Bogen!
Dein Kreuz möge die Wasserflut durchbrechen,
dein Bogen möge die Sintflut des Regens verhindern!

1. Lied aus Nisibis, 1 f.; CSCO 219, 1 f.

Jakob von Batna:
Der Gläubigen Gaben zum Heil der Verstorbenen

Mitten im Abendmahlssaal sah die Tochter des Königs,
wie er seinen Leib brach,
und von ihm lernte sie, das gleiche zu tun, wie er es ihr vorgemacht.
Nicht Melchisedek lehrte die Kirche, was sie zu tun habe;
auf ihren Herrn blickte sie, und wie er getan, so handelt sie alle Tage.
Nicht Mose, der ein Mensch war, nahm sie sich zum Vorbild,
sondern Jesus, der Gott ist, lehrte sie die Mysterien.
Und siehe, er wacht über sie, ehrt sie, ist stolz auf sie;
er ist das Schlachtopfer,
in dem die Lebenden und die Toten eingebunden sind.
Das Brot des Herrn mangelt dir nie an seinem Tisch,
und seinen heiligen Wein bietet er dir Tag für Tag geistigerweise an.
Deshalb bringe Brot und Wein und Liebe mit zum Haus der Barmherzigkeit;
dann wird auch der Priester, deiner eingedenk,
hintreten vor seine Herrlichkeit.
Drücke deinem Opferbrot die Erinnerung an dich und deine Verstorbenen auf,
indem du dem Priester Gaben spendest, sie vor Gott darzubringen.
Ein Gastmahl veranstalte, und lade deine Toten ein,
daß sie zum Opfer kommen,
das allen Seelen zur Ausrüstung und Stärkung dient.
Habe Mitleid mit dem Verstorbenen und erweise deine Liebe zu ihm,
nicht dadurch daß du große Trauerfeiern veranstaltest,
die für ihn keinen Wert haben.
Seinen Namen und die Erinnerung an ihn
überreiche Gott zusammen mit einer Opfergabe,
und dein Glaube wird von seiner Gerechtigkeit nicht enttäuscht werden.
Lege die Erinnerung an ihn nieder im Haus der Versöhnung in Brot und Wein,

welche zu den Mysterien des Leibes und Blutes Christi dienen.
Da du an den heiligen Tempel glaubst, bete für deine Lieben zu Gott,
in dessen Hände alle Geister gelegt sind.
Rufe den Toten nicht am Grabe; er hört dich dort nicht,
da er jetzt nicht dort ist.
Suche ihn vielmehr im Hause der Barmherzigkeit;
dort versammeln sich die Seelen aller Verstorbenen.
Denn das ist der Ort, wo das Leben zu haben ist, mit dem sie sich stärken.
Hier bewahrt man ihr Andenken und ihre Namen auf
im großen Buche Gottes, in dem alle enthalten sind.
Das Blut des Gekreuzigten träufelt Auferstehung auf die Seelen
und verleiht ihnen die Kraft, zu ihm zu kommen.
Für die Seele des Verstorbenen tritt der Priester zum Altar
und legt Brot und Wein zum Opfer auf ihn.
Er erneuert das Andenken an Jesu Tod und an seine Auferstehung,
und alle Abgeschiedenen ruft er zum Opfer herbei,
auf daß sie Verzeihung erlangen.
Aller, die etwas beitragen und Opferbrot darbringen, gedenkt er in Liebe,
und beim Gedenken der Verstorbenen bezeichnet er die Eucharistie.
Für alle, die entschlafen sind, bringt er die Opfergabe dar
und ruft den Vater an, indem er ihm den Tod des Sohnes in Erinnerung ruft.
Dann erhebt sich der Geist und steigt herab auf das Opfer
und nimmt Gestalt an im geheimnisvollen Brot, und es wird der Leib Christi.
Und mit seinem Flügelschlag umschwebt er den Wein
und verwandelt ihn in das Blut.
Der Leib und das Blut Christi bilden das Opfer, das alle heiligt.

Das Opfer für die Verstorbenen, 57 - 64. 73 - 76. 79 - 88. 95 -104. 189 - 200;
BKV 6, 307 f 311 f.

15. ALLEGORIE DES FRÜHLINGS

Vorbei ist der Winter, verrauscht der Regen; auf der Flur erscheinen die Blumen, die Zeit zum Singen ist da. *Hoheslied 2, 11 f.*

Allegorische Bildwerke wurzeln in der antiken Denkweise, wonach das, was eigentlich nicht dargestellt werden kann wie ethische und religiöse Werte, wie Glück und Hoffnung auf Unsterblichkeit oder wie Freude über Gottes Gaben im Kreislauf des Jahres, anschaulich zu machen ist mittels ausgewählter, symboltragender Dinge aus der Natur wie Pflanzen, Tiere und Menschen, die sog. Personifikationen. Ihre vollendete Form fand die Allegorie zur Zeit des Hellenismus; danach wird die Deutung einer Darstellung bzw. eines Kunstwerkes aus sich selbst heraus ermöglicht. Häufig wurde der Zugang zur angemessenen Deutung durch entsprechende Bezeichnungen auf der Darstellung erleichtert und gesichert, wie es heute noch bei den Ikonen der östlichen Christen unerläßlich ist. Vieler überkommener allegorischer Motive bediente sich die Christenheit in der Spätantike, um durch sie ihren Glaubensüberzeugungen und sittlichen Forderungen Anschaulichkeit zu geben und sie auf diese Weise leichter vermitteln zu können.

Blumen und Blüten sind weltweit Symbole des aufbrechenden Lebens. Als Boten des Frühlings kennzeichnen sie das Ende des Winters und den Sieg über den Tod; sie verheißen Lebensfreude und Lebenskraft. Die christliche Symbolik, die diese Anschauung übernahm, verband sie mit ihrer Zukunftshoffnung. So ist der nach oben geöffnete Blütenkelch ein Hinweis auf Gottes Gaben, sein baldiges Verblühen aber zugleich ein Zeichen der Vergänglichkeit aller irdischen Pracht, die allein durch göttliche Machttat überwunden wird; Dauer und Ewigkeit ist der irdischen Schönheit »in den himmlischen Gärten« beschieden. Darum wurden Gräber, vor allem die der Martyrer, mit Blumen geschmückt, aber ebenso auch die Gotteshäuser, in denen diese Hoffnung verkündet und wachgehalten wird.

In der Kathedrale von Petra in Jordanien ist das Mosaikbild einer jungen Frau »in der Blüte ihres Lebens« im Boden vor allen Gläubigen ausgebreitet. Geschmückt ist sie mit einer kostbaren Halskette, mit perlenverziertem Ohrgehänge, mit einem Stirnband und mit Blumen im Haar. In der Rechten trägt sie eine Rose, und in der Linken hält sie einen Blütenkorb voll roter Anemonen, wie sie als »Blumen des Feldes« in Jordanien alle Wiesen und Wegraine zur Frühlingszeit schmücken. »Frühlingszeit« nennt sie die griechische Beischrift. Als Bildpredigt verkündet ihre Darstellung in der Kirche die Freude über Gottes Schöpfung, zugleich aber auch die Vergänglichkeit aller Schönheit und die Hoffnung auf Überwindung des Todes in Gottes Zukunft. Das Psalmenlied klingt an: »Des Menschen Tage sind wie Gras, er blüht wie die Blume des Feldes. Fährt der Wind darüber, ist sie dahin; der Ort, wo sie stand, weiß nichts mehr von ihr. Doch die Huld des Herrn währt immer und ewig für alle, die ihn fürchten und ehren« (Ps 103, 15 - 17).

EPHRÄM: DES FRÜHLINGS FREUDE ÜBER DEN SCHÖPFER

Die schwache, geflügelte Biene kommt voll Eifer
im Blütenmonat Nisan hervor.
Betrachtet dieses schwache Tier, und seid eifrig nach seinem Vorbild.
In Symbole ist sie gehüllt, Bildhaftes trägt sie an sich.
Denn aus allen Blüten sammelt sie Nutzen,
und wenn man ihren verborgenen, geringen Schatz öffnet,
ist es ein Wunder, zu sehen, wie sie gearbeitet, gebaut und angefüllt hat.
Gepriesen sei ihr Schöpfer!

Die Süßigkeit ist ausgestreut; es sammelt sie der Mund
dieses ganz reinen Tieres, ein Spiegel für die Kirche:
Sie sammelt aus den Büchern die Süßigkeit des Heiligen Geistes.

Die Synagoge hob in der Wüste das Manna auf und sammelte es gierig
mit unreinem Sinn. Kommt, sammelt reine Liebe
statt Manna, das übelriechend wurde über Nacht.
Wenn die Liebe bleibt, wird sie nur noch süßer.

Ein duftendes Weihrauchfaß wurde der duftende Nisan
und verbreitete alle Wohlgerüche.
Gott stieg herab, auf Erden zu wandeln.
Der Nisan sah ihn und erstrahlte wie ein Hoherpriester;
er brachte ihm das Weihrauchopfer dar. Der Opferduft
verkündete: Siehe, der Hohepriester stieg vom Himmel herab.
Sein Opfer ist die wahre Liebe, sein Rauchfaß ist Erbarmen,
sein Ysop ist die Tilgung der Sünden.

4. Hymnus zur Auferstehung, 6 f. 12; CSCO 249,73 f.

EPHRÄM: DES MENSCHEN VERGÄNGLICHE BLÜTENPRACHT

Denkt daran, meine Brüder: Wo seid ihr jetzt,
und wo werden wir morgen sein?
Heute geschwätzig in der Wohnung
und morgen schweigend im Grab!
Selig, wer Tag für Tag daran denkt!

Vergleicht dieses eine mit jenem anderen
und laßt uns in Frieden leben wie Weggefährten eines Tages,
die sich lagerten, die keine Herberge fanden
und die schon vorher Abschied nahmen, jeder von seinem Gefährten.
Selig, wer fortging zu unserem Herrn!

Vergleicht und wägt ab das Gestern am Morgen
und erkennt, daß unsere Freuden keinen Bestand haben.
Was gestern blühte - wo ist es?
Was heute und morgen ist, ein Traum ist es.
Selig, wer sich seiner Erwartung erfreut!

Versöhnt euch und lebt in Frieden, ihr Blüten!
Denn der Mensch verwelkt, einer neben dem anderen.
Wandelt auf der Erde als Menschen,
die sich schon morgen unter ihrer Decke sammeln werden.
Selig, wer fortging zu den Gerechten.

16. Hymnus über die Kirche, 1-4; CSCO 199,40 f.

Ephräm: Eitler Prunk und törichter Luxus

Frau, die du geschmückt mit Kleidern, Ohrgehängen, Ketten und Armspangen,
mit Ringen und Schmuckfiguren die Kirche Gottes betrittst,
worauf soll der Höchste schauen, und womit willst du vor ihn treten? -
Das Gebet, das aus deinem Munde kam, oder deinen Schmuck voller Sünden?
Wehe deiner Seele, wenn der Richter auf seinem Stuhle sitzt
und den Engeln der Flamme befehlen wird,
dich an den Ort der Finsternis zu führen!
Ihr Törinnen, die ihr euch schmückt mit Schmuck voll von Makeln,
schmückt euch mit einem Lebenswandel der Gerechtigkeit,
damit ihr, wenn der Bräutigam Christus kommt,
mit ihm in das Brautgemach eingehen
und euch an seinem heiligen Tisch mit seinen Heiligen laben könnt!
Wenn dein Gatte Schmuck liebt, schmücke dich für ihn zu Hause,
komm damit nicht an den heiligen Ort,

um ein Fallstrick zu werden für die, die dich sehen!
Wenn man dich zu einem Hochzeitsmahl einlädt,
dann schmücke dich wie edle Frauen!
Ihnen, den Züchtigen, ist es erlaubt, sich zum Mahl zu schmücken.
Und auch am Tag des Hochzeitsfestes ihrer Söhne werden sie nicht getadelt,
wenn sie sich züchtig schmücken aus Freude über ihre geliebten Söhne.
Auch den jungen Männern ist es nicht erlaubt, sich übermütig zu schmücken,
damit sie sich dadurch nicht entfernen vom Erbarmen beim Gericht.
Es gibt in unserer Welt Ausgelassene, die sich eitel schmücken;
sie salben sich mit dem Salböl der Dirnen und hängen an deren Düften,
und so werden auch sie ausschweifend am Ort voller Schönheit.
Auf, geht fort aus dem Heiligtum und entstellt nicht den reinen Ort,
damit nicht, wenn das Gericht erfolgt, es für euch kein Erbarmen gibt!

4. Rede, 429-474; CSCO 321,60 f.

Isaak von Antiochien: Des Toren eitle Hoffnung

Einem Toren gleich, wer spricht: Später will ich mich bekehren!,
wer sich an die Hoffnung klammert, daß er das Greisenalter erreichen werde,
und so die Buße in die Ferne rückt, das Vergnügen aber nahe haben will;
die Laster haben möchte, der Gerechtigkeit Übung für die Zukunft verspricht.
Manch leichtsinniger Sünder denkt, es gebe eine bestimmte Zeit,
wo er beliebig sündigen kann, und eine bestimmte Zeit, um dafür Buße zu tun;
die Hälfte der Lebenszeit gehöre der Sünde, die andere dagegen der Buße.
So setzt er den Tod möglichst spät an und die Buße erst kurz davor.
Da kommt die Verblendung über ihn; er wandelt auf des Verderbens Weg.
Zur Buße spricht er: Wohlan, warte bis zum Greisenalter!
Bis dahin möchte ich in meinen Lastern leben,
dann will ich mich durch dich reinwaschen von meinen Sünden!

Am Ende meiner Tage steh mir zur Seite, dann werde ich mich dir zuwenden.
Jetzt will ich mich der Jugend erfreuen, will der Jugendzeit Früchte genießen.
So vergeht ihm das Leben nach Wunsch, und zum Tode spricht er:
Halte dich weit entfernt, nahe dich mir nicht in meiner Jugendzeit!
Und wenn ich dich nicht ausdrücklich rufe, komme nicht! -
Das Jugendalter reserviert er dem Laster, das Greisenalter der Bekehrung.
Er ruft die Jugend herbei und spricht: Wohlan, komm, meine Geliebte,
erfreue mich mit deiner Musik, bis das Alter mir dieses Vergnügen raubt! -
Er lebt vertrauensselig dahin wie einer, der Macht hat
über sein Leben, der über heute und morgen verfügt.
Aber das lange Hinausschieben nützt nichts; plötzlich kommt der Tod über ihn,
und er hat sich in seiner Hoffnung auf die Zukunft getäuscht.
Er hat keine Zeit mehr zur Buße. Das ist die eitle Hoffnung des Toren.
Mit dem Schwert seines Wortes schneidet der Herr sie ab;
er schneidet das lange Hinausschieben ab mit seinem Wort:
Über den morgigen Tag sollst du nicht verfügen!

Gedicht über das Aufschieben der Buße (gekürzt); BKV 6,238-240

16. ALLEGORIE DES SOMMERS

Die mit Tränen säen, werden mit Jubel ernten; sie gehen hin unter Tränen und tragen den Samen zur Aussaat; sie kommen wieder mit Jubel und bringen ihre Garben ein. *Psalm 126, 5 f.*

Für das tägliche Brot wurde in der Antike der Weizen bevorzugt; die einfachen Menschen begnügten sich allerdings mit Gerstenbrot. Gerste diente auch zur Bereitung von Bier. Im Juni war die Gerste reif, und wie die Aussaat war auch die Ernte mit Festlichkeiten verbunden. Das Getreide wurde mit der gezahnten Sichel geschnitten und in Garben zum Nachtrocknen zur Tenne gebracht. Das Entstehen des Brotes vom Säen über Mähen, Dreschen, Mahlen, Teigzubereitung und Backen in der Glut des Ofens verglich man mit dem mühevollen Leben des Menschen und seiner Wandlung und Reifung. Nahe an Erfahrung und Vergleich lagen in vielen Kulturen die Bereitung von geweihtem Brot, der Dank für die vom Himmel kommende Manna-Speise und der Lobpreis für das eucharistische Brot. Die Juden kannten zwei Erntefeste, im Frühsommer zur Getreideernte das Fest der Erstlinge, die Grundlage des christlichen Pfingstfestes, an dem durch des Heiligen Geistes Wirken die erste missionarische Ernte eingebracht wurde, und im Spätsommer zur Weinernte das Laubhüttenfest.

Die griechische Beischrift bezeichnet die reife Frau im Mosaikteppich der Kirche von Petra als »Sommerzeit«. Wie ihre jugendliche Kollegin der Frühlingszeit trägt sie ein Ohrgeschmeide, hat aber ihr Haupt gegen die Glut der Sommersonne mit einem Hut geschützt. Leicht ist sie mit der gegürteten »tunica exomis« bekleidet, einem kurzen, hemdähnlichen Gewand, das die rechte »Schulter unbekleidet« ließ; es wurde zumeist von Seeleuten, Arbeitern und Sklaven getragen. Die Mühe des Erntens und die Hitze des Sommers haben das Gewand von der unbedeckten Schulter über die rechte Brust rutschen lassen, die in ihrer Fülle sinnenfälliges Zeichen der weiblichen Fruchtbarkeit ist. Mit der Rechten erhebt die Schnitterin eine gezahnte Sichel wie ein Siegessymbol, im linken Arm trägt sie die Frucht ihrer Arbeit, eine Getreidegarbe. So erscheint sie wie die Göttin Fortuna mit dem Füllhorn der reichen Ernte. Die gute, reichliche Ernte war in der jüdischen Tradition Zeichen der Güte Gottes; er war der Garant der bestehenden Ordnung: »Laßt uns den Herrn fürchten, unseren Gott, der Regen spendet im Herbst und im Frühjahr zur rechten Zeit, der uns die feste Ordnung der Erntewochen bewahrt« (Jer 5, 24). Die christliche Tradition, die dieses Bild der sommerlichen Frau und ihrer Ernte in den Fußboden der Kirche einbrachte, verband die Freude des Erntens mit dem Gedanken an das anbrechende Reich Gottes, wie es Jesus im Gleichnis von der wachsenden Saat zum Ausdruck gebracht hat: »Die Erde bringt von selbst ihre Frucht, zuerst den Halm, dann die Ähre, dann das volle Korn in der Ähre. Sobald aber die Frucht reif ist, legt der Landmann die Sichel an; denn die Zeit der Ernte ist da« (Mk 4, 28 f).

APOSTOLISCHE KONSTITUTIONEN: LOBPREIS AUF GOTTES HERRLICHKEIT

Groß bist du, allmächtiger Herr,
und groß ist deine Macht, und deiner Weisheit ist kein Maß.
Deine Macht verkünden die Himmel und die bebende Erde,
die befestigt und ausgebreitet ist über dem Nichts.
Das wogende Meer gehorcht deinem Wink,
das unzählige Tiere ernährt und vom Sand begrenzt ist.
Die ganze Schöpfung muß ausrufen:
Herr, wie zahlreich sind deine Werke!
Mit Weisheit hast du sie alle gemacht,
die Erde ist voll von deinen Geschöpfen (Ps 104, 24).

Die heiligen Seraphim zusammen mit den sechsflügeligen Cherubim
singen dir das Siegeslied und rufen mit nicht aufhörender Stimme:
Heilig, heilig, heilig ist der Herr der Heere!
Von seiner Herrlichkeit sind Himmel und Erde erfüllt (Jes 6, 3).
Und die anderen Scharen der himmlischen Ordnungen,
die Engel, Erzengel und Throne,
die Herrschaften und Fürstentümer,
die Mächte und Gewalten, sie rufen:
Gepriesen sei die Herrlichkeit des Herrn in ihrer Ordnung!
Israel aber, deine heilige Kirche auf Erden,
aus allen Völkern erwählt, wetteifert mit den himmlischen Mächten
und singt bei Tag und Nacht mit Herz und mit Mund:
Die Wagen Gottes sind zahllos, tausendmal tausend;
vom Sinai zieht der Herr zu seinem Heiligtum (Ps 68, 18).

Der Chor der Sterne flößt Staunen ein und weist auf den,
welcher sie zählt und ihnen ihre Namen gibt,
gleich wie die lebenden Wesen auf den hindeuten, der sie belebt,
und die Bäume auf den, der sie hervorgebracht hat.
All das ist durch dein Wort ins Dasein getreten
und verkündet die Herrlichkeit deiner Macht.
Darum muß jeder Mensch, weil durch dich Herr der Schöpfung,
von ganzem Herzen durch Christi Vermittlung
dir Lob und Dank für alle diese Wohltaten darbringen.

Apostolische Konstitutionen VII, 35; Boxler (BKV), 240 - 242

EPHRÄM: DES SCHÖPFERS SAAT UND ERNTE

Betrachte, mein Sohn, wie gerecht die Erde ist, in die man legt
das entblößte Weizenkorn und den nackten Pflänzling;
mit Nahrung und Kleidern stattet die Erde beide aus.
Trauben, die sie nicht entlieh, erstattet sie, Kapital und Zinsen
gibt sie dem Winzer zurück. Wieviel mehr wird sie da ihrem Herrn
seine Saaten, für die er keine Zinsen verlangt, zurückgeben!

Die Erde, die Kriechtiere hervorbringt auf göttlichen Befehl,
die sogar Tiere mit schädlichen Stacheln hervorkriechen läßt -
wie sehr freut sie sich über ihren Sohn, daß er zum Leben erweckt wird,
da sie durch ihn erhoben wurde, als er gebildet ward,
da die Hand des Schöpfers ihren Staub ehrte
und unser Herr seinetwegen sich herabließ und auf ihr wandelte!

Der erbarmungslose Winter - wie ein Räuber
bricht er ein und das Gewand zieht er den Blumen aus.
Nackt betrübt er sie, wenn er ihre Kleider raubt.
In allem gleicht er dem Tod.
Der allerfreuende Frühling, das Symbol des Allbelebenden,
gibt das Kleid zurück den Blumen und den Bäumen.

Gräser und Wurzeln, Blumen und Blüten
erweckt er in ihrer Schönheit und trägt ihnen Farben auf.
Der gütige Gott, der sich um die Blumen, die ihm kein Darlehen gaben,
kümmert in seiner Güte in allen diesen Dingen -
fern sei es seiner Gerechtigkeit, daß er beeinträchtigen sollte
die Leiber seiner Geliebten in der Herrlichkeit seiner Wiederkunft.

49. Lied aus Nisibis, 1. 3. 10 f.; CSCO 241, 54 f.

EPHRÄM: DES SCHMUCKES NICHTIGE EITELKEIT

Verachtet, ihr stolzen Frauen, zur Fastenzeit
Schmuck und Luxus, der wie eine Blume blüht.
Esther besaß königlichen Schmuck;
doch da sie sah, daß er nur irdisch ist, eilte sie zum Fasten.
Und das Fasten holte ihr herab und verlieh ihr
himmlische Schönheit und geistigen Glanz.
So trat sie beim König ein und erbat von ihm
das Leben für die, die dem Tod geweiht waren (Est 4).
Gepriesen sei der König, der die heilige Kirche geschmückt hat
mit Fasten, Gebet und Nachtwachen!

Verachtet auch, ihr jungen Männer, den Schmuck
des Leibes zur Zeit eures Fastens!
Denn es hätten die drei jungen Männer in Babel
in jeglichen Schmuck gehüllt sein können.
Doch weil sie das Gold haßten,
warf sie der falsche König
wie Gold in den riesigen Schmelzofen.
Die Fastenden wurden im Feuer schön wie geläutertes Gold.
Gepriesen sei, der uns das Fasten gab,
das des gierigen Teufels Rost aus unserem Sinn entfernt!

4. Hymnus über das Fasten, 7. 9; CSCO 247, 8 f.

17. LANDMANN IM DEZEMBER

Du krönst das Jahr mit deiner Güte, deinen Spuren folgt Überfluß.

Psalm 65, 12

Die Erfindung von Bronzewerkzeugen im Vorderen Orient im 2. Jahrtausend und schließlich die von Eisengeräten wahrscheinlich durch die Hethiter um 1300 v. Chr. hat die Erträge des Ackerbaus nachhaltig begünstigt. Im Einflußbereich der Hethiter liegen auch die biblischen Länder, und die hebräischen Nomaden wurden gerade zur Zeit der Hethiter-Herrschaft nicht problemlos seßhafte Bauern in Kanaan. Zu den ältesten Überlieferungen der Bibel gehören die Erzählungen von Adam, dem Lebewesen aus Erde, der sich im Schweiß seines Angesichts vom mit Dornen und Disteln übersäten Ackerboden ernähren muß, und vom Streit zwischen Kain und Abel, wobei Abel die ältere Tradition der Schafhirten und Kain die jüngere der Ackerbauern verkörpert. Der Streit endete wie so häufig im Orient blutig, und Kain, der Ackerbauer, entledigt sich des in seine Felder eindringenden nomadisierenden Hirten Abel durch die Bluttat. Trotz des Sieges der Ackerbaugesellschaft gehört die Sympathie der biblischen Erzähler unverhohlen den Hirten, angefangen beim Hirtenjungen David bis hin zu Jesus, dem guten Hirten.

Wegen des trockenen Klimas im langen Sommer und des gebirgigen, humusarmen Bodens sind große Teile der biblischen Regionen bis heute für den Ackerbau ungeeignet oder nur schwer zu bewirtschaften. Der Ackerbau in den Ebenen befaßte sich hauptsächlich mit Gerste, Weizen, Hülsenfrüchten, Gemüse und Flachs; an günstigen Hanglagen wurden Weinstöcke und Oliven- und Feigenbäume angepflanzt. Die ersten Regenmonate November und Dezember dienten der Aussaat des Getreides, Februar und März dem Anbau von Hülsenfrüchten und Gemüse. Schon im April wurde der Flachs geerntet, und mit Beginn der Trockenzeit im Mai konnte man zur Gerstenernte schreiten, im

Juni zur Weizenernte. In den Monaten Juli und August fand die Weinlese statt; im Oktober und November widmete man sich der Olivenernte. Hart war das Leben der Bauern, besonders wenn in den Wintermonaten der Regen ausblieb; viele verarmten dann und mußten als Tagelöhner bei Gutsbesitzern um Arbeit nachsuchen. Mehrere Gleichnisse hat Jesus dem harten Leben der Landarbeiter entnommen.

Im 6. Jahrhundert n. Chr. unter dem tatkräftigen oströmischen Kaiser Justinian (527-565) und seinen Nachfolgern erlebten Syrien und Palästina eine lange Periode des Friedens und des Wohlstandes. Für die Menschen schien das verheißene messianische Friedensreich angebrochen zu sein, in dem »der Wolf beim Lamm wohnt« und »das Korn, das auf dem Acker heranreift, üppig und fett sein wird« (Jes 11, 6). Die zahlreichen Ruinen von Klöstern, Hospizen und Kirchen, die damals errichtet wurden, bieten nur noch ein schwaches Spiegelbild von dem allgemeinen Wohlergehen der Bevölkerung. In jener Zeit, um 567, ließen eine adlige Frau namens Maria und ihr Sohn Maximus auf einem Hügel im südlichen Galiläa bei Beth Shean, auf dem Tell el-Mastaba, wie er heute heißt, ein Kloster errichten und es großzügig mit Mosaiken aus der Erlebniswelt der Menschen ausschmücken; sie wurden z.T. in das Rockefeller-Museum von Jerusalem verbracht. Den Atriumshof vor der Klosterkirche zierte einst ein Mosaik von ca. 16 x 10 m, das in hellenistischer Tradition die Sonne, den Mond und die zwölf Monate in allegorischen Darstellungen von Männern und Frauen zeigt.

Für den Monat Dezember, mit griechischen Buchstaben benannt, schreitet ein Mann, in einen langen, wollenen Chiton gehüllt, mit geschulterter Hacke und einem Setzling in der Hand zum Feld. Der Regen hat offenbar den harten Boden aufgeweicht; grünende und blühende Pflanzen sprießen bereits. Nun ist die Zeit gekommen, den Acker zu bestellen im Vertrauen auf den Segen Gottes: »Du sorgst für das Land und tränkst es; du überschüttest es mit Reichtum. Der Bach Gottes ist reichlich gefüllt, du schaffst ihnen Korn; so ordnest du alles. Du tränkst die Furchen, ebnest die Schollen, machst sie weich durch Regen, segnest ihre Gewächse. Du krönst das Jahr mit deiner Güte«

(Ps 65, 10 - 12).

EPHRÄM: DIE GÖTTLICHEN FRÜCHTE DES SOMMERS

Meine Winzer haben meine Früchte gesammelt,
die reifen und süßen.
Ihr Geschmack war die Wahrheit
und ihre Süßigkeit die Liebe.
Doch heute haben meine Früchte den Geschmack verloren,
weil der Winter bei mir andauert.

Im Sommer mögen meine Früchte reifen,
in ihm meine Saaten gedeihen,
in ihm meine Zeiten sich verschönern,
in ihm meine Leiden vergehen,
in ihm meine Trauer ein Ende finden,
und in ihm möge der Jubel meiner Feste erschallen!

Gib und vermehre uns
die Sättigung durch deine Lehre!
Das Fasten trage dreißigfache,
die Liebe sechzigfache Frucht!
Deine Wahrheit allein bringe hundertfachen Ertrag
an allen guten Gaben!

Mein Landmann, pflüge meine Fluren,
ein zweites, ein drittes Mal, mein Herr!

Denn dreifach hast du auch
getauft und zum Leben erweckt
die Flur unserer Seele,
die Kirche unseres Geistes.

Mein Geist sei dein Acker.
Pflüge ihn mit dem Namen deines Vaters,
ein zweites Mal mit deinem Namen
und ein drittes Mal mit dem Heiligen Geist!
Und die Garbe des Lobes
steige empor zu dem, der dich gesandt hat!

29. Lied aus Nisibis, 17.28.32.35.39; CSCO 219,83-86

EPHRÄM: DER LANDMANN FÜR DES HERZENS ACKER

Es kamen die Landwirte und fielen nieder
vor dem Landmann des Lebens. Weissagend sprachen sie zu ihm
voller Freude: Gesegnet sei der Landmann,
durch den bebaut wird der Acker des Herzens!
Seinen Weizen sammelt er in die Scheune des Lebens.

Es kamen die Winzer und priesen
den Austrieb, der hervorsproß aus der Wurzel
und dem Stamm Isais, die jungfräuliche Rebe
aus verdorrtem Wurzelstock. Laßt uns Gefäße sein
für den neuen Wein, der alles erneuert!

Durch dich erlange Frieden der Weinberg meines Geliebten,
der saure Beeren brachte. Veredle seine Weinstöcke

332

mit deinen Setzlingen! Er möge voll und ganz tragen
von deinen Gaben! Seine Frucht versöhne
des Weinbergs Herrn, da er ihm gedroht hatte.

8. Hymnus zu Christi Geburt, 7-9; CSCO 187,52

EPHRÄM: BETE UND ARBEITE!

Die Felder werden bestellt. Vernachlässigt nicht eure Seelen!
Denn wenn die Seelen bestellt werden, liegen auch die Felder nicht brach.
Wir wissen, daß wir Nahrung brauchen;
noch mehr aber sollen wir wissen, daß einer es ist, der für die Geschöpfe sorgt.
Wie sollten die Landwirte die Felder bestellen ohne die Hilfe der Gottheit?
Ohne den, der die Saaten wachsen läßt, vermögen eure Bauern nichts.
Ohne die Gesundheit des Leibes nützen eure Pflüge nichts.
Ohne die Bäche des Gebetes haben eure Saaten nichts zu trinken;
ohne das hilfreiche Bittgebet erntet ihr eure Saaten nicht.
Und wenn unser Schöpfer sich nicht erbarmt, hat der Besitz keinen Bestand.
Bemüht euch um das Gebet, das eure Tennen mit Nahrung füllt
für eure Sommer und Winter! Sorgt für sie durch das Gebet!
Denn im Sommer und Winter haben wir das Bittgebet nötig.
Der Winter winkt uns, zu beten, daß Regen und Tau nicht ausbleiben;
und der Sommer treibt uns an, zu beten, daß Acker und Tenne gesegnet seien.
Der Erhabene, von der Höhe der Höhen neigt er sein Ohr unserer Bitte;
und die Engel bringen sein Erbarmen und besuchen uns alle insgeheim.
Wie sollten wir imstande sein, meine Brüder, für all das zu danken?
Obwohl durch das Gebet aller Segen unter uns entsteht, bleiben wir stumm.

Predigt über Zurechtweisung und Gebet, 179-208.221-229; CSCO 364,96 f.

KYRILLONAS: KLAGE ÜBER DIE TODBRINGENDE DÜRRE

Schon zwei Jahre hindurch war die Regenzeit spärlich gewesen
und hatte die Milch der Himmelsbrüste abgenommen.
Die Saaten schwanden dahin, und die Kräuter vertrockneten,
weil wir statt des Märzes einen Juli bekommen hatten.
Der März, sonst voller Tau und Regen,
ließ Schweißströme von uns herabregnen.
Die Menschen tränkten die Erde mit ihren Tränen,
und auf den Äckern schrien die Kinder,
denn die Quellen waren versiegt und die Zisternen ausgetrocknet.
Da lernten die Menschen, um Wasser zu betteln.
Wer Brot hergab, bat selbst um Wasser,
und wer ein Talent hergab, nahm Trank dafür.
Man hing sich Reisetaschen um, in denen Krüge waren,
und zog aus, eine Handvoll Wasser zu erbetteln.
Besser hatte es jene Witwe in Sidon dank ihrer Bitte,
welche sie Elija vortrug; denn für den Brotfladen,
welchen sie ihm reichte, häufte er ihr
einen Mehlberg auf und gab ihn ihr,
und für den einen Krug gewöhnlichen Wassers
ließ er ihr einen Ölstrom ins Haus fließen.

Bittgesang im Jahr 396 am Allerheiligenfest, 337-377; BKV 6,16 f

334

18. PERSONIFIKATION DES MEERES

Gewaltiger als das Tosen vieler Wasser, gewaltiger als die Brandung des Meeres ist der Herr in der Höhe.   *Psalm 93, 4*

Nach altorientalischer Auffassung, die auch von den biblischen Autoren geteilt wurde, liegen die Anfänge der Schöpfung im Urmeer bzw. der Urflut. Indem Gott die in der Tiefe hausenden Mächte besiegt, formt er aus dem Chaos den Kosmos und führt das feste Land als Wohnort für die Menschen aus dem Meer empor; er sorgt dafür, daß es ihren Lebensraum nicht überflutet. Trotzdem war das Empfinden der Menschen dem Meer gegenüber von Scheu und Furcht gekennzeichnet. In den Bildern der Apokalypse entsteigt dem Meer ein siebenköpfiges Ungeheuer, einem Panther, einem Bären, einem Löwen nicht unähnlich. Es ist der Inbegriff aller gott- und menschenfeindlichen Mächte; doch wird es vom Lamm Gottes besiegt (Offb 13, 1-8). Auch Griechen und Römer, die ständig den Gefahren des Meeres zu trotzen wußten, empfanden es als bedrohliches Element. Sie dachten es von Göttern und Riesen bewohnt, die den Menschen selten geneigt waren.

Um so erstaunlicher ist, daß sich inmitten der einstigen Apostelkirche von Madaba in Jordanien, um 580 erbaut, in einer messianisch-paradiesischen Landschaft mit farbenfrohen Papageien, Hühnern, Katzen, Gazellen und vielerlei Pflanzen und Früchten das Medaillon des personifizierten Meeres, in der griechischen Beischrift als Thalassa ausgewiesen, von über zwei Metern im Durchmesser ausbreitet. Die Umschrift lautet: »Herr, Gott, der du den Himmel und die Erde gemacht hast, gib Anastasios, Thomas und Theodora Leben und dem Mosaizisten Salamanios.« Die Meeresfrau erhebt sich aus den Wasserfluten; in der Linken hält sie ein Ruder, während sie die Rechte zum Gruß erhebt, als wolle sie, Göttin einer längst versunkenen Epoche, Christus, den Gott der neuen Weltzeit, begrüßen. Ähnliche Darstellungen mit gleichen Aussagen bieten die Mosaike der Taufe Christi, die schon ein Jahrhundert früher in den beiden Baptisterien der Orthodoxen und der Arianer in Ravenna angefertigt wurden. Dort erhebt sich der personifizierte Jordan, dargestellt als antiker Flußgott mit einem Schilfrohr in der Hand und mit Krebsen und Schalentieren im Haar aus dem Fluß und begrüßt mit erhobener Hand den Täufling als den Sieger über die feindlichen Mächte in den Tiefen der Gewässer und der Unterwelt. Auch die Meeresfrau in Madaba ist umgeben von Fischen, einem Tintenfisch und zwei phantastisch anmutenden Delphinen. Der Physiologus bezeichnet den Delphin als Sägetier, als Ungeheuer mit Flügeln, und weiß von ihm zu berichten: »Wenn es ein Schiff mit Segeln sieht, will es diese nachahmen und erhebt seine Flügel und segelt dahin um die Wette mit den segelnden Schiffen. Wenn es aber dreißig oder vierzig Stadien zurückgelegt hat, wird es müde und läßt vor Müdigkeit die Flügel fallen, und die Wogen tragen es auf seinen alten Platz.« Solche Phantasiegebilde stellen die beiden Delphine neben der Meeresfrau dar; die Beobachtung, daß sie spielerisch die Segelschiffe begleiten, entspricht der Erfahrung. Allegorischer Art ist die anschließende Deutung des Physiologus: »Das Meer ist mit der Welt zu vergleichen und die Schiffe mit den Aposteln und Martyrern, die, nachdem sie das Meer durchsegelt und die Händel um Nahrung ausgehalten haben, in den friedlichen Hafen einlaufen, das ist das himmlische Königreich. Das Tier aber kann man mit denen vergleichen, die das asketische Leben versuchen und doch wieder umkehren in ihr früheres irdisches Leben« (Physiologus, Nr. 39).

Die auf den ersten Blick so seltsam anmutende, aus heidnischer Zeit auftauchende Meeresfrau soll Zeichen dafür sein, daß auch die Mächte der Tiefe Christus unterworfen sind; dank der Verkündigung der Apostel über Land und Meer hinweg wurde den Völkern die Botschaft gebracht, daß ihm auch die furchterzeugenden, ungeheuren Meeresgründe huldigen. Darüber hinaus will die Personifikation des Meeres auch hinweisen auf Gottes Unergründlichkeit und die Unmöglichkeit, das Geheimnis des Gott-Menschen Christus zu erforschen.

ODE SALOMOS: PREISLIED AUF DEN UNERGRÜNDLICHEN GOTT

Ich ließ sprudeln Preis dem Herrn,
denn ich bin sein.

Ich will sprechen sein heiliges Lied,
denn mein Herz ist bei ihm.

Seine Zither ist in meinen Händen,
nicht sollen verstummen die Lieder seiner Ruhe.

Ich will zu ihm rufen mit meinem ganzen Herzen,
ich will ihn preisen und erheben mit allen meinen Gliedern.

Denn vom Osten bis zum Westen -
sein ist der Preisgesang!

Und vom Süden bis zum Norden -
sein ist das Bekenntnis!

Vom Gipfel der Höhen bis zu ihren Ausläufern -
sein ist die Vollkommenheit!

Wer ist es, der da schreibt die Lieder des Herrn,
oder wer ist es, der sie liest?

Wer ist es, der seine Seele anleitet zum Leben,
daß seine Seele erlöst würde?

Wer ist es, der auf dem Höchsten ruht,
der reden könnte aus seinem Munde?

Wer ist imstande, die Wunder des Herrn zu erklären?
Der Erklärer wird vergehen; doch bleiben wird, der erklärt werden soll.

Es genügt, Erkenntnis zu haben und Ruhe zu finden.
Die Sänger stehen fest in Ruhe

wie ein Fluß, dessen Quelle reichlich sprudelt
und der dahinfließt zur Hilfe für jene, die ihn suchen.
Halleluja!

26. Ode; Hennecke-Schneemelcher II, 607 f.

EPHRÄM: DER GOTTHEIT UNERFORSCHLICHKEIT UND GÜTE

Wer hätte zu erforschen gemocht
die Natur der göttlichen Wesenheit!
Wer hätte zu ermessen gemocht
den Schatz des himmlischen Reiches!
Wer hätte zu ergründen vermocht
die Tiefe der göttlichen Majestät
und ihre Geheimnisse erfaßt!
Laß dich nicht in jenes gewaltige Meer
hinabzusteigen verlocken, Ohnmächtiger!
Denn schön und begehrenswert sind seine Wogen,
doch verlockend reißen sie dich in die Tiefe.

Denn wenn du begehrst,
jenes Meer zu erforschen,
und dich auch nur einer Woge näherst,
einer kleinen, flachen,
reißt sie dich zu einer größeren,
und alle Wogen,
jede einzelne läßt dich umhertreiben.
Denn es ist ein Meer, das völlig
geeint und sich gleich ist kraft seiner Wesenheit und Einheit.
Und wenn du dich einer äußeren Woge näherst,
reißt sie dich in die innerste Tiefe.

Wenn du dir aber baust
ein Handelsschiff (der guten Werke)
und es besteigst, um Gewinn zu machen,
doch nicht um zu erforschen,
dann wird das unterscheidende Meer
die Kaufleute reich machen,
die Verwegenen aber ertrinken lassen.
So bringe dein Talent hundertfältigen Ertrag!
Des Meeres Wogen seien dir Seeleute,
es trage alle Schätze und geleite dich,
und du mögest in seinem Frieden in seinen Hafen gelangen!

31. Hymnus gegen die Irrlehren, 7 - 9; CSCO 170, 113 f.

Johannes von Damaskus: Paradoxon der Menschwerdung Gottes

Frohlocken soll der Himmel und jubeln die Erde!
Heute vereinen sich wirklich Engel und Menschen zu einer einzigen Herde.
Welch ein Wunder! Der Unsichtbare läßt sich sehen,
der Unbegrenzte sich begrenzen, und der Anfanglose hat einen Anfang.
Der Sohn Gottes wird eines Menschen Sohn.
Eine unvermählte Jungfrau wird als Mutter geschaut,
und die Mutter wird nach der Geburt als Jungfrau angetroffen.
Das fleischgewordene Wort des Vaters hat sich in eine Krippe legen lassen.
Hirten wurden gemeinsam zu Kündern des Mysteriums.
Magier aus dem Osten brachten ihre Geschenke;
von einem Stern geführt, beteten sie den geborenen Erlöser an.
Mit ihnen laßt auch uns, Freunde des Festes, ihm darbringen würdige Taten,
Glaube, Hoffnung und Liebe als Gold, Weihrauch und Myrrhe,
und den Gesang der körperlosen Engel ihm zurufen:
Ehre sei Gott in der Höhe und auf Erden Friede,
unter den Menschen ein Wohlgefallen
ihm, der zu retten kam vom Untergang unser Geschlecht.

Idiomelon am 30. Januar, Anthologion I, 1311

Kosmas: Gottes unbegreifliche Weisheit

Für das bedrängte Israel wird gespalten das Rote Meer,
und die wellenbrandende Tiefe wird trockenes Land.
Das Meer wurde Unbewaffneten zum Pfad, Schwerbewaffneten zum Grab.
Ein Lied zur Ehre Gottes stieg empor:
Ruhmvoll hat sich verherrlicht Christus, unser Gott!

Die Allursache und Erschafferin des Lebens,
Gottes unendliche Weisheit, hat sich ihr Haus erbaut
aus der reinen jungfräulichen Mutter.
Mit dem Tempel des Leibes sich bekleidend,
hat ruhmvoll sich verherrlicht Christus, unser Gott!

In die Mysterien einweihend ihre Freunde,
bereitet den seelennährenden Tisch die wahre Weisheit Gottes
und füllt den Gläubigen mit Ambrosia den Krug.
Laßt uns in Ehrfurcht hinzutreten und rufen:
Ruhmvoll hat sich verherrlicht Christus, unser Gott!

Laßt uns hören, all ihr Gläubigen,
der unerschaffenen und eingeborenen Weisheit Gottes
erhabene Botschaft, die uns einlädt und ruft:
Kostet und erkennt, daß der Messias ich bin, und ruft:
Ruhmvoll hat sich verherrlicht Christus, unser Gott!

Kanon am Gründonnerstag, 1. Ode; Anthologion II, 1053

19. BETER JOHANNES

Ich will dich vor den Völkern preisen, Herr, dir vor den Nationen lobsingen; denn deine Güte reicht, so weit der Himmel ist, deine Treue, so weit die Wolken ziehn. *Psalm 57, 10 f.*

In dem reichhaltigen Mosaikgarten der Georgskirche am Berg Nebo findet sich im Nordschiff die Darstellung eines Beters; die griechische Inschrift gibt seinen Namen mit Johannes des Ammonios (Sohn) an. Offenbar hat dieser Johannes den ganzen Mosaikteppich gestiftet, der zwei Pfauen, Symbol des ewigen Lebens, neben einem Kantharos zeigt, aus dem eine Palme als Paradiesbaum erwächst. Neben der Krone der Palme erscheint links ein Winzer bei der Weinlese und rechts das Bildnis des betenden Johannes. Wahrscheinlich war er Winzer, und die Erträge seiner Weingärten haben ihn in die Lage versetzt, den kostbaren Mosaikteppich anfertigen zu lassen. Als junger Mann mit lockigem Haar ist er bekleidet mit Lederstiefeln, einem hemdartigen Untergewand, dem kurzen Chiton (Tunika) und dem Pharos, einem glockenförmigen Mantel, der vor der Brust durch eine Spange gehalten wird. In der sog. Oranten - Haltung, der schon in der vorchristlichen Antike üblichen Weise, stehend mit ausgebreiteten Armen und nach oben gerichteten Innenflächen der Hände zu beten, kommt zum einen eine Abwehrhaltung gegen böse Mächte, zum anderen das Offensein für die göttlichen Gaben sinnenfällig zum Ausdruck. Bis heute hat sie sich in den östlichen und westlichen Liturgien der Kirche erhalten. Der Beter Johannes, umrahmt von Reben und Früchten des Weinstocks, Hinweis auf Christus, den göttlichen Weinstock, mag in diesem Mosaik auftreten als ein Mensch, der fürbittend und dankbar für Gottes Gaben die Hände erhebt.

Apostolische Konstitutionen: Morgengebet

Ehre sei Gott in der Höhe
und Friede auf Erden
bei den Menschen seiner Gnade!
Dich loben wir,
dich verherrlichen wir mit Hymnen,
dich preisen wir,
dich beten wir an durch deinen erhabenen Hohenpriester,
dich, den wahren, einzigen, ungebeugten Gott,
allein unnahbar wegen deiner großen Herrlichkeit.
Herr, König des Himmels,
Gott, allmächtiger Vater,
Herr und Gott,
Vater Christi, des makellosen Lammes,
das hinwegnimmt die Sünden der Welt,
nimm auf unser Flehen, der du thronst über den Cherubim.
Denn du allein bist heilig,
du allein der Herr Jesus,
der Gesalbte des Gottes der ganzen Schöpfung, unsres Königs.
Durch ihn sei dir Ruhm, Ehre und Anbetung!

Tischgebet

Gepriesen seist du, Herr,
der du mich ernährst von Jugend auf,
der du Speise gibst allem Fleisch!
Erfülle unsere Herzen mit Heiterkeit und Freude,

auf daß wir immer ausreichend und genug haben
und reich seien an jedem guten Werk
in Christus Jesus, unserem Herrn,
durch den dir Ruhm sei,
Ehre und Herrlichkeit in alle Ewigkeit. Amen.

ABENDGEBET

Lobet, ihr Knechte, den Herrn,
lobet den Namen des Herrn (Ps 113, 1).
Wir loben dich,
wir feiern dich mit Lobgesängen,
wir preisen dich wegen deiner großen Herrlichkeit,
Herr und König, Vater Christi, des makellosen Lammes,
das hinwegnimmt die Sünden der Welt.
Dir gebührt Lob, dir gebührt Ehre,
Gott und Vater, durch deinen Sohn
mit dem Heiligen Geist in alle Ewigkeit. Amen.

Apostolische Konstitutionen VII, 47 - 49; Boxler (BKV), 254 f.

EPHRÄM: DER WINZER REIFER BITTEN

Zu dem Einen eilen alle Bitten,
und das eine unsichtbare Ohr in der Höhe
verkostet und prüft unsere Bitten.
Die nützliche wird ausgewählt, die schädliche verworfen,
Der Mund kann um alles bitten;
doch soll er nur Dinge erflehen, um die zu bitten gut ist.

Wenn eine Wurzel des Glaubens, in das Herz eingepflanzt,
des Mundes Bitten haben, werden sie gepflückt.
Wenn Gott zuwartet, daß sie reifen,
laßt uns nicht unwillig werden!
Der Winzer wird nicht ungeduldig, während die Traube
heranreift für ihre Zeit, durch die er das Leben gewinnt.

Der gütige Geber schaut auf die Bitten und ihre Zeiten.
Denn eine Frucht zur Unzeit bedeutet den Tod.
So kann es auch ein Geschenk geben,
das jetzt schädlich ist und später nützlich.
Und wenn der Bittende sich überstürzt,
zögert der Geber.

25. Hymnus über die Kirche, 13. 15 f.; CSCO 199, 58

Isaak von Antiochien: In der Nachfolge des Gekreuzigten

Wenn du ein Diener Christi bist,
gib die hochmütige Gesinnung auf.
Wenn er um deinetwillen das Spottgewand anzog,
und alle Schmach erduldete,
bekleide auch du dich um seinetwillen
mit einem armseligen Bußgewand und werde demütig!
Jener Erhabenste erniedrigte sich
um deinetwillen bis zur Verachtung,
deshalb erniedrige auch du, Elender, dich
um seinetwillen wenigstens bis zu deinesgleichen!
Der Königssohn wurde vom Knecht geschlagen,
ohne daß er darüber schrie oder ergrimmte;

so laß auch du dich von deinesgleichen schlagen
und dulde es, daß man dir Unrecht tue!

Er ließ sich von Nägeln durchbohren und schwieg;
nimm auch du die Schmach hin und bleibe ruhig!
Er trug für dich die Schmähungen seines Volkes;
ertrage auch du für ihn den Spott der Menschen!
Er ließ sich anspeien, um deine Unreinheit abzuwaschen;
laß auch du dich verleumden, um die verheißene Seligkeit zu erringen!
Er trug das Kreuz, um es zu einer Himmelsleiter zu machen;
trage auch du Kreuz und Leid, um droben eine hohe Stufe zu erreichen!
Er ward unschuldig gekreuzigt, um Adams Schuld hinwegzunehmen;
kreuzige auch du dich wegen deiner Schuld,
auf daß er dich versöhne mit dem, der ihn gesandt hat!

Vor dem, der das Leben in sich hat,
kniete man spöttisch nieder und rief: Rette dein Leben!
Du aber falle um des ewigen Lebens willen
demütig vor deinem Bruder nieder und rette deine Seele!
Dein Herr legte nicht vor Pilatus Zeugnis ab, daß er König sei;
so erkläre dich nicht für gerecht, wenn du dich durch gute Werke hervortust!
Pilatus hatte das, was er schreiben ließ,
daß Christus König sei, nicht von ihm gehört;
ebensowenig möge dich jemand deinen Ruhm verkünden hören,
so wird man dich als Erben des Himmels aufschreiben!

2. Gedicht über das Fasten, 326 - 368, BKV 6, 235 f.

Isaak von Ninive: Hymnus der Mönche bei Sonnenaufgang

Zur Zeit, da ein jeder seine Glieder in Gewänder hüllt,
bekleide, Herr, unseren inneren Menschen mit Freude!
Beim Tageslicht, welches alle zur irdischen Arbeit einlädt,
würdige uns, Herr, der Glückseligkeit eines Wandels im Himmel!
Zur Zeit, da ein jeder die nächtliche Decke von seinem Leibe entfernt,
nimm aus unserem Herzen, Herr, die Erinnerung an diese vergängliche Welt!
Zur Morgenzeit, in welcher die Schiffer auf dem Meer der Welt
ihr Werk beginnen,
laß, Herr, alle Regungen unserer Seele in deinem Hafen zur Ruhe kommen!
In der Zeit, in welcher ein jeder die mühselige Arbeit der Welt wieder anfängt,
würdige uns, Herr, in deinen unvergänglichen Trost
wie in ein Leichentuch gehüllt zu werden!
Zur Zeit, da die Finsternis aufhört und die Plage eines jeden wieder beginnt,
würdige uns, Herr, daß wir durch die Regungen der künftigen Welt erquickt
werden!

Wenn das Licht seinen Kreislauf beginnt, fängt die Arbeit der Sterblichen an;
du, Herr, errichte einen Bau in unserem Geist,
welcher zum ewigen Tage hinaufführt!
In der finsteren Nacht möge uns eine neue Sonne erstrahlen,
durch welche wir zu jener Erkenntnis gelangen,
die uns für die Auferweckung aufbewahrt ist.
Verleihe uns, Herr, schon jetzt
jenes stete Wachen der Auferstandenen nachzuahmen,
indem wir unseren Geist bei Tag und bei Nacht nur auf dich richten!
Würdige uns, in uns selbst jenes Leben der Auferweckung zu schauen,
damit nichts unseren Geist von der Seligkeit in dir trenne!
Durch unseren steten Blick auf dich, Herr, präge uns ein Bild jenes Tages ein,

347

welcher nicht mit den Umlaufsbewegungen der Himmelslichter beginnt!
Täglich haben wir dich in deinem Sakrament
in unserem Leib aufgenommen und begraben;
würdige uns also, daß wir die Hoffnung auf die Auferweckung in uns empfinden!

Bickel, Schriften der syrischen Kirchenväter (BKV), 401 f.

20. BETERIN GEORGIA

Wie Weihrauch steige mein Gebet vor dir auf; als Abendopfer gelte vor dir, wenn ich meine Hände erhebe. *Psalm 141, 2*

Das Bild der Georgia, der Frau des Paramonarios Theodoros, wie sie die Beischrift nennt, befindet sich in der reich mit Mosaiken ausgestatteten Kosmas- und Damian-Kirche zu Gerasa. Der Boden dieser Kirche mit Darstellungen von Schaf, Hase, Wasserhuhn, Gazelle, Pfau inmitten von Endlosbändern in Rautenmustern und umrahmt von Mäanderbändern gehört zu den am besten erhaltenen Mosaikteppichen in Jordanien. Das Stifterehepaar ist rechts und links vom Altarraum verewigt. Theodoros ist mit liturgischen Gewändern bekleidet, mit der bis zu den Füßen reichenden, weißen Dalmatik und einer roten Paenula, der Urform des lateinischen und griechischen Meßgewandes, und schwenkt eifrig ein Weihrauchfaß; er wird als Paramonarios bezeichnet. Heute meint dieser Begriff den Hüter oder Küster einer Kirche; im 6. Jahrhundert aber offensichtlich auch den Stifter, der hier in priesterlicher Funktion dargestellt ist. Auch Georgia erscheint in liturgischer Gewandung. Über der Dalmatik trägt sie eine breite, bis zu den Knöcheln reichende Stola, das Ehrengewand vornehmer Bürgerinnen, das an beiden Enden mit dem Zeichen der kreisenden Sonne, dem sog. Hakenkreuz, verziert ist. Darüber ist ein glockenförmiger Prunkmantel, der Pharos, gelegt, der vor der Brust durch eine edelsteingeschmückte Spange zusammengehalten wird. Ähnlich gekleidet mit Sticharion (Tunika), Epitrachilion (Stola) und Phelonion (Pharos) erscheint noch heute der Priester in den östlichen Kirchen und wie Georgia erhebt er in der eucharistischen Feier die Hände und ruft der Gemeinde zu: »Laßt uns würdig stehen, laßt uns in Ehrfurcht stehen! Laßt uns achtgeben, das heilige Opfer in Frieden darzubringen! Erheben wir die Herzen! Laßt uns danken dem Herrn!« - Offensichtlich begegnet uns in Georgia die letzte Zeugin für das frühchristliche Diakonat der Frauen.

APOSTOLISCHE KONSTITUTIONEN: WEIHE EINER DIAKONIN

Ewiger Gott, Vater unseres Herrn Jesus Christus,
Schöpfer des Mannes und der Frau,
du hast Mirjam (Ex 15, 20 f.) und Debora (Ri 4, 4 f.)
Hanna (Lk 2, 36 - 38) und Hulda (2 Kön 22, 14 ff.) mit Geist erfüllt;
du hast es nicht für unwürdig erachtet,
daß dein eingeborener Sohn von einer Frau geboren wurde;
am Bundeszelt und am Tempel
hast du Frauen als Wächterinnen der heiligen Tore bestellt.
Siehe auch jetzt auf diese deine Dienerin,
die zu deinem Dienst gewählt worden ist,
und verleihe ihr den Heiligen Geist!
Reinige sie von aller Befleckung des Leibes und des Geistes,
damit sie das ihr anvertraute Amt würdig verwalte
zu deiner Ehre und zum Lobe deines Christus,
mit welchem dir und dem Heiligen Geist
Ehre und Anbetung sei in Ewigkeit. Amen.

Apostolische Konstitutionen VIII 20; BKV 5, 58

EPHRÄM: LOB DEN FRAUEN, DIE JESUS FOLGTEN

Selig bist du, Martha, die ohne Furcht
jenem gedient, vor dem das All sich fürchtet!
Du gabst Speise dem Schatzhaus, das umsonst
lebendiges Brot den Menschen spendet.
Selig deine Schwester Maria, die er ruhig belehrte;
selig, dein Bruder Lazarus, den er, erschüttert, ins Leben zurückrief!
Durch euch mahnt er die getrennten Christen, die uneins sind,
sich in der einen Liebe zu vereinen.

Selig, Frau, beneidenswerteste der Frauen,
die die heiligen Füße geküßt hat!
Deine Hände salbten den heiligen Gesalbten,
dessen Salbhorn Priester und Könige gesalbt hatte.
Selig deine Leiden, die durch sein Wort geheilt wurden,
und selig deine Schuld, die dir für deine Küsse vergeben wurde!
Er lehrt seine Kirche, in Reinheit zu küssen
seinen allheiligen Leib.

Selig, Witwe, in Armut lebend!
Denn zwei Schätze hast du dir im Himmel angelegt.
Staunenswert ist es, daß der Höchste hinblickte
und sein Auge auf die geringe Gabe richtete.
Die zwei Pfennige wurden gewogen, und sie wogen mehr
auf der Waage Gottes als ein ganzes Talent.
Ihr Leben hing an den Pfennigen, die sie weggab,
so daß sie nun mit leeren Händen dastand.

Selig auch du, kanaanäische Frau! Du hast jene Gerechtigkeit,
die unbesiegbare, besiegt durch deinen Mut.
Der Gerechte hatte eine Grenze gegen die Heidenländer gezogen,
die die Verkündigung nicht überschreiten sollte.
Selig bist du, da ohne Furcht du den Zaum durchbrachst!
Der Herr der Grenzen lobte dich und die Größe deines Ungestüms.
Dein Glaube heilte aus der Ferne
deine Tochter daheim.

Selig bist auch du, Witwe!
Die Welt war tot, und dein Sohn war tot.
Dein Sohn wurde auferweckt, ohne daß du darum gebeten hattest;

auch die Schöpfung wurde erlöst ohne ihr Gebet.
Nicht dein Flehen rief den Arzt herbei,
nicht unser Gebet zog den Erlöser herab.
Das Erbarmen ließ jenen sich herabneigen, der herabsteigend erweckt hat
die Welt und den jungen Mann.

Selig auch du, junges Mädchen,
das du wie ein Spiegel der Unerfahrenen bist!
Er hat dich erweckt und gab dir Speise; denn es braucht
die Jugend auch seine Lehre.
Das tote Mädchen ist ein Sinnbild für die unerfahrene Herde.
Es erweckte unser Herr aus dem toten Volke
einen schlummernden Leichnam zeichenhaft für jugendliche Seelen.
Er rief sie, und sie wurden auferweckt.

Selig auch jene Frau des Richters,
der über den Richter des Alls das Urteil sprach.
Träume hatten sie gequält, Gesichte sie verwirrt.
Der wache Wink Gottes hatte sich ihrer im Traum erbarmt;
Glauben hatte er in ihr gefunden und ihn gestärkt.
Zur Beschämung des Volkes erhebt die Heidin ihre Stimme.
Jerusalem schreit gegen den Gütigen, daß man ihn kreuzige;
sie dagegen, daß man ihn rette.

Selig seid ihr alle, ihr Reinen,
die Schar, die sich dem Sohn anschloß!
Staunenswert ist, wie sehr sich der Heilige herabließ,
daß dem Würdevollen Frauen sich anschließen durften!
Von seinem Segen gaben sie ihm und nährten ihn;
von seiner Gabe reichten sie ihm und sättigten ihn.

Ein reines Vorbild gab er uns in seiner Gemeinschaft mit ihnen.
Lobpreis sei ihm, dem Reinen!

26. Hymnus über die Jungfräulichkeit, 2. 4. 7. 9 - 11. 14. 16; CSCO 224, 83 - 86

EPHRÄM: DER FRAUEN DANK AN MARIA

Die Frauen mögen danken
jener reinen Maria!
Denn durch Eva, ihre Mutter,
war groß geworden ihre Schmach;
nun aber ist durch Maria, ihre Schwester,
ihr Ansehen gewachsen.
Gepriesen sei, der aus ihnen hervorging!

Danken sollen die Völker deiner Geburt!
Denn sie erhielten Augen, um zu sehen.
Er nahm von ihnen ihren Rausch,
und sie sahen ihre Erniedrigung.
Da verurteilten sie sich selber
und beteten den an, der sie errettet hat.
Gepriesen sei, der sie Umkehr gelehrt hat.

22. Hymnus zu Christi Geburt, 23 f.; CSCO 187, 102 f.

ISAAK VON NINIVE: GEBET IN DER NACHT UM ERLEUCHTUNG

In der Nacht, in welcher alle Stimmen schweigen
und die Menschen samt allen Geschöpfen regungslos sind,
mögen die Regungen unserer Seelen durch dich erleuchtet werden,
Jesus, du Licht der Gerechten!

Zur Zeit, da die Finsternis wie eine Hülle über alles ausgebreitet ist,
möge uns deine Gnade, Herr, statt des sichtbaren Lichtes aufstrahlen!
Das Licht der elementaren Sonne erquickt unsere leiblichen Augen;
dein Licht, dessen Herrlichkeit die Sonne übertrifft,
möge in unsere Finsternis leuchten!
In der Nacht, welche alles geschäftige Treiben,
wodurch uns die Welt ermüdet, zur Ruhe bringt,
möge unsere Seele in dir verzückt werden
durch jene Ruhe, welche mehr als Stillschweigen ist!
In der Zeit, welche die Müden durch den süßen Schlaf erquickt,
mögen sich unsere Gedanken in dir, Herr, berauschen,
in dir, du Wonne der Heiligen!
In den Stunden, da sich alle Schlafenden
den vergänglichen Geschäften entziehen,
erwecke, Herr, in unseren Seelen jene Erkenntnis,
welche nicht in die Irre führt!

Bickel, Schriften der syrischen Kirchenväter (BKV), 400 f.

TIERE UND PFLANZEN
UND IHRE GLEICHNISHAFTE BEDEUTUNG

21. TIERE IM WEINSTOCK –
MENSCHLICHES VERHALTEN IM GLEICHNIS

Lobet den Herrn, ihr auf der Erde, ihr Seeungeheuer und all ihr Tiefen, ihr wilden Tiere und alles Vieh, Kriechtiere und gefiederte Vögel

Psalm 148, 7. 10

Von großer Bedeutung für die antiken Kulte waren die den Tempeln angegliederten Gehege, in denen den Göttern geweihte Tiere für Opferhandlungen gehalten und zu Orakelzwecken beobachtet wurden. Vielen Göttern wurde eine besondere Nähe zu Tieren zugesagt. So erscheint die griechische Artemis als Jagdgöttin und Beschützerin der Wildtiere, während der asiatischen Artemis, der Großen Mutter, der Schutz der Herden und Haustiere oblag. Doch anders als in den ägyptischen Kulten, denen eine wesensmäßige Verschmelzung des Göttlichen mit der Tierwelt eigen war, bestimmten in der griechisch-römischen Kultur Nähe und Abstand das Verhältnis von der Gottheit zum Tier. Die in den Mythen überlieferten Selbstverwandlungen von Göttern in Tiere sah man nur als vorübergehende Erscheinungen an.

Nähe und Abstand bestimmten auch das Verhältnis des Menschen zu den Tieren. Ihr sinnliches Wahrnehmen und Gedächtnis, ihre Affekte und Triebregungen stellten die höher organisierten Tiere in eine psychische Nähe zum Menschen, die die Grundlage der antiken Tiersymbolik war. Eigenschaften und Verhaltensweisen der Tiere, die durch Beobachtungen zutage traten, und

355

Entsprechungen zu menschlichen Wesenszügen gaben den Tieren Zeichen-funktion. Ihre Eigenarten und ihr Verhalten wurden zunächst vom menschlichen Verhalten her betrachtet, so daß man ihnen menschliche Wesenszüge zuschrieb. Die angenommenen Charakterzüge wurden dann wiederum vorbild- und zeichenhaft auf den Menschen hin gedeutet und erleichterten die Beschreibung seiner Tugenden und Laster.

Die christliche Anthropologie bediente sich der in der Antike, vor allem von Aristoteles, des Begründers der wissenschaftlichen Tierbeschreibung, entwickelten Tiersymbolik, ergänzte sie aber durch biblische Aspekte. Der Mensch, obwohl als Ebenbild Gottes geschaffen und von ihm als Herr über die Geschöpfe eingesetzt, steht zunächst als Geschöpf in Solidarität mit allen anderen Geschöpfen, die wie er Leben, Gestalt und Eigenart von Gott empfangen haben. Danach muß der Mensch die Tiere als seine geschwisterlichen Mitgeschöpfe betrachten, woraus sich eine gewisse Analogie im Verhalten und in den Charakterzügen ergibt. Dieser Grundgedanke der Bibel hat es noch einsichtiger als die griechische Psychologie gemacht, trotz aller Unterschiede Gemeinsamkeiten im menschlichen und tierischen Verhalten anzunehmen; die antike Tiersymbolik konnte biblisch untermauert werden. Der syrische Physiologus und vor allem der griechische Kirchenvater Basileios haben die Naturbeobachtungen der Griechen und die Reflexionen der Bibel zur Grundlage der christlichen Tiersymbolik gemacht; mit ihr konnte die Tugendlehre der Kirche veranschaulicht und verständlich übermittelt werden.

Der Weinstock im Gleichnis Jesu (Joh 15, 1-8) gab den syrischen Mosaizisten den künstlerischen Rahmen, um in den Reben neben den Trauben oder an ihrer Stelle die guten Früchte ikonographisch unter Zuhilfenahme der Tiersymbolik darzustellen. Jesu Wort an die Jünger: »Ich bin der Weinstock, ihr seid die Reben; wer in mir bleibt und in wem ich bleibe, der bringt reiche Frucht« (Joh 15, 5) läßt durchaus offen, worin die Früchte bestehen. Es ist an die Bruderliebe und den Glauben zu denken, aber auch an die Früchte des Geistes »Liebe, Freude, Friede, Langmut, Freundlichkeit, Güte, Treue, Sanftmut und Selbstbeherrschung« (Gal 5, 22 f.), an denen das sittliche Verhalten der Christen gemessen wird. Die Weite des Glaubens und der Hoffnung und den Ernst der christlichen Ethik wollte die syrische Kirche den Menschen vermitteln, die aus dem Heidentum kamen und denen die griechisch-philosophische Tugendlehre, aber auch die antike Tiersymbolik vertraut waren. Deshalb bevölkern den Tierpark der Kirchen, der jetzt nicht mehr aus Tiergehegen wie einst bei den heidnischen Tempeln besteht, sondern sich in Mosaikbildern auf den Fußböden anschauen läßt, vor allem friedliche Flugtiere wie Strauß und Phönix, Adler und Reiher, Taube und Schwalbe, Rebhuhn und Fasan, Krähe und Papagei, Hühner, Gänse und Enten. Was die Mosaizisten anschaulich machen, ist die Predigt der Katecheten. In den Tierbildern sind uns die Bildkatechesen der syrisch-palästinensischen Kirche überliefert.

Ein völlig erhaltener, großartiger Bildteppich schmückt den kleinen Raum der armenischen Polyeuktos-Kirche, die im 5. Jahrhundert in der Nähe des Damaskustores außerhalb der Jerusalemer Altstadt errichtet wurde. Aus einer großen Amphora, die von Akanthusblättern (Bärenklau), Symbol der Unsterblichkeit, umhüllt ist, erwächst ein Weinstock. Mit seinem sich verzweigenden Stamm, den Reben, Blättern und Trauben durchzieht er das ganze Mosaikbild. Er erinnert an Christus, den wahren Weinstock, dessen reiche Früchte im Leben seiner Jünger offenkundig werden. Dementsprechend sind die vielen Vögel im Geäst des Weinstocks als die guten und reichen Früchte zu verstehen, die die Gläubigen aus der Kraft des Weinstocks hervorbringen. Die paradiesisch anmutende Landschaft, durchzogen vom Früchte tragenden Weinstock und geschmückt mit zahlreichen Vögeln, macht den Mosaikteppich zum bildkatechetischen Hinweis auf das Leben in Christus, das sich im ewigen, unsterblichen Leben vollendet.

Gepriesen seist du, Herr, König der Ewigkeit!
Durch Christus hast du alles geschaffen
und durch ihn im Anfang das Geschaffene geschmückt.
Du hast die Wasser von den Wassern geschieden durch das Firmament
und den Lebensgeist über ihnen schweben lassen;
du hast die Erde gefestigt und den Himmel ausgebreitet
und die einzelnen Geschöpfe nach genauer Ordnung geziert.
Denn durch deine Macht, Herr, ist die Welt wunderbar gestaltet worden,
der Himmel aber wie ein gewölbtes Zimmer gefestigt,
erleuchtet von Gestirnen zum Trost im Finstern.
Licht und Sonne gingen hervor wegen des Tages
und der Erzeugung der Früchte,
der Mond aber, der ab- und zunimmt, zum Wechsel der Zeiten;
das eine soll Nacht heißen
und das andere als Tag begrüßt werden.
Das Firmament aber kam mitten zwischen den Abgründen zum Vorschein.
Du sprachst, und es sammelten sich die Wasser,
und es erschien das trockene Land.
Das Meer aber - wie wird das uns jemand beschreiben?
Seine Wogen kommen aus der Tiefe und laufen zurück,
abgehalten vom Land durch deine Anordnung;
denn du sprachst: Hier muß sich legen deiner Wogen Stolz (Ijob 38, 11).
Kleinen und großen Tieren und Schiffen hast du es wegbar gemacht.
Dann grünte die Erde,
geschmückt mit allerlei Blumen und der Zier herrlicher Bäume.
Auch Sterne, welche alles beleuchten,
halten die unüberschreitbare Bahn ein

und weichen keineswegs von deiner Anordnung ab,
sondern wo du selbst es befohlen hast,
dort gehen sie auf und unter zum Zeichen der Jahreszeit
und bestimmen die wechselnden Beschäftigungen der Menschen.
Dann wurden die Arten verschiedener Tiere geschaffen,
Landtiere, Fische, Vögel, Amphibien,
und die kunstvolle Weisheit deiner Vorsehung
hat für ein jedes in angemessener Weise gesorgt;
denn wie sie bei der Erschaffung der verschiedenen Arten
nicht ohnmächtig war, so hat sie auch nicht versäumt,
die Sorge für jedes geschaffene Wesen zu übernehmen.
Und zum Schluß der Schöpfung hast du geschaffen
das vernunftbegabte Wesen, den Weltbürger,
indem du deiner Weisheit befehlend sprachst:
Laßt uns den Menschen machen nach unserem Bild und Gleichnis!
Du hast ihn als den Schmuck der Welt hingestellt:
Aus den vier Elementen, der Erstmaterie, hast du ihm einen Leib gebildet,
die Seele aber schufst du ihm aus dem Nichtsein.
Du gabst ihm fünf Sinne und den Geist
als Führer der Seele, als Beherrscher der Gefühle.
Und zu all dem, mächtiger Herr,
wer vermag würdig zu beschreiben
die Bewegung der Regen erzeugenden Wolken,
das Leuchten des Blitzes und das Drohen des Donners
zur Hervorbringung der nötigen Nahrung
und zur entsprechenden Reinigung der Lüfte?
Den Menschen jedoch, der nicht gehorchte,
hast du des Lebens beraubt, das als Lohn gesetzt war.
Doch nicht gänzlich hast du ihn vertilgt,
sondern nur für kurze Zeit läßt du ihn schlafen,

um ihn deinem Schwur gemäß zur Neugeburt zu rufen.
Die Verhängung des Todes hast du aufgehoben,
der du die Toten wieder lebendig machst
durch Jesus Christus, unsere Hoffnung.

Apostolische Konstitutionen VII, 34; Boxler (BKV), 239 f.

EPHRÄM: DES SCHÖPFERS WEISHEIT IM SPIEGEL SEINER GESCHÖPFE

Verachtete Biene, unscheinbarstes aller geflügelten Tiere,
lade die Künstler ein und rufe die Weisen herbei!
Ob sie wohl durchschauen können den Reichtum ihrer Waben,
wie sie Körper formt, sie in ihnen begräbt
und auferweckt und, nachdem sie sie fortfliegen ließ,
in ihre Gräber hineingießt Fluten von Süßigkeit?

Betrachte ferner den Vogel: Es fehlen ihm Werkzeuge,
die Hand des Künstlers, der Finger des Zimmermanns;
doch staunen über seinen Bau und sein Nest die Architekten.
Arbeiten und Zeiten verteilt der Schöpfer:
dem Männchen die Nester, dem Weibchen das Brüten.
Durch Storch und Schwalbe beschämte er das Volk.

Wer läßt den Heuschreckenschwarm mit einem Flügelschlag auffliegen?
Er bewegt sich einheitlich und läßt sich im gleichen Augenblick nieder.
Bei allen Menschen ist er verhaßt, weil er allen das Brot raubt.
Ein Heer ist er ohne Haupt und ohne Befehlswort.
Auf seinem Schenkel ist eingezeichnet das Bild der aufsprießenden Ähre,
da er heranwächst bei jener Ähre des Feldes.

Betrachte das Blatt, das vom Baum fällt, und bekenne seinen Schöpfer,
wie schön er es gegliedert und geordnet hat!
Wohlan, erkenne seine Fürsorge in diesem wertlosen, verachteten Ding
und spotte über das Geschwätz der Gelehrten,
die behaupten, der Mensch sei in Unordnung von seiner Erschaffung her,
obwohl doch Toren bezeugen, daß er vorzüglicher ist als alles andere.

Wenn schon die Geschöpfe, zum Dienst des Menschen geschaffen,
groß sind, da von Gott geschaffen, und schön, da von ihm geordnet,
wie sehr überragt sie dann der Mensch wegen der Erschaffung durch ihn!
Wie kam doch unser Geschlecht von Sinnen durch eigene Klugheit!
Die Geschöpfe erklärt er für geordnet, den Menschen für verwirrt
und erhebt so den Besitz über den Besitzer!

15. Hymnus gegen die Irrlehren, 2 f. 5 - 7; CSCO 170, 54 f.

EPHRÄM: TIERE - DES GEFALLENEN MENSCHEN SPIEGELBILDER

Da der Mensch den Tieren und dem Vieh
gleichgeworden war, wie geschrieben steht (Ps 49, 21),
hat der Schöpfer an ihnen Adams Häßlichkeit abgebildet,
damit er sich selber sehe, wie entstellt er geworden,
so daß er, wenn er seine Häßlichkeit schaut, Ekel empfinde,
und wenn er seine große Befleckung sieht, sich schäme,
und wenn er merkt, wem er gleicht,
weine und den Glanz suche, den er verlor.

Ein einziger Spiegel ist vielen
in Eintracht zu dienen imstande.
Für Adam aber waren viele nötig,

damit er in ihnen die Vielzahl seiner Makel sehe.
Gott hat unsere Gesinnung übertragen auf die Tiere,
damit wir in ihnen uns selber sehen, wie wir sind.
Dieser weise Schöpfer!
Er hat uns in ihnen uns selber gezeigt:

Daß der Mensch in den Tieren, die er tadelt, sich selber schelte,
daß er nicht räuberisch sei wie der Wolf
und nicht wie das reißende Tier verwunde,
nicht das Zischen der Schlange lerne
noch die Stummheit des Skorpions,
der dabei hinterrücks seinen Nächsten sticht,
nicht wie ein Hund gegen seinen Herrn wüte -
werdet nicht wie Pferd und Maultier ohne Verstand! (Ps 32, 9).

34. Hymnus über den Glauben, 2 f. 5; CSCO 155, 92 f.

22. ADAM UND DIE TIERE –
VERANTWORTUNG FÜR DIE SCHÖPFUNG

Den Menschen hast du durch deine Weisheit erschaffen, damit er über deine Geschöpfe herrscht; er soll die Welt in Heiligkeit und Gerechtigkeit leiten. *Weisheit 9, 2 f.*

Mit Adam, dem Lebewesen aus Erde, wie der Name zu übersetzen ist, bezeichnet die Bibel den ersten Menschen und meint damit jeden Menschen. In der frühisraelitischen Paradieserzählung aus dem 9. Jahrhundert vor Christus wird ihm anschaulich die Verantwortung für Gottes Schöpfung übertragen: »Gott Jahwe formte aus dem Ackerboden alle Tiere des Feldes und alle Vögel des Himmels und führte sie dem Menschen zu, um zu sehen, wie er sie benennen würde. Und wie der Mensch jedes lebendige Wesen benannte, so sollte es heißen. Der Mensch gab Namen allem Vieh, den Vögeln des Himmels und allen Tieren des Feldes« (Gen 2, 19 f).

Diese Namensgebung entspricht der Namensgebung der Eltern, die mit diesem Akt die Neugeborenen als ihre Kinder anerkennen und sich verpflichten, für sie zu sorgen. Adam maßt sich diese Aufgabe nicht an, sie wird ihm von Gott übertragen. Auch der jüngere Schöpfungshymnus im 1. Kapitel der Genesis aus dem 6./5. Jahrhundert vor Christus unterstreicht nochmals diesen Auftrag in der göttlichen Ordnung:

»Dann sprach Gott: Laßt uns Menschen machen als unser Abbild, uns ähnlich. Sie sollen herrschen über die Fische des Meeres, über die Vögel des Himmels, über das Vieh, über die ganze Erde und über alle Kriechtiere auf dem Land« (Gen 1, 26).
Da der Mensch Abbild Gottes ist, darf sein Herrschen nicht mißverstanden werden als Unterdrückung und Ausbeutung der Natur; sie ist vielmehr im

Sinne des Schöpfers, den der Mensch zu vertreten hat, Fürsorge für die Schöpfung zu ihrem und zu seinem Wohl. Geschaffensein durch Gott, Namensgebung und fürsorgliche Herrschaft verbinden Mensch und Natur zu einer Schicksalsgemeinschaft, so daß durch rechtes menschliches Verhalten die Schöpfung zur Entfaltung geführt, durch Fehlverhalten aber zerstört wird. In dieser Wechselbeziehung ist die christliche Allegorie und die analoge Schau begründet, die menschliches Verhalten im Spiegel der Tiere betrachtet und von dort her deutet.

Das Mosaik, das Adam darstellt, wie er den Tieren ihre Namen gibt, befindet sich im Museum von Apameia am Orontes im nordwestlichen Syrien. Es dürfte einst die Taufkirche, die als erneuertes Paradies betrachtet wurde, neben der Basilika geschmückt haben. Apameia, eine hellenistische Stadt, war unter römischer Herrschaft vom 2. bis 7. Jahrhundert zu einer bedeutenden Handelsmetropole aufgestiegen. Noch heute zeugen die vielen Ruinen einst prachtvoller Bauwerke neben dem Dorf Qalaat al-Mudiq vom einstigen Glanz und Reichtum der Stadt. Der Mosaizist hat Adam auf erhobenem Thron Platz nehmen lassen; Blütenzweige unter seinem Namen weisen auf das Paradies hin. Nicht nur Vögel, auch Schlangen nähern sich ihrem Namensgeber. Links neben Adam hat sich ein Adler eingefunden, während er einer Gans, die auf der Lehne seines Thrones sitzt, seine schützende Rechte auf den Kopf legt. Das Wohl der Schöpfung liegt in der Hand des Menschen.

APOSTOLISCHE KONSTITUTIONEN:
DES MENSCHEN WUNDERBARE GESTALTUNG

Allmächtiger Herr,
wir danken dir für alles, besonders dafür,
daß du dein Mitleid und dein Erbarmen uns nicht entzogen hast.

Du hast uns eine Stimme zum Reden gegeben
und eine zweckdienliche Zunge beigefügt
gleichsam als Werkzeug, einem Plektron vergleichbar.
Du hast uns gegeben den Geschmack und Tastsinn,
die Augen zum Sehen, die Ohren zum Hören, den Geruch zum Riechen,
Hände zum Arbeiten und Füße zum Gehen.
Das alles bildest du aus kleinen Anfängen im Mutterleib,
verleihst nach des Leibes Gestaltung die unsterbliche Seele
und bringst den Menschen hervor ans Licht.
Das mit Vernunft begabte Wesen, den Menschen,
hast du im Gesetz unterwiesen und durch Satzungen gereinigt.
Für kurze Zeit überläßt du ihn der Auflösung und Verwesung
und versprichst ihm seine Auferstehung.

Reicht wohl die ganze Lebensdauer des Menschen
und die lange Zeit der Jahrhunderte,
um hierfür genügend zu danken?
Unmöglich ist es, in entsprechender Weise Dank abzustatten;
nach Kräften aber sich dankbar zu erweisen ist heilig und fromm.

Denn du hast uns rein bewahrt von der Gottlosigkeit
derer, welche viele Götter verehren,
und hast uns befreit von der Sekte,
derer, die Christus getötet haben,
und uns dem Irrglauben und der Unwissenheit entrissen.
Christus hast du in Menschengestalt zu uns Menschen gesandt.
obwohl er eingeborener Gott ist.
Den Heiligen Geist ließest du in uns Wohnung nehmen
und Engel hast du uns als Beschützer gegeben;
doch den Satan überhäuftest du mit Schmach.

Uns selbst riefst du aus dem Nichtsein ins Dasein
und jetzt, da wir auf Erden wandeln, umsorgst du uns.
Du setzt die Lebensjahre fest,
gibst Nahrung und läßt Umkehr predigen.
Für dies alles sei dir Ruhm und Ehre durch Jesus Christus
jetzt und immer und in Ewigkeit. Amen.

Apostolische Konstitutionen VII, 38; Boxler (BKV), 246 - 248

EPHRÄM: TEILHABE AN GÖTTLICHER VOLLMACHT

Gott gab Adam die Vollmacht, den Tieren ihre Namen zu geben,
um ihn so ehrwürdiger zu machen als die Tiere.
Denn nicht die Kinder geben die Namen
ihren Vätern; von den Älteren
kommen die Namen zu den Jüngeren.

Und wie Gott, der aufgrund seines Wesens allen vorangeht,
selber die Namen gab allen Geschöpfen,
so übertrug er diese Vollmacht dem, den er zuletzt geformt hatte,
der dadurch zum Ehrwürdigsten wurde, da er allen Tieren
die Namen gab als der Älteste.

Der Mensch ist Gottes letztes Geschöpf und sein erstes;
er ist jünger aufgrund seiner Erschaffung
und zugleich älter wegen seiner Würde.
Und die Erstlinge, die ihm vorangingen
in ihrem leiblichen Dasein, sind Letzte
und Spätlinge wegen ihrer Namen.

47. Hymnus über die Kirche, 9 - 11; CSCO 199, 118

EPHRÄM: ADAMS ERLÖSUNG DURCH DEN NEUEN ADAM

Zweiter Adam wurde der genannt,
dessen Name von Anfang an bestand,
deswegen weil er Wohnung nahm
im Mutterleib der Tochter Davids
und aus ihr Mensch wurde
ohne Zeugung und ohne Wehen. Gepriesen sein Name!

In allem, was der erste Adam besaß,
zeigte sich der himmlische Adam,
er ging auf seinen Spuren,
ausgenommen die Sünde.
Deswegen wurde er auch von Paulus,
der ihn verkündete, Adam genannt (1 Kor 15, 45).

Bei der Erschaffung des ersten Adam
waren Zeugung und Geburtswehen nicht notwendig;
denn Gott nahm Staub
in seine Hand
und formte so allein Adam
und offenbarte darin seine Macht und Weisheit.

Offensichtlich ist so auch das Wort
Fleisch geworden aus der Jungfrau Maria.
Nicht durch Zeugung hat er das Mysterium
seines Kommens geoffenbart;
denn er wurde durch sein Wollen Leib,
wurde Mensch und kam in die Welt.

Der Sohn der Erde
brachte Krankheit und Leiden in die Welt
und öffnete das Tor
dem Tod, der eintrat und sie bezwang.
Der Sohn Mariens aber hat auf sich selber
die Leiden der Schöpfung genommen und ihr das Leben geschenkt.

1. Marienhymnus, 5. 13 - 15. 29; CSCO 187,179 - 182

SOPHRONIOS: DES SCHÖPFERS WEISHEIT UND HERRLICHKEIT

Groß bist du, Herr, und wunderbar sind deine Werke;
kein Wort kann hinreichend deine Wundertaten preisen.
Du hast durch deinen Willen das All aus dem Nichtsein ins Dasein geführt;
durch deine Kraft erhältst du die Schöpfung
und mit deiner Vorsehung durchwaltest du die Welt.
Aus vier Elementen hast du die Schöpfung zur Einheit zusammengefügt
und mit vier Jahreszeiten den Kreis des Jahres bekränzt.
Vor dir erbeben alle geistigen Mächte,
dich preist die Sonne, dich verehrt der Mond,
dich umgeben die Sterne, dir gehorcht das Licht;
vor dir erschaudern die Abgründe, dir dienen die Quellen.
Du hast den Himmel wie ein Zelt ausgespannt;
du hast die Erde über dem Wasser befestigt;
du hast dem Meer durch den Strand eine Grenze gesetzt;
zum Atmen hast du die Luft ausgegossen.
Die Mächte der Engel dienen dir;
die Chöre der Erzengel beten dich an;
die vieläugigen Cherubim und die sechsflügeligen Seraphim,
die dich im Kreis umstehen und dich in Furcht umfliegen,

verhüllen sich vor deiner unzugänglichen Herrlichkeit.
Denn du, unbeschreiblicher, anfangloser und unaussprechlicher Gott,
kamst auf die Erde, nahmst Knechtsgestalt an
und wurdest den Menschen gleich.
Du hast es, Herr, in deinem innigen Erbarmen nicht ertragen zuzusehen,
wie das Menschengeschlecht unter des Teufels Tyrannei stand;
darum kamst du und hast uns gerettet.
Wir bekennen die Gnade, wir verkünden das Erbarmen,
wir verschweigen die Wohltat nicht.
Die ganze Schöpfung preist dich, weil du erschienen bist;
du, unser Gott, hast dich auf Erden sehen lassen
und mit den Menschen Gemeinschaft gepflegt.
Du bist es, unser Gott, der durch Wasser und Geist
unsere durch die Sünde alt gewordene Natur erneuert hat.

Gebet zur Weihe am Epiphaniefest (Auszug); Hagiasmatarion III, 41 - 43

23. NOACHS RETTENDE ARCHE –
KIRCHE, ZUFLUCHT IM GLAUBEN

Wer im Schutz des Höchsten wohnt und ruht im Schatten des Allmächtigen, der sagt zum Herrn: Du bist für mich Zuflucht und Burg, mein Gott, dem ich vertraue. *Psalm 91, 1 f.*

Zu den beliebtesten frühchristlichen Motiven in der Katakombenmalerei wie in den Reliefs der Sarkophage, die die Botschaft von der rettenden Taufe symbolisch zum Ausdruck bringen, gehört die Arche Noachs. Oft erscheint Noach mit zum Gebet erhobenen Händen in einem recht kleinen Kasten, während eine Taube mit einem Ölzweig im Schnabel von schräg oben herbeifliegt. Diese Darstellungen wollen nicht als Wiedergabe biblischer Vorbilder verstanden werden, sondern sollen die Glaubensaussage sakramentaler Wirklichkeit veranschaulichen. Deshalb steht die kleine Arche in bewußtem Gegensatz zur Größe der geschenkten Hoffnung. Das Bild verdeutlicht das Mysterium der Taufe, in der der Gläubige wie der aus der Sintflut gerettete Noach durch Christi Todesleiden erlöst und des Heiligen Geistes Salbung, in Taube und Ölzweig angedeutet, erneuert wird. Die kleine kastenartige Arche ist dem grabförmigen Taufbecken nachempfunden, und Noach ist das Vor-Bild des geretteten gläubigen Christen.

Zuweilen jedoch soll die Darstellung der rettenden Arche über das Taufgeschehen hinaus auch auf die rettende Kirche hinweisen. In Mopsuestia (heute: Misis in der südöstlichen Türkei), wo Theodoros, dessen achtzehn überlieferte katechetische Homilien für die Liturgie- und Sakramentengeschichte von unschätzbarem Wert sind, von 392 bis zu seinem Tod 428 Bischof war, wurde 1956 der Mosaikboden einer einst prächtigen Basilika aus der 2. Hälfte des 4. Jahrhunderts freigelegt. Das Mittelschiff ziert eine grandiose Versammlung vieler Tiere; Löwen, Hirsche, Kamele, Steinböcke und allerlei Federtier streben der Arche zu. Es handelt sich um keine historisierende Nachzeichnung, denn im Verhältnis der sie umgebenden Tiere ist die Arche unmöglich klein. Kaum mehr als die beiden von Noach ausgesandten Tauben finden in ihr Platz. Die eine hockt im oberen Teil des Kastens, die andere fliegt gerade zur Luke hinaus. Die griechische Inschrift lautet: »Arche des Noe«, wobei das dem Namen nachgestellte griechische Rho offensichtlich als Abkürzung für rhyomene, die rettende, steht. (Die Zerstörungen im Bild sind durch das Wurzelwerk einer Olivenpflanzung entstanden, die sich über dem Mosaikboden befand.) Die Arche in ihrer Winzigkeit soll symbolhaft auf die überbietende Größe ihrer Aufgabe hinweisen. Die vielen Tiere, die ihre Rettung in der Arche suchen, veranschaulichen die Überzeugung, daß alle Völker und die unterschiedlichsten Menschen in Eintracht und Frieden eine Heimat in der Arche - Kirche gefunden haben und noch finden werden. Die Kirchenväter, die die Vielfalt der Völker im Römischen Imperium und über dessen Grenzen hinaus in der einen Kirche beheimatet sahen, haben in ihren Predigten die Grundrisse einer christlichen Geschichtstheologie vom universalen Gottesvolk in Christus entworfen. Wo die Menschen nach Bekehrung und Taufe erneuert sind, »gibt es nicht mehr Griechen oder Juden, Beschnittene oder Unbeschnittene, Barbaren, Skythen, Sklaven oder Freie, sondern Christus ist alles und in allen; ihr seid von Gott geliebt, seid seine auserwählten Heiligen« (Kol 3, 11 f.).

IGNATIOS VON ANTIOCHIEN: LOBLIED AUF DIE KIRCHE VON ROM

Ignatios, der auch Theophoros heißt, an die Kirche,
die Erbarmen gefunden hat durch die Herrlichkeit
des höchsten Vaters und seines einzigen Sohnes Jesus Christus,
geliebt und erleuchtet durch den Willen dessen,
der seinen Willen auf alles, was ist, gerichtet hat

gemäß dem Glauben und der Liebe Christi, unseres Gottes,
die auch den Vorsitz führt im Gebiet der Römer,
gottwürdig, ehrwürdig, preiswürdig und lobwürdig,
des Erfolges würdig und würdig der Heiligung,
die den Vorsitz in der Liebe führt,
die Christi Gesetz hält und den Namen des Vaters trägt,
die ich herzlich grüße im Namen Jesu Christi, des Sohnes des Vaters,
die nach Fleisch und Geist geeint sind mit jedem seiner Gebote,
die unerschütterlich erfüllt sind von der Gnade Gottes,
die gereinigt sind von aller fremdartigen Färbung,
alles Gute in Jesus Christus, unserem Gott, als lauterer Gruß!

Brief an die Römer, Grußwort; Die Apostolischen Väter, 206- 208

Ephräm: Das Friedenslager der Arche und der Kirche

Selig, wer eintrat und sah
das Friedenslager in der Arche!
Denn Löwe und Stier, Lamm und Wolf
verkehrten friedlich miteinander.
Die Schlange war Nachbarin der Taube,
und der Sperling saß neben dem Habicht; sie lehrten,
daß ihre Bosheit nicht aus unfreier und abhängiger Natur stammt.
Gepriesen sei, der band und löste und zeigte,
daß aus dem Nichts das All geschaffen wurde!

Selig, wer eintrat und sah
friedliche Gemeinden in der Kirche!
Streit und Hochmut und Zwiespalt
entferne und verbanne die Güte!

Der Mann sei dem Gefährten ein Bruder,
die Frau der Gefährtin Schwester und Gehilfin!
Es strahle unter uns die Eintracht, der Spiegel des Friedens!
Gepriesen sei der Klare, der im voraus uns entworfen hat
klare Zeichen in der Arche!

51. Hymnus über die Kirche, 2 f., CSCO 199, 127

EPHRÄM:
DIE ARCHE - VORBILD DER KIRCHE UND DES RETTENDEN GLAUBENS

Wie rein war doch Noach, der im Vergleich zu allen anderen
siegte über die Kinder seines Geschlechtes!
Sie versagten auf der Waage, als sie gewogen wurden in Gerechtigkeit.
Doch eine Seele überwog durch die Waffe der Reinheit.
Es versanken in der großen Flut, die zu leicht erfunden wurden auf der Waage;
aber hoch erhoben wurde in der Arche der Reine und Ehrwürdige.
Preis dem, der an ihm Gefallen fand!

Es flog auf der großen Flut dahin das Schiff des Herrn des Alls.
Vom Osten ging es aus und kam nach Westen,
über dem Süden schwebte es und den Norden durchmaß es.
Sein Flug über dem Wasser wurde für das Land zur Prophezeiung;
sie verkündete, daß seine Nachkommen
sich ausbreiten werden nach allen Seiten
und sich vermehren werden nach allen Richtungen.
Lobpreis seinem Erlöser!

Mit seinem Hin- und Herfahren zeichnete es das Zeichen seines Beschützers,
das Kreuz seines Schiffsführers, das Kreuzesholz seines Steuermanns,

373

der kommen und bauen sollte die Arche inmitten des Wassers (der Taufe),
der im Namen der (göttlichen) Dreiheit ihre Bewohner retten sollte;
und statt der Taube sollte der Geist ihre Salbung vollziehen
und (das Kreuz) das Symbol ihrer Rettung.
Lobpreis ihrem Erlöser!

Seine Symbole finden sich in der Thora und seine Vorbilder in der Arche.
Die eine bezeugt der anderen: Wie leer wurde (nach der Rettung)
das Innere der Arche, so wurden auch leer
die Vorbilder der Schrift; denn durch seine Ankunft
vollendete Christus die Symbole des Gesetzes
und erfüllte in seinen Kirchen die Vorbilder der Arche.
Lob sei deiner Ankunft!

Mein Geist gerät in Verwirrung, da er hineinfällt in die Flut
unseres Erlösers, die furchterregende.
Glücklich Noach! Denn obwohl auf der Flut umhergetrieben wurde
sein Schiff, seine Arche, war er selber geborgen.
Es werde, Herr, mein Glaube zum Schiff für mich Schwachen!
Denn siehe, die Toren versinken in der Tiefe der Erforschung deines Wesens.
Lobpreis deinem Vater!

49. Lied über den Glauben, 1. 3 - 6; CSCO 155, 131 f.

ISAAK VON ANTIOCHIEN: DAS BUNTE GEMISCH DER CHRISTEN

Es gibt unter den Christen
ein buntes Gemisch verschiedener Arten.
Die einen haben den Glauben angenommen
aufgrund des Wahrheitsdranges in ihren Herzen,

andere auf äußere Veranlassung hin;
ein weiterer steht mitten im Kampf
und, obwohl er sehr schwächlich ist,
rückt er auf die Aufmunterung hin, die man ihm gibt,
allmählich vor, siegt und triumphiert im Martyrium.
Wieder andere werden durch den Sieg von Genossen veranlaßt,
einzutreten und sich unterrichten zu lassen,
bei anderen ist es eine heilige Eifersucht im Innern des Herzens,
die sie treibt, und sie mühen sich und gewinnen Ruhm.
Es gibt auch solche, die aus Liebe zu ihren Freunden
die Rüstung der Wahrheit anziehen.
Wieder ein anderer tritt ein, angelockt durch die Aussicht
auf einen ruhmvollen Namen, und kämpft den Kampf zu Ende.
Der eine wird noch am Schluß der Schlacht
von einem Geschoß getroffen, niedergeworfen und zerschmettert,
der andere hat, nachdem er kaum begonnen,
den Kampf beendet und geht als Sieger hervor;
wieder ein anderer kommt erst am Schluß
und erlangt dennoch einen schöneren Erfolg als die ersten,
aber durch seinen Stolz verliert er die Frucht seines Sieges
und bringt sich durch seine Prahlerei um seinen Lohn.
Der eine belehrt eine Stadt,
der andere eine große Volksmenge,
wieder ein anderer bewahrt nur sich selbst rein von Schuld;
aber alle diese sind gleichen Wertes.
Der König sieht auf ihren Willen,
da sie ja alle den Sieg zu erlangen suchen.
Darum empfängt der Schwache
die gleiche Herrlichkeit wie der Starke.

Gedicht über das Leben der Mönche, 522 - 554; BKV 6, 199

Jakob von Batna:
Die Kirche aus der durchbohrten Seite Christi geboren

Aus dem Wasser entsteht eine reine und heilige Verbindung
zwischen der Braut und dem Bräutigam,
da sie durch die Taufe eins in einem Geiste werden.
Die Frauen sind nicht so eng mit ihren Männern verbunden,
wie es die Kirche mit dem Sohne Gottes ist.
Welcher Bräutigam ist wohl je für seine Braut gestorben außer unserem Herrn,
und welche Braut hat sich wohl je einen Getöteten zu ihrem Gatten erwählt?
Wer in aller Welt hat jemals sein Blut als Hochzeitsgeschenk gegeben
außer dem Gekreuzigten,
der durch seine Wunden das Hochzeitsfest besiegelte?
Wen hat man je als Leichnam beim Hochzeitsfest liegen sehen,
während ihn die Braut umfaßte und dastand,
um durch ihn getröstet zu werden?
An welchem Fest außer diesem wurde ein Gastmahl gehalten,
an welchem man den Gästen statt des Brotes
den Leib des Bräutigams verteilte?
Die Gattinnen werden durch den Tod von ihren Männern getrennt,
aber diese Braut vereinigte sich durch den Tod mit ihrem Geliebten.
Er starb am Kreuz und schenkte der Glorreichen seinen Leib;
sie ergreift ihn und verzehrt ihn täglich an seinem Tisch.
Aus seiner durchbohrten Seite mischte er seinen Becher mit dem heiligen Blut
und reichte es ihr, damit sie es trinke und ihre vielen Götzen vergesse.
Im Öl salbte sie sich mit ihm, im Wasser zog sie ihn an,
im Brot verzehrte sie ihn,
im Wein trank sie ihn, damit die Welt erkenne, daß beide eins geworden sind.
Als er am Kreuz gestorben,
tauschte sie ihn nicht etwa gegen einen anderen Gatten,

sie liebte seinen Tod, weil sie wußte,
daß ihr dadurch das Leben zuteil geworden ist.
Er entschlief am Kreuz, wie einst Adam im tiefen Schlafe lag;
da durchbohrte man seine Seite,
und die Tochter des Lichtes kam aus ihr hervor,
nämlich Blut und Wasser, womit die göttlichen Kinder bezeichnet werden,
welche Erben des Vaters werden sollen,
weil sie seinen Eingeborenen geliebt haben.
In prophetischem Wort wird Eva die Mutter aller Lebenden genannnt;
wer anders ist diese Mutter aller Lebenden als die Taufe?
Adams Weib gebar leiblich Todgeweihte;
aber diese Jungfrau gebiert geistig Lebende.
Die Seite Adams gebar die Frau, welche Sterbliche gebar;
aber die unserem Herrn vermählte Kirche gebiert Unsterbliche.

Gedicht über die Verhüllung des Angesichtes des Mose, 135 - 158. 337 - 345; BKV 6, 349. 356

24. PFAU AM LEBENSBRUNNEN –
EWIGES LEBEN, UNSTERBLICHKEIT

Dem König kamst du entgegen mit Segen und Glück, du kröntest ihn mit einer goldenen Krone; Leben erbat er von dir, du gabst es ihm, viele Tage, für immer und ewig. *Psalm 21, 4 f.*

Der Pfau aus der Familie der Fasanen-Vögel hat seine Heimat in Indien, von wo er über Persien und Babylon nach Griechenland gelangte. Als kostbarer und seltener Vogel wurde er bereits im 5. Jahrhundert v. Chr. in Athen gezüchtet und auf Samos im Hera-Tempel als heiliges Tier gehalten. Im Farbenspiel seiner Federn sah man ein Abbild des Himmels, seine Augen bezeichnete man als Edelsteine und die Kopffedern deutete man als Krone. In Rom wurde der Pfau schließlich gebraten und sein Fleisch als unverweslich machende Delikatesse verspeist. Sein Bild fand schnelle Verbreitung im Römischen Reich, und in der bunten Palette ausschmückender Darstellungen fehlte es nirgends. Er avancierte zum Attribut der Juno und wurde zum Zeichen der Vergöttlichung verstorbener römischen Kaiserinnen. Häufig zierte er Grabanlagen zur Charakterisierung der elysischen Gefilde.

Die christliche Kunst bediente sich früh seines Bildes als Ornament und als Zeichen; in der Katakombenmalerei erscheint er bereits als Symbol des Paradieses. Symmetrisch verdoppelt, erscheint er an Brunnenanlagen, neben Kantharoi (große Wassergefäße für kultische Zwecke) oder unter dem Kreuz. Er wird in Taufkapellen wie auf Sarkophagen dargestellt und findet sich auch auf Mosaikböden wie in Buchmalereien späterer griechischer und armenischer Bibelhandschriften. Der Pfau ist schlechthin das Symbol des ewigen Lebens und der Unsterblichkeit. Die Bibel erwähnt ihn nicht. Gelegentliche Nennungen beruhen auf Übersetzungsfehlern, so sind in 1 Kön 10, 22 nicht Pfauen, sondern Perlhühner gemeint. Der Physiologus preist in seinem Nachtrag den Pfau als »den hübschesten unter allen Vögeln des Himmels. Dieser Pfau ist von bunter Farbe und hat schöne Flügel. Er geht umher, sieht sich selbst mit Freude an und schüttelt sein Gefieder, spreizt sich und blickt stolz um sich. Wenn er aber auf seine Füße sieht, wird er ärgerlich aufkreischen; denn es entsprechen seine Füße nicht seinem sonstigen Aussehen.« Der kreischende Laut des Pfauenrufes, als Verärgerung gedeutet, wird in der anschließenden allegorischen Auslegung zur Klage des Christen über seine Fehler und entsprechend dem Gleichnis von den zehn Jungfrauen (Mt 25, 1 - 13) zur Mahnung, dem kommenden Bräutigam Christus nicht mit Ungerechtigkeiten behaftet ins Paradies folgen zu wollen: »So auch du, Christenmensch, wenn du deine Aufgaben siehst und das Gute, das du hast, freue dich von Herzen und jauchze in deiner Seele. Wenn du aber deine Füße siehst, das sind deine Fehler, rufe klagend zu Gott und hasse die Ungerechtigkeit wie der Pfau seine Füße, damit du vor dem Bräutigam gerecht erscheinst« (Physiologus, Nr, 51).

Die Darstellung der beiden Pfauen neben einer großen Amphora, die von Akanthusblättern umhüllt ist und der ein das ganze Gemälde durchziehender Weinstock entspringt, bildet den unteren Teil des Mosaikteppichs in der armenischen Polyeuktos-Kirche außerhalb des Damaskustores von Jerusalem. Die paradiesische Landschaft, von Weingirlanden durchzogen und geschmückt mit Trauben und zahlreichen Vögeln, macht das ganze Mosaikbild zu einer Aufforderung, gute Früchte zu zeitigen, um des unsterblichen Lebens gewürdigt zu werden.

ODE SALOMOS: TRIUMPH DES BEFREIERS AUS DEM TOTENREICH

Nicht wurde ich verworfen, auch wenn es so schien;
nicht ging ich zugrunde, auch wenn man es über mich dachte.

Der Hades sah mich und wurde schwach;
der Tod spie mich aus und viele mit mir.

Essig und Bitterkeit war ich ihm;
ich stieg hinab mit ihm bis in die unterste Tiefe.

Die Füße und das Haupt ließ er sinken,
weil er nicht zu ertragen vermochte mein Angesicht.

Ich schuf eine Gemeinde von Lebenden unter seinen Toten;
ich redete mit lebendigen Lippen, damit nicht vergeblich sei mein Wort.

Es liefen zu mir hin, die gestorben waren;
sie riefen und sprachen: Erbarme dich unser, Sohn Gottes!

Handle mit uns nach deiner Freundlichkeit
und bring uns heraus aus den Banden der Finsternis.

Öffne uns das Tor, durch das wir zu dir hinausgehen können;
denn wir sehen, daß sich unser Tod dir nicht naht.

Erlöst werden möchten auch wir mit dir;
denn du bist unser Erlöser!

Ich hörte ihre Stimmen
und nahm mir zu Herzen ihren Glauben.

Und ich zeichnete auf ihr Haupt meinen Namen;
denn meine freien Söhne sind sie, und mir gehören sie.
Halleluja!

42. Ode, 10 - 20; Hennecke-Schneemelcher II, 624 f.

EPHRÄM:
DES LEIBES AUFERWECKUNG DANK GÖTTLICHER GERECHTIGKEIT

Empörend wäre es, wenn der Leib sich abmühen
und die Seele den Lohn empfangen sollte.
Empörend wäre es, wenn ihm das Feuer (des Martyriums)
und ihr der Ruhm des Bekenntnisses zuteil werden sollte.
Ungereimt wäre es, wenn er das Schwert
und sie die Krone des Lebens empfangen sollte.
Der Leib ist getötet worden
für seinen Schöpfer;
er hätte hier sein Leben verloren
und drüben seine Auferstehung.
Wie verkehrt ist doch das ganze
Gerede der Irrlehrer (der Manichäer)!

Jener, der für kurze Zeit den Leib leben ließ,
ist nicht zu schwach, es auch für lange Zeit zu tun.
Dadurch daß er des Lazarus Leib aus dem Grabe hervorrief,
verlor er nicht die Kraft, es wiederum zu tun.
Er, der gütig war bei des Leibes Erschaffung,
wie sehr wird er gerecht sein bei seiner Erweckung!
Denn wenn er ihm umsonst das Leben gab zu Beginn,
wie sehr wird ihn dann auferwecken
der Gerechte, der ihn belohnen wird.
Durch die Güte Gottes wurden widerlegt,
die seine Gerechtigkeit leugnen.

45. Lied aus Nisibis, 3. 14; CSCO 241, 40. 43

ROMANOS: ADAMS HEIMHOLUNG AUS DER UNTERWELT

Wie auf Regen vom Himmel die Erde harrt,
so wartete Adam, in der Unterwelt gefangen, auf dich,
den Retter der Welt und den Spender des Lebens;
zum Hades sprach er: Warum bist du so hochmütig?
Warte nur, warte noch eine kleine Weile, daß du nach kurzer Zeit siehst
deine Macht gebrochen und mich erhöht.
Jetzt hältst du mich und mein Geschlecht in Fesseln;
in Kürze wirst du sehen mich befreit von dir.
Denn meinetwegen wird Christus kommen, und du wirst zittern,
und deine Tyrannei wird er vernichten durch die Auferstehung!

Eine solche Kraft brachte keiner niemals auf,
denn ich bin aller Menschen König, sprach der Hades zu Adam.
Welch anderer also soll kommen und stärker sein als ich
und mich in meiner Königsmacht ablösen?
Abraham, Isaak, Jakob und Josef
und sämtliche Propheten habe ich in meiner Gewalt,
und über dich herrsche ich, den Urahn aller Menschen!
Wie kannst du bloß behaupten, daß einer kommt, der mich zertreten wird?
Ist er denn größer als alle diese,
daß er dich erlöse, wie du meinst, durch die Auferstehung?

Adam vernahm, wie Hades so mächtig prahlte,
und es antwortete ihm sogleich der Erstgeschaffene der Sterblichen:
Höre meine Worte und erhöhe dich nicht vergebens!
Mich, den du gefangen hältst, kannst du nicht festhalten.
Aus des Paradieses Wonne wurde durch dich Hinterhältigen
ich entfernt und zu dir jetzt hinabgewiesen;

mein Wächter bist du, doch kannst du mich nicht verderben.
Denn einen König habe ich, der deine Macht brechen wird.
Ihm, dem Beistand der Menschen, werde ich eingegliedert,
auf daß er mich hinaufführe zur Höhe durch die Auferstehung.

In den Himmel erhöhte mich, der dich in die Flucht schlug;
sein Throngefährte bin ich künftig, nicht mehr dir untertan.
Meinen Leib hat er angenommen, um ihn neuzugestalten,
ihn unsterblich zu machen und zu seinem Throngenossen.
Herrschen werde ich mit ihm; denn auferweckt wurde ich durch ihn.
Nicht mehr beherrschst du mich, vielmehr bin ich Herr über dich.
Oben liegt mir schon mein Unterpfand bereit,
doch du wirst dort unten zertreten von allen, die so jubeln:
Wo ist, Hades, dein Sieg, wo deine Macht?
Gott brach deine Gewaltherrschaft durch die Auferstehung!

      5. Hymnus zur Auferstehung Christi, 1 - 3. 11; SC 128, 550 - 562

ANDREAS VON JERUSALEM:
DES LAZARUS BEFREIUNG AUS DES TODES MACHT

Ein Siegeslied laßt uns alle singen
Gott, der vollbracht hat
Wunder und Zeichen
mit erhobenem Arm
und Israel rettete,
als er sich verherrlicht hat.

Den seit vier Tagen Toten
hast du auferstehen lassen,

mein Erlöser; den Lazarus
hast du aus der Vergänglichkeit befreit
mit erhobenem Arm
und hast als Gewaltiger offenbart deine Macht.

Geweint hast du, Herr, um Lazarus
und geoffenbart dadurch deine Existenz im Fleisch
entsprechend deinem Heilsplan;
da von Natur Gott du bist,
wurdest du ein Mensch
von Natur wie wir.

Der Martha Tränen und die der Maria
hast du gestillt, Herr,
als du von den Toten Lazarus
auferstehen ließest, Erlöser,
und ihnen den Toten lebend zeigtest
dank deiner Macht.

Die Riegel der Unterwelt
hast du damals zermalmt,
als du den Lazarus riefst;
die Macht des Todes hast du erschüttert
und ihn erzittern lassen
vor deinem Kreuz, du einziger Erlöser!

Kanon zu Ehren des Lazarus am Freitag vor Palmsonntag, 1. Ode (Auszug); Triodion, 368

JOHANNES VON DAMASKUS: DAS ÖSTERLICHE SIEGESLIED

Tag der Auferstehung!
Licht laßt uns werden, ihr Völker!
Pascha des Herrn, Pascha!
Denn vom Tod zum Leben
und von der Erde zum Himmel
führte Christus, Gott,
uns hinüber,
die wir ein Siegeslied singen.

Reinigen laßt uns die Sinne,
und schauen werden wir
im unzugänglichen Licht
der Auferstehung Christus.
Wie er aufleuchtet
und wie er spricht: Freuet euch!,
werden wir deutlich vernehmen,
die wir ein Siegeslied singen.

Die Himmel sollen voller Ehre
in Freude jubeln,
die Erde soll jauchzen,
ein Fest soll feiern die Welt,
die sichtbare insgesamt
und die unsichtbare!
Denn Christus ist auferstanden,
die ewige Freude!

Auferstehungskanon am Ostersonntag, 1. Ode; Anthologion III, 177

25. PHÖNIX IM PARADIESGARTEN –
AUFERSTEHUNG UND GÖTTLICHE FÜRSORGE

Herr, du hast mich herausgeholt aus dem Reich des Todes.   *Psalm 30,4*

Phönix heißt der wunderbare Vogel, den es in der Welt der Tatsachen nicht gibt, von dem die Legende aber Erstaunliches zu erzählen weiß. Nach dem im 5. Jahrhundert v.Chr. lebenden griechischen Weltreisenden und Geschichtenerzähler Herodot wurde dieser reiherähnliche Sonnenvogel als Verkörperung der Götter Re und Osiris im mittelägyptischen Heliopolis verehrt, wohin er alle fünfhundert Jahre die Asche seines Vaters zur Bestattung bringt. In der römischen Kaiserzeit erfuhr diese Legende wesentliche Umdeutungen und Erweiterungen. Danach stammt der Sonnenvogel aus Arabien oder gar aus dem fernen Indien, fliegt nach Heliopolis und verbrennt sich dort selbst auf einem Altar, um aus der Asche neu zu erstehen. Dieser Vogel, der sich selbst erneuert, wurde im Römischen Reich zum Symbol für die Ewigkeit Roms. Eine weitere Version fügt hinzu, daß der Phönix auf dem Weg von Indien nach Ägypten das Land Phönikien, das seinen Namen trägt, aufsucht, um dort von den uralten Zedern im Libanongebirge in seinem Gefieder wohlriechende Harze zu sammeln, die seine Verbrennung mit Wohlgeruch erfüllen sollen. Aus der Asche entsteht zunächst ein Würmchen, dem wie bei den Bienen Flügel wachsen, bis es sich als erneuerter Phönix in die Lüfte erhebt. Sicherlich enthalten diese Legendenmotive eine vage Reminiszenz an die Feuerbestattung der Hindus und ihren Glauben an die Wiedergeburt.

Der christliche Physiologus bedient sich dieser Legende, um in einer ersten Deutung Christi Auferstehung zu erläutern. Sein Wort:»Ich habe Macht, mein Leben hinzugeben, und ich habe Macht, es wieder zu nehmen.« (Joh 10,18) erklärt der Physiologus mit dem Hinweis auf den Wundervogel:»Es gibt einen Vogel in Indien, der heißt Phönix, von Gestalt schöner als der Pfau. ... Nach fünfhundert Jahren fliegt er in die Wälder des Libanon und füllt seine Flügel mit Gewürzen. ... Der Vogel fliegt nach Heliopolis, beladen mit Gewürzen, und steigt auf den Altar, er selbst entzündet sich das Feuer und verbrennt sich. Am nächsten Morgen sucht der Priester den Altar ab und findet ein Würmchen in der Asche. ... Dann läßt der Wurm Flügel wachsen, und schließlich ist er, wie er vorher war, und fliegt in die Höhe. ... Der Phönix wird auf die Person unseres Heilandes gedeutet. Denn vom Himmel kommend, hat er seine beiden Flügel mit Wohlgeruch gefüllt, das ist mit heiligen Himmelsworten.« Eine sekundäre Deutung bezieht das Geschehen auf die Gläubigen und will die allgemeine Auferweckung veranschaulichen: »Wenn dem unvernüftigen Tier, das ja nicht den Schöpfer aller Dinge kennt, die Auferstehung von den Toten gegeben ist, wird uns, die wir Gott preisen und seine Gebote halten, nicht eine Auferstehung gegeben werden?« (Physiologus, Nr. 7).

Eine ähnliche Bedeutung wurde auch dem Pelikan und seinem vermeintlichen Verhalten zugemessen. Da die Alttiere ihren Schnabel zur Brust neigen und mit den Fischen aus ihrem Kehlsack die Jungen füttern, nahm man an, sie würden sich die Brust aufreißen und ihre Brut mit ihrem Blut ernähren. Nach dem Physiologus züchtigen die kinderlieben Vögel zuweilen ihre Jungen durch Flügelschlag, wodurch sie versehentlich zu Tode kommen. »Am dritten Tage reißt sich die Mutter die Brust auf; das Blut tropft auf die Leichen der Jungen und erweckt sie wieder.« In einer späteren Überlieferung werden die Jungvögel durch den giftigen Hauch der Schlange getötet. Die Deutung der Legende liegt nahe: »Als der Heiland an das Holz des Kreuzes hinaufgegangen war, hat er seine Seite geöffnet und Blut und Wasser zur Rettung und zum ewigen Leben vergossen« (Physiologus, Nr. 4).

Das Mosaik aus der Gegend der frühen syrischen Hauptstadt Antiochien stellt den Phönix auf einen hohen Berg inmitten eines Blumenteppichs. Der Berg in seiner Erhabenheit und Unantastbarkeit gilt vielen Religionen als Thronsitz der Götter und der Nähe der Gottheit zu den Betern. Auch im Neuen Testament offenbart Christus seine Herrlichkeit auf Bergen. Im Strahlenkranz des Phönix spiegelt sich die Herrlichkeit des Auferstandenen, der auf dem Berge Tabor verklärt wurde und von der Höhe des Ölbergs aus zum Vater heimkehrte. Grundlage christlicher Auferstehungshoffnung sind jedoch nicht Legende und Phantasiebild des Phönix, sondern die gottgewirkte Auferstehung Christi. Desungeachtet suchen Glaube und Hoffnung nach Bildern und Veranschaulichung für das Mysterium der Auferweckung und des ewigen Lebens. Der Blumenteppich, der den Phönix umgibt, ist Hinweis auf das Reich Gottes und das künftige Paradies, von dem Jesaja häufig in Bildworten spricht: »Die Wüste und das trockene Land sollen sich freuen, die Steppe soll jubeln und blühen; sie soll prächtig blühen wie eine Lilie« (Jes 35, 1 f). Jesus greift in seinen Gleichnisreden das Bild von den blühenden Lilien auf und ermuntert seine Jünger zu göttlicher Gelassenheit, da der Vater sich um ihr Geschick sorgt: »Was sorgt ihr euch um eure Kleidung? Lernt von den Lilien, die auf dem Felde wachsen: Sie arbeiten nicht und spinnen nicht. Doch ich sage euch: Selbst Salomo war in all seiner Pracht nicht gekleidet wie eine von ihnen. Wenn aber Gott schon das Gras so prächtig kleidet, das heute auf dem Feld steht und morgen ins Feuer geworfen wird, wieviel mehr dann euch, ihr Kleingläubigen! ... Euer himmlischer Vater weiß, daß ihr das alles braucht. Euch aber muß es zuerst um sein Reich und seine Gerechtigkeit gehen; dann wird euch alles andere dazugegeben« (Mt 6, 28- 33).

Mit Lilien sind in der Bibel zumeist nicht die eigentlichen Lilien, sondern die vielfarbigen Feldblumen gemeint, insbesondere die dunkelroten Schwertlilien, die an Feuchtstellen stehen (Sir 50, 8), dazu die purpurfarbenen Anemonen und die gelbvioletten Krokusse, die im Frühling und nach der Hitze des Sommers beim ersten Regen das Land in einen Blumenteppich verwandeln. In seinen Gleichnisreden hat Jesus auf diese bunten Feldblumen hingewiesen und ihre natürliche Schönheit höher eingeschätzt als die Purpurkleidung des prachtliebenden Königs Salomo. Diese Blumen von geringem Wert, die einfach zum Gras gerechnet werden, sind für ihn ein Zeichen der göttlichen Fürsorge für die Schöpfung. Im Hinweis vom Kleineren auf das Größere macht er anschaulich, daß der Mensch, der in Gottes Augen einen bedeutenderen Wert hat als die Blumen, nicht kleingläubig in der Sorge um seine Kleidung aufgehen soll, sondern der liebenden Sorge des Vaters gewiß sein darf.

Die Hügel um den See Genesareth, wo Jesus predigte, ja alle Täler und Berghänge in den orientalischen Ländern verdorren unter der sommerlichen Hitze zur Steppe, beginnen aber in üppiger Pracht zu grünen und zu blühen, sobald der erste Regen im Spätherbst oder der Frühlingsregen fällt; dann werden sie zur unvergeßlichen Augenweide. Kaum ein Mosaizist hat es versäumt, die Fußböden der Kirchen, in denen man einen Hinweis auf das erneuerte Paradies sah, mit einem Blumenteppich zu schmücken.

ODE SALOMOS: DAS GESCHENK UNSTERBLICHEN LEBENS

Wie die Sonne eine Freude ist für die, die nach ihrem Tag verlangen,
so ist meine Freude der Herr.

Er ist meine Sonne, seine Strahlen haben mich aufstehen lassen,
sein Licht hat alle Finsternis von meinem Angesicht vertrieben.

Erhalten habe ich durch ihn Augen
und geschaut habe ich seinen heiligen Tag.

Geworden sind mir Ohren,
und gehört habe ich seine Wahrheit.

Geworden ist mir das Denken der Erkenntnis,
und ich bin ergötzt worden durch ihn.

Den Weg des Irrtums habe ich verlassen und bin hingegangen zu ihm,
ich habe Erlösung empfangen von ihm ohne Mißgunst.
Entsprechend seiner Gabe hat er mir gegeben,
nach der Größe seiner Schönheit hat er mich gemacht.

Angezogen habe ich die Unvergänglichkeit durch seinen Namen
und abgelegt die Vergänglichkeit durch seine Güte.

Der Tod ist vergangen vor meinem Antlitz,
und die Unterwelt hat aufgehört durch mein Wort.

Erwachsen ist im Lande des Herrn Leben ohne Tod
und bekannt geworden seinen Gläubigen

und gegeben ohne Minderung allen denen, die auf ihn bauen.
Halleluja!

15. Ode; Hennecke-Schneemelcher II, 594 f.

EPHRÄM: DES OSTERFESTES FRÜHLINGSPRACHT IM NISAN (MÄRZ-APRIL)

Reiche uns, gepriesener Herr, von deinem Reichtum im Monat,
der alle reich macht!
Dein Geschenk hat sich im Nisan über alles ausgebreitet;
in ihm wurden reich und schmückten sich die Berge mit Grün,
die Furchen mit der Saat, das Meer mit Gewinn,
das Land mit Erwerb, die Höhe mit den Sternen,

390

den freundlichen, und die Tiefe mit den Blumen.
Nisan ist der Schmuck der Erde,
und das Fest des Nisan ist der Schmuck der Kirche.
Dieser beredte Nisan riet mir, daß ich kühn
bittend sprechen möge: Mein Herr, wenn der veschlossene Mund
todbringender Kriechtiere durch den Nisan geöffnet wurde
- er öffnete den Mund der verfluchten Schlange, die alle betrog und tötete -,
dann öffne, mein Herr, in deinem Erbarmen den Mund deines Dieners
und mache ihn zu einer Harfe der Wahrheit!
Er möge eine süße Melodie singen
voll der gesegneten Wahrheit für alle, die sie hören!

Wenn die Luft redet mit allen Stimmen und dem Donnern des Nisan,
wie sehr wird dann die Kirche der redebegabten Menschen
jauchzen am Tag deines Paschafestes!
Wie eine Zither wird sie voll tönen an deinem großen Fest,
das Genosse und Gefährte jenes Festes ist,
an dem die Engel in Bethlehem jauchzten.
Es flechte die Kirche im Nisan den Kranz des Lobes,
den die Engel im Wintermonat Kanon flochten!

Siehe, der Nisan webt und bekleidet die Erde.
Die Schöpfung wird in ein Kleid von allen Farben gehüllt.
Das ist das Gewand der Blumen und der Mantel der Blüten.
Adams Mutter hüllt sich am Fest des Nisan in ein Kleid,
nicht von Händen gewoben.
Sie freut sich, daß ihr Herr herabstieg und ihren Sohn Adam heraufholte.
Zwei Feste für die Erde und zwei Hochzeitsfeiern zugleich,
die ihres Herrn und die ihres Sohnes!

4. Hymnus zur Auferstehung, 1 - 4; CSCO 249, 72 f.

Ephräm: Des Pelikans erweckendes Blut

Es gibt eine Art von Vögeln, die ihre Jungen erwecken;
sie beleben und erwecken ihre Brut, sobald sie stirbt.
Wenn dieser Vogel Junge hat, freut er sich sehr darüber,
und aus zu großer Liebe erstickt er sie, und sie sterben.
Wenn er sieht, daß sie tot sind und sich nicht rühren noch regen,
trägt er Trauer und Leid drei Tage lang.
Er nimmt weder Nahrung noch Trank in seinem Schmerz
und seiner großen Trauer,
nicht entfernt er sich von ihnen, sondern er steht da und bewacht sie.
Dann sticht er in seinen Körper und läßt sein Blut über sie strömen,
und nach Gottes Anordnung erstehen sie vom Tod zum Leben.
Wenn der Vogel es so versteht, seine Jungen zu erwecken,
dann erwecke auch du, Sünder, deine Seele, die durch die Sünde stirbt!
Wenn Gott Leid empfindet über den Pelikan und seine Jungen belebt,
wie leid wird ihm dann deine Seele tun,
wenn du den Willen hast, sie zu erwecken!
Wenn der Pelikan sich selber zu töten trachtet aus Schmerz über seine Jungen,
hat der Schöpfer auch Mitleid und bewirkt die Erweckung seiner Brut.

6. Predigt, 181 - 212; CSCO 306, 114

Andreas von Jerusalem: Das Wunder aller Wunder

Der Sonne Strahlen verbargen sich
in Furcht vor Christi Leiden; die Toten standen auf,
die Berge wurden erschüttert, es bebte die Erde,
und das Totenreich wurde entvölkert.

Ihr blinden Juden, irrend und frevelnd,
die ihr an Christi Auferstehung, als sei es Lüge, nicht glaubt,
was seht ihr Unglaubliches darin,
daß auferstanden ist Christus, der die Toten erweckt?

Wer ist's, der den Feigenbaum verdorren ließ?
Wer ist's, der die verdorrte Hand geheilt hat?
Wer hat einst gesättigt die Menge in der Wüste?
Doch wohl Christus, Gott, der die Toten erweckt!

Wer ist's, der den Blinden Licht gab,
die Aussätzigen rein machte, die Lahmen aufrichtete
und wie trockenes Land das Meer beschnitt, ohne naß zu werden?
Doch wohl Christus, Gott, der die Toten erweckt!

Wer ist's, der einen Toten erweckte nach vier Tagen
aus dem Grab und den Sohn der Witwe?
Wer ist's, der als Gott geheilt hat den Gelähmten auf der Bahre?
Doch wohl Christus, Gott, der die Toten erweckt!

Kanon am 3. Ostersonntag, 8. Ode (Auszug); Anthologion III, 308 f.

KOSMAS: LAZARUS - GÖTTLICHES ZEICHEN

Liebe führte dich nach Bethanien, Herr,
hin zu Lazarus; den schon Verwesten
ließest du als Gott auferstehen
und hast ihn aus den Fesseln der Unterwelt befreit.

Martha hatte Lazarus aufgegeben,
da er schon vier Tage tot war;
doch Christus, Gott, ließ den Verstorbenen auferstehen
und er führte ihn ins Leben durch sein Wort.

Geweint hast du als Mensch, Barmherziger,
und als Gott auferstehen lassen ihn,
der im Grabe lag; aus der Unterwelt befreit, rief Lazarus:
Gepriesen bist du, Herr, Gott, in Ewigkeit!

Es trat hervor, von Tüchern umwickelt,
und entrann der Unterwelt Schlund und dem Dunkel
auf Geheiß des Gebieters Lazarus, und er rief:
Gepriesen bist du, Herr, Gott, in Ewigkeit!

Tetraodion zum Lazarus-Samstag vor Palmsonntag, 6. und 7. Ode; Anthologion II, 948 - 950

26. HIRSCH UND SCHLANGE –
TAUFE, SIEG ÜBER SATAN

Wie der Hirsch lechzt nach frischem Wasser, so lechzt meine Seele, Gott, nach dir. *Psalm 42, 1*

Der Hirsch, bereits in altorientalischen Religionen Zeichen für den Gott des Feldes, einen Vegetationsgott, und Symbol des erwachenden Lebens, besaß auch im frühen Christentum hohen Symbolwert. Die Darstellung des Hirsches, der Harmonie wegen oft symmetrisch verdoppelt, zeigt ihn, wie er sich an einem Fluß, einer Quelle oder einem Wasserkrug, dem Kantharos, labt. Dieses Bild verweist auf den Anfang des 42. Psalmes, den die Katechumenen beim Einzug in das Baptisterium zur Taufe sangen. Bei der Absage an die heidnischen Kulte während des Taufgeschehens erlebte der Täufling den Höhepunkt seines Kampfes gegen die bösen Mächte, und die antike Vorstellung vom Kampf des Hirsches gegen die Schlange fand hier anschauliche Gestaltung. Auch dem Physiologus ist die volkstümliche Naturschau vertraut, derzufolge der Hirsch »der Schlange Feind ist. Wenn die Schlange vor dem Hirsch in die Spalten der Erde flüchtet, kommt der Hirsch, füllt seinen Mund mit Quellwasser und speit es in die Erdritzen und schwemmt die Schlange heraus, zertritt sie und bringt sie um. So schlägt auch unser Herr die Schlange, den Teufel, mit dem Himmelswasser, das er in Gottes Wort der heiligen Weisheit hat; und wie die Schlange nicht das Wasser aushalten kann, so auch der Teufel nicht das himmlische Wort. ... Der Herr kam und verfolgte die geistliche Schlange mit den himmlischen Wassern. Es hatte sich verborgen in den innersten Tiefen der Erde der Teufel. Und der Herr goß aus seiner Seite Blut und Wasser. Er machte zunichte alle unter uns verborgene teuflische Gewalt durch das Bad der Wiedergeburt.« In dieser ersten Deutung ist es der Schlangentöter Christus, der durch sein himmlisches Wasser, d. i. sein Wort, sein Kreuzesopfer und das kirchliche Taufbad, Satans Macht zerstört. Eine weitere Deutung geht von der Ansicht aus, daß der Hirsch die Schlange durch Hinunterschlucken tötet, was ihm großen Durst bereitet, und sieht im dürstenden Tier den Gläubigen vorgebildet, der nach dem lebenspendenden Wasser verlangt, da er der Schlange Gift in sich trägt: »Mit der Schlange im Magen läuft der Hirsch schnell zur Wasserquelle. Denn wenn er drei Stunden nach dem Verschlucken der Schlange nicht Wasser trinken kann, muß er sterben. Wenn er es aber trinken kann, wird er weitere fünfzig Jahre leben. ... So hast auch du, geistlicher Mensch, drei Erneuerungen in dir: die Taufe der Unvergänglichkeit, die Gnade der Gotteskindschaft und die Buße. Und wenn du die Schlange in deinem Herzen hast, das ist die Sünde, eile sogleich zu den Wasserquellen« (Physiologus, Nr. 30). Diese zweite Deutung aus späterer Zeit, dem 4. Jahrhundert etwa, unterscheidet zwischen der Taufe, der Salbung zum Zeichen der Gotteskindschaft und der Buße, die Tränentaufe genannt wurde; sie sind für den Gläubigen die Quellen der Erneuerung.

Das hier gebotene Mosaik schmückte einst die Taufkirche in Apameia am Orontes im nordwestlichen Syrien. Der Künstler hat sich in der von einem Flechtband umzogenen Kreisfläche oberhalb von Hirsch und Schlange verewigt; die griechische Inschrift lautet: »Den farbenfrohen (Mosaik-)teppich hat angefertigt Paulus, der farbenfroh über die himmlischen Lehren nachsinnt.« Blumen und Girlanden durchziehen das Mosaikbild; denn das Baptisterium war für die frühen Christen der Ort, an dem sie Anteil erhielten am Sieg Christi über Satan und ihnen Zugang zum erneuerten geistigen Paradies gewährt wurde.

ODE SALOMOS: DES LEBENS UNERSCHÖPFLICHE QUELLE

Schöpft euch Wasser aus der lebendigen Quelle des Herrn,
weil sie aufgetan wurde für euch!

Kommt alle, die ihr dürstet, und nehmt den Trank
und findet Ruhe an der Quelle des Herrn!

Denn schön ist sie und rein
und beruhigend für die Seele.

Viel süßer als Honig ist ihr Wasser,
und die Wabe der Bienen ist nicht vergleichbar mit ihr.

Denn von den Lippen des Herrn geht sie aus
und vom Herzen des Herrn ihr Name.

Sie kam unbegrenzt und unsichtbar,
und bis sie gegeben war in der Mitte, hat man sie nicht erkannt.

Selig, die aus ihr getrunken haben
und Ruhe fanden durch sie!
Halleluja!

30. Ode. Hennecke-Schneemelcher II, 611

EPHRÄM: CHRISTI SCHÖNHEIT AUFGEPRÄGT DEM CHRISTEN

Seht, meine Brüder, wie das Bild des Königs
jeder Münzprägestempel schlägt.
Selbst sein oberster Heerführer darf nicht
einmal einen Pfennig mit eigenem Bild prägen.
Wenn jemand doch das Bild des Königs prägte,
war die Strafe für den, der dies insgeheim tat,
Verbrennung oder Zerstückelung.

Wie verwegen war also der Irrlehrer, der geprägt hat
sein eigenes Bild anstatt das unseres Herrn.
Gepriesen sei, der mit seinem Namen uns geprägt hat!

Gar verächtlich ist Gold unserem König,
der sein Bild nicht in Silber prägt.
Dem Menschen, der über allem steht,
prägt unser Erlöser seine Schönheit auf.
Wer an den Namen Gottes glaubt,
hat die Prägung Gottes erhalten.
Wer aber nach einem Menschen benannt wurde,
hat nur eine menschliche Prägung empfangen,
die Gottes lebendiger Name verabscheut.
Gepriesen sei, der durch seinen Namen uns erwählt hat!

22. Hymnus gegen die Irrlehrer, 9 f.; CSCO 170, 79

Jerusalemer Liturgie: Frohe Kunde

Nach dem Leiden gingen die Frauen
eilig zur Gruft, um deinen Leib zu salben.
Sie erblickten Engel am Grab und erschraken;
doch eine frohe Kunde erhielten sie von ihnen:
Auferstanden ist der Herr!
Er schenkt der Welt sein großes Erbarmen.

Durch deinen freiwilligen
und lebenspendenden Tod, Christus,
hast des Hades Tore du zermalmt als Gott
und uns das einstige Paradies erschlossen.

398

Als du erstandest von den Toten,
hast du aus dem Verderben errettet unser Leben.

Hypakoe am Sonntag im 2. und 4. Ton; Anthologion IV, 226, 424

JAKOB VON BATNA:
DIE GÖTTER VERNICHTENDE MACHT DES GEKREUZIGTEN

Der Böse war ausgezogen an der Spitze seiner lügnerischen Helfer,
hatte Bilder angefertigt und die Erde mit eitlen Götzen angefüllt;
die Namen "Gott" und "Göttin" hatte er auf sie geschrieben,
damit die Welt den Namen des wahren Gottes vergesse, wenn sie jene lese.
Satan hatte sich empört, und um sich Genossen in der Welt zu verschaffen,
suchte er die Menschen von Gott abwendig zu machen,
er stellte Bilder auf und erfüllte damit die Erde;
ihrer Verehrung machte er die Völker dienstbar.
In den Städten errichtete und baute er dem Irrtum Tempel,
stellte von Menschenhand gefertigte Bilder auf, damit man ihnen anhänge,
errichtete in allen Winkeln Glücksgöttinnen auf Säulen
und setzte diesen Göttern prachtvolle Denkmäler.
Jeder bemühte sich, nach Wissen und Können, sein Götzenbild zu schmücken.
Der eine vergoldete es, der andere versilberte es,
wieder ein anderer überzog es mit Kupfer, weil er arm war;
einer, noch ärmer, schnitzte es sich aus Holz
und stattete es auf das prächtigste aus.
Ein anderer, der es nicht verstand, sich selbst ein Bild aus Holz anzufertigen,
kaufte sich seinen Gott beim Töpfer je nach seinem Vermögen
und gab dem Künstler genau die Art und Weise an, wie er ihn machen solle:
Ein Götterchen, nett und fein,
entsprechend dem Preis, den er zu leisten vermochte.

399

Wieder ein anderer mühte und plagte sich ab und litt sogar Mangel,
um sich seiner Sehnsucht Gegenstand herstellen zu lassen nach seinem Wunsch.
Mit großem Aufwand ließ er sich vom Bildhauer
ein Bild aus hartem Stein anfertigen,
damit es nicht zerbreche, falls es irgendwie zu Boden fallen sollte.
So war denn der ganze Erdkreis mit Göttern und Götterchen angefüllt;
Könige hatten große, kleinere waren für das Volk da entsprechend den Mitteln.
Je nach seinem Reichtum erstattete jeder seinem Gott den schuldigen Dank,
je nach seinem Besitz schmückte er ihn und betete ihn an.
Der Arme aber wendet sich an seinen unansehnlichen Gott,
weil seine Börse schäbig ist wie der Gott selber und nichts darin ist.
Die große Stadt besitzt einen hervorragenden Gott, um ihn anzubeten,
der kleine Ort macht sich ein Bild entsprechend seiner Einwohnerzahl.
Selbst in den unscheinbarsten Dörfern gibt es kleine Götzenbilder und Idole.
So bemühte sich Satan, alle Menschen in die Irre zu führen,
so wie er eben selbst irrt.

Während nun der Abfall von Gott überall immer mehr überhand nahm;
während alle Städte ihren Göttern dienten
und der Götzendienst überall blühte;
während niemand mehr auf der Erde den Namen Gottes aussprach;
während die Berge widerhallten von ausgelassenen Festen
zu der Göttinnen Ehre;
während die Täler angefüllt waren mit Götzenbildern und Gottlosigkeit;
während Satan sich die Krone aufsetzte
und die Welt seiner Herrschaft unterwarf,
während er sich brüstete, daß er die Geschöpfe beherrsche,
sie ihm dienstbar sind;
während der Irrtum sich freute, endlich von der Welt Besitz ergriffen zu haben;
während die Dämonen jubelten,

daß sie viele Völker zum Abfall geführt hatten;
während alle Lügengeister in ausgelassner Freude schwelgten;
während die Teufel Freudenchöre aufführten an den Götterfesten;
während die Götter auf den berühmtesten Thronen saßen;
während die Götzenbilder auf prachtvollen Säulen standen;
während ihre Priester in Byssus und kostbare Gewänder gekleidet waren;
während ihre Altäre angefüllt waren mit unreinen Brand- und Schlachtopfern;
während also der Götzendienst auf der ganzen Welt sein Horn erhob;
während die Schöpfung den Irrtum, in welchem sie befangen,
in großen Zügen trank -
da erschien das Kreuz auf Golgotha!

Sofort erzitterten und schwankten Götter und Göttinnen
und stürzten zu Boden!
Die Götzen der Erde sahen es und fielen aus Schrecken zu Boden;
die Priester flohen und verbargen sich in Schlupfwinkeln,
von Furcht überwältigt,
gleich als ob man ein Fest gegen die Dämonen
auf Golgothas Höhe gefeiert hätte
und die Hände für jeglichen Irrtum schlaff geworden wären!
Da ergreift Satan die Flucht und verhüllt sein Haupt vor Scham,
da er sehen muß, daß der Gekreuzigte stärker ist als er und ihn entlarvt hat,
daß ein Licht von Golgotha aus über die Völker erstrahlt
und in ihm alle Götzen als Menschenwerke offenbar werden!
Gedicht über den Fall der Götzenbilder (gekürzt), BKV 6, 407 f. 413 f. 416

KOSMAS: DES MENSCHEN NEUGESTALTUNG

Christus wird geboren. - Erweist ihm Ehre!
Christus aus dem Himmel. - Geht ihm entgegen!
Christus auf der Erde. - Hebt euch empor!
Singt dem Herrn, die Erde insgesamt
und ihr Völker, und mit Frohlocken lobpreist ihn;
denn er hat sich verherrlicht!

Den Menschen, nach Gottes Bild geschaffen
und durch Übertretung gefallen,
der gänzlich dem Verderben anheimgegeben war
und das vorzügliche göttliche Leben verloren hatte,
gestaltet wieder neu der weise Schöpfer;
denn er hat sich verherrlicht!

Als der Schöpfer sah, daß der Mensch,
den er mit Händen geschaffen hatte, zugrunde ging,
neigt er die Himmel zur Erde und kommt herab;
des Menschen Natur nimmt er vollständig an
aus der göttlich reinen Jungfrau und wird wahrhaftig Fleisch;
denn er hat sich verherrlicht!

Weisheit, Wort und Macht,
Sohn des Vaters und sein Abglanz, Christus, Gott!
Er verhüllte sich vor den Engelmächten,
vor denen über der Welt und denen auf Erden,
wurde Mensch und holte uns zurück;
denn er hat sich verherrlicht!

Weihnachtskanon, 1. Ode; Anthologion I, 1265 f.

27. REIHER IM KAMPF MIT SCHLANGE – CHRISTI SIEG ÜBER SATAN

Zurückgewichen sind meine Feinde, gestürzt und vergangen vor deinem Angesicht.
Psalm 9, 4

Den Mittelmeervölkern der Antike als eleganter und geschickter Wasservogel wohl bekannt, wurde des Reihers Erscheinen als gutes Vorzeichen gedeutet. Er gehört zur Familie der Schreitvögel, lebt in Wassernähe und beobachtet seine Beute, bis er den zurückgebeugten Hals blitzschnell wie eine Feder vorschnellt und Kleintiere wie Frösche, Mäuse und Fische mit dem langen Schnabel packt. Da er auch den Kampf mit Schlangen nicht scheut, wurde er in der christlichen Lehre und Ikonographie zum Symbol für Christus, der »die alte Schlange, die Teufel oder Satan heißt und die ganze Welt verführt« (Offb 12, 9), überwunden hat. Der Physiologus rühmt zudem des Reihers Genügsamkeit: »Er hat nur eine Wohnung und ein Lager, er sucht nicht viele Betten, sondern wenn er irgendwo wohnt, dann frißt und schläft er auch dort. Er frißt weder totes Getier, noch fliegt er hierhin und dorthin.« Die Deutung dieses Verhaltens zielt gegen die Gemeinschaften der Irrlehrer: Der Christ soll »die vielen Plätze der Irrlehrer« und ihre »toten Lehren« meiden und sich an »die rechtgläubige Gemeinde Gottes« halten und als Speise einzig Jesus Christus, »das aus dem Himmel herabgestiegene Brot«, genießen (Physiologus, Nr. 47). Das Mosaik in der Brotvermehrungskirche von Tabgha, ein Ausschnitt aus dem linken großen Bildteppich mit Motiven vom See Genesareth (6,5 x 5,5 m), den Patriarch Martyrios von Jerusalem (478–486) für die Basilika anfertigen ließ, zeigt Reiher und Schlange »Auge in Auge«, beide bereit zu tödlichem Stoß. Der Wirklichkeit entsprechend wird der Reiher sich als Sieger erweisen und ist in dieser Darstellung ein Sinnbild des Sieges Christi über die Macht Satans.

ODE SALOMOS: SIEGESZUVERSICHT

Der Herr ist meine Hoffnung,
nicht werde ich beschämt durch ihn.

Wie seine Herrlichkeit ist, machte er mich,
wie seine Güte, so beschenkte er mich.

Wie seine Barmherzigkeit ist, erhöhte er mich,
wie die Größe seiner Schönheit, so erhob er mich.

Er ließ mich emporsteigen aus den Tiefen der Unterwelt,
aus dem Rachen des Todes riß er mich.

Ich demütigte meine Feinde,
und er rechtfertigte mich in seiner Güte.

Denn ich glaubte an den Gesalbten (Christus) des Herrn,
ich sah, daß er der Herr war.

Er zeigte mir sein Zeichen (des Kreuzes)
und leitete mich in seinem Licht.

Er gab mir das Zepter seiner Macht,
zu vernichten der Völker Anschläge und der Mächtigen Kraft zu demütigen,

den Krieg zu führen durch sein Wort
und den Sieg davonzutragen durch seine Macht.

Meinen Feind warf nieder der Herr durch sein Wort;
er wurde wie Staub, den der Wind fortträgt.

Ich gab Lobpreis dem Höchsten,
weil er großgemacht hat seinen Knecht, den Sohn seiner Magd.
Halleluja!

29. Ode. Hennecke-Schneemelcher II, 610 f.

Romanos: Des Kreuzes Sieg über der Schlange Verderben

Drei Kreuze errichtete auf Golgotha Pilatus,
zwei für die Räuber und eins für den Lebensspender.
Ihn erblickte der Hades und sprach zu den Kräften der Unterwelt:
Ihr meine Knechte, ihr meine Mächte,
wer ist es, der einen Nagel in mein Herz einschlug?
Ein hölzerner Speer verwundete mich unversehens, und ich berste;
im Innersten verspüre ich Leiden, im Leib erdulde ich Schmerzen.
Meine Sinne bedrängen meinen Geist,
und ich werde gezwungen, auszuspeien
Adam und Adams Nachkommen, mir durch (des Paradieses) Holz übergeben.
Das Holz (des Kreuzes) führt sie wieder heim ins Paradies.

Als diese Klagen vernahm die heimtückische Schlange,
kroch windend sich sie herbei und schrie: Hades, was hast du?
Was jammerst grundlos du? Was für Worte stößt du aus?
Dieses Holz, vor dem du erschrickst,
habe dem Sohn Mariens ich dort oben errichtet;
ich selbst habe es den Juden gezeigt zum Nutzen für uns.
Es ist doch das Kreuz, an dem sie angenagelt haben Christus.
An diesem Holz will ich zugrunde richten den zweiten Adam.
Nicht dich soll es verwirren, nicht dich ausrauben.
Sei stark, halte fest, die du in deiner Gewalt hast! Keiner von denen,
die wir beherrschen, wird entfliehen wieder ins Paradies!

Ohne Verstand bist unvermutet du, die einst so verständige Schlange!
All deine Klugheit wurde durch das Kreuz verschlungen,
und in deiner eigenen Falle wurdest du gefangen.
Erhebe doch das Auge und schau,

daß in die Grube, die du grubst, du bist gefallen.
Denn sieh, jenes Holz, das dürr und unfruchtbar du nennst,
bringt eine Frucht hervor, von der der Räuber kostete
und der Güter von Eden Erbe ward.
Viel mehr als der Stab (des Mose), der hinausgeführt hat
das Volk aus Ägypten, ist dieses Holz voller Kraft;
es führt Adam heim wieder ins Paradies.

Als dies vernahm der listenreiche Drache,
stürzte er in Qual davon, und was er vernommen, erblickte er,
den Räuber, der Zeugnis ablegte für den bezeugenden Christus.
Darüber war er höchst erschrocken,
er schlug sich die Brust und sprach bei sich:
Mit dem Räuber unterhält er sich und den Anklägern gibt er keine Antwort;
Pilatus hielt er zuvor nicht eines Wortes wert,
nun aber spricht er zu dem Mörder und sagt: Wohlan, freue dich!
Was bedeutet das Geschehen? Wer nahm je wahr
am Kreuz an den Räuber gerichtete Werke oder Worte,
wodurch er ihn aufnimmt wieder ins Paradies?

Ach, warum erinnerten wir uns nicht an die Vorbilder dieses Holzes?
Denn seit alters wurden sie offenbar, vielfältig und vielgestaltig,
an denen, die gerettet wurden, und denen, die zugrunde gingen:
Im Holz fand Noach Rettung,
während die ganze Welt durch Ungehorsam im Verderben versank.
Mose wurde durch es verherrlicht, als er den Stab wie ein Zepter hielt,
während das Ägyptervolk unter seinen Schlägen
gleichsam ins tiefe Wasser stürzte und ertrank.

Was es jetzt vollbrachte, offenbarte schon früher
im Bilde das Kreuz. Warum sollen wir jetzt nicht jammern?
Denn Adam kehrt heim wieder ins Paradies.

Hymnus auf den Sieg des Kreuzes, 1 f. 5. 10. 13; SC 114, 286 ff.

Isaak von Antiochien: Die Ohnmacht des gefesselten Satans

Du, Herr, hast dem Satan zum besten deiner Herde
Ketten und Maulkorb angelegt;
dennoch fürchten sich die Lämmer deiner Weide,
wenn er in seinen Ketten brüllt. Das Reich Satans ist die Nacht;
darum erleuchte du, Gott, meinen Verstand,
damit ich die Unerfahrenen belehre, daß es ihm nicht gestattet ist,
seine Wut an dem Menschengeschlecht auszulassen.
Löwengleiches Gebrüll stößt er aus,
obgleich die Macht, welche ihn gefesselt hält, ihm überlegen ist.
Aus Angst vor seiner Stimme flieht die Herde auseinander,
obgleich er doch nicht imstande ist, sie zu verderben.
Der Teufel gleicht einem gefesselten
und mit einem Maulkorb versehenen Löwen;
er kann wohl gewaltigen Schrecken einjagen,
ist aber nicht fähig, Schaden anzurichten.
Die überirdische Allmacht hat ihm einen Maulkorb angelegt
und ihn dann auf Erden losgelassen, um Schrecken einzuflößen.
Er ist ein Löwe, welchen die Gerechtigkeit gefesselt hat
und an ihrer Pforte als Schreckmittel sich niederkauern läßt,
damit er sich dessen bemächtige und dem Schaden zufüge,
welcher sich ihrem Dienst entziehen will.
Er ist festgebunden am Leitseil der Gerechtigkeit,

weil sein eigener Wille stets auf Schädigung ausgeht.
Seinen bösen Willen kann er nur durch Zornausbrüche auslassen,
aber der Stachel der Gewaltanwendung bleibt ihm versagt.
Der Räuber will morden und mordet auch;
aber der Teufel will es bloß und kann es nicht ausführen.
Seine boshafte Absicht ist ebenso zu beurteilen wie die der Mörder;
aber an der Ausführung kann er sich nicht ergötzen.
Die Willensfreiheit des Menschen ist eine vollständige,
die des Teufels aber eine gebundene;
er vermag nur zu wollen, wir aber zu wollen und auszuführen.
Wäre sein Wille auch vollständig
ungebunden gleich dem unseren,
der, wenn er will, Schaden zufügen kann,
so hätte er schon längst die ganze Schöpfung zerstört;
denn er verlangt danach, sie in seine Gewalt zu bringen.

Gedicht über den Teufel, 4 -10. 21 - 32. 45 - 50. 341 - 352; BKV 6, 172 f. 181

JAKOB VON BATNA: DES GEKREUZIGTEN SIEG ÜBER DIE GROßE SCHLANGE

Der Sohn Gottes hat durch seine Kreuzigung den Tod getötet;
da er selbst getötet werden wollte, bereitet der Tod den Martyrern keine Trauer.
Mit einer zerquetschten Schlange spielt man ohne Furcht;
einen toten Löwen kann selbst ein Feigling herumzerren.
Die große Schlange hat unser Herr durch seine Kreuzigung zermalmt;
den furchtbaren Löwen hat der Sohn Gottes durch sein Leiden getötet.
Den Tod hat er gefesselt und zu Boden gestreckt am Tor zur Unterwelt;
wer will, kann sich nun in seine Nähe wagen und ihn verhöhnen,
weil er getötet ist.
Wer kann wohl die große Schlange, welche Adam unter den Bäumen tötete,

greifen, ohne das Blut des Gekreuzigten getrunken zu haben?
Der Sohn Gottes hat durch seine Kreuzigung den Drachen zertreten,
so daß nun Kinder und Greise die zermalmte Schlange verspotten können.
Jener Löwe ist durch die Lanze der Seite des Gottessohnes durchbohrt,
so daß jeder ihn nach Belieben mit Füßen treten,
verspotten und verhöhnen kann.
Der Sohn Gottes ist die Ursache allen Heiles,
und jeder Mund ist verpflichtet, ihn zu preisen.
Er hat sich mit seiner Braut verlobt durch das Blut, das aus seinen Wunden floß,
von seinen Brautführern verlangt er das ihren Nacken entströmende Blut.
Der Herr des Festes hängt entblößt am Kreuz;
wer unter die Festgäste aufgenommen werden will, muß sein Blut hingeben.

Loblied auf die im Jahr 300 gemarterten Blutzeugen Gurias und Schamonas (gekürzt);

BKV 6, 385

JOHANNES VON DAMASKUS: DES DRACHENS VERNICHTUNG

Schmerz hat dem Adam bereitet
das Kosten vom Baum einst in Eden,
als eine Schlange Gift ausspie;
dadurch fand Eingang der Tod,
der jeglichen Menschen verschlingt.
Doch es kam der Herr;
er hat den Drachen vernichtet
und uns Ruhe geschenkt.
Zu ihm laßt uns also rufen:
Gewähre uns Schonung, Erlöser,
und denen, die du genommen zu dir,
schenke Ruhe bei deinen Erwählten!

Sticheron am Samstag der 9. Woche vor Ostern; Anthologion II, 489 f.

28. KORMORAN (MEERESRABE) –
GOTTES FÜRSORGE FÜR DIE GESCHÖPFE

Der Herr gibt dem Vieh seine Nahrung, gibt den jungen Raben, wonach sie schreien. *Psalm 147, 9*

Wenn auch der Rabe (griechisch: korax, lateinisch: corvus) und die Krähe (korone, cornix) als Rabenvögel nahe Verwandte sind, unterschied man sie in der Antike selten; der Rabe galt als männlicher, die Krähe als weiblicher Vogel. Daß die Beobachtungen nicht nur ungenau waren, sondern auch zu völlig falschen Aussagen führen konnten, macht die Zuordnung des Kormorans zu Rabe und Krähe deutlich. Obwohl der Kormoran wie der Pelikan zur Ordnung der Ruderfüßer gehört, nannte man ihn Meeresrabe, lateinisch: corvus marinus, woraus die uns geläufige Bezeichnung Kormoran entstand. Tatsächlich ist der Kormoran mit seinen weiten Schwingen und den Schwimmhäuten zwischen den Zehen ein Bewohner von See- und Meeresgegenden und erbeutet tauchend große Mengen Fisch, während die Rabenvögel sich von Insekten, Würmern, kleinen Wirbeltieren und Obst ernähren.

Was deshalb in der Antike und in der Bibel vom Raben gesagt wird, gilt auch von der Krähe und vom Meeresraben, dem Kormoran. Obwohl von Noach als Kundschafter aus der Arche entsandt, kehrte der Rabe im Gegensatz zur Taube nicht zurück; das wurde ihm später als Zeichen seiner Gefräßigkeit angelastet. Andererseits war er dem Elija ein zuverlässiger Freund, da er auf Gottes Weisung den Propheten in seiner Einsamkeit täglich mit Nahrung versorgte (1 Kön 17, 2–6). Das Buch Ijob bezeichnet Gott als denjenigen, der »dem Raben seine Nahrung bereitet, wenn seine Jungen zu ihm schreien und ohne Futter umherirren« (38, 41). Auch den Griechen war er heilig und Apollon zugeordnet; er galt als wissender und weissagender Vogel.

Darüber hinaus schätzt der Physiologus die Einehe der Rabenvögel: »Die Krähe heiratet nur einmal: Wenn ihr Gatte stirbt, gesellt sie sich keinem anderen zu, ebenso auch nicht der Rabe einem anderen Weibchen.« Die Folgerung, die er daraus zieht, ist aber nicht etwa, daß auch der Christ nach dem Tod des Gatten keine zweite Ehe eingehen soll, sondern daß er, einmal Christus angetraut, sich nie mehr von ihm trennen darf: »Wenn wir aber den Ehemann im Herzen haben, wird der ehebrecherische Teufel nicht eindringen« (Physiologus, Nr. 27).

Die wohlwollende Meinung der Bibel und der antiken Umwelt von den Rabenvögeln, zu denen vermeintlich auch der Meeresrabe gehört, hat die Mosaizisten oftmals bewegt, diese Vögel in die kirchlichen Fußböden einzufügen. Im Bildteppich der Brotvermehrungskirche von Tabgha erscheinen Kormorane gleich zweimal. Es sind perfekte Taucher, die unfehlbar Fische bis zu acht Meter Tiefe fangen. Nach der Unterwasserjagd sind sie völlig durchnäßt und warten auf erhöhter Stelle, im Bild auf einem Lotosblatt, mit weit ausgebreiteten Schwingen geduldig, bis Sonne und Wind das Gefieder getrocknet haben. Die Darstellung der Kormorane in der Brotvermehrungskirche soll nicht nur die Vielfalt der Vogelwelt am See Genesareth dokumentieren, wohin sie noch heute zahlreich aus dem Reservat des ehemaligen nördlich gelegenen Hule-Sees zum Leid der Fischer morgens und abends einfliegen, sondern ein anschauliches Zeugnis dafür sein, daß Gott vielfältig und wunderbar für seine Geschöpfe sorgt.

ODE SALOMOS: GOTTES SCHÖNE PFLANZUNG

Ich stieg empor zum Licht der Wahrheit wie auf einem Wagen,
es leitete mich die Wahrheit, sie führte mich.

Ich wurde gefestigt und lebte und wurde erlöst,
gelegt wurden meine Fundamente durch den Herrn, weil er mich pflanzte.

Er setzte die Wurzel, begoß sie und gab ihr Festigkeit und Gedeihen;
ihre Früchte sind in Ewigkeit.

Tief senkte er sie ein, und sie wuchs empor;
er verlieh ihr Breite und Fülle, und sie wurde prächtig.

Gepriesen wurde der Herr allein
durch sein Pflanzen und durch sein Bebauen,

durch seine Sorgfalt und durch die Segnung seiner Lippen,
durch die schöne Pflanzung seiner Rechten,

durch die Pracht seiner Pflanzung
und durch die Einsicht seines Verstandes.
Halleluja!

38. Ode. 1. 16 - 21; Hennecke-Schneemelcher II, 617. 619

Jakobus-Liturgie: Des Vaters Fürsorge

Gott und Vater
unseres Herrn und Gottes und Erlösers Jesus Christus,
erhabener Herr, selige Wesenheit, neidlose Güte!
Gott und Herr aller, du bist gepriesen in Ewigkeit;
du thronst über den Cherubim und wirst von den Seraphim verherrlicht;
dich umstehen tausendmal tausend und zehntausendmal zehntausend
heiliger Engel und die Scharen der Erzengel.

Nimm die dir dargebrachten Gaben, Geschenke und Früchte
zum lieblichen Wohlgeruch an
und würdige dich, Gütiger, sie zu heiligen und zu vollenden
durch die Gnade deines Christus
und die Herabkunft deines allheiligen Geistes.
Heilige, Herr, auch unsere Seele, unseren Leib und unseren Geist;
prüfe unsere Gedanken und erforsche unser Gewissen.
Verbanne von uns jedes schlechte Sinnen, jede schändliche Begierde,
jede ungeziemende Erwägung, allen Neid und Hochmut,
alle Heuchelei, Lüge und List, alle Zerstreuung des Lebens,
alle Habsucht und Ruhmsucht, allen Leichtsinn und alle Bosheit,
allen Grimm und Zorn, alle Verleumdung und Lästerung,
jedes Begehren des Fleisches und des Geistes,
das dem Willen deiner Heiligkeit entgegengesetzt ist.
Würdige uns, menschenfreundlicher Herr,
mit Vertrauen und ohne Schuld,
mit reinem Herzen und erleuchteter Seele,
mit untadeligem Angesicht und geheiligten Lippen
dich, den heiligen Gott, als Vater im Himmel anrufen zu dürfen!

Jakobus-Liturgie, Gebet vor dem Vater-unser; BKV 5, 113

EPHRÄM: SELIG DIE BARMHERZIGEN AM GERICHTSTAG

Ein großes Selig an jenem Tag den Barmherzigen und Gerechten!
Für sie wird es Barmherzigkeit geben;
sie werden ins Reich eingehen und es erben.
Ein großes Selig an jenem Tag für den, der seinen Besitz austeilte
an die Bedürftigen und Armen!
Er wird sich freuen im Brautgemach des Lichtes.

Ein großes Selig an jenem Tag dem, der die Nackten bekleidete!
Statt der vergänglichen Kleider
wird er das Kleid der ewigen Herrlichkeit tragen.
Ein großes Selig an jenem Tag den Armen, die arm sind wegen unseres Herrn!
Sie werden sich mit Lazarus freuen und sich im Schoß Abrahams erquicken.
Ein großes Selig an jenem Tag für den, der seine Tür den Armen öffnete!
Tritt er in des Lichtes Brautgemach,
wird man vor ihm nicht die Tür verschließen.
Ein großes Selig an jenem Tag dem, der das Rechte predigte
und es selber auch tat! Er wird dort zu den Meistern gerechnet werden.
Ein großes Selig an jenem Tag für jenen, dessen Glaube ungetrübt blieb!
Weil er mit Abraham geglaubt hat,
wird er die Verheißung der Gerechten erben.
Ein großes Selig an jenem Tag, der die reine Liebe besaß!
Der Vater und der Sohn und der Heilige Geist werden ihn lieben und ehren.
Ein großes Selig an jenem Tag dem, der seine Hoffnung auf den Herrn setzte!
Beim Gericht wird er nicht beschämt, sondern mit den Gerechten verherrlicht.

4. Rede, 641 - 676; CSCO 321, 65 f.

ROMANOS: CHRISTI BLEIBENDE FÜRSORGE FÜR SEINE JÜNGER

Auf dem Ölberg hast du deine Jünger geheiligt
und wurdest in den Himmel aufgenommen, Herr;
du hast ihnen deine Liebe kundgetan und ihnen zugerufen:
Ich trenne mich nicht von euch; ich bin bei euch, und niemand ist wider euch!

Der zur Erde herabstieg, wie nur er es weiß,
der von ihr wieder emporstieg, wie er es weiß,
er führte zur Höhe, die er liebte,

414

und führte auf einen hochgelegenen Berg, die er versammelt hatte,
damit sie mit zur Höhe gewandten Herzen und Sinnen
alles Niedrige künftig vergessen.
Deshalb wurden sie auf den Ölberg geführt
und umringten den Wohltäter, wie Lukas berichtet, der Eingeweihte.
Es breitete der Herr die Hände aus wie Flügel,
wie ein Adler seine Jungen bedeckt, die er wärmt,
und sprach zu den Küchlein:
Ich beschirme euch vor allem Bösen.
Wie ich euch herzlich liebe, so liebet ihr auch mich.
Ich trenne mich nicht von euch; ich bin bei euch, und niemand ist wider euch!

Die Jünger des Erlösers bedachten dies,
als Christus, Gott, aufgenommen wurde.
Dann stiegen sie hinab
vom Berge voller Freude und mit Jubel.
Als sie unten angekommen, da neigten sie, wie die Schrift bezeugt,
ihr Haupt und beteten Gott in der Höhe an;
ihre Stimmen voller Lobpreis sandten sie zum Berg empor.
Sie priesen den Ölberg, da er solch großen Wunders würdig befunden ward:
Den Sinaiberg, sprachen sie, hast du übertroffen;
denn er nahm des Mose Schritte auf,
du aber die Gottes selbst.
Auf ihm war das Gesetz, die Gnade aber auf dir,
welche Mose geschaffen hat und die zu uns sprach:
Ich trenne mich nicht von euch; ich bin bei euch, und niemand ist wider euch!

Hymnus zu Christi Himmelfahrt 2. Proömium, 2. und 17. Kontakion; SC 283, 138, 140 f. 168

29. ENTENPAAR AUF LOTOSBLATT – TREUE, EINTRACHT, FRIEDEN

Herr, deine Güte reicht, so weit der Himmel ist, deine Treue, so weit die Wolken ziehn; du hilfst Menschen und Tieren, wie köstlich ist deine Huld.

Psalm 36, 6. 8

Wenngleich man die vielen Entenarten im Altertum nur unzureichend unterschied und die Mosaizisten kaum treffende Darstellungen lieferten, dürfte es sich bei den abgebildeten Enten um die kleine, gesellig lebende Krickente handeln, die, in ganz Europa heimisch, im Winter als Zugvogel bis nach Nordafrika ausweicht. Schnäbelnd sitzt das Paar auf einem Lotosblatt. Der ägyptische Lotos, im Altertum über Ägypten hinaus verbreitet, ist eine weiß- oder blaublühende Seerosenart mit großen runden Blättern. Er war Symbol der Fruchtbarkeit und des Überflusses; seine Früchte und Wurzeln wurden in Ägypten gegessen. Dort waren die Enten der Göttin Hathor heilig, wurden aber wie überall als beliebtes Wild gejagt. Ihr Fleisch gehörte in Ägypten wie auch in Palästina auf den Speisezettel der vornehmen Gesellschaft. Im Fernen Osten (China) symbolisierten Erpel und Ente Treue in der Ehe, gegenseitige Fürsorge und Eintracht. Inwieweit diese Symbolik durch Vermittlung Persiens und Syriens in den hellenistischen Kulturraum gelangte, ist nicht erforscht. Jedenfalls gehörten Enten auf Zypern und Rhodos zum Kult der Liebesgöttin Aphrodite; dort stellte man auch Vasen in Entenform (Bogenvasen) her. Griechen wie Römer sahen in den Enten einen Hinweis auf die eheliche Liebe, schätzen sie aber vornehmlich als Jagdbeute; wurden sie als Haustiere gehalten, dann nur, um sie leichter jagen zu können. In spätrömischer Zeit, der auch die Mosaiken von Tabgha angehören, schmückten Entendarstellungen häufig Wände und Fußböden. Diese schön gefärbten Vögel in üppig blühender Seen- und Flußlandschaft sollten die Freude an der Natur zum Ausdruck bringen; sie gehörten darum als Zeichen von Frohsinn und Harmonie zum Schmuck einer idealisierten Kinderwelt und einer pardadiesischen Schöpfung.

Die Mosaizisten der Brotvermehrungskirche griffen auf bekannte und beliebte Muster zurück. Die vielen Entendarstellungen im Mosaikteppich sind Ausdruck der Freude an Gottes Schöpfung. Versammelt im Kultraum der Kirche, bieten sie ein Bild der Harmonie und Eintracht und machen das Gotteshaus zum Hinweis auf das durch Christus erneuerte Paradies.

ODE SALOMOS: DES SCHÖPFERS SCHÖNHEIT IN SEINEN GESCHÖPFEN

Wie der Beruf des Landmannes der Pflug ist
und der Beruf des Steuermannes die Führung des Schiffes,

so ist mein Beruf der Psalm des Herrn zu seinen Lobpreisungen;
meine Kunst und meine Aufgabe bestehen in seinen Lobpreisungen.

Denn die Liebe zu ihm hat mein Herz genährt
und bis zu meinen Lippen hinauf hat sie Früchte getrieben.

Meine Liebe ist der Herr; deshalb muß ich ihm singen.
Voller Kraft bin ich bei seinen Lobpreisungen und habe Glauben an ihn.

Ich werde meinen Mund auftun, und durch mich wird sein Geist verkünden
die Herrlichkeit des Herrn und seine Schönheit,

das Werk seiner Hände und das Gebilde seiner Finger,
die Fülle seiner Barmherzigkeit und die Kraft seines Wortes.

Die Schatzkammer des Lichtes ist die Sonne,
die Schatzkammer der Finsternis ist die Nacht.

Es bewirkt die Sonne für den Tag, daß er hell sei,
die Nacht aber bringt die Finsternis auf das Antlitz der Erde.

Indem einer vom anderen empfängt,
verkünden sie die Schönheit Gottes.

Und es gibt nichts, was jenseits wäre vom Herrn;
denn er ist gewesen, bevor überhaupt irgend etwas war.

Die Weiten sind durch sein Wort geworden
und durch das Denken seines Geistes.

Preis und Ehre seinem Namen!
Halleluja!

16. Ode, 1 - 7. 15 - 20; Hennecke-Schneemelcher II, 595 - 597

EPHRÄM: DAS EIGENE HEIL UND DAS WOHL DES NÄCHSTEN

Es steht geschrieben: Wenn du deines Nächsten Tier siehst,
das sich verlaufen hat, sollst du nicht untätig sein (Dtn 22, 1 f.)!
Wenn nun aber der Besitzer selbst verloren zu gehen droht,
dann hat Gott den Gerechten große Verantwortung übertragen.
Denn wenn der Himmlische schon wegen eines Stieres Vorschriften erließ,
wie sehr ist ihm dann gelegen an unserem Verstand und Geist
und an unserer Seele, die wichtiger ist als alles andere,
wenn sie sich verirrte und aus seinem Besitz verlorenging.
Gepriesen sei, der wegen der Tiere Gesetze erließ
und so seine Liebe zu den Seelen offenbarte.
Wenn du siehst, daß der Esel deines Bruders zusammenbricht,

418

dann richte ihn zusammen mit ihm auf (Dtn 22, 4)!
Und wenn er selber statt seines Lasttieres
in eine verborgene Grube fiel,
wie sollten da die Gerechten sich nicht um ihn kümmern,
daß sie wie der Priester und der Levit an ihm vorübergingen?
Am Samariter gab der Herr ein Beispiel,
der verband, zur Herberge brachte und die Ausgaben bezahlte.
Gepriesen sei, der sich zur verwundeten Menschheit herabließ!
Mit Wein und Öl verband sie seine Barmherzigkeit.

33. Hymnus über die Kirche, 2 f.; CSCO 199, 79 f.

ISAAK VON ANTIOCHIEN: DIE FRÜCHTE DER VERSÖHNUNG

In heiliger Stunde, wo es sich geziemt,
daß jeder für seinen Nächsten bete,
da klagen viele, die nicht so sind,
über diese und über jene. -
Ihr haltet ja geradezu die Gnade
des Barmherzigen von euch ab!
Denn der Friede, der vom Himmel kommt,
hat keinen Platz in den Zornmütigen.
Wenn ihr euch nicht vertragen wollt,
wie soll sich dann mit euch
der Heilige Geist vertragen und euch reinigen
und euch zum Frieden führen?
Der Heilige Geist ist erbittert über diese Toren
gleich wie der Heilige über den, der mit der Bitte an ihn herantrat:
Sage meinem Bruder, daß er die Erbschaft mit mir teile,
die uns unser Vater hinterlassen hat! -

Wer hat mich für dich zum Meister,
Haupt und Richter aufgestellt?
Und seit wann habe ich angefangen,
statt eines Verzeihers ein Richter zu sein?
Ich bin gekommen, um Heilung zu bringen,
und du willst, daß ich deinen Prozeß entscheide!
Ich will nur Gnade,
und du willst mich zum Richter aufstellen.
Ich habe kein mordendes Schwert,
sondern nur eine heilende Gnade.
Ich habe nicht den Richterstab,
sondern nur die Stimme der Sündenvergebung.
Mir ist nicht die Hartherzigkeit des Richters eigen,
sondern die Liebe des Versöhners.
Ich habe nicht den gewalttätigen Sinn der Mächtigen,
sondern erbarmungsvolle Liebe.
Um die Sünden nachzulassen, bin ich gekommen,
und du rufst nach mir, ich solle dir Rache verschaffen!
Im Gegenteil, die Rache aus der Welt zu schaffen,
bin ich gekommen,
doch du forderst mich dazu auf. -
So sprach der Herr zu jenem, der von ihm verlangte,
er möge ihm Recht sprechen. -
Heilung erflehe für deinen Nächsten,
auf daß dir wegen deiner Barmherzigkeit Segen zuteil werde!
Vom Frieden kommt die Heiterkeit des Herzens
und von der Heilung jegliche Freude;
von der Barmherzigkeit kommt die Herzensreinheit
und von der Liebe die Seelenruhe.

Gedicht über die Nächstenliebe (gekürzt); BKV 6, 246 - 248

KOSMAS: DAS BEISPIEL GESCHWISTERLICHEN DIENENS

Um zu dienen
dem Adam in seiner Armut,
bin ich selbst gekommen;
mit seiner Gestalt habe ich, der Schöpfer,
mich freiwillig bekleidet.
Reich in meiner Gottheit
will ich geben
mein Leben als Lösepreis,
obgleich leidenslos ich bin
in meiner Gottheit.

Euch werden dann
als meine Jünger
alle erkennen, wenn ihr meine Gebote
beachtet, spricht der Erlöser
zu den Freunden, als zum Leiden er schreitet.
Haltet Frieden
untereinander und mit allen;
demütigen Sinnes werdet erhöht ihr werden,
und mich, als Herrn erkennend, preist
und erhebt in alle Ewigkeit!

Entgegen heidnischer
Ordnung sei bei euch
die Herrschaft wie unter Geschwistern;
denn nicht mein Erbteil,
sondern Tyrannenart ist selbstherrlicher Wille.
Wer als Vorzüglichster

unter euch gelten will,
sei aller anderen letzter Diener;
und mich, als Herrn erkennend, preist
und erhebt in alle Ewigkeit!

Triodion am Montag der Karwoche, Troparia der 1.und 8. Ode; Anthologion II, 978. 980

30. ADLER MIT PERLE AM HALSBAND –
ERNEUERUNG DURCH TAUFE UND BUßE, CHRISTI FÜRSORGE

Lobe den Herrn, der dich dein Leben lang mit seinen Gaben sättigt; wie dem Adler wird dir die Jugend erneuert. *Psalm 103, 2. 5*

Am höchsten fliegen und am schärfsten sehen zu können - diese Fähigkeiten machten den Adler bei vielen Völkern zum Sinnbild königlicher, ja göttlicher Macht. Man sagte ihm nach, daß er den Kampf mit Stieren und Schlangen aufnehme und daß er, so wenigstens der Seeadler, in die Sonne zu blicken vermag. Selbst gegen Blitze gefeit, wurde der Adler als Bote und Siegverkünder Zeus zugeordnet. Aufgrund dieser wirklichen oder vermeintlichen Auszeichnungen wurde der Adler zum Wappentier des Römischen Reiches und vieler Nachfolgestaaten. Auch die Bibel erwähnt ihn in vielen Bildern. Der Physiologus, der in dieser antiken und biblischen Tradition steht, berichtet zunächst, daß der Adler sich im Alter »in den Glanz des Himmels wirft« und in der Glut der Sonne seine Augen und Flügel verbrennt, um sich dann in eine zuvor ausgesuchte Wasserquelle zu stürzen; in ihr »taucht er dreimal unter, erneuert sich und wird wieder jung«. Dieses Verhalten und der Hinweis auf das Psalmwort: »Wie dem Adler wird dir die Jugend erneuert« (Ps 103, 5) führen beim Physiologus zur Mahnung an säumige Taufbewerber: »Erhebe dich in die Höhe der Sonne der Gerechtigkeit Jesu Christi und lege den Menschen mit seinen alten Taten ab, tauche dreimal in der ewig strömenden Quelle unter ... und ziehe den neuen Menschen an, der nach Gottes Willen geschaffen ist.« - In einer zweiten Deutung aus späterer Zeit erklärt der Physiologus die Sonne als Kraft des Heiligen Geistes, der dem Sünder die Gnade der Reue und Umkehr verleiht, so daß er sich im Bad der Tränen, wie die Buße genannt wird, adlergleich erneuern kann. Während diese beiden Deutungen Bezug nehmen auf die kirchliche Liturgie der Taufe und der Buße, weist eine dritte Deutung auf die beispiellose Fürsorge Christi für seine Jünger in der Kirche hin. Der Physiologus berichtet, daß der männliche und der weibliche Adler abwechselnd und ständig ihre Brut im Nest umsorgen. Dann erwähnt er das Lied des Mose im Buch Deuteronomium: »Jahwe fand sein Volk in der Steppe, in der Wüste, wo wildes Getier heult. Er hüllte es ein, gab auf es acht und hütete es wie seinen Augenstern, wie der Adler, der sein Nest beschützt und über seinen Jungen schwebt, der seine Schwingen ausbreitet, ein Junges ergreift und es flügelschlagend davonträgt« (Dtn 32, 10 f.). Unter Hinweis auf dieses Lied vergleicht er Christus mit dem Adler, der die Welt, das Nest der Menschen, aufgesucht habe und seine Jünger nun ständig vor jeder heidnischen und jüdischen Gefahr behütet (Physiologus, Nr. 6). So ist der Adler zum einen Sinnbild der Erneuerung durch die Taufe oder die Tränentaufe, der Buße, zum anderen ein Bild der göttlichen Fürsorge Christi für die Gläubigen.

Das Bild des Adlers, ein Ausschnitt aus einem kleineren Mosaikteppich aus einer Kapelle in Eleutheropolis, heute Beth Guvrin zwischen Hebron und Ashquelon, befindet sich im Rockefeller-Museum in Jerusalem. Es stellt den Adler in herrscherlicher Haltung mit ausgebreiteten Schwingen dar. Geschmückt ist er mit einer Perle am roten Halsband; sie ist das Symbol für Christus. In der Gesamtkomposition erhebt sich der Adler über einem Kantharos, dem von beiden Seiten zwei Hirsche zustreben. Offensichtlich diente die Kapelle einst als Taufraum. Das Bild des flügelausbreitenden Adlers mit der Perle am Halsband ist als Sinnbild für Christus zu verstehen, der sich mit seiner liebenden Fürsorge seiner jungen Brut, den neugetauften Jüngern, zuwendet.

EPHRÄM: DES HIMMLISCHEN ADLERS ERHABENHEIT

Es versammelten sich am vereinbarten Ort
der Wurm und die Raupe und die eklige Made,
um zu kommen und zu zertreten die Ferse des Helden,
die Ferse aus dem Stamm der Könige des Hauses David,

die hinabstieg ins Meer und auf ihm wandelte,
die das Meeresungeheuer Leviathan zermalmte und aufstieg in Siegesglanz.

Die Krähe schlug die Flügel, hob sich empor
und folgte den Raben, den Söhnen der Finsternis;
der Habicht rief den Kauz, es antwortete zugleich die Eule.
Sie wollten kämpfen mit jenem himmlischen Adler,
dessen donnerndes Flügelrauschen den Satan verscheuchte,
das Paradies öffnete und den Räuber eintreten ließ.

14. Hymnus gegen die Irrlehren, 14 f.; CSCO 170, 53

EPHRÄM: ADLERGLEICHE JUNGFRÄULICHKEIT

Selig, himmlischer Vogel!
Dein Nest ist am Kreuz des Lichtes.
Nicht wolltest du auf Erden ein Nest bauen,
damit nicht die Schlange eindringe und deine Brut töte.
Selig deine Flügel, die gewürdigt wurden emporzufliegen!
Du wirst an das Ziel kommen mit den heiligen Adlern,
die sich emporschwangen von der tiefen Erde
zum Brautgemach der himmlischen Freuden.
Selig, Braut, dem Lebendigen angetraut!
Denn nach einem Sterblichen trugst du kein Verlangen.
Töricht ist die Braut, die stolz ist auf
ihren Eintagskranz, der kein Morgen kennt.
Selig ist dein Herz, das sich fangen ließ von der Liebe
zu jener Schönheit, deren Bild du in deinem Geiste trägst.
Das Brautgemach einer Stunde vertauschtest du mit dem Brautgemach,
dessen Freuden nicht vergehen.

24. Hymnus über die Jungfräulichkeit, 3. 5; CSCO 224, 75 f.

Jerusalemer Liturgie: Umkehr durch Bruderliebe

Brüder, nehmt das geistige Fasten auf euch!
Sprecht mit der Zunge nichts Listiges
und gebt dem Bruder keinen Anstoß zum Ärgernis!
Durch die Buße reinigen wir mit Tränen
die Lampen unserer Seelen
und rufen zu Christus:
Verzeih uns wie ein Menschenfreund unsere Fehltritte!

Befolgen wir das geistige Fasten,
zerreißen wir jede Verstrickung!
Laßt uns fliehen vor dem Ärgernis der Sünde!
Verzeihen wir den Brüdern die Schuld,
damit auch unsere Fehltritte verziehen werden!
Nur so werden wir imstande sein zu rufen:
Dem Weihrauch gleich steige zu dir, Herr, unser Gebet empor!

Laßt uns, Völker, das schreckliche Urteil über den Herrn begreifen!
Verbergen wir nicht das Talent des Glaubens,
löschen wir auch nicht durch weltliche Sorgen
die Lampen unserer Seelen,
lassen wir sie hell leuchten durch das Öl der Menschenfreundlichkeit,
damit wir von Christus, unserem Gott,
Frieden empfangen und das große Erbarmen!

Leeb, Gesänge im Gemeindegottesdienst 163 - 165

Andreas von Jerusalem: Umkehr unter Tränen

Womit soll ich beginnen
zu beweinen meines armseligen Lebens Taten?
Welchen Anfang, Christus, soll ich geben dem folgenden Klagelied?
Doch in deiner Barmherzigkeit schenke mir der Verfehlungen Verzeihung!

Dem erstgebildeten Adam
habe ich durch Übertretungen nachgeeifert,
und ich erkannte, daß ich nackt war und fern von Gott
und dem ewigen Reich und seiner Wonne wegen meiner Sünden.

Weh, armselige Seele!
Warum wurdest du der ersten Eva ähnlich?
Denn du schautest in böser Begierde und wurdest grausam verwundet;
gegriffen hast du nach dem Baum, frech gekostet von der trügerischen Frucht.

Zu Recht wurde aus Eden
vertrieben, da er nicht beachtete dein einziges Gebot,
Erlöser, Adam. - Was werde ich erst erleiden,
da ich fortwährend verachtet habe deine belebenden Weisungen!

Wenn ich auch gesündigt habe, Erlöser,
so weiß ich doch, daß menschenfreundlich du bist: Du züchtigst voller Mitleid
und bist barmherzig voller Wärme; du erblickst den, der weint,
und läufst ihm entgegen wie ein Vater und rufst den Verlorenen zurück.

Großer Bußkanon, 1. Ode (Auszug); Anthologion II, 833 f.

Isaak von Antiochien: Höchster Einsatz zur Erlangung des Lebens

Zur Erlernung weiser Künste habe ich dich ausgesandt,
bringe mir daher nicht Rohmaterial zurück!
Hinter einem Löwen habe ich dich hergeschickt,
bringe mir daher nicht an seiner Stelle einen Schakal!
Deine Seele in Besitz zu nehmen, habe ich dich gelehrt,
du aber gibst sie hin für dein tägliches Brot!
In den Dienst des Himmelreiches habe ich dich aufnehmen wollen,
du aber schüttelst das Joch beständig ab.
Auf daß du frei sein sollst, habe ich dich unterrichtet,
und siehe, du dienst immer noch in Knechtschaft.
Ich habe dich ausgesandt, den Sieg zu erringen,
und statt dessen erleidest du eine schmähliche Niederlage.
Auf daß du einen Adler fangen sollst, habe ich dich fortgeschickt,
und nun hältst du eine elende Heuschrecke in der Hand
und statt der flüchtigen Gazelle
bringst du einen faulen Bock.
Du tust eben nur deinen Willen,
nicht den Willen deines Gebieters.
Auf, bringe mir den Mahlzahn eines Löwen,
eine Feder von der Schwinge des Adlers,
die Ohrenspitze einer Gazelle,
das Geweih eines Hirsches,
Gift aus dem Rachen der Schlange,
die Zunge eines Basilisken,
die Zähne von Drachen
und die Augenlider von Nattern!
Wann wirst du endlich kommen, Schlaftrunkener,
dessen Lebenstage schon ziemlich in die Jahre gehen?

Wenn du in deiner Jugendzeit das Ziel nicht erreicht hast,
was wirst du erst im Greisenalter tun?
Siehe, schon Jahre lang spielst du
den Baumeister deiner armen Seele
und hast bei diesem Bau
noch keinen Stein auf den anderen gelegt.
Schon lange bist du ausgezogen,
um das Leben für deine Seele zu erjagen;
aber ich fürchte, daß du auch das, was du bereits gewonnen hast,
durch deine Sünden wieder verlierst.
Die Schwalbe vollendet ihr Nest
und setzt es auf den höchsten Teil deines Hauses,
damit auch du aufwachen und aufstehen
und deine Wohnung im Himmel errichten sollst.
Die emsig arbeitende Ameise belehrt dich,
daß auch du für deinen Vorteil tätig sein sollst.
Der Storch, der von deinem Orte aus weithin wandert,
zeigt dir den Weg zu deinem Vaterland.

Gedicht über das Leben der Mönche (gekürzt); BKV 6, 202 - 205

31. REISSENDER LÖWE –
UNHEIL, BEDROHUNG DURCH FEINDLICHE VÖLKER

Ich muß mich mitten unter Löwen lagern, die gierig auf Menschen sind.
Psalm 57, 5

Die Faszination, die von seiner kraftvollen Erscheinung ausgeht, und die Furcht, die seine Raubgier einflößt, haben den Löwen sowohl zum Symbol des Lebens wie des Todes werden lassen. Der Physiologus nennt ihn König der Tiere und bietet nach seinen naturkundlichen Beobachtungen unterschiedliche, ja gegensätzliche Deutungen seines Wesens und seines Verhaltens. Der Löwe kann als Hinweis auf den machtvollen Erlöser Christus, aber auch als Zeichen des beutegierigen Teufels verstanden werden.

Nach dem Hinweis auf den Psalm 7, 2 f. »Herr, hilf mir vor allen Verfolgern und rette mich, damit mir niemand wie ein Löwe das Leben raubt und mich zerreißt...« beschreibt der Physiologus das planmäßige Vorgehen des Löwen, Beute zu machen: »Wenn er nichts zu fressen findet und in der Wüste oder im Gebirge umherstreift, geht er im Kreise und markiert einen beträchtlichen Platz mit seinem Schwanz. ... Dann erheben sich die kleineren Tiere und, unsicher über den Weg des Löwen, drängen sich zusammen und suchen, daß sie einen Weg finden, wo der Löwe nicht gegangen ist. Da sie ihn nicht finden können, kommen sie dem Löwen immer näher, obwohl sie von ihm wegkommen wollen. Da erhebt sich der Löwe, schlägt sie und frißt sie auf« (Physiologus, Nr. 1). In der anschließenden Deutung greift der Physiologus die Warnung im 1. Petrusbrief auf: »Sieh nun auch du zu, Mensch, bei deinem Laufen und Herumwandern in diesem irdischen Leben, bleib im Willen Gottes, damit du nicht in die Versuchungen des Löwen fällst, das ist des Teufels. Denn der, wenn er sich auch den Menschen nicht zeigt, sucht in den Versuchungen, wen er verschlinge wie der Löwe in seinem Lager« (vgl. 1 Petr 5, 8).

Auffallend zahlreich sind die Mosaike in den Kirchen des syrischen Raumes, die den Löwen als beutegieriges Raubtier darstellen, dem die Menschen kämpferisch entgegentreten. Diese Häufigkeit der Darstellung rührt sicherlich nicht nur daher, daß Psalmen, Prophetenworte und der Physiologus ihn als Warnung vor frevelhaften Menschen und vor dem Unheil stiftenden Teufel anführen, nahe liegt auch die Vermutung, daß sich in diesen Darstellungen die Erfahrungen der Menschen im Kulturland spiegeln, die sich ständig durch räuberische heidnische Stämme und Völker bedroht sahen. Das Mosaik aus dem Bibelmuseum in Jerusalem (gegenüber dem Israelmuseum) stammt aus dem Ostjordanland (Jordanien) und stellt anschaulich des Löwen Kraft und Raubgier dar und unter diesem Bild die häufigen Bedrohungen durch räuberische Beduinen aus der syrischen und arabischen Wüste oder durch die bis nach Westeuropa ausgreifenden Hunnen mit ihrem Morden und Brandschatzen in den Jahren 395 und 396.

ODE SALOMOS: GOTTES TREUE IN DER BEDRÄNGNIS

Höchster, du darfst mich nicht verlassen;
denn meine Hoffnung bist du.

Ohne Entgelt empfing ich deine Güte,
von ihr werde ich das Leben haben.

Kommen mögen meine Verfolger,
sie werden mich doch nicht erblicken.

Eine dunkle Wolke wird auf ihre Augen fallen,
und finsterer Dunst wird sie umschatten.

Sie werden kein Licht haben, um sehen zu können,
daß sie mich nicht fassen.

Entarten wird ihr Denken;
was sie ausgesonnen, wird sich gegen ihre Häupter kehren.

Sie haben einen Plan geschmiedet;
nicht war er für sie ausführbar.

Sie haben sich in schlimmer Absicht bereit gemacht;
doch sie erwiesen sich erfolglos.

Denn auf dem Herrn ruht meine Hoffnung,
nicht muß ich mich fürchten.

Weil der Herr meine Rettung ist,
muß ich mich nicht fürchten.

Wie ein Kranz ist er auf meinem Haupt;
ich muß nicht wanken.

Wenn auch alles wanken wird,
ich stehe fest.

Und wenn vergehen wird, was sichtbar ist,
ich werde nicht zugrunde gehen.

Denn der Herr ist mit mir und ich mit ihm.
Halleluja!

5. Ode, 2 - 15; Hennecke-Schneemelcher II, 581 f.

Apostolische Konstitutionen:
Gebet für jene, die unter dem Bösen leiden

Eingeborener Gott, des großen Vaters Sohn,
du hast den Starken gebunden und ihm die ganze Waffenrüstung genommen,
du hast uns Macht gegeben,
auf Schlangen und Skorpione zu treten und auf jede Macht des Feindes,
du hast die menschenmordende Schlange gebunden uns übergeben
wie einen Sperling den Kindern,
vor dem alles bebt und zittert vor dem Angesicht seiner Macht,
du hast Satan wie einen Blitz vom Himmel geschleudert,
nicht in räumlicher Weise, sondern von der Ehre zur Schmach,
wegen seiner Bosheit,
dein Antlitz trocknet die Abgründe aus,
und deine Drohungen erweichen die Berge,
deine Wahrheit bleibt in Ewigkeit,
dich loben die Kinder und preisen die Säuglinge,
dich verherrlichen und beten die Engel an,
du blickst die Erde an und läßt sie erzittern,
du berührst die Berge und machst sie rauchen,
du drohst dem Meere und legst es trocken
und machst selbst alle Flüsse zur Wüste,
für dich sind die Wolken der Staub deiner Füße,
du gehst auf dem Meer einher wie auf festem Grund -
bedrohe die bösen Geister
und befreie die Werke deiner Hände
von der Einwirkung des feindlichen Geistes,
weil dir Ehre und Ruhm und Anbetung ist
und durch dich deinem Vater im Heiligen Geiste in Ewigkeit. Amen.

Apostolische Konstitutionen VIII, 7; BKV 5, 35

Ephräm: Der rebellische Herrscher über Gottes Geschöpfe

Den widerspenstigen Rücken des Meeres bezwangen die Schiffer.
Den steilen Rücken der Berge bezwangen die Jäger.
Den Rücken der Felder bezwangen die Bauern.
Wir bezwangen die Tiere jeglicher Art.
Wenn uns nicht bezwänge jener, der alles unterwarf,
dann wäre es häßlich, daß er zu Rebellen uns schuf,
während er alle anderen Geschöpfe bezwang.

Laßt uns die Tiere betrachten, wie er die Tiere in Zucht hält!
Listig bezwingt er ihr Maul und ihren Rücken;
sein Stock für ihren Rücken, sein Zügel für ihr Maul.
Wenn der Mensch nun das stumme Tier
in Zucht und in seinen Besitz bringt,
wie sollte Gott es da vernachlässigen, die redebegabte Seele
zu erziehen und in seinen Besitz zu bringen!

Laßt uns einsehen, daß ein Frevel es ist, wenn der Frevler
die Tiere bezwingt, während er selber ungebändigt ist.
Er wütet, wenn sie nicht auf ihn hören,
während er selber verschlossenen Ohres ist.
Er macht die Tiere schön, doch er selber ist häßlich.
Es kommt vor, daß er sich verfehlt und sie schlägt grundlos ohne Vergehen.
Doch wird er wegen einer Verfehlung gestraft, dann fängt er an zu fluchen.

28. Hymnus über die Kirche, 3. 5. 7; CSCO 199, 66 f.

Kyrillonas: Edessas Klage über den Einfall der Hunnen

Täglich Unruhe, täglich Unglücksnachrichten,
stündlich Schicksalsschläge, nichts als Kämpfe!
Dein Wille hat das Morgenland in die Gefangenschaft abgeführt,
und seine zerstörten Städte bleiben unbewohnt.
Das Abendland wird gezüchtigt, und seiner Städte
haben sich Völker bemächtigt, welche dich nicht kennen.
Tot sind die Kaufleute, verschwunden die Gelübde,
verwitwet die Frauen, aufgehört hat der Gottesdienst.
Der Norden ist bedrängt und von Kampf erfüllt;
ja wenn du, Herr, nicht einschreitest, werde ich abermals verwüstet.
Wenn mich die Hunnen, Herr, besiegen werden,
warum habe ich meine Zuflucht zu den heiligen Martyrern genommen?
Wenn ihre Schwerter meine Söhne erwürgen werden,
warum habe ich dann dein erhabenes Kreuz umfaßt?
Wenn du ihnen meine Städte überliefern willst,
wo bleibt dann der Ruhm deiner heiligen Kirche?
Noch ist nicht ein Jahr darüber verflossen,
seit jene auszogen, mich verwüsteten und meine Kinder gefangennahmen;
und siehe, sie drohen nun wiederum,
zum zweiten Male unser Land zu demütigen!
Ach, Herr, gib doch nicht die Lämmer den Panthern preis,
nicht die Schafe den unreinen Wölfen!
Nicht möge die Hand der Gottlosen
über das Reich herrschen, welches dich ehrt;
nicht mögen die Könige, welche vor deiner Herrschaft zittern,
von den Ungläubigen zertreten werden!
Laß vielmehr umgekehrt diese zertreten werden
unter den Füßen der Könige, welche in die Tore deiner Kirche eintreten!

Halte ein mit deiner Züchtigung; denn ich bin mit dir vereinigt.
Wenn du mich schlägst, so triffst du dich selbst.
Denn dein Leib ist in mir; laß ihn nicht beschimpft werden!
Deine Mysterien sind in mich eingegangen; laß sie nicht verspottet werden!
Selbst die Gnade ist nur dann schön, wenn sie geordnet ist;
um wieviel mehr wirst du deiner Züchtigung Maß und Ziel setzen!
Auch der Süden, welcher erfüllt ist von all deinen Wundern,
deiner Empfängnis, deiner Geburt und Kreuzigung,
der noch jetzt den Wohlgeruch deiner Fußspuren aushaucht,
wo du gewandelt bist, den du gesegnet hast,
in dessen Strom deine Taufe stattfand,
in dessen Schiloach-Teich du geheilt hast,
in dessen Krügen dein kostbarer Wein war
und in dessen Raum deine Jünger zu Tisch lagen,
auch er wird gleich den anderen Himmelsgegenden
gezüchtigt durch grausame Horden, die sich auch dort gezeigt haben.

Bittgesang im Jahr 396 am Allerheiligenfest, 244 - 332; BKV 6, 15 f.

32. BETENDER LÖWE UND WEIDENDES RIND –
BEKEHRUNG UND FRIEDE

Kalb und Löwe weiden zusammen, ein kleiner Knabe kann sie hüten.

Jesaja 11, 6

Die missionarische Arbeit der syrischen Kirche unter den semitischen Nomadenstämmen in den östlichen und südlichen Steppengebieten bis hin zum Euphrat und zum Roten Meer hatte durchaus, wenn auch nur vorübergehend, Erfolg. Der langandauernde Friede im 5. und 6. Jahrhundert im Oströmischen Reich und der daraus resultierende Wohlstand blieben nicht ohne Eindruck auf die arabischen Stämme. Bis zum Sturm der südarabischen Muslime auf das christliche Römerreich zur Mitte des 7. Jahrhunderts gelang es, mehrere Nomadenstämme zu christianisieren und unter ihnen eine kirchliche Organisation aufzubauen. Davon zeugen noch viele Kirchenruinen in römischen Kastellen im Süden Syriens und Jordaniens. Für die Christen jener Zeit schien sich die Ankündigung des Propheten Jesaja vom messianischen Reich erfüllt zu haben: Der verheißene Messias »schlägt den Gewalttätigen mit dem Stock seines Wortes. ... Dann wohnt der Wolf beim Lamm, der Panther liegt beim Böcklein. Kalb und Löwe weiden zusammen, ein kleiner Knabe kann sie hüten. ... Denn das Land ist erfüllt von der Erkenntnis des Herrn« (Jes 11, 4 - 9). Schon gegen Ende des 2. Jahrhunderts fand die vermutete Erfüllung der Zusage ihren literarischen Niederschlag in den apokryphen »Taten des Paulus«, die vom getauften Löwen erzählen, der im Stadion von Ephesus sich weigert, den Apostel, der ihn getauft habe, zu töten; ein gewaltiges Hagelwetter rettet schließlich beide vor der Hinrichtung (7. Kap.; Hennecke - Schneemelcher II, 257). Vom 5. Jahrhundert an findet sich, angeregt durch Verheißung und Legende, die Darstellung eines friedlichen Löwen oder einer Löwin mit gefalteten Vorderpfoten, Zeichen des Betens, umgeben von pflanzlichen und geometrischen Zierstreifen auf vielen Mosaikböden. Der betende Löwe wird verstanden als Hinweis auf die Bekehrung räuberischer Nomaden zum christlichen Glauben. Oft ist dem Bild des Löwen noch das eines Rindes zugeordnet, das ohne Scheu in der Nähe der friedlichen Großkatze weidet. Hier handelt es sich wie bei dem Bodenmosaik aus dem Steppengebiet von Horvat Berachot südwestlich von Bethlehem um die Veranschaulichung der Jesaja-Verheißung. Die gemeinsame Darstellung von Löwe und Rind war Ausdruck des einträchtigen Zusammenlebens von Nomadenstämmen mit den Menschen in den Ackerbaugebieten im Umfeld der syrischen Städte.

Auch der Physiologus erwähnt gleich im 1. Kapitel eine eigentümliche Anlage der Löwen, die er auf Christus und den Heiligen Geist hin deutet und in der Bekehrung der Heiden vollendet sieht: »Wenn die Löwin das Junge gebiert, gebiert sie es tot, und sie setzt sich ihm gegenüber drei volle Tage lang und blickt es an. Blickt sie aber weg, so wird es nicht lebendig. Nach drei Tagen kommt der männliche Löwe und bläst in seine Nasenlöcher den Atem des Lebens, und es wird zum Leben gebracht und erholt sich. - So haben auch die ungläubigen Heiden während der dreitägigen Grabesruhe und der Auferstehung unseres Herrn Jesus Christus aufgeblickt und sind lebendig gemacht worden. Denn vor der Taufe wurden sie tot und blind genannt, sie wurden aber fest angesehen von der Löwin, das heißt vom Heiligen Geist, bis zum Ende der dreitägigen Grabesruhe. Als nun der männliche Löwe kam, das ist das lebendige Wort, hauchte er auf sie den Heiligen Geist und machte sie lebendig und erweckte sie alle aus dem Totenreich« (Physiologus, Nr. 1).

ODE SALOMOS: EINANDER IN GÜTE DIENEN

Ein Priester des Herrn bin ich, ihm leiste ich Priesterdienst;
ihm opfere ich das Opfer, das er will.
Das Opfer des Herrn ist Gerechtigkeit
und Reinheit des Herzens und der Lippen.

Bringe zum Opfer dar dein Inneres ohne Makel!
Dein Herz soll kein Herz und deine Seele keine Seele bedrängen,
nicht sollst du erwerben einen Fremden durch das Blut deiner Seele!
Du sollst nicht danach trachten, deinen Nächsten zu betrügen,
du sollst ihm auch nicht rauben die Decke für seine Blöße!
Ziehe vielmehr an die Güte des Herrn ohne Mißgunst
und komme in sein Paradies und flechte dir einen Kranz von seinem Baum!
Setze ihn auf dein Haupt und freue dich;
lege dich nieder auf seiner Milde!
Preis und Ehre seinem Namen!
Halleluja!

20. Ode, lf. 4 - 8. 10; Hennecke-Schneemelcher II, 600 f.

Apostolische Konstitutionen: Gebet für die Gläubigen

Schirmer, Mächtiger, der nicht auf die Person sieht,
sei der Helfer dieses deines Volkes, das du aus Zehntausenden auserwählt
und durch das kostbare Blut deines Christus losgekauft hast.
Schutzherr, Helfer, Lenker, Wächter,
sicherste Mauer, Wall der Sicherheit,
aus deiner Hand kann niemand uns entreißen;
denn es ist kein anderer Gott als du,
und in dir ist unsere Zuversicht.
Heilige sie in deiner Wahrheit,
weil dein göttliches Wort Wahrheit ist.
Du rechnest nicht auf Dank und kannst nicht getäuscht werden.
Befreie sie von jeder Krankheit und jeder Schwäche,
von jedem Vergehen, von jeder Kränkung und Täuschung,
von feindlicher Furcht, vom Pfeile, der am Tag dahinfliegt,

439

und von der Pest, die im Finstern schleicht (Ps 91, 5 f).
Würdige sie des ewigen Lebens in Christus,
deinem eingeborenen Sohn, unserem Gott und Heiland,
durch den dir Ehre und Anbetung sei im Heiligen Geist
jetzt und in alle Ewigkeit der Ewigkeiten. Amen.

Apostolische Konstitutionen VIII, 11; BKV 5, 41

EPHRÄM: SOZIALES UNRECHT UND GÖTTLICHES GERICHT

In Sodoma wurden die Armen gequält, die Bedürftigen gepeinigt,
ihretwegen klagten, die Unrecht erlitten, ihretwegen schrie laut die Witwe;
wegen des Frevels erhob die Waise ihre Stimme.
Nackte und Entblößte schickten Schmähungen zum Himmel empor,
daß sie, turmhoch angefüllt mit Gütern, verschlossen blieb den Hungernden.
Während alles aß und schwelgte, wimmerten die Hungernden auf den Straßen.
Wer besaß, trank, berauschte sich, während den Dürstenden die Zunge quälte.
Der ungerechte Reiche wechselte zu jeder Stunde farbenprächtige Kleider,
während der Nackte gequält wurde auf der Straße von der Kälte.
Niemand erquickte die Bedrängten, niemand bekleidete die Nackten.
Nicht genug des bitteren Unrechts, daß man die Bedürftigen fernhielt;
vielmehr kam noch die Gemeinheit hinzu, daß man sie schmähte.
Sie aber erhielten alle zugleich den gerechten, unsichtbaren Richter.
Dieser Gerechte hatte es gehört und forderte sofort deren Bestrafung.
Sogleich gab er den Wolken den Befehl, Feuer und Schwefel in sich zu tragen,
in Mengen auszuschütten über die Unreinen,
eine Flut von Feuer im Zorngericht.
Jenes Feuer gewann an Kraft und brachte den Hochmut der Stolzen zu Fall,
erniedrigte ihre Ausgelassenheit, beugte die Eitelkeit und demütigte den Stolz.
Wo immer das Feuer jemanden antraf, da stürzte und fällte es ihn.

Sie brannten in ihren Kleidern, die sie den Nackten vorenthalten hatten.
Sie kochten in ihren Salben, mit denen sie nicht die Kranken gesalbt hatten.
Sie erstickten in ihrem Wein, den sie nicht den Dürstenden zu trinken gaben.
Zu ihren Gräbern wurden ihre Häuser, die die Armen nicht betreten durften.

2. Predigt, 273 - 308. 349 - 358; CSCO 312, 61 f.

KYRILLONAS: WELTWEITER VERSÖHNUNGSDIENST DER KIRCHE

Ach, Herr, sieh nicht auf die, welche dich erzürnen,
sondern auf die, welche dich versöhnen!
Siehe, Herr, in unseren Tagen befinden sich auf Erden
unter deinen Dienern Arbeiter, welche für die Wahrheit wirken.
Siehe, auf Erden sind Klöster gepflanzt,
bewohnt von Männern vollkommenen Herzens.
Siehe, in den Höhlen wohnen Eingeschlossene
und in der Wüste solche, die dich besänftigen.
Siehe die Einsiedler auf den Berggipfeln
und die auserwählten Helden auf den Inseln.
Siehe, deine Psalmen ertönen in den Gemächern
und die Stimme deines Lobpreises auf den Feldern.
Siehe, auf dem Meere dient man dir,
und auf den Schiffen betet man zu dir.
Siehe, deine Lehre findet sich in den Städten
und die Furcht vor deinem Gericht bei den Richtern.
Siehe, deine Heiligkeit hat sich den Unreinen
und die Scheu vor dir den Deinen mitgeteilt.
Siehe, die Ungläubigen haben den Götzenbildern entsagt
und die Götzenpriester das Heidentum von sich gestoßen.
Siehe, in Persien ist deine Lehre verbreitet,

und in Syrien hat sich dein Evangelium vermehrt und vervielfältigt.
Siehe, in Indien lehrt Thomas,
und in Rom predigt Petrus.
Siehe, die Griechen legen deine Geheimnisse aus,
und die Römer erklären deine Bücher.
Siehe, bei den Königen herrscht dein Kreuz,
und bei den Königinnen ist deine Liebe wirksam.
Siehe, in deiner Hand wird die Schöpfung gehalten,
und die Welt ruht in deiner Liebe.
Siehe, in deiner Kirche weilt dein lebenspendender Leib
und bei deiner Braut dein heiliges Blut.
Siehe, Hymnen ertönen im Munde der Kinder,
und Frauen singen deine Psalmen.
Siehe, an deinen herrlichen Festtagen
sucht die Schöpfung mit ihren Kindern dich zu besänftigen!

Bittgesang im Jahre 396 am Allerheiligenfest, 571 - 642; BKV 6, 19 f.

THEOPHANES: EINHEIT DER CHRISTEN NACH ÜBERWINDUNG DES BILDERSTREITES (843)

Tanzend vor Freude laßt heute, ihr Gläubigen, uns jauchzen!
Wie wunderbar sind deine Werke, Christus, wie groß deine Macht,
da du unter uns Eintracht und Einklang gewirkt hast!

Einen Tag des Frohlockens, Gottbegeisterte, laßt uns feiern!
Jetzt freuen sich Himmel und Erde; der Engel Heere
und der Sterblichen Gemeinschaften feiern in verschiedener Art das Fest.

Beim Betrachten der Wohltat laßt uns in die Hände klatschen!
Die getrennten Glieder Christi verbinden sich wieder zur Einheit.
Gott wollen wir preisen, der den Frieden uns bereitet hat!

Verliehen wird der Kirche heute ein Siegesfest
dank gottgewirkter Weisung und des Rates Michaels und Theodoras,
die fromm am Glauben festhalten als unsere Kaiser.

Der ruchlosen Irrlehren Schwerter sind zuverlässig verschwunden.
Denn deinen Tempel, Allreine, Erhabene, mit Bildern geschmückt,
schauen wir ehrfurchtsvoll und voller Seligkeit frohlocken wir jetzt.

Kanon zum Fest der Orthodoxie am 1. Fastensonntag, 1. Ode; Anthologion II, 619

33. SPRECHENDER PAPAGEI –
NACHAHMUNG CHRISTI UND DER HEILIGEN

Der Gerechtigkeit folgen alle Menschen mit redlichem Herzen.
Psalm 94, 15

Der Papagei, griechisch: (p)sittakos, woher sich das deutsche Wort Sittich herleitet, hatte seine Heimat in Indien und wurde im hellenistischen Mittelmeerraum und im Römischen Reich wegen seines bunten Federkleides, vor allem aber wegen seiner Fähigkeit, die menschliche Sprache nachzuahmen, zum beliebten Luxusvogel, besonders in der Spätantike. Als geselliger Hausgenosse hatte er mit Grußformeln wie mit Schimpfworten aufzuwarten. Viele antike Wandgemälde, Mosaike, Bronzen und Gemmen überliefern sein getreues Bild; das gilt auch von den Ausschmückungen christlicher Kultgebäude, in denen seine Darstellung häufig anzutreffen ist. Gefördert wurde die Aufnahme dieses Vogels in den Bildkanon der Kirchen durch den Physiologus, der von ihm zu berichten weiß, daß er »die Stimme des Menschen nachahmen« kann; übertrieben ist allerdings die Behauptung, daß er sich »wie ein Mensch unterhält«. Unter Berufung auf den Kirchenvater Basileios erteilt der Physiologus die Mahnung, der Christ solle »die Stimme der Apostel« nachbilden, um Gott zu preisen, er solle »den Wandel der Gerechten« nachahmen, um deren Herrlichkeit zu erlangen (Physiologus, Nr. 58).

Die hier gebotene Darstellung des Papageis stammt aus dem Fußbodenmosaik einer völlig zerstörten Kirche des 5. Jahrhunderts, die sich südwestlich von Bethlehem im Judäischen Bergland befand; sie ist heute im Jerusalemer Israel-Museum ausgestellt. Der Papagei im grün-gold-schimmernden Federkleid und mit rotem Halsband schmückt ein Rechteckfeld eines großen Mosaikteppichs, der mit Bildern des Propheten Jesaja den messianischen Frieden ankündet. Umgeben ist der Papagei von Girlanden überbordender Meereswellen und von Mäanderbändern, die schon im heidnischen Umfeld Leben und Unendlichkeit symbolisierten. So ermuntert der Papagei im Fußbodenmosaik der Kirche zur Nachahmung der Menschen, deren Lohn die ewige Herrlichkeit ist, vor allem aber zur Nachfolge Christi, der in seiner Entäußerung den Menschen gleich geworden ist.

EPHRÄM:
CHRISTI BELEHRUNG ÜBER SEINE ERNIEDRIGUNG UND ERHÖHUNG

Der Mensch, der Sprechen einem Vogel lehrt,
verbirgt sich hinter einem Spiegel, wenn er lehrt.
Wenn der Vogel sich dem Sprechen zuwendet,
findet er vor seinen Augen sein Bild
und meint, daß sein Genosse mit ihm spreche.
Sein Bild ist vor ihm aufgerichtet,
damit er dadurch die Sprache lerne.

Jener Vogel ist dem Menschen verwandt.
Deshalb hat Christus sich verwandelt in einen Fremden
und gelehrt; durch den Menschen sprach er mit dem Menschen.
Die Wesenheit, die in allem über alles erhaben ist,
hat in ihrer Liebe ihre Erhabenheit herabgeneigt.
Unsere Gewohnheiten erwarb sie von uns
und mühte sich in allem, um alle heimzuführen.

Er zeigte sich an einem Ort und war überall.
Wir wähnten, er sei hier, doch er war die Fülle des Alls.
Er wurde klein, um uns zu genügen,
er wurde groß, um uns zu erheben.
Wäre er klein geworden, doch nicht groß,

würde er uns klein und ehrlos gelten,
weil für schwach gehalten; darum wurde er auch groß.

Zwei Lehren wollte er uns geben, daß er war und nicht war.
Er schuf in seiner Liebe sich
das Antlitz seiner Knechte, damit sie ihn schauten.
Damit wir aber nicht Schaden nähmen und wähnten, er sei so,
ging er von Gestalt zu Gestalt, um uns zu lehren,
er habe keine Gestalt. Obwohl er nicht verließ
die menschliche Gestalt, verließ er sie doch durch seinen Wandel.

31. Hymnus über den Glauben. 6 f. 9. 11; CSCO 155, 86 f.

EPHRÄM: DIE SCHÖPFUNG – DER SPIEGEL DER GÖTTLICHEN WEISHEIT

Der Himmel droben ist dein Spiegel, die Erde drunten dein Arzt,
ganz zu schweigen von allem, was dazwischen liegt,
was im Meer und auf dem Lande sich befindet.
Das weite Meer ist dein Lehrer und das Fluten des Meeres dein Erzieher.
Siehe, wir plagen uns ab mit den Gesetzen,
zahlreich machen wir die Erklärungen.
Doch Himmel und Erde sind Bücher für einen Weisen.
Siehe, der Himmel über uns ist ein Buch voll von Gottes Gesetzen.
Auch die Luft vor uns ist eine gewaltige Schriftrolle mit seinen Geboten.
Selbst die Erde unter uns ist ein Spiegel all seiner Ordnungen.
Statt der Schreibtafel, die du fertigst,
damit dein Sohn darauf das Schreiben lerne,
hat der Allbelehrende für dich deinen Geist zu einer Tafel vor dir gemacht.
Dein Geist ist deine Tafel; darauf sind alle Gesetze geschrieben,
wie du dem anderen tun sollst und der andere dir.

446

Gott formte dir ein himmlisches Vorbild, du aber schreibst ein irdisches Abbild;
er formte dir ein geistiges Bild, du aber zeichnest körperlich.
Gegen die Wahrheit, die er dir zeichnete, formst du die Lüge.
Gegen die himmlischen Zeichen schreibst du irdischen Besitz.
Er formt "Almosen", und du zeichnest "Klagen" nach.
"Liebe" ist die erste Zeile, du dagegen schreibst "Neid".
Und statt des D von Demut schreibst du das H von Hochmut.
Wann gleicht doch, wenn auch nur wenig, dein Buchstabe dem seinen?

3. Predigt, 365 - 380. 389 - 396. 407 - 422. CSCO 306, 76 f.

EPHRÄM: BILDER DES HEILS IM SPIEGEL DER TAUFE

Wie schön ist die Taufe
für das Auge des Herzens! Kommt, laßt sie uns betrachten!
Wie in eine Prägeform seid ihr gegossen worden;
nehmt ihre Bilder an!
Laßt uns nicht zurückbleiben hinter unseren Bildern,
da doch Christi Herde in ihr Herz die Vorbilder gezeichnet hat!
Den Glanz, der sich in dem Taufwasser befindet,
sollt ihr eurem Geist aufprägen!

Das Geschöpf des Wassers ist wie ein Spiegel
für den, der sich in ihm betrachtet.
Errege deine Eifersucht, du Kluger,
und gleich dich dem Wasser an, das
in sich dein Bildnis formte!
Von ihm und an ihm nimm dir ein Beispiel!
Blicke in die Taufe
und kleide dich in die Schönheit, die in ihr verborgen liegt!

Erhebt euren Geist und schaut, meine Brüder,
die verborgene Feuersäule in der Luft,
deren Fundament im Taufwasser liegt
und die bis zum Tor in der Höhe reicht
wie die Leiter, die Jakob sah!
Siehe, auf ihr stieg das Licht zur Taufe herab,
und empor stieg unser Geist zum Himmel,
um mit der einen Liebe sich zu vereinen.

Von euren Gewändern lernt, meine Brüder,
eure Glieder zu bewahren!
Denn wenn schon das Kleid, das sooft
gereinigt werden kann, sorgfältig
bewahrt wird, damit es schön bleibt,
dann sollen noch zahlreicher die Mühen sein
um die Reinerhaltung des Leibes,
für den es nur eine einzige Taufe gibt,
dagegen viele Dinge, die ihm schaden.

9. Hymnus zur Epiphanie, 5 f. 11. 13; CSCO 187, 164 f.

34. PERLHÜHNER –
GOTTES FÜRSORGE UND MÜTTERLICHKEIT

Wie eine Mutter ihren Sohn tröstet, so tröste ich euch. *Jesaja 66, 13*

Das Perlhuhn, das zur Familie der Fasanenvögel gehört, wurde im Mittelmeerraum seit alters wegen seines prachtvollen Kleides als Zier- und Nutzvogel gehalten. Vom Fasan weiß der Physiologus zu berichten, daß er, »wenn seine Jungen ausgeschlüpft sind, mit ihnen geht. Wenn ein Mensch auf ihn stößt, bietet er sich als leichte Jagdbeute dem Menschen dar, varanlaßt aber die Jungen, sich über das Feld ringsum zu zerstreuen. Dann täuscht er den Menschen und entkommt, froh, daß er den Menschen überlistet hat« (Physiologus, Nr. 55). Nach dieser Darstellung ist der Fasan Sinnbild der mütterlichen Fürsorge für die Jungen. (Die anschließende, doch nicht angemessene Deutung aus einer späterer Zcit legt das Augenmerk auf die Überlistung des Menschen und sieht im Verhalten des Vogels einen Hinweis auf die listige Verführung durch den Teufel.) Das mütterliche Verhalten und die prachtvolle Erscheinung des Perlhuhns können als Hinweis auf Gottes Fürsorge um den Menschen verstanden werden. Auch die beiden hier abgebildeten Perlhühner aus den Klosterruinen von Qasr el-Hallabat, in der Wüste östlich von Amman gelegen, aus dem 6. Jahrhundert weisen auf die Schönheit und Mütterlichkeit Gottes hin. Die Umrahmung des Bildes unterstreicht diese Deutung: Das Wellenband, den Wogen des Meeres nachempfunden, symbolisiert Leben, unvergängliches und göttliches Leben, und das Endlosflechtband ist ornamentales Zeichen für den Kranz des Sieges.

ODE SALOMOS:
JUBEL ÜBER GOTTES FÜRSORGE

Öffnet, öffnet eure Herzen zum Jubel über den Herrn,
und eure Liebe wachse vom Herzen bis hinauf zu den Lippen,

Früchte zu bringen dem Herrn, ein heiliges Leben,
und zu reden in Wachsamkeit in seinem Lichte!

Stehet auf und stehet fest,
die ihr zeitweilig darniederlagt!

Die ihr im Schweigen wart,
redet, da euer Mund aufgetan worden ist!

Die ihr verachtet wart,
erhebt euch nun, da eure Gerechtigkeit erhoben worden ist!

Denn die Rechte des Herrn ist mit euch;
er ist euch ein Helfer.

Bereitet wurde euch der Friede,
noch bevor euer Krieg ausbrach.

Wer sollte sich erheben gegen mein Werk,
oder wer ihnen nicht folgen?

Ich habe Verstand und Herz nach meinem Willen gebildet, mein sind sie,
zu meiner Rechten habe ich meine Auserwählten gestellt.

Vor ihnen her zieht meine Gerechtigkeit,
sie sollen nicht verlassen werden von meinem Namen, weil er bei ihnen ist.

Betet ohne Unterlaß und bleibet in der Liebe des Herrn
und seid Geliebte in dem Geliebten

und solche, die bewahrt sind in dem, der lebt,
und erlöst in dem, der erlöst ist.

Unvergänglich werdet ihr erfunden in allen Ewigkeiten
um des Namens eures Vaters willen.
Halleluja!

8. Ode, 1 - 7. 19 - 23; Hennecke-Schneemelcher II, 586 - 588

JAKOBUS - LITURGIE: GESANG DES DREIHEILIG

Mitleidsvoller, erbarmungsreicher, langmütiger,
allbarmherziger und wahrhaftiger Herr,
sieh aus deiner Wohnung herab
und erhöre uns, die wir bei dir um Schutz flehen!
Befreie uns von jeder teuflischen oder menschlichen Versuchung,
entziehe uns deine Hilfe nicht
und verhänge über uns keine schwereren Prüfungen,
als wir zu tragen vermögen;
denn wir sind nicht imstande, das Böse zu besiegen.
Du aber, Herr, bist mächtig genug, uns von allen Widerwärtigkeiten zu retten.
Errette uns, Herr, in deiner Güte von allen Übeln dieser Welt,
damit wir mit reinem Gewissen an deinen heiligen Altar treten
und schuldlos zusammen mit den himmlischen Mächten

dir den seligen, dreiheiligen Hymnus emporsenden
und nach Vollendung der dir wohlgefälligen und göttlichen Liturgie
des ewigen Lebens gewürdigt werden.

Denn du bist heilig, Herr unser Gott,
und wohnst und ruhst in deinem Heiligtum,
Dir senden wir zur Verherrlichung den dreiheiligen Hymnus empor,
dem Vater und dem Sohn und dem Heiligen Geist:

Heiliger Gott,
Heiliger Starker,
Heiliger Unsterblicher!
Erbarme dich unser!

Jakobus-Liturgie; BKV 5, 89

EPHRÄM: GOTTES GEHEIMNISVOLLES WIRKEN BEI DES MENSCHEN ENTSTEHUNG

Gott, gib Einsicht den Einfältigen; Meister, gib Einsicht den Schlichten!
Laßt uns lernen, Herr, mit dir zu beginnen;
von dir stammt Anfang und Beginn.
Laßt uns lernen, mit dir zu schließen; denn du bist das Ende von allem.
Während du, mein Herr, ohne Anfang bist und ohne Ende,
haben von dir die Geschöpfe erhalten Anfang und Ende.
Unter deinem Befehl steht ihr Lauf, unter deinem Willen ihr Ende.

Jesus ist der Arm seines Vaters; mit ihm formt, erschafft und gründet er.
Nichts gaben ihm der Menschen Sinne oder Glieder vor ihrer Erschaffung.
Er formte den Mund, bevor er betete, die Zunge, bevor sie lobte.

Er formte die Knie, da sie sich noch nicht beugten und anbeteten.
Er formte die Hände, da sie sich noch nicht ausbreiteten und lobpriesen.
Dir, Gütiger, und dir, Sohn des Gütigen, sei Lobpreis von deiner Schöpfung!

Du Geber, der umsonst mir, dem Bedürftigen, gab, ohne daß ich darum bat! -
Sein Wille hat mich im Mutterleib geformt; ich und mein Leib fühlten es nicht.
Still fügte er die Glieder und ruhig fertigte er die Gelenke;
milde bildete er die Ohren und hauchte die Seele ein.
Die Speise trat ein, wo sie gegeben ward,
der Atem, wo er den Befehl dazu hatte.
Die Geburtswehen kamen und öffneten das Tor;
der Sünder betrat die Schöpfung.

22. Hymnus über die Kirche, 1. 4 f; CSCO 199,48 f.

JAKOB VON BATNA: DAS STERBEN DES HEILIGEN SIMEON

Die Engel stiegen herab und redeten mit ihm wie mit Daniel
und machten ihm kund,
daß der Zeitpunkt herankomme, wo er ausruhen solle von seinem Tagewerk:
Siehe, der Abend kommt, es naht die Zeit der Ruhe von deiner Arbeit;
die Zinsen, die das Kapital getragen hat, erwarten dich!
Siehe, es kommt die Zeit, wo dein Leib ausruhen kann
von seinen Anstrengungen
und deine Seele sich niederläßt in der Schatzkammer des Lebens
bis zur Auferstehung!
Es naht der Tag, wo du emporsteigen wirst
und ausruhen von deinem Tagewerk
und zur Vergeltung eilen und auferstehen als ein Glückseliger!

Es ist dies die Zeit, da du dich aufmachen
und hinweggehen wirst aus dieser Welt
an den Ort des Lichtes, der dir bereitet ist seit Ewigkeit!
Wohlan, Bauer, verlaß deinen Pflug und ruhe aus; denn du bist müde!
Hast du ja doch in deinem Eifer mit einem einzigen Rind dein Feld gepflügt!
Wohlan, Schiffer, verlaß das Meer und seine Gefahren,
nimm in Empfang deine Beute mit dem Lohn und wohne in Frieden!

Simeons Augen waren zum Himmel emporgerichtet, seine Tränen flossen,
seine Arme breitete er aus nach Art seines Herrn auf Golgotha;
er streckte sie aus und segnete das Land und seine Bewohner.
Darauf bezeichnete er sich mit dem Zeichen des Kreuzes,
neigte das Haupt und verschied.
Die Engel eilten herbei und nahmen sofort die Braut des Lichtes in Empfang;
sie erhoben ihre Stimmen zum Singen; Satan aber zitterte.
Es jubelten die glückseligen Geister einhelligen Lobpreis dem zu,
der sich Menschen auserwählt, die über die Engel erhaben sind.
Sie stimmten einen Gesang an,
es widerhallten die Berge und es erzitterte die Erde,
da sie sangen: Dieser hat den Herrn angerufen und er hat ihn erhört!
Dann breiteten sie ihre Flügel aus
und nahmen seine Seele auf mit ihren Schwingen.

Lobgedicht auf Simeon, den Säulenheiligen, 302 - 315; 359 - 370; BKV 6, 401 - 404

35. REBHUHN –
TÄUSCHUNG, EINFALT, BESCHEIDENHEIT

Je größer du bist, um so mehr bescheide dich, dann wirst du Gnade finden bei Gott.
Jesus Sirach 3, 18

Den noch heute in Palästinas Hügelland in verschiedenen Arten heimischen Vogel erwähnt bereits David, als er König Saul vorwirft, daß dieser ihn trotz seiner Bedeutungslosigkeit verfolge, »wie man in den Bergen ein Rebhuhn jagt« (1 Sam 26, 20). Auf die Volksmeinung dagegen, daß Rebhühner anderen Vögeln die Eier stehlen, um sie auszubrüten, spielt der Weisheitsspruch des Propheten Jeremia an: »Wie ein Rebhuhn, das ausbrütet, was es nicht gelegt hat, so ist ein Mensch, der Reichtum durch Unrecht erwirbt. In der Mitte seiner Tage muß er ihn verlassen, und am Ende steht er als Narr da« (Jer 17, 11). Die alttestamentlichen Vergleiche haben den Physiologus veranlaßt, in dem scheuen, bunten, doch des Diebstahls zu Unrecht verdächtigten Vogel ein Symbol für Satan zu sehen, der unmündige Christen einfange, dem aber erfahrene entweichen und den sie jagen. Er faßt die Volksanschauung über das Rebhuhn in der Bemerkung zusammen, »daß es fremde Eier ausbrütet und Junge aufzieht. Wachsen sie aber heran, fliegt jede Art zu ihren eigenen Eltern, und sie lassen es allein und dumm dastehen.« Daran knüpft der Physiologus seine Deutung: »So zieht auch der Teufel die Schar der noch im Geiste Kindlichen zu sich. Wenn sie aber das Maß des vollkommenen Alters erreichen, beginnen sie, ihre himmlischen Eltern zu erkennen, das ist Christus und die Kirche und die anderen, nämlich Propheten und Apostel, und sie lassen ihn allein und dumm zurück« (Physiologus, Nr. 18).
Wenngleich das Rebhuhn in der biblischen Tradition und in der Charakterisierung des Physiologus Sinnbild für Täuschung und Dummheit ist, so erfreute sich dieser kleine bunte Vogel beim einfachen Volk doch großer Beliebtheit wegen seines Lockrufes, seiner Liebesspiele und der angeblichen

Heilkraft seines Fleisches. Auch die frühchristliche Literatur fand Gefallen an ihm. Die apokryphen Johannes-Akten aus dem syrisch-kleinasiatischen Raum, entstanden um die Wende vom 2. zum 3. Jahrhundert und bald in alle alten Sprachen übersetzt, lassen in einer Anekdote um den Apostel Johannes und das Rebhuhn erkennen, warum dieser Vogel in die christliche Kunst früh Eingang fand: »Eines Tages, als Johannes so dasaß, flog ein Rebhuhn daher und kam herbei und badete sich im Staub vor ihm; und Johannes staunte, als er das sah. Es kam aber ein Priester, einer seiner Hörer, ging hin zu Johannes und sah das Rebhuhn vor ihm im Staub baden. Da nahm er Anstoß und sprach bei sich selbst: Ein derartiger Mann in solchem Alter findet Freude an einem Rebhuhn, das im Staub badet? Johannes aber erkannte im Geiste seinen Gedanken und sprach zu ihm. Es wäre besser, auch du, mein Freund, sähest einem im Staub badenden Rebhuhn zu und beschmutztest dich nicht mit schändlichen und ruchlosen Taten. Der nämlich, der von allen Bekehrung und Buße erwartet, hat dich deshalb hierher geführt. Ich habe doch das Rebhuhn, das im Staube badet, nicht nötig; denn das Rebhuhn ist deine Seele« (Kap. 56; Hennecke - Schneemelcher II, 164).

In dieser positiven Einstellung des Volkes zum Rebhuhn ist auch der Grund dafür zu sehen, daß es sich so häufig im Tierpark kirchlicher Bodenmosaike findet. - Das Mosaik der konstantinischen Basilika in Bethlehem, um die Wende zum 5. Jahrhundert in aufwendiger Arbeit angelegt mit Darstellungen von Tieren und Früchten, umgeben von Akanthusblättern und Blüten und umrandet von Flechtornamenten und geometrischen Bändern, ist nur noch in spärlichen Resten erhalten; wahrscheinlich wurde es beim Aufstand der Samariter im Jahr 527 zerstört. Es liegt etwa 70 cm unter dem heutigen Boden der Geburtsbasilika, die Kaiser Justinianus um die Mitte des 6. Jahrhunderts über den Ruinen der konstantinischen Basilika erbauen ließ. Inmitten der Blüten und Girlanden symbolisiert das Rebhuhn hier nicht Dummheit und Täuschung, sondern vielmehr Bescheidenheit und Freude, zu denen das Gedächtnis der Geburt Christi die Pilger aufforderte.

EPHRÄM: DER TÄUSCHUNG FALSCHER KLANG

Wie das Rebhuhn, das fremde Brut lockt,
oder der Vogel, dessen Stimme den verführt, der ihr glaubt -
auch die Stimmen derer sollen dich nicht in die Irre führen,
die den Sohn bekennen, zugleich aber sagen, er sei geschaffen.

Es gibt einen Vogel, der seine Lieder ändert,
es gibt einen, der seine Stimme verkehrt und seinen Genossen fängt.
Es gibt einen Falschen, der seine Worte verkehrt
vor seinen Zuhörern um seines Gewinnes wegen.

Du aber, Harfe, täusche nicht deine Hörer,
singe nicht parteiisch den Menschen!
Geheim wie öffentlich
gebe deine Stimme den Geschmack der Wahrheit!

So sei deine Kirche eine Harfe deines Lobes!
Befriede die erregten Saiten, die in ihr in Zwietracht liegen.
Der Herr des Friedens spiele
auf dieser Friedensharfe Wahrheit in Eintracht!

21. Hymnus über den Glauben, 7 -9. 12; CSCO 155, 61 f.

BALAI: DES SEELSORGERS MASSVOLLES FASTEN

Damit dein Leib nicht erliege und seinen mühevollen Lauf
nicht aufzugeben genötigt werde, zwangst du ihn, sich zu ernähren,
damit nicht die Seele sich aus ihm entferne, bevor sie ihren Weg beendet.
Kein tüchtiger Faster hat dich übertroffen; aber waren Schwache bei dir,

so mildertest du dein Fasten, daß sie Schritt mit dir halten konnten.
Dein Fasten war nicht hochmütig gegen die Schwachen;
dein Mund trug keine Enthaltsamkeit zur Schau gegenüber den Essenden,
auf daß du allen allen würdest. Ein Wunder sahen wir an dir,
weswegen wir deine Klugheit preisen wollen: Dein Essen war ein Fasten
und dein Fasten ein Essen; beides ein einziges Werk.
Du aßest, um nicht kraftlos zu werden, und fastetest, um nicht zu straucheln.
Das Essen gereichte dir zur Erhaltung und das Fasten zum Nutzen.
Möge dein Vorbild uns lebendig bleiben!

Du erfülltest das Gebot der heiligen Schrift und aßest nicht allein;
deshalb fastetest du so, daß du auch den Tischgenossen nützen konntest.
Dein Tisch wirkte ebenso heilsam wie deine Predigt;
denn dein heiliger Mund pries Gott würdig und aß maßvoll.
Sein Reden war göttliches Geheimnis, sein Essen Mäßigkeit.
Er predigte über das Fasten und hielt seine Lippen
von den Speisen fern, um sein Wort auf sich selbst anzuwenden.
Dein Fasten nütze uns, aber auch dein Tisch fördere uns;
denn das Ohr ward durch dich entzückt, und der Magen wies,
durch dich belehrt, die verächtliche Lust von sich.
Jedem, den du belehrtest, warst du ein lebendiges Vorbild!

4. Loblied auf den Bischof Akakios, 71 - 117; BKV 6, 85 f.

ISAAK VON ANTIOCHIEN: DER MÖNCHE ERHABENE LEBENSWEISE

Die in der Einöde wohnenden Brüder gleichen
den Adlern, den Büffeln und den Wildeseln.
Besonders tüchtige Männer, welche die Wüste bewohnen,
können auch Gazellen oder Wildschweine genannt werden.

458

In den Bergen aufgewachsen, werden diese Tiere,
die ihre Jugend in der Wüste zugebracht haben,
vom Lärm und von der Verwirrung krank,
wenn sie in zivilisierte Gegenden verbracht werden.
Wann sucht der Adler je die Straßen auf,
wann die Gazellen die Stadt,
oder wann kommen Wildschweine in bewohnte Gegenden
und Wildesel an die Krippe?
Wann verläßt je der Löwe den Wald
und mischt sich unter die jungen Hunde?
Wer hat jemals einem Büffel das Joch umgeworfen
und ihn zur Arbeit benützt?
Der Vogel baut Nest und Wohnung
nach dem Maße seines Körpers;
nur schwer kommt er in seine Behausung hinein.
Er muß sich ducken und sein Köpfchen einziehen,
denn es soll die Öffnung nicht allzugroß sein,
damit der Habicht nicht eindringe
und die Jungen raube.
Ahme den Vogel nach und suche nicht
deine Wohnung auf dieser Welt zu erweitern,
damit nicht der Habicht eindringe
und deinen Glauben zugrunde richte!
Wenn du nämlich deine Wohnung vergrößerst,
verlangt sie von dir neue Einrichtungsgegenstände;
wenn sie aber gerade deinem Bedürfnis entspricht,
läßt sie nichts anderes mehr zu.
Wenn das Haus klein, eng und bescheiden ist
und darum keinen leeren Raum enthält,
hast du alle deine Besitztümer vor deinen Augen beisammen

und deshalb erscheinen sie dir viele, obwohl es nur wenige sind;
wenn aber deine Wohnung geräumig ist,
reizt sie dich zur Habsucht.
So sucht auch ein Mönch, der seine Zellentür erhöht,
seinen eigenen Untergang.
Die Wohnung der Mönche
soll ärmlich und unansehnlich sein,
ihren Bedürfnissen angepaßt,
damit sie nicht der Habsucht frönen.
Aber warum lassen wir uns
durch die tagtäglichen Sorgen aufreiben?

Gedicht über das Leben der Mönche (gekürzt), BKV 6, 206 f.

JAKOB VON BATNA:
DES REBHUHNS KLUGHEIT GEGEN DER HABICHTE BEUTEGIER

Der Satan berief seine Heerscharen und bot sie auf,
seinen Mund öffnete der Oberbefehlshaber, der Böse gebot ihnen und sagte:
Seht, es ist Zeit, daß wir uns zum Kampf erheben
und nicht feige dasitzen, damit wir nicht von Simeon besiegt werden!
Legt an das Gewand der Schmeichelei und tragt sie zur Schau,
auch in trügerischen Visionen tretet dem Heiligen entgegen!
Entfacht einen Sturm der Stärke,
wie er auf den Gipfeln der Berge zu wüten pflegt;
Staubwolken soll er aufwirbeln,
so daß darin das Aussehen der Luft verschwindet!
Die Winde sollen heftig wehen und die Erde erschüttern,
gleich der Brandung des Meeres soll sie erdröhnen
von der gewaltigen Erschütterung!

Es ist ja leicht für uns, gegen ihn zu kämpfen, da er auf einer Säule steht,
und ihn durch wundersame Visionen in Verwirrung zu setzen, daß er irre wird!
Wie wenn sie das Junge eines Adlers mit ihren Nachstellungen fangen wollten,
kriechen die Drachen hervor aus ihren Höhlen;
mit ihrem Speichel fauchen sie die Taube an, die ihr Nest auf dem Felsen baut,
und die Schlange spritzt ihr häßliches Gift von sich,
um das Rebhuhn zu töten, dessen liebliche Stimme vom Berggipel her ertönt.
Eine Schar von Habichten versammelt sich gegen das Vöglein,
um es zu fangen;
dieses aber flattert in der Luft umher und entwischt,
während sie verdutzt dastehen.
Der Sturm brauste heran, schlug an die Säule,
so daß ihre Grundfesten erzitterten.
Aber der Heilige stand darauf fest wie auf einem unerschütterlichen Felsen.
Und die Winde stürzten sich gewaltig gegen ihre Rückseite,
um sie ins Wanken und zu Fall zu bringen; aber der Gerechte sang Loblieder.

Loblied auf Simeon, den Säulenheiligen (gekürzt); BKV 6, 391 - 393

36. GEFANGENES REBHUHN – SEHNSUCHT NACH FREIHEIT UND ERLÖSUNG

Unsere Seele ist wie ein Vogel dem Netz des Jägers entkommen; das Netz ist zerrissen, und wir sind frei. *Psalm 124, 7*

Antike Autoren machen keinen Unterschied zwischen Rebhuhn und Steinhuhn; beide, eng verwandt, gehören zur Familie der eigentlichen Hühner. Auch die Mosaizisten haben ihre Arbeiten nicht differenziert ausgeführt. Das Steinhuhn, das an trockenen, warmen und steinigen Hängen lebt, wurde seines farbigen Federkleides, seines Gesanges und seiner Liebesspiele wegen zum Vergnügen gehalten, aber auch zur Feldhühnerjagd abgerichtet. In einen Käfig gesperrt, lockte es mit seinem klagenden Gesang andere Wildhühner an. Sein Fleisch, die Innereien und die Eier wurden bei mancherlei Krankheit verzehrt. Alle die wirklichen und vermeintlichen Eigenschaften machten das Steinhuhn zum beliebten Jagdwild.

Das Mosaik aus der Elija-Kirche in Gerasa zeigt ein im Käfig gehaltenes Wildhuhn, das mit seinem Gesang ein zweites anlockt. Dessen Interesse an Geselligkeit droht ihm zum Verhängnis zu werden; es wird Freiheit und Leben verlieren. Die Darstellung erweckt aber auch den Eindruck eines Zwiegespräches, als wolle das freie Steinhuhn das gefangene trösten und dieses ihm seine Sehnsucht nach Freiheit bekunden und es vor dem Zugriff der Menschen warnen. Die Darstellung dieser Begegnung in der Kirche diente sicherlich der lebensnahen Ausschmückung des Raumes mit Motiven aus der Erfahrungswelt der Menschen, darf aber auch als Warnung verstanden werden, sich nicht vom betörenden Gesang der Irrlehrer gefangen nehmen zu lassen, sondern unbeirrt der kirchlichen Lehre zu folgen, um Freiheit und Erlösung nicht zu verlieren.

ODE SALOMOS: BEFREIUNG ZUM LEBEN

Geleitet hat meinen Mund der Herr durch sein Wort,
geöffnet hat er mein Herz durch sein Licht.

Er hat in mir wohnen lassen sein unsterbliches Leben
und hat mir gegeben, zu reden von der Frucht seines Heiles,

zu bekehren die Seelen derer, die zu ihm kommen wollen,
und gefangenzunehmen edle Gefangene zur Freiheit.

Versammelt haben sich gemeinsam die Völker, die zerstreut waren,
und sind eingegangen in mein Leben und erlöst worden.

Sie sind mein Volk geworden für alle Ewigkeit.
Halleluja!

10. Ode, 1 - 3. 5 f. Hennecke-Schneemelcher II, 589 f.

EPHRÄM: DER FALSCHHEIT SCHLINGEN UND DES KREUZES KRAFT

Von tödlichem Gift halte dich fern, von seinem Geruch und Geschmack!
Doch vor dem Rauch fliehst du, aber auf den Lügner hörst du.
Üblem Geruch gehst du aus dem Weg, aber bei einem Falschen verweilst du.
Rauch schadet den Augen, doch Spott schadet dem Hörenden.
Wenn schon Gestank schadet, dann noch viel mehr eine höhnende Stimme.
Achte nicht gering das Gift, daß es, weil es nur wenig ist, nicht tötet;
achte nicht den Spott gering, daß er, weil nur gering, nicht vernichtet!
Es belehre dich des Jägers Schlinge, daß du Kleines nicht mißachtest!
Es geschieht, daß ein Vogel entkommt, doch durch eine Kralle gepackt wird;
dann schwindet die Kraft seiner Flügel wegen der schwachen Krallenspitze.

463

Siehe, mein Herr, ich bin der Sünde entronnen wie der Vogel aus der Schlinge.
In deines Kreuzes Nest will ich fliehen,
dem sich die Schlange nicht nähern kann.
Mein Herr, ich bin fortgeflogen von meiner Schuld
wie die Taube aus den Netzen.
Auf deines Kreuzes Höhe will ich wohnen, wohin der Drache nicht kommt.
Ich habe deinen lebendigen Namen bekannt und den deines heiligen Sohnes
und den Namen des Geistes der Wahrheit,
das Siegel mit dem dreifachen Abbild,
vor dem der Böse errötet,
Satan erzittert und seine Diener von weitem erbeben!

2. und 7. Predigt (Auszug); CSCO 306, 53 f. 142

EPHRÄM: FREIHEIT GESCHENKT, BARMHERZIGKEIT ZU ÜBEN

Betrachte die Tiere, die nicht Kranke besuchen noch auch
verstehen, sich besuchen zu lassen. Jene kluge Ameise zwar
erntet und hortet, aber von Almosen weiß nichts
das Kriechtier; denn ohne Auferstehung ist es.
Lob sei dem, der geliehen hat unserer Freiheit Kapital für Almosen,
damit wir unser Leben nicht machen zu einem Leben von Tieren!

Nicht besuchen die Tauben die einsamen Eulen;
nicht unterrichten die Füchse die einfältigen Hasen;
nicht helfen die Fische beim Schwimmen den Landtieren.
Sie verstehen nicht, Rettung zu finden, einer durch den anderen.
Das kommt von der göttlichen Ordnung, nicht von den Tierkreiszeichen.
Lob sei dem, der erhöht hat den Verstand des Menschen!

Der eine erkrankt, damit ein anderer ihn besuche und jener Hilfe finde;
der eine hungert, damit ein anderer ihn speise und er durch ihn gerettet werde.
Einer ist töricht, damit ein anderer ihn belehre und jener durch ihn wachse.
Auf diese Weise kann bestehen die Welt.
Ungezählte Talente liegen so verborgen zu unserer Hilfe
in jenen Dingen, womit die Schicksalsgläubigen Gott täglich erzürnen.

10. Hymnus gegen die Irrlehren, 7 - 9; CSCO 170, 39 f.

ISAAK VON ANTIOCHIEN:
DIE MÖNCHE IN DER WÜSTE - KÄMPFER FÜR DEN FRIEDEN

In den Krieg seid ihr ausgezogen, Brüder;
zum Kampfe seid ihr angetreten, Männer!
Suchet daher in der Wüste nicht die Annehmlichkeiten der Stadt!
Im Kriege gibt es keine Ergötzlichkeiten, Schrecken und Furcht herrschen dort.
Jeder bleibt in seinen Kleidern, und es gibt da keine Unbewaffneten.
Dort gibt es weder Wein noch Öl, überhaupt keinen Besitz und keine Häuser.
Die Rüstung wird nie abgelegt aus Furcht vor den Feinden.
Die Speise der Krieger bildet schwarzes Brot und geschmackloses Wasser.
Der Schlaf ist weit fern von ihnen und naht sich ihren Augenlidern nicht.
Sie schlafen nicht aus Furcht und ruhen nicht aus Angst.
Die Tapferen, die in den Krieg ziehen, führen kein Wohlleben wie im Frieden.
Sie trinken weder Wein noch andere geistige Getränke,
damit der Durst sie nicht quält.
Sie essen kein Fleisch, damit ihnen die Rüstung nicht zu schwer werde.
Sie essen überhaupt nicht viel, damit sie unter dem Durst nicht zu leiden haben.
Sie trinken nicht so viel, wie sie wünschen,
damit sie auf dem Marsch nicht erliegen.
Wenn aber der Kampf beendet und des Feindes Macht zu Boden geworfen ist,

dann erst geben sie sich der Ruhe, der Freude und der Erholung hin.
Wenn jene einsehen, daß man im Krieg
ein Leben der Selbstverleugnung führen muß,
wieviel mehr muß der innere Krieg
mit Fasten und Nachtwachen geführt werden!
Euch kommt es zu, zu beten für die Sünder, daß sie gerettet werden,
und eure Sache ist es, zu flehen für die Fehlenden, damit sie Gnade erlangen.
Euer Tagewerk ist Liebe und Hoffnung,
eure Arbeit besteht in Fasten und Wachen.
Statt Aussaat und Ernte habt ihr Psalmen, die niemals abgeschnitten werden.
Ihr murrt nie wegen Hunger und werdet nie wegen Trübsal in Angst versetzt.
Die Gewalt des Todes, die viele zu Tode erschreckt,
ist für euch eine Erfrischung.
Euch verursacht der Tod keinen Schrecken, da ihr schon zuvor gestorben seid;
es ist vielmehr der Tod, der in Schrecken gerät, wenn er euch abführen muß,
weil dies für euch die Auferstehung aus totem Zustand bedeutet.
Siehe, Furcht herrscht im Gebiet der Zivilisation
und Verwirrung in den Städten;
in euren Höhlen dagegen herrscht Ruhe, und in der Wüste blüht der Friede.
Gleich Helden steht ihr über der zerrissenen Welt und bewacht euren Posten,
damit der Böse euch nicht besiege und sich der Welt bemächtige.
Ihr seid durch euer Gebet die Beschützer der ganzen Menschheit.
Sorgt dafür, daß ihr nicht unterliegt und so den Erdkreis
der Plünderung durch den Bösen und seiner Heerschar preisgebe!
Denn solange ihr nicht überwunden werdet, ruht der Erdkreis in Frieden!

Das Leben der Mönche (gekürzt), BKV 6, 191 f. 195 f.

ROMANOS: BITTE UM RETTUNG VOR DEM GERICHT

Beschmutzt ist meine Seele,
eingehüllt in den Mantel meiner Verfehlungen.
Doch du gewähre mir, daß aus meinen Augen Wasser fließen,
damit ich die Seele reinige in Betrübnis!
Mit einem strahlenden Gewand, würdig deiner Hochzeit, bekleide mich,
da du willst, daß alle Menschen gerettet werden!

Meine Zeit vollendet sich,
dein furchterregender Thron wird schon bald bereitet.
Das Leben zieht vorüber, das Gericht, das mir droht, ist nahe
mit Feuerstrafe und unauslöschlicher Flamme.
Der Tränen Regengüsse sende mir und lösche der Flamme Kraft,
da du willst, daß alle Menschen gerettet werden!

O Unvernunft! Voller Furcht bin ich
und, obwohl eingedenk meines Elends, werde ich doch nicht vernünftig.
Ich erschrecke vor der Strafe und vollbringe doch Straftaten;
ich fürchte mich vor der Züchtigung und höre doch nicht auf zu fallen.
Wenn auch spät einst, so gewähre mir doch Besonnenheit, du einziger Retter,
da du willst, daß alle Menschen gerettet werden!

Jetzt ist die Zeit der Umkehr
für die, die mit ihrem Talent arbeiten wollen.
Das Fest ist ausgerichtet, doch ich bemühe mich nicht,
den Lohn der Arbeit und die Erholung von den Mühen zu erhalten.
Bevor das Schauspiel beendet ist, schenke mir die Bekehrung,
da du willst, daß alle Menschen gerettet werden!

Bußgebet 2 f., 10. 13; SC 283, 514 - 522

467

37. TEICHHUHN –
GOTTES SCHUTZ FÜR EINFÄLTIGE UND BEDRÄNGTE

**Der Herr rettet dich aus der Schlinge des Jägers und aus allem Verderben;
er beschirmt dich mit seinen Flügeln.** *Psalm 91,3 f.*

Das etwa taubengroße Teichhuhn, richtiger: die Wasserralle, mit seitlich zu-
sammengedrücktem Körper und langzehigen Beinen gehört zur Familie der
Kranichvögel. Ufergewässer mit reichem Pflanzenbewuchs bieten ihm sicheren Aufenthalt. Über ganz Europa verbreitet, findet sich das Teichhuhn mit
seinen verschiedenen Arten auch im Uferbereich des Sees Genesareth. Obgleich ihm im Physiologus oder anderen religiös-symbolischen Erklärungen
keine Bedeutung beigemessen wird, haben die Mosaizisten der Klosterkirche
von Gergesa (heute: Kursi) am Nordostufer des Sees es farbenfroh in den einst
wunderschönen Bodenteppich hineingestaltet. Das Kloster mit seinem Pilgerhospiz, erst 1971 beim Bau der Uferstraße entdeckt und archäologisch gesichert, beherbergte im 5. und 6. Jahrhundert große Wallfahrergruppen, die auf
dem Weg nach Jerusalem auch an dem Ort weilen wollten, wo Jesus einen tob-
süchtigen Mann von der Krankheit der Besessenheit geheilt hat (Mk 5,1–20).
Markus nennt den Ort des Geschehens zwar Gerasa, das zur hellenistischen
Dekapolis, Zehn-Städte-Bund, im Ostjordanland gehörte und ca. 80 km vom
See entfernt liegt (heute: Jerash in Jordanien), aber es dürfte sich um eine Na-
mensverwechselung handeln und der kleine Fischerort Gergesa gemeint gewesen sein. Das Kloster wurde 614 beim Einfall der Perser und ihrer jüdischen
Hilfstruppen arg verwüstet. Unter der nachfolgenden Herrschaft der Araber
(seit 636) wurden auch alle Tierdarstellungen im Mosaikteppich der Kirche
zerstört; nur zwei unscheinbare Teichhühner im Seitenschiff entgingen der
Vernichtung.
Die Künstler haben sich bei ihrer Arbeit nicht so sehr von getreuer Naturbeobachtung leiten lassen, als vielmehr von ihrer phantasievollen Begabung, so

daß das Teichhuhn mit seinen langen, rötlichen Schwanzfedern eher einem Hahn im Hühnerhof des Klosters gleicht. Grund für die mehrfache Aufnahme des kleinen scheuen Vogels in den Mosaikteppich der Kirche dürfte die Lage des Klosters in direkter Nähe zum See mit seinen vielen Teichhühnern gewesen sein. Aber auch die pastorale Betreuung der Pilgermassen dürfte eine Rolle gespielt haben. Denn die Geschicklichkeit des Teichhuhnes beim Abtauchen in die Tiefe und seine Rettung allen Gefahren zum Trotz ist ein geeignetes Bild, Gottes Beistand für Bedrängte, Einfältige und Kleine anschaulich darzustellen. (Die östliche Christenheit verehrt im Chor ihrer Heiligen auch Narren, und des aus Syrien stammenden Meloden Romanos treuer Begleiter war der Narr Andreas, dem zusammen mit Romanos auf allen Ikonen, die dem Fest Maria Schutz geweiht sind, ewiges Andenken zugesagt ist.)

ODE SALOMOS: BEGLÜCKENDE BEGEGNUNG

Wie der Honig tropft aus der Wabe der Bienen
und die Milch fließt aus der Frau, die Kinder hegt,
so ist meine Hoffnung auf dich, mein Gott.

Wie die Quelle ihr Wasser sprudelt,
so sprudelt mein Herz den Preis des Herrn,
und meine Lippen bringen ihm Lobpreis hervor.

Meine Zunge ist süß bei den Gesprächen mit ihm,
kraftvoll sind meine Glieder durch die Macht seiner Lieder.

Es frohlockt mein Angesicht im Jubel über ihn,
mein Geist jubelt in Liebe zu ihm, und meine Seele strahlt in ihm.

Die Furcht wird in ihm Vertrauen finden,
und die Erlösung wird in ihm sichergestellt werden.

Der Gewinn von ihm ist das Leben ohne Tod,
seine Empfänger sind unvergänglich.
Halleluja!

40. Ode; Hennecke-Schneemelcher II. 621

APOSTOLISCHE KONSTITUTIONEN: EHRE DEM SCHÖPFER

Gott und Vater deines eingeborenen Sohnes,
du hast durch ihn zuerst die Cherubim und Seraphim erschaffen,
die Welten, die Heere, Gewalten und Mächte,
die Herrschaften und Throne, die Erzengel und Engel
und nach ihnen diese sichtbare Welt und alles, was in ihr ist.
Denn du bist es, der den Himmel wie ein Gewölbe gefügt
und wie ein Zelt ausgespannt hat
und die Erde über dem Nichts gegründet allein durch deinen Willen.
Du hast das große Meer vom Land geschieden,
das eine hast du schiffbar, das andere betretbar gemacht,
das eine mit großen und kleinen Tieren,
das andere mit zahmen und wilden angefüllt,
mit verschiedenen Gewächsen bekränzt,
mit Pflanzen bekrönt, mit Blumen verschönert und mit Samen bereichert.
Du hast deine Welt erfüllt und geschmückt
mit wohlriechenden und heilsamen Kräutern,
mit vielen und verschiedenen Tieren,
starken und schwachen, eßbaren und arbeitsamen, zahmen und wilden,
mit dem Zischen der Schlangen und dem Gesang buntgefiederter Vögel,

470

mit dem Kreislauf der Jahre, den Zahlen der Monate und Tage,
der Reihe der Sonnenwenden,
dem Zug der regenspendenden Wolken
zum Gedeihen der Früchte und zur Erhaltung der Tiere,
dem Stand der Winde, die nach deinem Befehl wehen,
und der Vielzahl von Gewächsen und Kräutern.

Dich beten an die unzähligen Scharen der Engel und Erzengel,
die Throne, Herrschaften und Fürstentümer,
die Mächte, Gewalten und ewigen Heere,
die Cherubim und die Seraphim mit sechs Flügeln;
mit zweien bedecken sie die Füße, mit zweien das Haupt, mit zweien fliegen sie
und rufen zugleich mit tausendmal tausend Erzengeln
und zehntausendmal zehntausend Engeln
unablässig und unaufhörlich:

Heilig, heilig, heilig,
Herr Zebaoth!
Himmel und Erde sind voll
von seiner Herrlichkeit.
Gepriesen in Ewigkeit. Amen

Apostolische Konstitutionen VIII, 12; BKV 5, 44 - 48

EPHRÄM: DES CHRISTEN WAHRE SORGE

Sorge dich nicht um den kommenden Tag!
Wir aber sorgen uns für Jahre.
Die Weberinnen hat im Hinblick auf die Lilien
der Herr, der das All bekleidet, gering geachtet,

und durch die gierigen Raben hat die Gierigen getadelt
jener Ernährer des Alls, der allen alles gibt.

Unsere Generation gleicht einem Blatt;
seine Zeit ist da, vom Baum zu fallen.
Da nur kurz die Spanne unseres Lebens ist,
laßt uns das Lob verlängern!
Denn wie lange sich auch unsere Liebe erstreckt,
unermeßliches Leben gewinnen wir durch sie.

Da in unserem Herrn eingesenkt ist
die Wurzel unseres Glaubens,
ist er, wenn auch fern, uns nahe
in der Vereinigung der Liebe.
Die Wurzeln unserer Liebe mögen sich an ihn klammern
und die Strahlen seines Erbarmens sich mit uns vereinen!

50. Lied aus Nisibis, 4 - 6; CSCO 241, 58

BALAI: DES WAHREN SEELSORGERS BEDÜRFNISLOSIGKEIT

Alle preiswürdigen Tugenden fanden sich in deiner Wohnung vereinigt,
und deine Zunge, Akakios, war eifrig bemüht, Heiligkeit auszusäen.
Dein Blick legte der Jugend Zügel an,
und dein Auge prägte den jungen Menschen Behutsamkeit ein
zur Bewahrung der Keuschheit.
Wer dein Wort hörte, glaubte schon;
wenn nicht, so betrachtete er deinen Wandel und ward alsdann fest überzeugt;
dein Wirken legte Zeugnis für dich ab.
Die Liebe Gottes ließest du in deinen Werken wohnen,

472

und nachdem du sie selbst erworben hattest, teiltest du sie durch Worte aus,
damit du viele Teilnehmer (an seiner Liebe) hättest.
Über die Starken freute sich dein Herz,
und die Schwachen stärkte deine Stimme,
 auf daß sie mit den Starken wandern könnten.
Wer geistige Besitztümer besaß, den ermahntest du,
daß er sie nicht verlieren möge; und wer an ihnen Mangel litt,
wurde von dir belehrt und arbeitete angestrengt, damit er sie erhalte.
Der Reiche hörte von dir, er möge sich einen Schatz als seinen Anteil bewahren,
nicht schlummern noch schlafen,
damit nicht die Räuber kämen und ihm seinen Erwerb wegnähmen.
Den Beraubten ermahntest du täglich,
er möge sich die von den Räubern entrissenen Schätze
durch Tränen und Buße wieder beschaffen.
Den Gefallenen reichtest du die Hand, damit sie wieder aufstehen;
Stehende stütztest du durch dein Wort,
daß sie nicht fallen und zugrunde gehen.

Die Liebe zum Besitz hattest du von dir abgestreift, du Kämpfer,
und auf dem Kampfplatz rang nur dein nacktes Ich
und siegte, weil es sich aller Dinge entäußert hatte.
Ohne Furcht wandertest du am Hinterhalt der Räuber vorbei;
denn nur dein nacktes Selbst zog durch die Welt, nicht Reichtum,
sondern Liebe mit sich tragend. Gute Werke erwarb sich der Leib als Flügel,
um zugleich mit der Seele fortzufliegen
und nach dem Licht Edens zu gelangen.
Den Glanz deiner Kindheit bewahrte dein Jugendalter;
denn vom Mutterschoß an warst du rein und bis zum Grabe heilig.
Bei der Auferstehung wirst du zu den Erwählten gehören.
Rein war deine Geburt und heilig dein Heimgang.

Gleich wie dich die Geburt in die Welt einführte, so empfing dich der Tod
und überlieferte dich schuldfrei dem Grabe.
Und weil das Grab deine Reinheit nicht behalten kann,
so gebiert es dich wieder und übergibt dich dem Schoß des Himmelreiches.

Loblieder auf den Bischof Akakios, I, 11 - 65. 96 - 100; II, 51 - 64; BKV 6, 78 - 80

38. FELSENTAUBE (TURTELTAUBE) – TREUE, REINHEIT, FRIEDE

Meine Taube im Felsennest, versteckt an der Steilwand, dein Gesicht laß mich sehen, deine Stimme hören; denn süß ist deine Stimme, lieblich dein Gesicht. *Hoheslied 2, 14*

Die Taube fehlt in keinem Mosaikdekor christlicher Kultgebäude. Schon in der heidnischen Antike ist sie mit ihren vielen Arten von Wild- und Haustauben der am häufigsten erwähnte Vogel. Geschätzt wurden gleicherweise ihre Friedfertigkeit und Fruchtbarkeit, ihre Zärtlichkeit und Treue zum Geschlechtspartner. Wegen der Bekömmlichkeit ihres Fleisches wurde sie allerdings auf alle mögliche Weise gejagt, gefangen und gemästet. Bei den semitischen Völkern galt vor allem die weiße Taube als heiliger, den Gottheiten, besonders der Astarte (Aphrodite, Venus), geweihter Vogel. Religiöse Bedeutung wiesen auch die Juden der Taube zu, wenn sie z.B. in der Sintfluterzählung mit einem Ölzweig im Schnabel das Ende des göttlichen Gerichtes anzeigt (Gen 8, 11). Sie war das Opfertier der einfachen Leute, und Lukas erzählt in seinem Evangelium, daß auch Maria und Josef die Gesetzesvorschrift befolgten, die nach der Geburt eines Kindes das Opfer von Turtel- oder Jungtauben verlangte. Im Hohenlied (2, 14; 5, 12) ist die Felsentaube das Bild für die Zärtlichkeit der Braut und die Schönheit des Bräutigams.

Der Physiologus bietet zwei Abhandlungen, wenn er zwischen Turteltaube (Nr. 28) und Taube (Nr. 35) unterscheidet. Die Taube, vor allem eine rotfarbige, ist Symbol des Heiligen Geistes und Sinnbild für das Opfer Christi. Die kleinere Turteltaube, so genannt wegen ihres ständigen leisen Gurrens (girrender bzw. turtelnder Ruf), gilt dem Physiologus als Hinweis auf Christus und seine Jünger; sie lebe zurückgezogen und liebe die Einsamkeit: »So übernachtete auch unser Heiland auf dem Ölberg, und er nahm Petrus, Jakobus und Johannes mit sich und stieg auf den Berg.« Dort erschienen ihnen Mose und Elija, und die Gottesstimme bezeugte Jesus als den geliebten Sohn. Daraus leitet der Physiologus die Mahnung ab: »Die Turteltaube liebt die Einsamkeit, und die ganz echten Christusträger sollen die Einsamkeit lieben.« In einer weiteren, späteren Deutung, die davon ausgeht, daß das ständige leise Gurren der Turteltaube der Klagegesang um den toten Partner sei und daß sie keine neue Beziehung eingehe, empfiehlt der Physiologus unter Berufung auf den Kirchenvater Basileios den verwitweten Partnern, keine zweite Ehe mehr einzugehen: »Ahmt nur, ihr Frauen, die Turteltaube nach und bewahrt die Ehe mit euren Männern wie die Turteltaube ..., doch nicht nur die Frauen, sondern auch die Ehemänner« (Physiologus, Nr. 28).

Außer diesen moralischen Hinweisen bietet der Physiologus aber noch eine andere Beschreibung und Deutung, die sich an der Liebespoesie des Hohenliedes orientieren: »Christus selbst ist unsere überaus beredte geistliche Taube, unser wahrlich schön tönendes Vögelchen, der mit seiner frohen Botschaft alles hat ertönen lassen, was unter dem Himmel ist. Ihm hat die Braut, das ist die Gemeinde aus den Heiden, zugerufen: 'Dein Gesicht laß mich sehen und deine Stimme hören! Denn süß ist deine Stimme und lieblich dein Gesicht' (Hld 2, 14). Er ist die zarte Taube, wahrlich ohne Bosheit und Falsch« (Physiologus, Nr. 28).

ODE SALOMOS: DES ERLÖSTEN DANK FÜR SEINE RETTUNG

Wie die Flügel der Tauben über ihren Jungen
und die Schnäbel der Jungen an ihren Schnäbeln
so sind die Flügel des Geistes über meinem Herzen.

476

Fröhlich ist mein Herz und hüpft
wie das Ungeborene, das hüpft im Leib seiner Mutter.

Ich kam zum Glauben und fand dadurch die Ruhe;
denn des Glaubens wert ist der, an den ich zum Glauben kam.

Segensvoll segnete er mich; mein Haupt ist ihm zugewandt.
Nicht trennt mich von ihm das Schwert noch der Dolch.

Von ihm stammt der Geist, der in mir ist;
er kann nicht sterben, weil er das Leben ist.

Es staunten die, welche mich sahen,
als ich verfolgt wurde.

Sie meinten, ich sei verschlungen worden,
weil ich ihnen erschien wie einer von denen, die zugrunde gingen.

Meine Unterdrückung aber -
Erlösung wurde sie mir.

Denn nicht zu überflügeln ist der Verstand des Höchsten,
sein Herz ist überlegen aller Weisheit.
Halleluja!

28. Ode, 1-3. 7 - 10.19; Hennecke-Schneemelcher II. 608 - 610

EPHRÄM: BOTIN DES FRIEDENS

Der Ölbaum war der Erstgeborene
der Bäume, die begraben waren
von der Sintflut - wie sein Herr,
der der Erstgeborene aus dem Totenreich ist.
Es spaltete der Ölbaum die Flut,
vor allen anderen Bäumen ist er erstanden.
Emporsteigend gab er seinen Ölzweig
als Unterpfand für die Auferstehung der Menschen.
Jubelnd fand ihn die Taube;
die Flügel, die bewohnbares Land suchten,
brachten die Botschaft von ihm, der dem Untergang entronnen;
den Friedensgruß entsandte der Ölbaum in ihrem Schnabel.
Der Ölbaum spaltete die Wogen königlich
und entsandte einen Herold des Friedens.
Dieser überbrachte den Eingeschlossenen die frohe Botschaft
und weckte damit das Lob im Mund der Schweigenden.
Man pflückte vom Ölbaum Trost,
den Zweig, der aller Augen mit Licht erfüllte,
der Noach die Botschaft brachte, daß der Zorn besiegt
und das Erbarmen gesiegt habe.
Der Anblick des Zweiges
säte in die düsteren Herzen Freudenwonne.
Er wurde für sie zu einem Spiegel des Friedens;
sie sahen in ihm den Frieden der Erde.

6. Hymnus über die Jungfräulichkeit, 3 f.; CSCO 224, 22 f.

EPHRÄM: ÖLZWEIGE DES LOBES

Der Verkrüppelte streckte seine Hand aus und pflückte Ölzweige,
der Lahme, den Christus geheilt hatte, wurde zum Hirsch
und begann zu springen vor Jesu Eselsfohlen.
Taube und Stumme spendeten Lob und riefen: Hosanna!

Wie viele neue Harfen erklangen dir, unser Erlöser!
Lebendige Harfen derer, die du heiltest;
auch stumme Harfen der Toten spendeten dir Lob.
Die Harfe jenes (jüdischen) Volkes allein - stumm bleiben seine Saiten.

Wem gleicht wohl die Schar der Kinder, die Lob spendete? -
Der reinen Taube, deren Schnabel mit dem Ölzweig gefüllt wie mit Lob!
Doch wenn der Schnabel der Taube durch den Ölzweig sprach,
dann sind verurteilt die, die schweigen.

Die Schar der Kinder und der schlichten Menschen spendete Lob.
Du neue Schwalbe, die neue Melodien erklingen ließ dem neuen König!
Sie sah den Frühlingsmonat Nisan, den unsichtbaren,
der erschienen war, und freute sich darüber.

Kind schloß sich an dem Kind und Knabe dem Knaben.
Der Kranz der Hosanna-Rufe, lauter und rein,
ist würdig ganz jenem Sieger, der den Bösen besiegt hat
und nun kam, den Tod zu bezwingen.

41. Hymnus über die Kirche, 3 f. 8. 13. 15; CSCO 199, 99 - 101

Johannes von Damaskus: Der Frühling der Auferstehung

Singen laßt uns, all ihr Völker,
jenem, der aus bitterer Knechtschaft
des Pharao Israel befreit hat
und in der Tiefe des Meeres
ihm für trockenen Fuß einen Weg bahnte,
ein Siegeslied,
da er sich verherrlicht hat!
Heute ist Frühling der Seelen,
da Christus aus dem Grab
am dritten Tag wie eine Sonne aufleuchtete
und den finsteren Winter
unserer Sünde vertrieb;
ihm laßt uns singen,
da er sich verherrlicht hat!
Die Königin der Stunden
begleitet den lichtbringenden Tag,
den König der Tage,
mit strahlendem Glanz und erfreut
der Kirche auserwähltes Volk;
unaufhörlich besingt sie mit Hymnen
den auferstandenen Christus.
Die Tore der Unterwelt, Christus,
weder die Siegel des Grabes
noch die Riegel der Türen widerstanden dir;
vielmehr erstandest du und tratest hin
zu den Freunden und schenktest, Herr,
ihnen den Frieden, der jedes Begreifen übersteigt.

Auferstehungskanon am 2. Ostersonntag, 1. Ode; Anthologion III, 243 f.

39. SCHWALBENPAAR –
ZUVERLÄSSIGKEIT GOTTES, NEUBEGINN

Turteltaube, Schwalbe und Drossel halten die Frist ihrer Rückkehr ein; mein Volk aber kennt nicht die Rechtsordnung des Herrn. *Jeremias 8, 7*

In der Antike wurde die Ankunft der Schwalbe als Frühlingsbotin gefeiert; man schätzte ihre Verläßlichkeit bei der Rückkehr, den kunstvollen Nestbau, die gemeinsame Aufzucht der Brut durch das Elternpaar und ihren Opfermut für die Jungen. Auch der christliche Physiologus hebt diese Eigenschaften hervor: »Die Schwalbe zeigt sich im Frühjahr, wenn der Winter vorbei ist, und bei Tagesanbruch steht sie auf und ruft die Schläfer zur Arbeit. ... Sie ist ein braves Vögelchen und sehr schnell. Sie verbringt die eine Hälfte des Jahres in der Wüste und die andere in der Ebene nahe den Menschen. Sie zeugt Junge in der Wüste und in der Ebene und baut ihr Nest an den Häusern der Menschen. Wenn sie Junge haben, fliegen beide Eltern und holen Nahrung und füttern sie.« Aus der ersten Bemerkung, daß die Schwalbe sehr früh schon nach Nahrung sucht, erhebt der Physiologus an die vollendeten Asketen, die fortgeschrittenen Mönche und Nonnen, die Forderung, daß auch sie, »wenn der Winter des Leibes vorbei ist«, d.h. nach Überwindung aller Begierden, »auf ihrem Lager an den Herrn denken, ihn am frühen Morgen im Herzen haben und die wecken, die vom Schlaf noch beschwert sind, das Gute zu wirken.« - Dann weiß der Physiologus noch Erstaunliches zu berichten: »Oft wird eines der Jungen blind; dann fliegt das Weibchen sofort in die Wüste und holt ein Kraut und legt es auf die Augen des kranken Kindes. Das wird sofort geheilt und kann wieder sehen.« Diese angebliche Heilkunst wird allegorisch gedeutet und die Blindheit als Sünde bezeichnet, die durch Einkehr in die Einsamkeit und Reue überwunden wird: »Bist du in Sünde verfallen und ist dein Gewissen geblendet, geh in die Einsamkeit ... und nimm das Kraut, das ist die

Reue, und durch die Dreiheit gleichen Wesens wird die Blindheit der Sünde ausgerissen werden« (Physiologus, Nr. 33).

Der gegabelte Schwanz, die verlängerten Flugfedern und das braune Kropfband lassen in dem Schwalbenpaar im Mosaikteppich der armenischen Polyeuktos-Kirche von Jerusalem Felsen- oder Uferschwalben erkennen. In paradiesischer Landschaft, durchzogen von den Reben und Früchten des Weinstocks Christi, geben sie Zeugnis von der Zuverlässigkeit der göttlichen Verheißungen und dem Frühling in seiner neuen Schöpfung.

EPHRÄM:
DES LEBENS FEST IM FRÜHLINGSMONAT NISAN (MÄRZ-APRIL)

Nisan, der siegreiche Monat,
gesandt vom Sieger,
erstrahlte und siegte in Ägypten,
rettete und ließ ausziehen des Königs Braut.
Vor ihr benetzte er die Erde mit seinen Wogen,
bestreute und erfüllte sie mit Blumen.
Der Blitze Fackel leuchtete,
der Donner Jauchzen erhob sich,
die Berge hüpften vor ihr.
Gepriesen der Erhabene, der im Triumph die Erniedrigten führte!

Die dichte Hülle der Finsternis
wird im Nisan ganz zerrissen.
Es fliegen die Blitze in der Finsternis,
ihr Leuchten zerreißt sie.
Das Fest, das im Nisan gefeiert wurde,
spaltete durch eine Stimme die Gräber.

Die alles belebende Stimme hörte der alles tötende Tod,
und er wurde kraftlos
und gab all seine Beute preis.
Lob sei dir, Sohn des Allbelebenden!

An diesem Tag zerbrach Ägyptens Riegel
jenes zeichenhafte Lamm, das schwach war.
In seiner Schlachtung zeigte es seine Macht;
denn tot rettete es die Lebenden.
Auch der Erstgeborene hat am Tag seines Todes
der Unterwelt Riegel zerbrochen wie die Ägyptens.
Es kamen hervor die Toten und verkündeten die Macht
dieses Lammes, das durch seinen Tod
sie aus der Unterwelt herausführte.
Lob sei dir, der sein Eigentum rettete!

3. Hymnus zur Auferstehung, 1. 10 f: CSCO 249, 68. 70

ROMANOS: EIN NEUER FRÜHLING FÜR DIE ALTE MENSCHHEIT

Als Maria Lieder sang dem, den sie geboren hatte,
als sie das Kindlein streichelte, das einzig sie hervorgebracht,
vernahm es Eva, die unter Schmerzen
Kinder geboren, und voll Freude rief sie Adam zu:
Wer hat meinen Ohren grad erklingen lassen, worauf ich hoffte?
Die Jungfrau, die geboren hat des Fluches Lösung!
Ihre Stimme allein löst meine Leiden,
und ihr Sproß verwundet den, der mich verwundet hat.
Von ihr schon schrieb des Amos Sohn (Jesaja 11, 1. 10):
Die Wurzel aus Isai (Jesse) ist sie, die mir das Reis hervorbringt,
von dem ich essen und nicht sterben werde, die voller Gnade!

483

Da du die Schwalbe hörtest, die mir in der Frühe sang,
laß den todesgleichen Schlaf, Adam, und erhebe dich!
Höre auf mich, deine Gattin!
Auch ich, die einst den Sterblichen den Fall gebracht, erheb mich nun.
Erkenne das wunderbare Geschehen; schau, wie die, die keinen Mann kennt,
durch ihr Gebären von der Verwundung heilt.
Einst hat die Schlange mich erkoren und getanzt;
doch jetzt sieht sie unsere Nachkommen und flüchtet kriechend davon.
Gegen mich hat sie das Haupt erhoben,
jetzt aber, gedemütigt, winselt sie und spottet nicht mehr
und fürchtet den, den geboren hat die voller Gnade!

Laß dich überzeugen, Mann, von den Worten deiner Frau!
Nicht noch einmal sollst du mich als schlechte Ratgeberin finden.
Denn das Alte ist vergangen,
und neu läßt alles erscheinen der Sproß Mariens, Christus.
Spüre den Regen und blüh gleich auf,
wie die Saat richte dich auf; denn der Frühling kommt zu dir!
Jesus Christus weht wie die linde Morgenluft.
Der Sommerglut, die dich versengte, entflieh;
komm, folge mir zu Maria!
Wenn sie uns hingestreckt sich zu Füßen sieht,
wird sogleich Erbarmen mit uns haben die voller Gnade!

Schon erkenne ich, Frau, den Frühling und spüre seine Wonne,
aus der wir einst vertrieben wurden, schon schaue ich das Paradies,
neu, andersartig, die Jungfrau,
die auf dem Schoße trägt den Baum des Lebens, welchen damals
die Cherubim bewachten, den heiligen, damit ich ihn nicht berühre;
unberührt sehe ich ihn nun heranwachsen.

Den Odem nehm ich wahr, Frau, den lebenspendenden,
der mich, da Staub ich war und unbeseelter Lehm,
mit einer Seele ausgestattet hat; jetzt von seinem
schönen Duft gestärkt, will eilen ich zu der, die erblühen ließ
die Frucht unseres Lebens, die voller Gnade!

Als Mariens Augen Eva erblickten
und auf Adam herabschauten, wollten sie in Tränen zerfließen;
doch hielt sie sie zurück und mühte sich,
die Natur zu besiegen, sie, die gegen die Natur
Christus erhalten hatte zum Sohn.
Im Innersten jedoch war sie erschüttert, da sie mit den Eltern litt;
denn dem Barmherzigen ziemt eine erbarmungsvolle Mutter.
Deshalb sprach sie zu ihnen: Laßt ab von euren Klagen!
Fürsprecherin für euch will ich sein bei dem, der von mir geboren.
Wendet euch doch ab von dem Unglück,
da ich geboren habe die Freude; deshalb, die Trauer
zu beseitigen, bin ich ja da, die voller Gnade!

2. Hymnus zu Christi Geburt, 3 f. 6 f. 10; SC 110, 90 - 100

Jakob von Batna: Des guten Räubers Glaubensgesang

Die Bedränger sahen das Vögelchen, wie kühn es war;
sie gerieten in Wut und warfen eifrig mit Steinen nach ihm,
aber es stieg nicht zu ihnen herab.
Mitten in den Dornen ließ es sein Lied erschallen in herrlichen Tönen,
gleich einer Schwalbe war seine Stimme voller Anmut.
Es legte den Mund voller Liebe an das Ohr Jesu
und flüsterte ihm klagend und stotternd zu.

Es erhob seine Stimme, während der Glaube
ihm zuflüsterte in dem großen Leide:
In deinem Reich gedenke meiner, Herr, wenn du hinkommst!
Siehe, ich nehme meine Zuflucht zu dir, da ich von allen Seiten verfolgt werde!
Verstoß mich nicht, damit ich nicht von dir zu Fremden fliehen muß!
Siehe, alle Stürme umtobten mich, als ich mich nicht an dir festhielt;
aber verächtlich sind sie geworden,
wie ich zur Höhe deines Kreuzes emporstieg.
Wie eine Schlange zischte mich Kajaphas an;
aber jetzt, da ich in deinem Nest bin,
berühren mich die bitteren Schmähungen nicht, die er ausspie.
Siehe, der gewaltige Satan ist gegen mich zum Kampf ausgezogen;
aber meine guten Schwingen bieten mir eine Gewähr,
daß er mich nicht erreicht.-
Das ist der Gesang des Glaubens, der vom Räuber her erklang.

Gedicht über den rechten Räuber, 300 - 314. 321 - 323; BKV 6, 371 f.

40. STRAUSSENPAAR –
HINWENDUNG ZU GOTT UND SEINER GÜTE

Die wilden Tiere werden mich preisen, die Schakale und Strauße; denn ich lasse in der Steppe Wasser fließen und Ströme in der Wüste, um mein Volk, mein erwähltes, zu tränken. *Jesaja 43, 20*

Der Strauß, heute nur noch in Arabien und Afrika anzutreffen, war früher auch in Syrien bis hinauf nach Südrußland beheimatet. Mit seinem bis zu 2,60 m hoch emporragendem Kopf und seinen bis zu 4 m weiten Laufschritten ist der größte lebende Vogel. Er hat sich hervorragend an das Leben in Halbwüsten und Grassteppen angepaßt und kann durch schnelles und andauerndes Traben seinen natürlichen Feinden leicht entkommen, doch nicht den Menschen, die ihn wegen seiner prächtigen Federn erbarmungslos gejagt und weithin ausgerottet haben. Ungewöhnlich ist das Brutverhalten der Strauße, das den antiken Menschen - auch dem Physiologus - zu mancherlei Vermutungen und phantastischen Behauptungen Anlaß gab. In seinem weiten Revier schart der Hahn bis zu sechs Hennen um sich, die ihre Eier gemeinsam in eine in die Erde gekratzte flache Mulde legen. Brüten im Wechsel mit dem Hahn darf allerdings nur die Haupthenne; er brütet vom späten Nachmittag bis in die Morgenstunden, sie in der übrigen Zeit. Das Verhalten der Strauße erweckte den Eindruck, daß die Hennen sich nicht um ihre Eier kümmern, zumal die beiden nicht das ganze Gelege mit den großen Eiern ausbrüten können und viele Eier oft zertreten aufgefunden werden.
In der Bibel erfährt der Strauß gegensätzliche Wertungen. Während er im Buch Ijob als dumm und erbarmungslos bezeichnet wird, da er seine Eier der Erde preisgibt und sie angeblich vergißt, so daß »das Wild des Feldes sie zertreten kann« (39, 13 - 17), wird ihm in der prophetischen Tradition Gottes Erbarmen zugesagt, da er am Heil des auserwählten Volkes, dargestellt im reichlich in der Steppe fließendem Wasser, teilhaben wird (Jes 43, 20).

Der Physiologus - in einer späten Version - bezeichnet den Strauß wegen seines angeblichen Brutverhaltens als faules Tier; er überlasse unbekümmert der Sonne, was er selbst tun sollte: »Dieses Tier ist sehr nachlässig. Es kratzt die Erde auf und legt die Eier hinein und deckt sie mit Sand zu, und aus Faulheit kümmert es sich nicht weiter um die Eier. Deswegen legt er sie im Hochsommer, damit das, was die Straußin selbst tun sollte, nämlich ausbrüten, der pralle Sonnenschein tut, der dann die Küchlein ausschlüpfen läßt.« Einer weiteren Straußengeschichte liegt die Tatsache zugrunde, daß in vielen östlichen Kirchen Straußeneier aufgehängt wurden und werden; sie dienen als Schmuck und als Hinweis auf Christi Auferstehung. Der Physiologus bietet nun die Erzählung von einem phantastischen Brutverhalten: »Er legt die Eier und brütet sie nicht aus wie üblich, sondern setzt sich ihnen gegenüber nieder und blickt sie mit seinen Augen scharf an, und sie werden warm und lassen die Jungen schlüpfen durch die Hitze seiner Augen. Wenn er aber wegblickt, lassen sie keine Jungen herauskommen.« Dieses Ausbrüten durch scharfen Blick deutet der Physiologus nun aber nicht, wie anzunehmen wäre, als Hinweis auf die Auferstehung, sondern fordert im Hinblick auf die in den Kirchen aufgehangenen Eier die Christen auf, ebenso die Augen auf den vergebenden Gott zu richten: »Deswegen werden in der Kirche die Eier aufgehängt als Vorbild für uns. Wenn wir gemeinsam beim Gebet dastehen, sollen wir das Auge auf Gott gerichtet haben, weil er uns die Sünden ausgetilgt hat« (Physiologus, Nr. 54).

Der Mosaizist hat sicher nur ein ungenaues Bild als Vorlage gehabt, als er das Straußenpaar in den Vogelpark der armenischen Kapelle auf dem Ölberg einfügte. Der enge vorgegebene Rahmen machte es zudem erforderlich, den Kopf des Hahnes S-förmig zu verkürzen und seinen Kopf nach hinten zu drehen; die seltsam gestaltete Schwanzpartie beider Vögel läßt den prächtigen Federschmuck nur erahnen.

EPHRÄM: DER DIRNE BEKEHRUNG UND GROSSHERZIGKEIT

Die Sünderin freute sich zu hören, Christus sitze
in Simons Haus zu Tisch und speise.
Ihre Gedanken sammelten sich wie ein Meer,
und wie seine Wogen brandete ihre Liebe.
Sie sah das Meer des Mitleids an einem einzigen Ort zusammengezogen
und faßte den Gedanken, hinzugehen und alle ihre Schuld
in seinen Wogen zu ertränken.
Was soll mir diese Hurerei, was dieses ausschweifende Leben?
Denn ein Mann ist von Gott, viele sind vom Satan!
Das sprach sie insgeheim und offen begann sie zu handeln.
Sie wusch ab und entfernte von ihren Augen die Schminke,
die die blendete, die sie sahen,
und die Tränen ihrer Augen flossen herab auf jene todbringende Farbe.
Sie riß von ihren Armen die verführerischen Spangen ihrer Jugendlichkeit.
Sie legte ab von ihrem Leib und warf fort das Byssuskleid einer Dirne;
und sie besann sich, hinzugehen und anzulegen das Sühnekleid der Demütigen.
Sie riß von ihren Füßen die glänzenden Schuhe der Ausschweifung
und lenkte die Spur ihrer Füße auf den Weg des himmlischen Adlers.

Sie nahm das Gold in die Hand und ebenso ein Alabastergefäß
und wandte sich eilends zu gehen zum Salbenverkäufer, in Ungeduld.
Der Salbenverkäufer sah sie und wunderte sich
und fiel mit ihr in einen Wortstreit.
Und er fing an zu Beginn seiner Rede so zu sprechen:
Genügt es dir nicht, Dirne, unsere ganze Stadt verführt zu haben?
Was soll diese Aufmachung, die du heute deinen Freunden zu sehen gibst?
Du hast ja das Kleid der Ausschweifung abgelegt
und das der Niedrigkeit angezogen.

Gestern kamst du noch zu mir; da war dein Aussehen anders als heute.
Da hattest du schöne Kleider an und trugst nur wenig Gold mit dir.
Und du willst jetzt das beste Öl haben, um deine Ausschweifung zu würzen.
Heute schmutzige Kleider, und trägst doch viel Gold mit dir!
Achtest du nicht auf deine Veränderung, wie dein Äußeres heute ist?
Kleide dich entsprechend deinem Öl
oder kaufe Öl entsprechend deiner Kleidung!
Denn dieses Öl paßt nicht zu dieser Kleidung und schickt sich nicht.
Kam dir etwa ein Kaufmann in den Weg mit großen Schätzen,
und sahst du, daß er deine Kleidung als Dirne nicht liebt?
Willst du etwa durch angepaßtes Aussehen großen Reichtum dir fangen?
Und wenn er wirklich diese Kleidung liebt, weil er ein züchtiger Mann ist,
wehe ihm! Wohin ist er gelangt!
An einen Abgrund, der sein Handelsgut verschlingt!
Doch ich rate dir als einer, der auf deinen Vorteil bedacht ist:
Gib die vielen Männer auf, die dir von deiner Jugend an nicht geholfen haben,
und erwirb dir einen einzigen Mann, der dich Zügellose bessert!
So sprach der Salbenverkäufer zu der Dirne mit Klugheit. -
Die Dirne antwortete und sprach zum Salbenverkäufer auf seine Worte:
Mach keine Schwierigkeiten, Mann,
und hindere mich nicht durch deinen Streit!
Öl verlange ich von dir, nicht kostenlos.
Ich werde den Preis bezahlen, ich bettle nicht.
Nimm Gold, so viel du willst, und gib mir das beste Öl.
Nimm das, was keine Dauer hat, und gib mir, was bleibt!
Ich gehe nun zu jenem, der bleibt, und kaufe mir, was bleibt.
Und was du da von einem Kaufmann gesagt hast,
in der Tat ist mir ein Mann begegnet mit großem Reichtum.
Er hat mich bestohlen und ich ihn.
Er hat meine Schulden und Sünden und ich habe seinen Reichtum gestohlen!

490

Das sprach die Dirne zum Salbenverkäufer mit Ungeduld.
Die Sünderin voller Schuld eilte, stand an der Tür und klopfte leise
und weinte laut: Sohn des Gütigen, der auf die Erde herabstieg,
um Adam zu retten, verschließe nicht vor mir deine Tür!
Meine Augen, werdet zu Kanälen, die nicht aufhören mit Tränen,
und waschet heute die Füße, die den Sündern nachgeeilt sind.
Mein Haar, das in Locken wuchs von meiner Jugend an bis heute,
nicht verdrieße es dich, zu trocknen jenen heiligen Leib!
Mein Mund, der die Unzüchtigen geküßt hat,
schäme dich nicht, die Hände zu küssen
dessen, der Schulden und Sünden verzeiht! So sprach die Dirne.

4. Predigt (gekürzt); CSCO 312, 99 - 102. 106 f.

JAKOB VON BATNA: DAS TÄGLICHE BROT FÜR HEUTE

Das Gemüt der Gerechten sehnt sich nicht nach Überfluß
und sie plagen ihre Seele nicht mit den Sorgen um Nichtiges.
Nur den notwendigen Besitz, Kleidung und Brot, nehmen sie hin
und lassen sich nicht durch Lüste fesseln.
Das einfache Leben ist eine glückselige Ruhe,
und durch den Verkehr mit ihm mehrt sich die Weisheit.
Der Habgierige wird getötet inmitten seiner täglichen Sorge um vielerlei,
ohne daß er doch an einem Tage für zwei leben kann.
Denn das Brot für den morgigen Tag
ist dir während des heutigen vollkommen überflüssig,
ebenso wie dir auch am gestrigen Tage
das für den heutigen nichts nützen konnte.
Wenn jeder Tag das Seinige in Anspruch nimmt, um ihn auszufüllen,
so lade dir doch nicht an einem Tage die Sorge für viele Tage aufs Haupt!

Es genüge jedem Tage seine eigene Plage und die Sorge für ihn;
und dies genügt ohne Zweifel für das ganze Leben.

Jakobs Vision zu Beth-El, 315 - 328; BKV 6, 343

ANDREAS VON JERUSALEM: BEKEHRUNG UND RETTUNG

Nahe, meine Seele, ist das Ende;
nahe ist es, und du bist nicht besorgt, bist nicht bereit.
Die Zeit drängt, steh auf!
Vor der Tür steht schon der Richter.
Wie ein Traum, wie eine Blume entschwindet des Lebens Zeit.
Was lassen wir uns in Torheit verwirren?

Werde wieder nüchtern, meine Seele!
Deine Taten, die du vollbracht, bedenke
und führe sie dir vor Augen;
laß deine Tränentropfen rinnen.
Bekenne freimütig die Taten, die Begierden
Christus, und du sollst gerechtfertigt werden.

Deinen Leib und dein Blut hast du am Kreuz,
göttliches Wort, für alle dahingegeben,
den Leib, um mich neuzugestalten,
das Blut, um mich reinzuwaschen.
Den Geist hast du gesandt, mich heimzuführen,
Christus, zu deinem Vater.

Gewirkt hast du das Heil, Erbarmer,
in der Erde Mitte, daß wir gerettet werden.

Freiwillig hast du dich am Holz erhöhen lassen;
der Garten Eden, der verschlossen, wurde wieder geöffnet.
Der Himmel, die Unterwelt, die Schöpfung,
die Völker insgesamt, da sie erlöst, verehren dich!

Großer Bußkanon, 4. Ode, 3. 4. 17. 18 Troparion; Anthologion II, 845 - 847

41. STREITHÄHNE –
MAHNUNG ZU FRIEDEN UND GERECHTIGKEIT

Rette mich, Herr, vor bösen Menschen, vor gewalttätigen Leuten schütze mich; denn sie sinnen in ihrem Herzen Böses, jeden Tag schüren sie Streit.
Psalm 140, 2 f.

Hahnenkämpfe waren in der antiken Welt der Mittelmeervölker (wie heute noch in Ostasien und Mexiko) ein beliebtes und eifrig betriebenes Vergnügen, wie die zahlreichen Darstellungen auf Steinreliefs, Wandbildern und Vasen belegen. Die Hähne wurden für den Kampf gezüchtet und, um ihre Kampfeslust anzustacheln, mit Lauch gefüttert. Auf öffentlichen Plätzen oder in Sportschulen wurden die Tiere von ihren Besitzern einander gegenübergesetzt und zum Kampf gereizt. Der Herr des siegreichen Hahnes wurde mit einem Siegeskranz geehrt, während der andere mit seinem geschlagenen und blutenden Tier Spott davontrug. Wenn die Kirchenväter wiederholt gegen Schauspiele auf der Bühne und Belustigungen über Tierkämpfe zu predigen sich genötigt sahen, so zeigt das ebenfalls, daß derlei Spiele auch von der christlichen Bevölkerung der Spätantike vergnüglich genossen wurden.

Daß die Darstellung eines Hahnenkampfes Aufnahme fand in der Bilderfolge eines kirchlichen Fußbodenmosaiks, ist nicht nur als Zugeständnis an die Mentalität jener Menschen zu verstehen, die den Weg vom Heidentum zur Gemeinde gefunden hatten, sondern auch als anschauliche Mahnung an sie, den Frieden in Kirche und Gesellschaft nicht durch Habgier und Streit zu gefährden. Auf diesen durch kluge Politik der oströmischen Kaiser im 5. und 6. Jahrhundert gesicherten Frieden und den erarbeiteten Wohlstand weisen viele Mosaikbilder hin, so der große Früchtekorb neben den Streithähnen, aber ebenso weitere Darstellungen im Umfeld des Hahnenkampfmosaiks. Diese Kampfszene illustriert die stets wiederholten Mahnungen der Prediger, vorab des aus

Antiocheia in Syrien stammenden Johannes Chrysostomos, gegen Streitereien und soziale Ungerechtigkeiten in der Kirche; als kirchliche Lehrer stehen sie in der Tradition der alttestamentlichen Propheten: »Seht, an euren Festtagen macht ihr Geschäfte und treibt alle eure Arbeiter zur Arbeit an. Obwohl ihr fastet, gibt es Streit und Zank, und ihr schlagt zu mit roher Gewalt. ... Nein, das ist ein Fasten, wie ich es liebe: die Fesseln des Unrechts zu lösen, die Stricke des Jochs zu entfernen, die Versklavten freizulassen, jedes Joch zu zerbrechen, an die Hungrigen dein Brot auszuteilen, die obdachlosen Armen in dein Haus aufzunehmen, wenn du einen Nackten siehst, ihn zu bekleiden und dich deinen Verwandten nicht zu entziehen. Dann wird dein Licht hervorbrechen wie die Morgenröte, und deine Wunden werden schnell vernarben« (Jes 58, 3-8).

EPHRÄM: DER HABGIER UNERSÄTTLICHKEIT

Die Vorratskammer des Vogels ist sein Magen,
und sein Lebensunterhalt ist der tägliche Fang.
Die Scheune des Habsüchtigen ist sein Auge,
und sein Hunger ist der Hunger des Totenreiches.
Sein Auge begehrt alles, was es sieht,
sein Bedürfnis wird niemals gestillt.
Für das Meer sind zu klein die Quellen
und für den Habsüchtigen die Reichtümer.
Hat er sein tägliches Brot,
dann ist der Wolf kein Räuber;
und wenn er Sättigung an einem Ort gefunden hat,
zieht er mit vollem Magen fort.
Einen dritten und vierten Tag
kann der Löwe ohne Nahrung sein,
und wenn er dann kommt, etwas zu rauben,

dann schreien gegen ihn die Hirten,
während der Reiche Qualm ausspeit
und das Brot der Armen raubt.
Der Gierige platzt vor Speise,
doch raubt er den Anteil der Unterdrückten.
Der Besitzer von Talenten blickt
sogar auf den Pfennig der Witwe.
Der Geiz verachtet nicht Pfennig noch Mark,
wie auch das Meer nicht verachtet
kleine Flüsse noch Bäche.
Das Feuer frißt sowohl Zedern
wie auch Unkraut und reife Saat.
Die Geizigen sammeln das Gold
von den Witwen und Waisen
und streuen es aus in den Stadien
an die Athleten und Wagenlenker,
an die Sänger und Sängerinnen,
an ausschweifende Männer und Frauen,
damit das Einsammeln des Goldes mit Sünde geschieht
und mit Frevel auch sein Ausstreuen.

3. Predigt, 433 - 468; CSCO 306, 78 f.

ISAAK VON ANTIOCHIEN: AUFMUNTERUNG ZUR UMKEHR

Kommt, ihr Sünder, laßt uns lernen, wie man Buße tut;
wer mit Schuld beladen, möge hören, wie man Verzeihung erhält!
Wir wollen uns gegenseitig im Kampf ermuntern, in dem wir stehen,
damit nicht der Verfolger siege, in unsre Seele einziehe und sie vernichte!
Durch Christus ist alles erneuert worden, laß auch du dich, alter Sünder,

mit der neuen Schöpfung in den Glauben aufnehmen!
Beuge dich, Mensch, der du erzürnt bist gegen deinen Herrn!
Versöhne deine Seele mit ihrem Leben, und du versöhnst dich mit Gott!
Gott hält die Türe nicht verschlossen vor denen, die ihn suchen;
die Gottlosen selbst verschließen sich die Türe der Barmherzigkeit.
Warum betrübst du seine Majestät,
indem du deinen Anspruch auf Gnade nicht geltend machst?
Die Tür steht weit offen, und du klopfst noch immer;
und obwohl du frei und ungehindert bist, murrst du.
Gott verlangt von dir nicht, daß du ihn bittest; er bittet vielmehr dich!

Gedicht über die Buße (gekürzt); BKV 6, 155, 162 f.

JAKOB VON BATNA: DES RÄUBERS SIEGREICHES BEKENNTNIS

Als die Jünger vom Meister geflohen und er einsam und verlassen war,
da folgte der Räuber ihm, indem er ihn voller Schmerz anflehte.
Als die stolzen Reihen der Zwölf sich zerstreuten,
machte er allein sich voll Zuversicht auf, die Lücke zu füllen.
Als jene Schar von den Henkersknechten zersprengt ward,
war er eifrigst bemüht, den Kampf gegen den Irrtum aufzunehmen.
In jenem Streit, da das Fundament selbst der Auserwählten
ins Wanken geriet,
erhob der Glaube durch den Mund eines Räubers seine Stimme.
Wie ein Wrack lag das Schiff der Apostel da,
an einem Mörder mußten die Bemühungen der Gerechtigkeit anknüpfen.
Simon schwur: Ich kenne diesen Menschen nicht!,
während ein Menschenmörder ihm voller Liebe zurief: Mein Herr!
Sogar bei den Aposteln war der Glaube schwach geworden;
denn der Geist der Traurigkeit hatte ihr Herz mit Furcht erfüllt.

In dieser Zeit, da sogar die Treuesten von Zweifeln heimgesucht wurden,
erhob sich der Räuber, um klar seinen Glauben an den Sohn zu bekennen.
Thomas war geflohen und Petrus zum Leugner geworden,
und selbst jener Jünger, den der Herr liebhatte, stand abseits.
Ruhig verhielt sich Johannes in der Leidenszeit wie ein Fremder,
ferne, gleichsam eingeschüchtert, stand er vor dem Sohn, der am Kreuz hing.
Doch war er nicht geflohen, nicht weil er mutiger war als seine Genossen,
sondern aus Liebe zu dem Gekreuzigten; denn er kannte ihn.
Auch Maria war damals nicht imstande, den Glauben an ihn zu bekennen;
wie fremd blickte sie auf ihn, von Schmerz überwältigt.
Getroffen hatte sie das Leidensschwert, niedergeschmettert stand sie da,
wie ihr Simeon der Greis einst verkündet hatte, als sie ihn geboren.
Die Angst um den geliebten Sohn hatte die Seele der Mutter durchdrungen,
und sie war außerstande, sich ihm zu nähern, als er verhöhnt wurde.
Schmerzgebeugt stand sie da, den Blick auf ihren verspotteten Sohn gerichtet;
sie wagte nicht, sich ihm zu nähern, aus Furcht vor den Wölfen, die ihn umgaben.
Sanft wie ein Kalb ließ die Jungfrau ihre Klage in tiefem Leid vernehmen;
sie scheute sich, ihre Stimme laut zu erheben wegen der Schlächter.
Da sogar die Mutter des Königs, tödlich getroffen vom Schwert des Leidens,
untätig dastand, raffte sich der Räuber auf, eine kleine Bitte an ihn zu richten.
Der Lärm des rasenden Volkes machte auf ihn keinen Eindruck,
er ließ sich durch die fanatischen Ungläubigen nicht verwirren.
Er hörte nicht auf die lärmenden Zurufe der Gotteslästerer,
und die Hohnreden der Spötter machten ihn nicht irre.
Um all das kümmerte er sich nicht, sondern er schickte sich an,
rückhaltlos seinen Glauben an ihn zu bekennen.
Er neigte seinen Kopf und erhob im Glauben seine Stimme
und rief dem Sohne zu: Gedenke meiner, Herr,
wenn du in das Reich und in die Herrlichkeit kommst, die jetzt verborgen sind!

Gedicht über den rechten Räuber (gekürzt); BKV 6, 364 - 368

42. STEINBOCK –
SICHERHEIT UND GEBORGENHEIT BEI GOTT

Die hohen Berge gehören dem Steinbock.   *Psalm 104, 18*

Die unzureichenden Beobachtungen und Beschreibungen der antiken Autoren bieten kein klares Bild von den Horntieren der Gebirgs- und Steppenre-
gionen. Steinböcke, Wildziegen, Gemsen, Antilopen und Gazellen werden
kaum unterschieden. Entsprechend ungenau sind auch die Darstellungen. Der
Physiologus erwähnt die Dorkas; diese Bezeichnung bedeutet »Tier mit schönen, hellen Augen«. Die Dorkas »liebt die hohen Berge«, wie der Physiologus
erklärt, und »kann von ferne alle sehen, die zu ihr herankommen, und erkennt,
ob sie voll List oder mit Freundlichkeit kommen; das ist ein Bild der Weisheit
Gottes.« Ihr kritisches Sehvermögen veranlaßt den Physiologus zu der Bemerkung, »daß der Himmel alles sieht, und die von ferne mit List kommen,
sieht er.«

Der hier abgebildete Steinbock mit schlankem Körper und kräftigen Hufen
befindet sich in den Klosterruinen von Qasr el-Hallabat östlich von Amman
in Jordanien. Die Ruinen sind archäologisch nicht erforscht und die Mosaike
in ihrer Gesamtheit noch unter Geröll verborgen; so läßt sich nicht bestimmen,
in welcher Zusammenschau der Steinbock zu sehen ist. Sicherlich kann er die
Bemerkungen des Physiologus über die Dorkas widerspiegeln und sein ab-
schließendes Wort illustrieren: »Es kennt der Herr die Seinen« (Physiologus,
Nr. 41).

APOSTOLISCHE KONSTITUTIONEN: GEBORGENHEIT IN GOTT

Gott, unsterblich von Natur und ohne Ende,
in dem alles Unsterbliche und Sterbliche seinen Ursprung hat,
du hast das vernunftbegabte Wesen, den Weltbürger Mensch,
bei seiner Erschaffung sterblich gemacht
und ihm die Unsterblichkeit verheißen.
Gott Abrahams, Isaaks und Jakobs,
du bist nicht ein Gott der Toten, sondern der Lebenden,
denn die Seelen aller leben bei dir
und die Geister der Gerechten sind in deiner Hand.
Sie wird keine Qual erreichen;
denn alle Geheiligten sind in deinen Händen.
Sieh nun herab auf diesen deinen Diener,
den du auserwählt und in ein anderes Los aufgenommen hast.
Verzeihe ihm, was er freiwillig oder unfreiwilig gesündigt hat,
und stelle ihm wohlwollende Engel zur Seite.
Führe ihn in die Geborgenheit der Patriarchen, Propheten und Apostel
und aller, die seit Anfang dir gefallen haben,
dorthin, wo nicht Trauer, Schmerz und Klage ist,
sondern der ruhige Ort der Frommen und das Land der Gerechten
und derer, die dort die Herrlichkeit deines Christus schauen,
durch den dir im Heiligen Geist
Ehre, Ruhm, Preis, Dank und Anbetung sei in Ewigkeit. Amen.

Apostolische Konstitutionen VIII, 41; BKV 5, 73 f.

EPHRÄM: STERNENLAUF UND SCHICKSALSGLAUBE

Nicht als Herren über unsere Freiheit sind die Sterne aufgestellt,
sondern als Diener wurden sie geschaffen für uns Herren,
als Leuchten zu Land und als Wegweiser zur See.
Wenn das Auge sich richtet auf sie -
Plejaden und Wagen, Aldebaran und Orion
lehren ohne Irrtum, daß nur einer ist der Lenker des Alls!

Zepter und Gesetze bezeugen, daß es Freiheit gibt;
denn sie bestrafen die Verwegenen und belehren die Unwissenden.
Wer mordet und tötet, Ehebruch treibt und Raub verübt -
sie alle verkünden laut, daß Freiheit uns eigen ist.
Wenn es keine Freiheit gäbe, wozu dann der Tadel?
Das Schicksal verschloß sich selber den Mund durch die Stimme der Tadelnden.

Wenn jemand Ehebruch treibt mit der Frau eines chaldäischen Wahrsagers,
seinen Beutel leert und sein Haus plündert,
seinen Tisch umstürzt und seinen Krug ausschüttet,
und jener sich dann rächen will und seine Frau,
so erklärt er damit für hinfällig das Horoskop; denn er lehrt doch,
daß von ihm diese Zufälle kommen, blindlings und ohne Ordnung.

Wenn er sein Buch aufschlägt, dir vorzulegen Schicksalslos und Horoskope,
dann stürze dich auf dieses sein Buch, reiß es in Fetzen!
Spotte und verhöhne ihn, zitiere ihm aus seiner Lehre:
Dies war vorherbestimmt, über dich zu kommen!
Und wenn er von dir Schadenersatz fordert, dann frag ihn, warum er fordert,
um keinen Schaden zu erleiden, und in die Irre führt, um Gewinne zu machen.

Deine Wahrheit sei uns, Herr, die Festung, in die wir flüchten;
denn es greift um sich der Irrtum, der mit allen Stacheln verwundet.
Zauberei macht uns zu Heiden, Traumdeutung verführt uns.
Reinige in deiner Quelle deine Kirche!
Denn auch (gedeutete) Fußspuren und Begegnungen, Rufe und Stimmen
sind Schmutz des Heidentums, der sich bei vielen findet.

5. Hymnus gegen die Irrlehren, 7 f. 13 f. 19; CSCO 170, 21 - 23

BALAI: CHRISTI HEILBRINGENDE GEGENWART IN SEINER KIRCHE

In seinem Hause thront Christus und erwartet uns,
auf daß wir eintreten und ihn um Erbarmen anflehen.
Nicht weist er uns ab, damit wir nicht etwa
seine, des Erbarmens, Wohnstätte verlassen möchten.
Denn kein gewöhnliches Haus ist dies, sondern ein Himmel auf Erden,
weil der Herr des Himmels in ihm wohnt.
Statt der Engel sieht man da heilige Priester,
welche in ihm der Gottheit dienen.
Seine Wohnstätte ist im Himmel, sein Haus auf Erden;
ungeteilt ist er hier wie dort gegenwärtig.
Willst du über ihn grübeln, so ist er ganz im Himmel;
suchst du ihn aber fromm, so ist er ganz auf Erden.
Deine Kraft ist zwar schwächer als die der Engel,
doch ist deine Würde jener der Himmelsgeister gleich.
Sie dienen ihm mit Zittern;
wir empfangen ihn vertrauensvoll als Speise.
Auf daß man ihn auf Erden finden könne, baute er sich ein Haus
unter den Sterblichen und errichtete Altäre als Krippen,
damit die Kirche an ihnen das Leben genießen solle.

Niemand täusche sich: Hier weilt der König!
In den Tempel laßt uns gehen, ihn zu schauen!
Wo die Krankheit leicht Zutritt findet,
steht auch der Arzt bereit und harrt auf sie.
Sein Leib ist sichtbar, doch das Feuer (seiner Gottheit) verborgen,
damit nicht die Hand des Menschen davor zurückschaudere.
Furchtbar ist er im Himmel, doch sanft auf Erden,
damit man sich nicht scheue, sich ihm zu nahen.
Der Altar ist bereitet, in Wahrheit gehüllt;
vor ihm steht der Priester und entzündet das Feuer.
Brot nimmt er, den Leib gibt er;
Wein empfängt er und Blut verteilt er.
Drei in deinem Namen Versammelte bilden schon eine Kirche.
So bewahre die in deinem Hause versammelten Tausenden,
welche in ihrem Herzen eine Kirche errichtet und diese dann
zu dem heiligen Tempel, der in deinem Namen erbaut ist, gebracht haben!
Möge die innere Kirche ebenso schön sein, wie die äußere prachtvoll ist!
Mögest du in der inneren wohnen und die äußere bewahren!
Denn Herz wie Haus sind ja mit deinem Namen bezeichnet.

Zur Einweihung der Kirche in Kenneschrin (gekürzt); BKV 6, 63 - 66

JAKOB VON BATNA: DAS FELSENFUNDAMENT FÜR DES BRÄUTIGAMS HAUS

Der Bräutigam hat sich erhoben,
das Haus zu bauen für die ihm verlobte Braut.
Zwölf Steine bringt er mit sich, um die Mauerlinien zu bezeichnen.
Er betrachtet alle, welchen er erwählen und an den Anfang setzen solle,
überläßt es seinem Vater,
durch eine Offenbarung dessen Schönheit zu bekunden.

Er bezeichnete den Grundriß des Hauses durch die zwölf Erleuchteten,
aber einen Stein wählte er aus zu dessen heilbringendem Fundament.
Er hatte ihn aufgespart für ein Geheimnis, dessen Anwalt der Vater sein sollte,
jenen Petrus, durch den der verwilderte Acker instand gesetzt werden sollte.
Darum begann er zu fragen, sich bewußt, was er tat,
daß nämlich aufgrund jener Frage die Kirche entstehen werde:
Wer, sagen die Menschen, bin ich?, gleich als ob er es nicht wüßte.
Und sie schickten sich nun an,
ihm das Gerede der Außenstehenden mitzuteilen.
Da lenkte das Haupt der Apostel seinen Geist himmelwärts
und erhob sich in Gedanken zum Vater.
Er trat vor den Vater hin und nahte sich ihm einfältigen Herzens mit der Frage:
Herr, wer wagt es, deinem eingeborenen Sohn einen Namen beizulegen?
Du hast ihn gezeugt; lehre darum auch du mich, wie ich ihn nennen soll!
Die Bitte Simons, des Hauptes der Apostel, kam vor den Vater,
er offenbarte ihm sein wahrhaftiges Geheimnis.
Die Offenbarung ging aus vom Hause des Vaters zum Apostel,
er nahm sie in Empfang und stieg hinab wie mit einem Schreiben des Königs.
Mit der Unterschrift und dem Siegel des geheimnisvollen Vaters
war es gesiegelt und darin stand geschrieben: Du bist Christus, der Sohn Gottes!
Und er erhob, wie es ihm bei der Offenbarung befohlen ward, seine Stimme
vor dem Erlöser und sprach: Du bist Christus, der Sohn Gottes!
Und sogleich empfing er die Krone, wie man sie aus des Königs Hand empfängt,
die große Gnade des Glaubens, und zwar als eine unfehlbare.
Du bist der Fels, und zur Grundlage des erhabenen Hauses mache ich dich;
auf dich will ich die Gemeinde der Auserwählten begründen.
Dauerhaft wird mein Haus sein,
jedem Ansturm standhalten und nicht wanken.
Dich will ich als ersten in mein Gebäude einfügen;
denn du bist ein Wahrhaftiger.

Du sollst das Fundament sein für den heiligen Tempel,
den ich mir darauf errichte.
Auf dich will ich alle die Wohnungen der Tochter des Lichtes gründen.
Die Braut ist bereit, hergerichtet ist das Hochzeitsmahl.
Du sollst als erster Platz nehmen auf dem Polster; denn du bist zuverlässig.
Dir übertrage ich die Obhut über das Schlafgemach der Tochter des Lichtes.
Auf dich will ich es gründen; denn dein Bau ist erhaben über jede Spaltung.
Deine Festigkeit gleicht dem Felsen; darum bist du Petrus.
Auf dich will ich die Kirche gründen; denn sie ist erhaben über jede Streitigkeit.
Du bist der Fels, und auf dich will ich sie bauen, die herrliche,
der Hölle Hebebäume werden nichts dagegen vermögen mit ihren Umtrieben.

Des Petrus Berufung (gekürzt); BKV 6, 323 - 328

43. ANTHOLOPS (ANTILOPE) UNTER PALME – KAMPF GEGEN DAS LASTER

Steh auf, um zu dreschen, Tochter Zion! Denn ich gebe dir Hörner aus Eisen und mache dir bronzene Hufe, damit du viele Völker zermalmst und ihren Besitz dem Herrn weihst. *Micha 4, 13*

Das Wort Antilope leitet sich vom spätgriechischen Antholops her, den man wegen seiner schönen Augen »Blumenauge« nannte. Bei diesem Tier handelt es sich allerdings um ein Fabelwesen, das mit der artenreichen Familie der asiatischen und afrikanischen gehörnten Huftiere nur wenig gemein hat, von dem der Physiologus aber Erstaunliches berichtet: »Es gibt ein wildes Tier, das so wild ist, daß der Jäger ihm nicht nahekommen kann. Es hat vorn am Kopf große Hörner, die die Gestalt einer Säge haben, so daß es die großen hohen Bäume absägen kann.... Wenn das Tier Durst hat, geht es an den Euphrat-Fluß und trinkt. Dort gibt es nur dichtes, verwachsenes Gestrüpp, und das Tier beginnt, mit seinen Hörnern am Gestrüpp zu spielen, und bleibt hängen. So wird es von den Zweigen wie gebunden festgehalten. Da schreit es laut, weil es fliehen will und nicht kann. Der Jäger nun hört das Tier brüllen und kommt und sticht es ab.« Die Deutung des Physiologus ist allegorischer Art. Die beiden Hörner gelten als das Alte und das Neue Testament, mit denen der Christ seine Feinde, namentlich Hurerei, Ehebruch, Habgier, Prahlsucht und dergleichen, aufzuspießen vermag. Darauf folgt die Mahnung, sich in dem Gestrüpp der Begierden nicht zu verfangen; »sonst wird dich der böse Jäger erlegen« (Physiologus, Nr. 36). Die Deutung wirkt wie oft bei allegorischer Auslegung gekünstelt. Während die Hörner des Tieres für die Nahrungsbeschaffung von hohen Bäumen von großem Nutzen sind und erst im Gestrüpp zur todbringenden Falle werden, macht die Deutung aus ihnen die beiden Testamente und diese wiederum zu Speeren gegen böse Begierden; die Verstrikung in die Begierden erfolgt nun dadurch, daß der Christ sich dieser Waffe nicht bedient.

Trotz der allegorischen Verformungen hat die Fabel vom Antholops auf viele Menschen großen Eindruck gemacht, und ein weiter nicht bekannter Christ hat für die Georgskirche am Berg Nebo im Ostjordanland ein großartiges Mosaik anfertigen lassen, auf dem er als Stifter seinen Namen Saola rechts in griechischer und links in aramäischer Schrift verewigt hat. In der mächtigen Palme mit ihren reichen und reifen Dattelfrüchten ist die ganze biblische Symbolik dieses Baumes gegenwärtig: »Der Gerechte gedeiht wie die Palme« (Ps 92, 13), und die Braut im Hohenlied gleicht in ihrem Wuchs der Palme (Hld 7, 8); mit Palmzweigen begrüßen Jerusalems Einwohner Jesus als ihren König (Joh 12, 13), und die Heiligen in der Offenbarung stehen am Thron des Lammes mit Palmzweigen in den Händen (Offb 7, 9), um nur einige Hinweise zu geben. Allen Mittelmeervölkern sind die Palme und ihre Wedel Zeichen des Sieges und des Friedens, des Lebens und des Paradieses. Der Antholops unter der Palme, der Harmonie wegen symmetrisch verdoppelt, erinnert entfernt an die große Elanantilope; doch die Gestaltung des Tieres mit den sägeartigen Hörnern und dem erhobenen Vorderhuf soll auch das Prophetenwort des Micha illustrieren, nach dem Gott seinem Volk Israel Hörner aus Eisen und Hufe aus Bronze geben wird, damit es Gottes Rechte vor den Heidenvölkern wirksam einfordern kann. Auch die phantastische Beschreibung des Physiologus spiegelt sich in der Darstellung, wonach das Tier die hohen Bäume mit seinen Hörnern abzusägen vermag. Doch vermittelt die Darstellung in ihrer Gesamtheit ein Bild des Friedens und der Harmonie, und die beiden Antholopes erscheinen wie Wächter neben dem Baum des Lebens. Auch die stilisierten Pflanzen neben der Palme gehören zur paradiesischen Landschaft, die es durch beständigen Kampf gegen alle möglichen Laster zu bewahren gilt.

EPHRÄM: NEIGUNG ZUM BÖSEN

Über unseren Willen staune ich,
der, obwohl mächtig, sich erniedrigt,
obwohl Herr, sich versklavt,
und obwohl Sieger, besiegt sein will -
ein Freigeborener, der wie ein Sklave unterwürfig ist
und seinen Kaufvertrag selber unterzeichnet.
Sieh den törichten Schreiber, der selber
seinen Schuldbrief unterzeichnet!
Gepriesen sei, der uns in seinem Brot Freilassung schenkte
und in seinem Kelch unseren Schuldbrief tilgte!

Leichter ist es für unseren Willen, Schaden zu erlangen
als im Himmel unsere Schätze anzulegen.
Leichter ist für ihn alltrübender Neid
als gedankenklärende Liebe.
Bei Lob gedeiht er wie eine Blume im Tau,
bei Tadel verdorrt er wie Gras in der Sonnenglut.
Vom Hauch seines Zornes entbrennt er
und verliert Besonnenheit und Verstand.
Lob sei, mein Herr, deinem Willen,
der alle Tage nach unserer Umkehr verlangt!

Zu unserem Segen sei gedacht
der Gerechten, wie sehr sie ausharrten!
Nicht wandelten sie sich wie der Mond;
sie waren vielmehr wie die Sonne mit ihrem gleichmäßigen Licht.
Ihr Geist war nicht wie die Quellen,
die sich rasch füllen und bald erschöpfen.

Sturzfluten aller Prüfungen
nahmen die Gerechten hin, ohne zu verzagen.
Gepriesen sei der Gerechte, der erstrahlen ließ
ihre Siegeskränze in ihren Kämpfen!

32. Hymnus über die Kirche, 2 - 4; CSCO 199, 77 f.

EPHRÄM: DES ALTEN MENSCHEN NEUGESTALTUNG

Leib, ziehe jenen alten Menschen aus, der ganz häßlich ist,
damit er nicht jene Neuheit abnütze, die du in der Taufe angelegt hast!
Denn es wäre eine Verkehrung der Erstattung des Dankes,
wenn der alte Mensch, obgleich erneuert, dich wieder abnützen sollte.
Leib, höre meinen Rat! Ziehe ihn aus durch deine Lebensführung,
damit er dich nicht bekleide mit seinen alten Gewohnheiten!

Siehe, unser Herr hat dein Alter neugestaltet durch die Taufe,
des Lebens Baumeister hat sich durch sein Blut einen Tempel errichtet.
Nicht darf daher an seiner statt wohnen
der alte Mensch im neuen Tempel!
Leib, wenn du in deinem Tempel Gott wohnen läßt,
wirst auch du zu seinem königlichen Palast.

Keuschheit sei abgebildet in deinen Augen,
in deinen Ohren das Hören der Wahrheit!
Mit dem Wort des Lebens siegle deine Zunge
und deine Hände mit allen Almosen!
Mit Krankenbesuch kennzeichne deine Schritte,
und das Bild deines Herrn sei geformt in deinem Herzen!

Wenn schon Gemälde geehrt werden wegen des Bildes
von Königen auf ihnen,
wieviel mehr der Mensch,
der das Bild seines Herrn an allen seinen Sinnen trägt!

Hymnen über die Jungfräulichkeit, I, 1. 2; II, 15; CSCO 224, 1 f.; 8

ANDREAS VON JERUSALEM: HEILSAMES FASTEN

Es fastete der Herr nach Menschenart
uns zum Vorbild;
er überwindet den Versucher,
weist auf unsere Aufgabe hin
und zeichnet uns die Ziele vor.

Mose, der göttliche, ward auf dem Sinai
wegen seiner Enthaltsamkeit mit Gott
von Angesicht zu Angesicht
zu sprechen gewürdigt;
ihm wollen, Gläubige, wir nacheifern.

Den Jona im Seetier
rettete damals das hehre Fasten;
laßt uns also fasten von Herzen
und entfliehen jenem
Verderben in der Hölle!

Die Niniviten haben einst
den Zorn Gottes gewendet
durch heiße Reue und Liebe;

ihnen laßt uns nun in Liebe
allesamt nacheifern!

Das bevorstehende Fasten
lädt uns zur Umkehr ein;
laßt uns also in Liebe eilen
und erkennen, was für ein Geschenk
die Enthaltsamkeit ist!

Fastenkanon, 1. und 6. Ode (Auszug), Triodion 42. 44

KOSMAS: DES PETRUS ÜBERHEBLICHKEIT UND FALL

Von den Lidern, Jünger, schüttelt nun,
sagtest du, Christus, den Schlaf!
Im Gebet bleibt wach, damit ihr in der Versuchung nicht erliegt,
vor allem nicht Simon! Denn für den Starken
ist größer die Versuchung; denk, Petrus, an mich,
den die ganze Schöpfung preist und rühmt in Ewigkeit!

Ein wertloses Wort werde ich nie mehr
über meine Lippen lassen, Herr!
Mit dir will ich sterben, edelmütig,
wenn auch alle dich verleugnen, rief Petrus aus.
Nicht Fleisch und nicht Blut, sondern der Vater hat dich mir offenbart,
den die ganze Schöpfung preist und rühmt in Ewigkeit!

Die Tiefe göttlicher Weisheit und Einsicht
hast du nicht ganz erforscht;
den Abgrund meiner Entscheide hast du nicht erfaßt, Mensch,

antwortete der Herr. Fleisch nur bist du!
Rühme dich nicht; dreimal wirst du mich verleugnen,
den die ganze Schöpfung preist und rühmt in Ewigkeit!

Du bestreitest, Simon Petrus, wessen du bald
gewiß sein sollst, wie gesprochen:
Eine Magd wird dir, welche sehr schnell schon kommt,
Angst einjagen, sprach der Herr; bitterlich wirst du weinen,
doch gleichwohl zur Versöhnung bereit mich finden,
den die ganze Schöpfung preist und rühmt in Ewigkeit!

Triodion am Karfreitag, 8. Ode, Anthologion II, 1113 f.

44. FUCHS AM TRAUBENKORB –
VERSCHLAGENHEIT, LIST DES TEUFELS

Fangt uns die Füchse, die kleinen Füchse; sie verwüsten die Weinberge.

Hoheslied 2, 15

Der Fuchs, das hundeartige Raubtier mit gut entwickeltem Hör- und Riech-
sinn, das sich von Kleintieren, aber auch von Pflanzen und Obst ernährt, ist
seit der Antike wegen der ihm angelasteten boshaften Verschlagenheit sprich-
wörtliche Kennzeichnung von betrügerischen Menschen, von Gaunern, Dieben und Strolchen. Unter den Tieren in den griechischen Fabeln nimmt er einen bedeutenden Platz ein. Von ihm erzählt man, wie er andere Tiere überlistet, aber auch wie er letztlich von ihnen überlistet und bloßgestellt wird. Der
Physiologus greift Motive der Fabelwelt auf, wenn er erklärt, daß der Fuchs,
falls er keine Beute gefunden hat, sich auf den Rücken legt und leblos stellt.
»Dann glauben die Vögel, daß er tot ist, und setzen sich von oben her auf ihn,
um von ihm zu fressen. So springt er auf, packt sie und verzehrt sie.« Diese ver-
meintliche List zur Stillung seiner Freßgier ist für den Physiologus anschauli-
cher Hinweis auf das betrügerische Vorgehen Satans: »So ist auch der Teufel
ganz hinterlistig und sein Handeln auch. Wer Anteil haben will an seinem
Fleisch, muß sterben. Aber das ist sein Fleisch: Hurerei, Geiz, Lust, Mord. Daher wird auch Herodes mit dem Fuchs verglichen (Lk 13, 31 f.)« (Physiologus, Nr. 15).
Das Mosaik aus der Georgskirche am Berg Nebo zeigt einen Fuchs mit lau-
schenden Ohren und gierigem Maul; so nähert er sich einem Korb mit Wein-
trauben, den Winzer am Feldweg abgestellt haben. Mag das Mosaik auch zur
Dekoration in den Boden der Kirche eingefügt worden sein, der frühzeitliche
Christ kannte die Fabeln der Antike und die Warnung des Physiologus. Die
Darstellung erinnerte ihn an die Mahnung der Kirche, weder dem verschla-
genen Herodes zu gleichen noch dem listenreichen Teufel in die Falle zu gehen.

EPHRÄM: DES FUCHSES ANMAßUNG

Herodes, der häßliche Fuchs, brüstete sich;
auf dem Platz des Löwen hatte der Fuchs sich gelagert.
Er heulte, da er vernahm das Brüllen des Löwen,
der gekommen war, sich niederzulassen
in seinem Königreich, wie geschrieben steht (Gen 49, 8 f).

Es hörte der Fuchs, daß der Löwe noch jung sei,
ein Säugling noch, und wetzte seinen Zahn,
damit der Fuchs den Löwen, solange er noch klein sei,
auflauere und erwürge, bevor er erstarke;
doch es vernichtete ihn der Hauch seines Mundes.

6. *Hymnus zu Christi Geburt* 19 f.; CSCO 187, 46

EPHRÄM: DES TEUFLISCHEN NEIDES VERDERBLICHES WIRKEN

Der Neid (Satans) wütete gar sehr und biß die Menschen.
Sein Gift treibt ihn an und verwundet jeden, den er antrifft.
Wut in seinem Herzen, Fluch in seinem Mund;
sein Quell und seine Wurzel sind von Gift.
Er strahlt und verführt dich; die Frucht, die er dir reicht,
stammt aus Sodom, ein Erzeugnis seines Geistes.

Im Inneren ist er listig und finster, nach außen höflich und lieb.
Freundlich lächelnd täuscht er dich, in aller Ruhe stürzt er dich.
Ganz auf deiner Seite scheint er zu stehen und ist ganz gegen dich.
Ein Weber auf allen Webstühlen ist er zu jeder Zeit.
Lachend überlistet er dich, küssend beißt er dich,
süß würgt er dich; so treibt er es mit dir von Anfang bis zum Ende.

Der Löwe - wie oft ruht er in der Wüste,
und die Schlange - im Hause weilt sie, ohne zu verwunden.
Die Eifersucht jedoch stiftet draußen und drinnen Böses, ohne zu ruhen.
Auch der Fleischturm (Elefant) im Osten (Indien)
läßt willig seine Höhe zum Menschen herab sich neigen,
das Reittier ist voll Frieden, der Reiter voller Stolz.

Eine Schlange, wenn du sie siehst, fürchte nicht allzusehr!
Einen Dämon, wenn er dir in den Weg kommt, verachte und weiche nicht!
Eifersucht jedoch, begegnet sie dir, dann bekreuzige dich und fliehe!
Neid, faßt dieser dich ins Auge, dann bleib nicht stehen!
Geh fort, hinweg; lies im Buche Ijob! In seinen Leiden erkenne dich selbst!
Denn Tod schnaubt der Neid; er bläst dich an und vernichtet dich.

1. Hymnus gegen die Irrlehren, 2. 4 - 6; CSCO 170, 2 f.

EPHRÄM: DES GEIZIGEN SCHLEMMERS ENDE

Der Tod kommt und findet die Menschen,
wie sie sich mühen, um für Jahre zu sammeln.
Die Geizigen häuften vieles an, ohne davon zu essen,
und sind nun Speise für die Würmer geworden.
Selig, ihr Fastenden, die ihr gesiegt habt!

Wenn der Tod zu den Gierigen kommt,
verschließt er ihren Mund durch die Krankheit,
und sie beginnen mit der Fingerspitze zu träufeln
Wasser dem Gaumen, der Weine genoß.
Selig, wenn du des Weines dich entwöhnt hast!

Das von uns Gesammelte bleibt für andere zurück,
während das dabei begangene Unrecht uns am Nacken hängt.
Unsere Haut wird zu einer Schriftrolle,
voll beschrieben mit all unseren Sünden.
Selig dagegen die Asketen!

Jesus wird uns beim Gericht verwerfen,
wenn die Begierden wie ein Traum verflogen,
während die Sünden sich häuften zu einer einzigen Last,
die voll auf unseren Schultern liegt.
Selig, wer seine (guten Taten als) Wegzehrung auf seiner Schulter trägt!

17. Hymnus über die Kirche, 1 - 3. 6; CSCO 199, 42 f.

ISAAK VON ANTIOCHIEN: FASTEN UND ESSEN IN RECHTER GESINNUNG

Unser Mund enthalte sich der Speise, aber auch unser Herz der Sünde,
damit Fasten und Gesinnung wohlgefällig angenommen werde!
Es genügt nicht, nur dem Munde die Speise vorzuenthalten,
sondern alle Glieder müssen vor Verderblichem bewahrt werden.
Betrachtet einen geschickten Wagenlenker, wie er die Pferde beobachtet,
die Zügel bald nachläßt, bald anzieht, sie in gleichmäßigen Lauf zu bringen.
Denn wenn auch nur eines die Zügel abstreift oder sich verwickelt,
kommen durch den Fall des einen auch die anderen in Unordnung
und werden in ihrem Lauf gehemmt.
Verlangst du, in der ersten Reihe zu stehen, will ich dich reines Fasten lehren.
Es faste dein Mund von der Speise und dein Herz von allem Bösen!
Wie du dich der Nahrung enthältst, so entferne dich weit von den Sünden!
Während du dir die Speise versagst, bleibe auch dem Frevel entfremdet,
auf daß dein reines Fasten von deinem Herrn

wohlgefällig angenommen werde und dir Lohn von ihm erwerbe!
Wenn du aber hinter der ersten Reihe zurückbleiben mußt,
so will ich dich ein Fasten zweiter Ordnung lehren,
bei welchem du essend fasten und trinkend dich enthalten kannst.
Belade deinen Tisch mit Speisen, aber auch deine Zunge mit Lobpreisungen,
daß dein Mund, während er ißt, den Gütigen lobe, der uns getreulich ernährt!
Kannst du dich der Nahrung nicht enthalten,
beraube wenigstens die Armen nicht!
Dann wird dich Gott nicht tadelnd fragen: Warum fastest du nicht?
Kannst du den Wein dir nicht versagen, versage dir Unrecht und Bedrückung!
Dann wird dich der Richter nicht verurteilen, weil du Wein trinkst.

1. Gedicht über das Fasten, 17 - 34. 317 - 345; BKV 6, 217. 223

Jakob von Batna: Die Liebe zum Geld - der neue Götzendienst

Der Böse ruft den Irrwahn, den Vater aller Eitelkeit, und beratschlagt mit ihm;
denn es ist ihm nicht recht wohl wegen dessen, was geschehen ist.
Was sollen wir nun tun, Bruder Irrwahn?, sagt er zu ihm.
Alle unsere Betrügereien sind enthüllt; wer wird ferner noch auf uns hören?
Der Gekreuzigte ist das Licht; wie können wir bei den Erleuchteten wohnen?
Denn unser Weg und unser Denken gehören ins Dunkel.
Komm, Irrwahn, suchen wir irgendein Mittel, um uns zu trösten!
Legen wir der Welt ein anderes Netz, um sie zu fangen!
Versuchen wir sie zu verführen,
indem wir ganz sacht die Liebe zum Gold einführen!
Sie wird den Verlust aller Götzen ausgleichen,
welche uns zerbrochen worden sind.
Die Liebe zum Golde wird uns die Göttinnen ersetzen!
Wohlan, gehen wir an die Arbeit,

daß sich die Welt darin verfange und daran sterbe!
Die Götter wieder auf die Erde zurückzuführen, daran ist nicht zu denken;
denn der Sohn Gottes ist der Welt erschienen und hat sie vertrieben.
Die Erde hat ihren Herrn, der in ihm gekommen ist, gesehen
und dürfte nicht mehr bereit sein, unseren Götterchen als Herren zu dienen.
Da also der Götzendienst überall ausgerottet ist,
möge die Liebe zum Golde an seine Stelle treten, und sie wird genügen!
Komm also, Irrwahn, denn unser Hilfsmittel ist jetzt ganz und gar Mammon!
Nur durch ihn können wir unsere Wünsche verwirklichen.
Laß uns darum die Geldgier entflammen und sie in die Kirche einführen!
Sie wird die unschuldige Schar des Apostels Johannes verderben;
sie wird den Priester verleiten, daß er auf Zins sein Geld ausleiht.
Dann bin ich mit ihm einverstanden;
dann mag er meine Götterbilder niederreißen!
Wenn der Mensch einmal kein Vertrauen auf Gott mehr hat, der ihn nährt,
und nur heuchlerisch die äußere Anbetung vornimmt,
was kann mir dann schaden?
Die Liebe zum Gold ist gleichsam eine Wiedererweckung des Götzendienstes.
Nach ihrem Verschwinden tauchte sie wieder auf,
und nun steht die ganze Schöpfung in ihrem Dienste, als ob sie die Herrin wäre.
Die ganze Welt hat sie sich unterworfen, als ob sie Gott wäre.
Der Kleine wie der Große feiert sie, so gut er es vermag.
Laien wie Priester, ja die ganze Welt ist von ihr angesteckt.
Sie verzehrt die Einsiedler da, wo sie wohnen,
und verdirbt die Klöster, wenn sie auch noch so heilig sind;
ja sie ist sogar die Herrin der Vorsteher der christlichen Versammlungen.
Mit ihr arbeiten die reinen Priester in der Kirche,
und unter ihr Joch gebeugt, mühen sich die Mönche ab;
diejenigen, welche die Welt eigentlich ersticken sollen,
hängen an ihr und sind von ihr angesteckt.

Sogar die Lehrer des Glaubens hat sie befleckt
und auf die Prediger des Kreuzes ihren Schmutz geworfen!

Gedicht über den Fall der Götzenbilder (gekürzt); BKV 6, 422 - 429

45. STEPPENWOLF –
RAUB, LIST DER IRRLEHRER

Jerusalems Richter sind wie Wölfe der Steppe, die bis zum Morgen keinen Knochen mehr übriglassen. *Zefanja 3, 3*

Mit seinen vielen Unterarten, die man in der Antike nicht unterschied, wurde der Wolf als Feind der Haustiere, vor allem der Ziegen und Schafe, verfolgt und gejagt: Dem überall gefürchteten großen Landraubtier sagte man nach, daß es Leichen verzehre und in äußerster Not sogar Erde fresse. Dieses Verhalten brachte ihm den Vorwurf der Gefräßigkeit und Roheit ein. Er galt als hinterlistig und gerissen, da er sich auch stärkeren Tieren gegenüber als überlegen erwies. Sein Erscheinen verkündete Unheil, seinem Blick traute man behexende Kraft zu, so daß der Begriff »Wolfsfreundschaft« für falsche Freundschaft stand. In Fabeln und Sprichwörtern trat er als Betrüger, Räuber und Mörder auf, den es zu durchschauen und zu überlisten galt. Auch in der Bibel hat er keinen guten Ruf, wenn sie falsche Propheten und bestechliche Richter als reißende Wölfe brandmarkt.

In dieser Tradition steht der Physiologus, der Christi Wort: »Hütet euch vor den falschen Propheten; sie kommen zu euch wie Schafe, in Wirklichkeit aber sind sie reißende Wölfe!« (Mt 7, 15) aufgreift und den Wolf als »ein listiges und bösartiges Tier« bezeichnet. »Dann geht er, zu rauben von der weidenden Herde und mit offenem Maul. Hat er aber geraubt, so flieht er vor den Hirten.« Weiterhin beschreibt der Physiologus den Wolf als gerissenen Räuber: »Wenn er einen Menschen trifft, stellt er sich lahm, obwohl er keinen Schaden an seinem Fuß hat. Sein Herz aber ist voll List und Raub.« In den mehrfachen Deutungen beruft sich eine späte Version des Physiologus auf den Kirchenvater Basileios von Kaisareia (um 330–379), nach dem der Wolf ein Bild für Irrlehrer ist, die sich an einfältige Menschen heranmachen, um ihre Seelen zu verderben. Sodann ist er ein Bild für raffgierige Reiche, die den Armen Acker und Weinberg mit Gewalt oder List entreißen. Schließlich ist der Wolf ein Bild für den heimtückischen Heuchler, der sich unschuldig gibt, obgleich sein »Herz strotzt vor Bitterkeit und List« (Physiologus, Nr. 60).

Das Mosaik aus dem erst in den achtziger Jahren dieses Jahrhunderts entdeckten Pilgerhospiz, das Patriarch Martyrios (478–486) vor den Toren Jerusalems am Rande der Judäischen Wüste erbauen ließ, zeigt einen Steppenwolf, der halb verhungert auf dem Boden nach Eßbarem sucht. Möglich ist, daß Wölfe sich damals auf der Suche nach Nahrung bis in die Nähe des Klosters wagten, sicher aber auch, daß die Pilger durch das Mosaikbild gewarnt werden sollten vor christlichen Irrlehrern, z. B Arianern, Nestorianern, die auch im Heiligen Land nach Anhängern Ausschau hielten.

EPHRÄM: DER WOLF IN CHRISTI HERDE

Der Wolf entlieh sich das Kleid des Lammes der Wahrheit,
es beschnupperten ihn die Schafe, die arglosen, und erkannten ihn nicht.
Gar sehr täuschte er den Hirten, der starb.
Dann trat der Wolf hervor aus dem Lamm;
er legte ab, warf fort seine Schönheit. Die Böcke spürten ihn auf,
haßten die Schafe und liebten ihn als Hirten.

Das königliche Zepter weidet die Menschen,
betreut die Städte, vertreibt die wilden Tiere.
Anders das Zepter des Kaisers, der Heide wurde:
Die wilden Tiere sahen es und freuten sich,
die Wölfe standen auf seiner Seite, es brüllten Tiger und Löwe,
und sogar die Schakale erhoben ihre Stimme.

Die Wölfe sahen Wolken, Regen und Sturm;
sie ermunterten sich, eilten herbei und heulten, weil sie hungrig waren.
Sie alle waren eingesperrt gewesen, sie alle waren ergrimmt.
Sie umringten die Herde, die gesegnete.
Doch das Zepter, das sie erfreute, zerbrach und brachte Klagen über sie.
Ein zerknicktes Rohr nur war die Stütze der Gegner (der Kirche).

Lieder gegen Kaiser Julian (361 - 363), den Abtrünnigen, II, 1; I, 1 f.; CSCO 175, 69. 65

EPHRÄM: IRRLEHRER - WÖLFISCHE HIRTENHUNDE

Ich habe gehört: Der Hund liebt die Tür seines Herren.
Er wird auch von seinem Bauch geführt, läßt sich bestechen, ändert sich.
Es gab auch viele stumme Hunde, die gegen die eigenen Leute bellten.
Den Wölfen haben sie, wenn sie raubten, geholfen.
Hunde, Mitglieder der Herde, haben die Herde entstellt;
sie überfielen und raubten Widder, Lämmer und Schafe.

Der Irrlehrer Markion wurde tollwütig; Mani wurde wahnwitzig und töricht.
Die Herden verließen sie und flohen, die Wölfe liebten und herzten sie.
Sie schadeten den Wächtern und halfen den Dieben.
Die Tür ihres Herrn verschmähten und entstellten sie.
Und siehe, sie bewachen nun die Schlupfwinkel, die leeren, der Diebe.
Statt der Kirchen lieben sie die Höhlen der Räuber.

52. Hymnus gegen die Irrlehren, 2 f.; CSCO 170, 178

Ephräm: Bestechliche Richter - gierige Wölfe

Die wachen Gesetze, meine Brüder, ließ das Geld einschlafen.
Wer öffnet den Mund und flüstert? Verschlossen ist der Mund aller!
Wenn der Richter zürnt - Gold versteht es, ihn zu gewinnen.
Wenn der Gerichtsvollzieher ruft - Silber bringt ihn zum Schweigen.
Was die Wölfe wollen, das ist der Schlaf der Hirten.
Wenn die Hirten schlafen, ist das ein großes Fest für die Wölfe.
Wenn ihre Knechte schlummern, ist das ein großes Verderben für die Schafe.
Wie gefällt doch dem Löwen das Reißen und dem Wolf das Morden!
Wenn der Wolf mordgierig ist, reißt er nicht entsprechend seinem Hunger.
Der Löwe frißt nur ein Schaf, viele aber zerreißt er und wirft er weg;
wenig nur frißt der Wolf, er tötet mehr als er frißt.
Nicht entsprechend dem, was er braucht, raubt und entführt der Richter;
nicht nach seinem Bedürfnis vergewaltigt
und unterdrückt der Gerichtsvollzieher.
Sie schwelgen im Gold wie im Blut; haben sie sich gesättigt, hungern sie noch!
Der gerechte Richter verglich und wog gleichmäßig Sommer und Winter;
die Richter haben durch Unterschlagen Ordnung und Gesetze verwirrt.

2. Predigt (gekürzt); CSCO 306, 25 - 27

46. SCHAF AM BAUM –
CHRISTI OPFER UND HIRTENSORGE

Wie ein Lamm, das man zum Schlachten führt, und wie ein Schaf angesichts seiner Scherer, so tat der Knecht Gottes seinen Mund nicht auf.

Jesaja 53, 7

Für Nomadenstämme und Hirtenvölker ist das Schaf das wichtigste Wirtschaftstier; es wurde deshalb seit frühester Zeit auch als Opfertier geschlachtet. Das Opfer des jüdischen Pesach-(Pascha-)Lammes, »fehlerfrei, männlich und einjährig« (Ex 12, 5), und sein Verzehren gehen auf vorbiblische Frühlingsfeste und Erstlingsopfer semitischer Hirtenstämme zurück. Das Alte Testament weist dem Schaf bzw. dem Lamm eine herausragende Bedeutung zu. Schon die Abrahamstradition hebt hervor, daß Gott nicht Menschenopfer will, sondern das Schlachten eines Widders anordnet (Gen 22, 1 - 18). Im Tempelkult war ein Lamm für das tägliche Brandopfer am Morgen und am Abend vorgeschrieben (Num 28, 3 f.). Im Jesajabuch wird es zum Bild für den mißhandelten Knecht Gottes, der die Schuld der Menschen auf sich nimmt und ihre Sünden durch seinen Tod sühnt (Jes 53, 1 - 12). Im Neuen Testament nennt Johannes deshalb Jesus »das Lamm Gottes, das die Sünde der Welt hinwegnimmt« (Joh 1, 29). Im letzten Buch des Neuen Testamentes schließlich ist das Lamm Sinnbild für den geopferten und verherrlichten Christus: »Würdig ist das Lamm, das geschlachtet wurde, Macht zu empfangen, Reichtum und Weisheit, Kraft und Ehre, Herrlichkeit und Lob« (Offb 5, 12).

Das biblische Schaf hat ein krauses weißes Fell und einen langen schweren Fettschwanz. Aus der Wolle wurden Kleidungsstücke gefertigt, und das Fett des Schwanzes wurde als besonders gut und nahrhaft geschätzt; beim Opfer war es Anteil der Priester. Das Schaf galt als gutmütiges, aber wehrloses und wenig begabtes Tier, das auf den Hirten angewiesen war. Dessen Fürsorge wurde im Alten Testament zum Bild für Gottes Liebe zu den Menschen. »Der Herr ist mein Hirt, nichts wird mir fehlen« (Ps 23, 1). Im Munde Jesu wird die Hirtensorge zum Gleichnis für seine Suche nach dem Sünder, den er wie ein verlorenes Schaf »voll Freude auf den Schultern« heimträgt (Lk 15, 3–7). Darstellungen des Lammes als Opfertier oder als Symbol für den geopferten und verklärten Christus sind in der frühen Kirche häufig. Doch das Trullanum, das 6. Ökumenische Konzil von Konstantinopel im Jahr 692, verbot im 82. Kanon die bildhafte Darstellung Christi als geopfertes Lamm; das Opferlamm sollte allein die alttestamentlichen Vor-Bilder bezeichnen, deren Erfüllung der gekreuzigte und verklärte Christus ist. Während die Kirchen des Ostens sich weitgehend an dieses Verbot gehalten haben und nur das eucharistische Opferbrot als Lamm bezeichnen, wurde es in der abendländischen Kunst weiterhin als Bild für Christus verwendet.

All die verschiedenen und sich ergänzenden Bildinhalte wurden dem Katechumenen gegenwärtig, wenn er das Baptisterium der Kathedrale von Madaba betrat und vor sich auf dem Boden das an einen Baum gebundene Opfertier erblickte. In der Taufe wurde er eingetaucht in den Opfertod und die Verklärung Christi und erfuhr sich selbst als das vom Guten Hirten heimgeholte Schaf.

EPHRÄM: CHRISTI HUNGER NACH DEN MENSCHEN

Wir kamen, um zu sehen die Wohnung,
die dir zuteil wurde vom Hause Davids.
Eine Krippe erbtest du von seinen Lagerstätten,
eine Höhle fiel dir zu von seinen Palästen.
Statt eines Wagens ist dein Teil wohl der verächtliche Esel.

Wie ungestüm bist du, Kind,
das du dich an alle selber verschwendest!
Jedem, der dir begegnet, lächelst du zu;
jedem, der dich sieht, eilst du freudig entgegen.
In deiner Liebe gleichst du einem, der hungert nach Menschen.

Machst du keinen Unterschied
zwischen deinen Eltern und fremden Menschen,
zwischen deiner Mutter und den Mägden,
zwischen jener, die dich stillte, und sündigen Frauen?
Ist dies dein Ungestüm oder deine Liebe, alle Liebender?

Wie gewinnend bist du, der du an jeden,
der dich sieht, dich selber verschwendest,
an die Reichen und an die Armen!
Bei ihnen suchst du Zuflucht, ohne daß sie dich gerufen hätten.
Woher kommt mir das, daß du so hungerst nach Menschen?

13. Hymnus auf Christi Geburt, 10. 12 - 14; CSCO 187, 67 f.

EPHRÄM: EIN LAMM ALS GESCHENK FÜR DAS LAMM

Bei des Sohnes Geburt hat sich rauschender Jubel in Bethlehem erhoben.
Denn Engel stiegen herab und lobpriesen dort;
ein gewaltiger Donner waren ihre Stimmen.
Bei jener Stimme des Preises kamen
die wortlosen Geschöpfe und priesen den Sohn.

Auch die Hirten kamen und trugen die Kostbarkeiten ihrer Herde,
süße Milch, reines Fleisch und schönes Lob.

Sie verteilten die Gaben:
für Josef das Fleisch, für Maria die Milch
und für den Sohn das Lob.

Sie trugen und brachten dar ein Milchlamm ihm, dem Paschalamm,
ein erstgeborenes dem Erstgeborenen, ein Opfer dem Opfer,
ein vergängliches Lamm dem wahren Lamm.
Welch schöner Anblick!
Ein Lamm wurde dem Lamm dargebracht.

Es blökte das Lamm, als man es hinbrachte vor den Erstgeborenen,
denn es dankte dem Lamm, das gekommen war,
zu befreien von der Opferung
die Schafe und Stiere und auch das Paschalamm,
das immerfort gewesen war das Symbol für den Sohn.

7. Hymnus zu Christi Geburt, 1 - 4; CSCO 187- 48

EPHRÄM: DES LAMMES OPFERUNG

Der Herr vollendete die Menschen durch alles, was er ertrug.
Da man ihn schlug, belehrte er; da er litt, gab er Verheißungen.
Er wurde wie ein Schaf gefesselt,
um seine Verheißungen zu bekräftigen.

Er, der die Richter richtet, wurde gerichtet und verhört
an Stelle dessen, der gesündigt hatte;
statt der Ungerechten wurde der Gerechte verhört.
Lob sei dem, der ihn sandte!

Der Gütige kam und wurde gerichtet aus Liebe für die Bösen.
Und dies ist das Wunderbare: Sie verurteilten ihn für sich selber.
Sie haben mit eigenen Händen
ihn für ihre eigene Sündhaftigkeit gekreuzigt.

Denn er gab sich hin für sie, damit sie durch seinen Tod leben.
Und wie das Lamm in Ägypten,
das rettete im Hinblick auf seinen Herrn,
wurde er geschlachtet und erlöste in seiner Liebe seine Mörder.

1. Hymnus auf die ungesäuerten Brote, 4 - 71; CSCO 249, 1 f.

KYRILLONAS: DER DIENENDE GÖTTLICHE FREUND

Unser Herr führte die Zwölf
und brachte sie in das Haus,
um ihnen die Füße zu waschen.
Er wies ihnen ihre Plätze an als der Erbe
und erhob sich dann, ihnen zu dienen als Freund.
Er goß das wohltuende Wasser ein und trug das Waschbecken,
nahm das Tuch und gürtete es um seine Lenden.
Er faßte ihre Füße, ohne daß sie verbrannt wurden,
und goß Wasser über sie, ohne daß sie in Flammen aufgingen.
Er reinigte sie von den Spuren der Anstrengung und Ermüdung
und kräftigte sie zum Wandern auf dem Wege.
An allen ging er so liebevoll vorüber
in gleicher Weise, ohne einen Unterschied zu machen.
So kam er auch zu Judas und ergriff seine Füße.
Da wehklagte lautlos die Erde;
die Steine in den Mauern erhoben ihre Stimme,

als sie sahen, wie das Feuer ihn verschonte.
Mächtiges Erstaunen erregte es,
als die Hand unseres Herrn seinen Mörder berührte.
Er offenbarte nicht seine Bosheit, sondern bedeckte seinen Frevel
und behandelte ihn ganz wie die anderen.
Nun kam er zu Simon; dessen Herz geriet in Unruhe.
Er erhob sich vor ihm und flehte ihn an:
Die Engel im Himmel verhüllen ihre Füße
aus Furcht, sie könnten verbrennen.
Und du, mein Herr, bist gekommen,
Simons Füße mit deiner Hand zu erfassen und mir zu dienen!
Dies alles, deine Demut und deine Liebe,
hast du uns ja längst bewiesen;
durch alles hast du uns ja schon geehrt.
So bringe uns jetzt nicht wieder in Verlegenheit!
Die Seraphim wagen nie, deinen Gewandsaum zu berühren,
und siehe, du wäschst die Füße elender Menschen!
Du, Herr, willst meine Füße waschen?
Wer könnte dies hören, ohne bestürzt zu werden?
Du, Herr, willst meine Füße waschen?
Wie könnte dies die Erde ertragen?
Die Kunde von dieser deiner Tat
würde die ganze Schöpfung in Staunen versetzen!
Diese Nachricht, daß solches auf Erden vorgehe,
würde die Schar der himmlischen Geister in Verwirrung bringen!
Halte ein, Herr, damit mir dies erspart bleibe!
Darum flehe ich dich an; denn ich bin ein sündiger Mensch. -
Wenn dies nicht geschehen kann,
so hast du keinen Anteil am Thron mit mir.
Wenn dies nicht geschehen kann,

so gib mir die Schlüssel zurück,
die ich dir anvertraut habe.
Wenn dies nicht geschehen kann,
so wird auch deine Herrschaft von dir genommen werden.
Wenn es, wie du sagst, nicht geschehen kann,
so kannst du auch mein Jünger nicht sein.
Wenn es, wie du sagst, nicht geschehen kann,
so kannst du auch keinen Anteil an meinem Leben kosten. -
Da begann Simon den Gnädigen anzuflehen und zu sagen:
Herr, nicht nur meine Füße sollst du waschen,
sondern auch meine Hände und mein Haupt! -
Simon, Simon, es gibt nur eine einmalige Waschung
für den ganzen Leib im heiligen Wasser! -
Er vollendete die Handlung der Abwaschung
und gebot ihnen aus Liebe so:
Seht, meine Jünger, wie ich euch gedient
und welches Werk ich euch vorgeschrieben habe!
Seht, ich habe euch gewaschen und gereinigt;
nun eilt freudig in die Kirche
und betretet ihre Tore als Erben!
Tretet furchtlos auf den Bösen
und unerschrocken auf das Haupt der Schlange!
Zieht ohne Furcht eures Weges
und verkündigt mein Wort in den Städten!
Sät das Evangelium in den Ländern
und senkt die Liebe in die Herzen der Menschen!
Verkündigt mein Evangelium vor den Königen
und offenbart meinen Glauben vor den Richtern!
Seht, ich, der ich euer Gott bin,
habe mich erniedrigt und euch bedient,

damit ich euch ein vollkommenes Pascha bereite
und das Angesicht der ganzen Welt erfreue!

Hymnus über die Fußwaschung (gekürzt); BKV 6, 26 - 30

JAKOB VON BATNA: DES WAHREN LAMMES BLUT UND SEINE MACHT

Mose schlachtete das Lamm und sprengte sein Blut an der Hebräer Türen,
damit der Todesengel nicht zu ihren Erstgeborenen eintreten möge.
Er tauchte einen Ysopzweig in das Blut und sprengte es an die Türen;
doch niemand außer ihm wußte, weshalb er dies tat.
Er besprengte die Türpfosten und die Türschwellen vorbildhafterweise,
an beiden Seiten und oben und unten,
indem er so das Kreuz an die Tür zeichnete und den Tod am Eintritt hinderte.
Es ist klar, und selbst ein Blinder kann es durch bloßes Tasten erkennen,
daß das Lamm durch sein Blut unmöglich den Tod abhalten konnte.
Hätte der Würger der Erstgeborenen
nicht des Gottessohnes Bild darin gesehen,
so wäre er an ihren Türen nicht vorübergegangen.
Das Blut Christi wurde durch das Blut des Lammes verkündet
und dieses große Geheimnis durch ein geringes Vorbild angedeutet.
Durch das Blut des Lammes, mit welchem Mose die Türen besprengte,
belehrt er dich, deine Lippen täglich mit des Sohnes Blut zu besprengen.
Der Mund ist ja des Menschen Tür, aus der allerlei Worte und Reden kommen,
sowohl Lobpreisungen als auch Schmähungen.
Deshalb verlangte David, daß seinem Mund ein Hüter bestellt werde.
Wer anders als der Gekreuzigte ist dieser Hüter für den, der nach ihm verlangt?
David flehte: Herr, stelle einen Hüter vor meinen Mund (Ps 141, 3).
Das Kreuz ist der Hüter der Tür des Mundes gegen Satan.
Das Kreuz erhob sich an den Türen des Volkes Israel

531

und bewahrte sie vor dem Würger der Erstgeborenen im Lande.
So nimm auch du jetzt das Blut des Sohnes Gottes
und zeichne mit den Fingern das Kreuz auf deine Lippen!
Setze deinem Mund einen Hüter und habe festes Vertrauen,
so wird der Vertilger dir nicht nahen, wenn er ihn erblickt.
Wenn schon sein Vorbild, als es sich an den Türen zeigte, jene rettete,
wieviel mehr vermag das Urbild selbst den zu retten, der nach ihm verlangt!
Auf deine Lippen nimm das Blut aus dem Kelch der Gottheit,
auf daß es dir zu einem ganz zuverlässigen Türhüter werde!
Durch das Blut des Lammes wurden die Türen des Volkes versiegelt;
versiegle auch du deine Tür mit dem Blut aus des Gottessohnes Seite!
Färbe Zunge, Lippen und Herz mit dem Blut deines Herrn,
auf daß er dich vor allem Bösen bewahre!

Gedicht über die Verhüllung des Angesichts des Mose (gekürzt); BKV 6, 350 f.

ROMANOS: DER SÜNDENBOCK UND DAS LAMM

O Verkündigung des Täufers und seines Rätsels: Lamm nannte er den Hirten!
Doch nicht einfach Lamm, sondern Lamm, das die Verfehlungen tilgt.
Er machte den gesetzlosen (Juden) deutlich, daß der Bock keine Wirkung hat,
den sie in die Wüste jagten.
Seht, sprach er, das Lamm! Jetzt bedarf es nicht mehr des Bockes!
Legt ihm die Hände auf, ihr alle,
und bekennt ihm eure Sünden!
Er kam ja, sie fortzunehmen von dem Volk und der ganzen Welt.
Vom Himmel her sandte als Geschenk ihn der Vater für alle Menschen;
er erschien und erleuchtete alles.

2. Hymnus zur Erscheinung Christi, 13; SC 110, 286

532

47. PERLE UND FISCH –
CHRISTUS UND SEIN REICH

Die Königstochter ist herrlich geschmückt; ihr Gewand ist durchwirkt mit Gold und Perlen. *Psalm 45, 14*

Am Westhang des Ölberges erhebt sich die kleine Kirche Dominus flevit (Der Herr weinte), die, 1955 in Form einer Träne erbaut, die Überlieferung wachhält, nach der Jesus am Sonntag vor seinem Tode, am Palmsonntag, bei seinem Ritt von Bethphage in die Heilige Stadt einen Augenblick hier verweilte und über die Verstocktheit der Einwohner und wegen des hereinbrechenden Untergangs geweint hat (Lk 19, 41–44). Bereits im 6. Jahrhundert stand hier eine Kirche, größer als die heutige, deren wunderschöner Mosaikboden mit Symbolen des Glaubens und des Lebens geziert war. Eine vollständig erhaltene Inschrift befindet sich links vom Eingang in einem kleineren Raum, der als Kapelle oder als Vorbereitungsraum für Katechumenen gedient hat; sie lautet: »Diese heilige Gebetsstätte hat erbaut und ausgeschmückt der christusliebende Symeon und unserem Herrn Christus geweiht zur Vergebung seiner Sünden und für die Ruhe seiner Brüder, des geliebten Georgios und des christusliebenden Dometios.« Umrandet von farbigen verschlungenen Endlosbändern, Symbolen des ewigen Lebens, und inmitten von Trauben, Feigen und Granatäpfeln finden sich hier auch Lotosblätter und -blüten und eine Perle, welche sicherlich nicht die fruchtbare Landschaft Palästinas widerspiegeln, sondern als Blumen des Wassers und Früchte des Meeres oben auf dem Berge symbolisch auf Jesus und die Glaubensverkündigung der Kirche hinweisen. Perlen waren im Altertum wegen ihrer Herkunft aus dem unergründlichen Meer geheimnisvolle, himmlische Gebilde. Auch unterschied man kaum zwischen zweischaligen Muscheln und einschaligen Schnecken und vermutete von beiden, daß sie ungeschlechtlich aus dem sandigen Grund oder aus dem trüben Schlamm entstehen. Über die Entstehung von Perlen, von den Grie-

533

chen Margarites, von den Römern Margarita genannt, in den Perlmuscheln oder den Austern wußte man so gut wie nichts und gab sich Spekulationen hin. Man hielt sie für himmlische Tautropfen oder durch Blitzeinschlag entstandene Knospen. Zur Alexanderzeit wurden die Griechen mit dem Perlenluxus der Babylonier und Perser bekannt. Für die Schmuckherstellung begehrt, wurden die Perlen nun aus den Regionen am Persischen Golf oder den Indischen Meeren importiert und im Wert höher eingeschätzt als Gold. Die Römer stellten sogar Imitationen aus Glimmer oder Fischknorpel (wie noch heute am Ohrid-See in Makedonien) her.

Auch der Physiologus übernahm die phantastischen Vermutungen seiner Umwelt: »Wie entsteht denn die Perle? Hör zu! Es gibt eine Muschel im Meer, die heißt Purpurmuschel. Sie steigt vom Meeresgrunde auf in den allerfrühsten Morgenstunden. Und es öffnet die Muschel ihren Mund und trinkt hinein den himmlischen Tau und den Strahl der Sonne und des Mondes und der Sterne und bringt so die Perle zustande aus den Lichtern von oben. Die Muschel, die eine Perle erzeugt, hat zwei Schalen, darin findet man die Perle.« Der Physiologus bietet auch eine weitere Erklärung für die Entstehung der Perlen: »Im Roten Meer gibt es sehr viele Perlen. Das kommt so: In jenem Meer gibt es eine Art Schalentiere, die Pina (griech.: Schlamm, Schmutz) heißen. Diese stehen nahe am Ufer, alle mit offenem Munde, damit irgend etwas zum Fressen hineingehe. Wenn die Muschel nun steht und ihr Mund weit offen ist und es, wie dort häufig, ein Gewitter gibt, geht die Gewalt des Blitzes in das Innere der Muschel hinein. Diese erschreckt und klappt die Schalen zu. Die Muschel ist also geschlossen, sie hat den Blitz in sich. Der Blitz dreht sich um die Augäpfel der Muschel herum und macht durch die Drehung die beiden Augäpfel zu Perlen. Und so geht die Muschel mit Kummer zugrunde, die Perlen leuchten im Roten Meer. Die Menschen sehen dies, gehen ins Wasser und nehmen sie. So entstehen die Perlen.« Diese märchenhaften Geschehnisse dienen dem Physiologus zur Veranschaulichung von Glaubensüberzeugungen. Die Muscheln weisen auf Maria hin, die ohne geschlechtliche Zeugung allein durch Gottes schöpferische Macht Jesus, die Perle, empfangen und zur Welt gebracht hat: »Die Perle wird verglichen mit unserem Heiland Jesus Christus, denn dieser ist die wertvollste Perle. So auch du, Mensch, verkaufe alles, was dein ist und gib es den Armen und kaufe die kostbare Perle, die ist Christus Gott, daß du einen Schatz habest in deinem Herzen und gerettet werdest.« Die zweite Deutung weist noch klarer auf das Mysterium der Menschwerdung Gottes in Maria hin: »Der göttliche Blitz aus dem Himmel, der Sohn und das Wort Gottes, ist in die ganz reine Muschel, die Gottesgebärerin Maria, eingegangen; eine überaus kostbare Perle ist aus ihr geworden, worüber geschrieben wurde: Sie hat die Perle, Christus, aus dem göttlichen Blitz geboren. - Verständig ist der Kaufmann, der alles verkauft, was er besitzt, und die wahrhafte Perle kauft, das ist Christus« (Physiologus, Nr. 44).

Die große Wertschätzung der Perle wird auch im Neuen Testament bezeugt; sie ist Inbegriff unüberbietbarer Kostbarkeit. Den lohnenswerten Einsatz für das Reich Gottes vergleicht Jesus mit dem alles hingebenden Mut eines Kaufmannes: »Als er eine besonders wertvolle Perle fand, verkaufte er alles, was er besaß, und kaufte sie« (Mt 13, 46). Wer die Köstlichkeit des Gottesreiches erfahren hat, soll es nicht fortwerfen: »Gebt das Heilige nicht den Hunden, und werft eure Perlen nicht den Schweinen vor!« (Mt 7, 6) Im Bild vom neuen, himmlischen Jerusalem spiegelt sich die endzeitliche Hoffnung der frühen Kirche wider: Die Grundsteine der Stadtmauer sind mit Edelsteinen geschmückt, und »die zwölf Tore sind zwölf Perlen, jedes Tor besteht aus einer einzigen Perle« (Offb 21, 21).

Ein großer Fisch, gebraten und zum Verspeisen in zwei Hälften zerlegt, erscheint im Mosaikteppich über der in goldenen und silbernen Farben leuchtenden Perle. Er erinnert an das Mahl, zu dem der auferstandene Christus bei seiner Erscheinung am See Genesareth die Jünger eingeladen hat (Joh 21, 9 -

13). - Die Bedeutung des Fisches im Orient und für das Judentum und seine christliche Deutung wird im 66. Kapitel dargelegt. - Im Fisch bietet sich Christus selbst als Speise denen dar, welche die himmlische Perle gesucht und gefunden haben.

THOMAS-AKTEN:
DES ERLÖSERS SUCHE NACH DER SEELE, DES KÖNIGS PERLE

Als ich ein kleines Kind war und im Hause meines Vaters wohnte,
und am Reichtum und der Pracht meiner Erzieher mich ergötzte,
sandten mich meine Eltern aus unserer Heimat im Osten
mit einer Wegzehrung fort;
aus dem Reichtum unseres Schatzhauses hatten sie mir eine Traglast geschnürt.
Sie zogen mir das Strahlenkleid aus, das sie in ihrer Liebe mir gemacht hatten,
und meine scharlachrote Toga, die meiner Gestalt angemessen gewebt war;
sie machten mit mir einen Vertrag, in mein Herz geschrieben,
ihn nicht zu vergessen:
Wenn du nach Ägypten hinabsteigst und die eine Perle bringst,
die im Meere ist, das der schnaubende Drache umringt,
sollst du dein Strahlenkleid wieder anziehen und deine Toga darüber
und mit deinem Bruder, unserem Zweiten, Erbe in unserem Reiche werden!

Ich ging geradewegs zum Drachen,
ließ mich nahe bei seiner Behausung nieder
und kleidete mich in Gewänder der Menschen dort, damit sie nicht merkten,
daß ich von auswärts gekommen sei, um die Perle zu holen.
Und ich begann zu bezaubern den schrecklichen und schnaubenden Drachen,
nannte meines Vaters Namen über ihn
und brachte ihn in Schlummer und Schlaf.
Ich erhaschte die Perle und kehrte um,

mich nach meinem Vaterhaus zu wenden.
Das schmutzige und unreine Kleid zog ich aus, ließ es in ihrem Lande
und richtete meinen Weg zum Licht unserer Heimat im Osten.

Mein Strahlenkleid, das ich ausgezogen hatte, und meine Toga darüber
sandten von den Höhen Hyrkaniens meine Eltern mir
durch ihre Schatzmeister,
die wegen ihrer Wahrhaftigkeit damit betraut waren.
Ich kleidete mich damit
und stieg empor zum Tor der Begrüßung und Anbetung.
Ich neigte mein Haupt und betete an die Herrlichkeit des Vaters,
dessen Gebot ich ausgeführt hatte, wie auch er getan, was er verheißen hatte.
Unter Posaunenklang priesen ihn alle seine Diener.
Er verhieß mir, daß ich mit ihm zum Tor des Königs der Könige reisen
und mit meiner Gabe und meiner Perle vor unserem König erscheinen werde.

Perlenlied (gekürzt), Thomas-Akten, 108 - 113; Hennecke-Schneemelcher II, 349 - 353

EPHRÄM: DIE PERLE - SPIEGEL DER SCHÖNHEIT CHRISTI

Eines Tages habe ich eine Perle
genommen, meine Brüder;
in ihr sah ich Zeichen, Kinder des Reiches,
Sinnbilder und Hinweise auf jene Herrlichkeit.
Sie wurde zur Quelle; ich trank daraus die Zeichen des Sohnes.

In ihrer Klarheit erblickte ich den Klaren,
der nicht getrübt wird.
In ihrer Reinheit liegt ein großer Hinweis:
Der Leib unseres Herrn, der ganz lauter war.
In ihrer Ungeteiltheit erblickte ich die unteilbare Wahrheit.

Es war Maria, die ich dort erblickte,
und ihre reine Leibesfrucht.
Es war die Kirche und der Sohn in ihr.
Es war ein Bild der Wolke, die ihn trug,
ein Zeichen des Himmels, aus dem erstrahlte sein herrlicher Glanz!

Ich schaute in ihr innerste Räume ohne Schatten;
denn sie ist die Tochter der Sonne.
Ich sah Vorbilder, beredt ohne Zunge,
ein Sprechen der Zeichen ohne Lippen,
eine schweigende Harfe, die lautlos Lieder schenkt.

Sie hob an und sprach zu mir:
Die Tochter des Meeres bin ich, des unbegrenzten,
und jenes Meer, aus dem ich emporstieg,
überragt der Schatz der Sinnbilder in meinem Schoß.
Erforsche das Meer, doch nicht den Herrn des Meeres!

Tochter des Meeres, die das Meer verließ, wo sie gezeugt wurde,
die ans Land stieg, wo sie geliebt wurde!
Man liebte sie, riß sie an sich und wurde durch sie geschmückt.
Ebenso jener Gezeugte (Christus),
den die Völker lieben und in dem sie ihre Krone fanden.

Dein Wesen gleicht dem schweigenden Lamm
in seiner Sanftheit; wenn jemand sie durchbohrt,
nimmt und aufhängt am Ohr wie Christus auf Golgotha,
dann gießt sie noch mehr
all ihre Strahlen aus über die, welche sie anschauen.

Dargestellt ist in deiner Schönheit die Schönheit des Sohnes,
der sich in das Leiden hüllte; die Nägel durchdrangen ihn.
Die Nadel durchstach dich, dich hat man durchbohrt wie seine Hände.
Doch weil er litt, wurde er Herrscher,
ähnlich wie durch dein Leiden deine Schönheit sich mehrt.

Hymnen über den Glauben, 81, 1. 3, 4. 6. 10; 82, 9. 11 f.; CSCO 155, 211 - 216

EPHRÄM: DER PERLE UNVERGLEICHLICHE SCHÖNHEIT

Man tadelt dich nicht wegen deiner Nacktheit, Perle!
Trunken von der Liebe zu dir
ist auch der Kaufmann, der dir deine Kleider nimmt,
nicht um dich zu entblößen;
dein Kleid ist dein Licht, dein Gewand ist dein Glanz, du Entblößte!

Du gleichst Eva, die bekleidet war in ihrer Nacktheit.
Verflucht, die sie betrog, sie entblößte und im Stich ließ!
Nicht kann dir die Schlange den Glanz rauben.
Entsprechend deinem Vorbild
werden die Frauen einst sich kleiden in Eden mit Licht.

Dem Haupt deine Krone,
dem Auge deine Schönheit, dem Ohr dein Schmuck!
Steig empor aus dem Meer, Nachbarin des Landes,
und komm und wohne am Ohr!
Das Ohr liebe das Wort des Lebens, wie es dich geliebt hat!

Mit dir hat Christus verglichen das Himmelreich, Perle!
Und die Jungfrauen, die darin eintraten,

539

waren gehüllt in das Licht ihrer Lampen.
Dir gleichen sie,
die Strahlenden, ihr in Licht Gekleidete!

Auch nicht gegen Gold
tauscht die vornehme Frau ihre Perle.
Welch große Schmach, wenn du in den Schmutz
wegwirfst für nichts deine Perle!
In der Perle, der vergänglichen, laßt uns erkennen jene unvergängliche!

Groß bist du in deiner Kleinheit, Perle!
Gering ist dein Umfang und klein dein Maß
und dein Gewicht, doch groß ist dein Glanz.
Die Krone allein
kennt keinen Preis, und in ihr bist du eingefügt.

Nackte tauchten hinunter und holten dich herauf, Perle!
Nicht Könige schenkten dich zuerst
den Menschen, sondern Nackte;
ein Hinweis auf die Armen,
die Fischer, die Galiläer.

Hymnen über den Glauben, 83, 1 f. 9. 12. 14; 85, 4. 6; CSCO 155, 216 - 218. 222 f.

ANDREAS VON JERUSALEM: GOTTES GEBURT AUS DER JUNGFRAU

Freut euch, ihr Gerechten, ihr Himmel, jubelt, tanzt, ihr Berge,
da Christus geboren wurde!
Die Jungfrau wird zum Thron, indem sie die Cherubim nachbildet,
und trägt auf ihrem Schoß

Gott, das Wort, das Fleisch wurde.
Die Hirten verehren das Kind, die Magier bringen Geschenke dar
und die Engel lobpreisen und singen:
Unfaßbarer Herr, Ehre sei dir!

Gottesgebärerin, Jungfrau, du hast den Retter geboren
und gelöst den alten Fluch über Eva.
Du bist Mutter geworden dank des Wohlgefallens des Vaters
und trägst auf deinem Schoß
Gott, das Wort, das Fleisch wurde.
Dieses Mysterium duldet keine Prüfung, allein im Glauben
verehren wir es alle und rufen und sprechen mit dir:
Unerforschlicher Herr, Ehre sei dir!

Laßt uns mit Liedern ehren die Mutter des Erlösers,
die nach der Geburt wieder als Jungfrau offenbart wurde:
Sei gegrüßt, lebendige Stadt, in der Christus wohnte
und unser Heil wirkte!
Mt Gabriel singen wir Lieder,
mit den Hirten verehren wir dich:
Gottesgebärerin, sei Fürsprecherin bei dem,
der aus dir Fleisch annahm, damit wir gerettet werden!

Idiomela am Weihnachtsfest; Anthologion I, 1274

48. GRANATÄPFEL –
LIEBE, FRUCHTBARKEIT, UNSTERBLICHKEIT

Ein verschlossener Garten ist meine Schwester Braut, ein versiegelter Quell; ein Lustgarten sproßt aus dir. Granatbäume mit köstlichen Früchten.

Hoheslied 4, 12 f

Der Granatapfel (lat.: malum granatum, kernreicher Apfel) ist die gelblich-scharlachrote Frucht eines dornigen Strauches oder kleinen Baumes, der im ganzen Mittelmeerraum bis nach Indien verbreitet ist. Wegen seines saftigen, süß-sauer schmeckenden Fruchtfleisches, in das die zahlreichen Samen gebettet sind, ist der Granatapfel eine köstliche, erfrischende Frucht. Im Altertum war er Symbol der Liebe, der Fruchtbarkeit und der Unsterblichkeit. Heilig war die Frucht den Göttinnen Athena und Aphrodite, der syrischen Astarte, und der Strauch galt als Wohnort der Nymphen. Auch im jüdischen Kult war der Granatapfel heimisch: Am Saum des hohenpriesterlichen Gewandes sollten »Granatäpfel aus violettem und rotem Purpur« zwischen goldenen Glöckchen hängen (Ex 28, 33 f.). Im Hohenlied wird er mehrfach erwähnt und veranschaulicht die Schönheit und den Liebreiz der Braut.

Die frühe christliche Kunst übernahm den Granatapfel und seine Symbolik. In den Liebesgesängen zwischen dem Bräutigam und der Braut im Hohenlied sah man die bräutliche Liebe zwischen Christus und seiner Kirche vorgebildet. So wurde der Granatapfel zum Symbol der Liebe Christi und zum Zeichen für die sakramentalen Gaben der Kirche, in denen den Gläubigen mysterienhaft ewiges Leben zuteil wird.

Das schönste Gebäude inmitten der Ruinen der Nabatäer-Stadt Mampsis (heute: Mamshit) im Negev ist sicherlich die von einem reichen Bürger namens Neilos gestiftete kleine dreischiffige Kathedrale. Ein großartiger Mosaikteppich schmückte einst das Mittelschiff und den Altarraum. Ein Geflecht von Zierbändern mit geometrischen Mustern umrahmt Darstellungen von Blüten, Früchten und Vögeln. Ein Flechtwerk des Mäanderbandes, das, in sich zurückkehrend, zum Symbol des Sonnenrades und des Kreuzes wird, umgibt die hier abgebildeten Granatäpfel: Am Kreuz hat sich Christi Liebe vollendet; in ihrer Fruchtbarkeit schenkt sie den Gläubigen die ersehnte Unsterblichkeit.

ODE SALOMOS: DES GELIEBTEN VERMÄHLUNG MIT DEM LIEBENDEN HERRN

Nicht verstünde ich den Herrn zu lieben,
wenn er mich nicht liebte.

Wer ist's, der die Liebe zu begreifen vermag,
außer dem, der geliebt wird?

Ich glühe für den Geliebten, und es liebt ihn meine Seele,
und wo sein Ruhelager ist, bin auch ich.

Ich werde kein Fremdling sein,
weil es keine Mißgunst gibt bei dem Herrn, dem höchsten und liebevollen.

Ich bin vermählt, weil der Liebende den Geliebten fand,
weil ich ihn, den Sohn, lieben sollte, damit auch ich Sohn sei.

Denn wer mit dem verbunden ist, der unsterblich ist,
wird auch unsterblich sein.

Und wer am Leben Wohlgefallen hat,
wird lebendig sein.

Das ist der Geist des Herrn ohne Trug,
der die Menschen lehrt, daß sie seine Wege kennen.

Seid weise, habt Erkenntnis und seid wachsam!
Halleluja!

3. Ode, 3 - 11; Hennecke-Schneemelcher II, 579 f.

THOMAS-AKTEN: HOCHZEITSLIED FÜR DIE WEISHEIT UND IHREN BRÄUTIGAM CHRISTUS

Die Jungfrau ist des Lichtes Tochter; es ruht auf ihr der Könige hehrer Glanz.
Ergötzend ist ihr Anblick, in strahlender Schönheit erglänzt sie.
Ihre Gewänder gleichen Frühlingsblumen,
lieblicher Wohlgeruch entströmt ihnen.
Wahrheit ruht auf ihrem Haupt; Freude verbreitet sie durch ihre Füße.
Ihr Mund ist geöffnet und gar schicklich, da sie lauter Loblieder spricht.
Zweiunddreißig Zähne preisen sie; ihre Zunge gleicht einem Türvorhang,
der für die Eintretenden zurückgeschlagen wird.
Gleich Stufen steigt ihr Nacken empor; ihn schuf der erste Weltbaumeister.
Ihre Hände deuten und zeigen verkündend
den Chor der glücklichen Ewigkeiten.

Ihrer Brautführerinnen sind sieben, die vor ihr den Reigen tanzen.
Zwölf an der Zahl sind es, die vor ihr dienen und sind ihr unterstellt.
Ihren Blick richten sie erwartungsvoll auf den Bräutigam,
damit sie, durch seinen Anblick erleuchtet, ewig bei ihm zur ewigen Freude
und bei jener Hochzeit seien, zu der sich die Edlen versammeln,
und bei dem Mahle weilen, dessen die Ewigen gewürdigt werden,
und königliche Gewänder anziehen und leuchtende Kleider anlegen,
auf daß beide in Freude und Jubel seien und den Vater des Alls preisen.

Hochzeitslied (gekürzt), Thomas-Akten, 6 f.; Hennecke-Schneemelcher II, 311 f.

APOSTOLISCHE KONSTITUTIONEN:
DANK FÜR DIE GEWÄHRTE LIEBE UND UNSTERBLICHKEIT

Wir sagen dir Dank, Gott und Vater Jesu, unseres Erlösers,
wegen deines heiligen Namens, durch den du in uns wohnst,
und wegen der Erkenntnis und des Glaubens,
wegen der Liebe und der Unsterblichkeit,
welche du uns durch Jesus, deinen Sohn, geschenkt hast.
Allmächtiger Herr, Gott des Weltalls,
der du die Welt und alles in ihr durch Christus erschaffen hast,
du hast auch das Gesetz in unsere Seelen gepflanzt
und den Menschen die nötigen Lebensmittel bereitet.
Du hast auf die Erde Jesus, deinen Gesalbten, gesandt,
damit er mit den Menschen als Mensch verkehre,
der das göttliche Wort war und Mensch,
um den Irrglauben mit der Wurzel auszurotten.
Gedenke jetzt seinetwegen dieser deiner heiligen Kirche,
welche du durch das kostbare Blut deines Gesalbten erworben,
und erlöse sie von allem Bösen,
mache sie vollkommen in deiner Liebe und Wahrheit
und vereine uns alle in dem Reich, welches du bereitet hast.
Maran atha (Unser Herr ist gekommen)!
Hosanna dem Sohne Davids!
Gepriesen, der kommt im Namen des Herrn,
Gott, der Herr, welcher uns erschienen im Fleische!

Apostolische Konstitutionen VII, 26; Boxler (BKV), 233

EPHRÄM: VERGÄNGLICHE SCHÖNHEIT DER JUGEND

Einem Zweig mit Früchten, schön im Sommer, gleicht die Jugend.
Sind aber seine Früchte abgeerntet, dann ist er nicht mehr schön,
und alle wenden ihren Blick von ihm;
der von allen begehrte, gilt allen dann als häßlich.
Mädchen, stelle deine Schönheit nicht zur Schau,
damit die Schauenden sie nicht verachten, wenn sie häßlich geworden.

Das Feuer sei dir ein Gleichnis! Es ist im Holz wie tot begraben;
doch das Reiben des Holzes an einem anderen belebt es zu beider Verderben.
Wenn es zum Leben erwacht, ändert es sich, um zu verbrennen
das Holz, das es durch das Reiben zum Leben gebracht hat.
Welch ein Sinnbild! Das Holz war das Grab für das Feuer;
sobald es aber vom Holz erweckt ist, geht das Holz durch es zugrunde.

Auge, fürchte dich, stiehl nicht Schönheit, in der des Alters Makel verborgen.
Die Glieder der Jugendlichen tragen ein schönes Aussehen;
doch überführt sie das Alter,
daß nur eine geliehene Schönheit bei ihnen gewohnt hat.
Es ist eine Schönheit, die, während sie im Angesicht der Jugend wohnt,
sich schon erhoben hat und fortgeflogen ist.

3. Hymnus über die Jungfräulichkeit, 1. 7. 11; CSCO 224, 8 - 11

JOHANNES VON DAMASKUS: DER SCHÖPFUNG ERBLÜHEN

Es erblühte die Wüste gleich einer Lilie, Herr,
die unfruchtbare Kirche aus den Heidenvölkern,
bei deinem Erscheinen!
Dies hat auch meinem Herzen Kraft gegeben.

Die Schöpfung hat sich bei deinem Leiden verändert,
als sie sah im billigen Mantel
von Verbrechern verspottet den,
der das All befestigt hat durch göttlichen Wink.

Aus Staub hast du mich als Abbild mit deiner Hand gestaltet,
und als ich wieder zerfallen war zu Staub des Todes
durch die Sünde, Christus,
hast du, in die Unterwelt hinabsteigend, mich mitauferweckt.

Auferstehungskanon am Sonntag, 3. Ode; Anthologion I, 228

49. AUFGESCHNITTENE FEIGEN – WOHLERGEHEN, FRUCHTBARKEIT, AUFERSTEHUNG

Am Feigenbaum reifen die ersten Früchte; die blühenden Reben duften.
Hoheslied 2, 13

In der griechischen Antike ist die Feige Attribut des Gottes Dionysos und Schmuck seines Hauptes, ihre Nahrhaftigkeit sollen seine Leibesfülle und seine erhöhte Sexualität bewirkt haben. In der römischen Tradition war der Feigenbaum dem Kriegsgott Mars heilig, und seine Kinder Remus und Romulus sollen in seinem Schatten aufgewachsen sein. Die Bibel erwähnt ihn als ersten Kulturbaum, wenn sie erzählt, daß Adam und Eva ihre Nacktheit mit seinen Blättern geschützt haben (Gen 3, 7). Ähnlich wie Weinstock und Ölbaum ist der Feigenbaum für das Alte Testament Sinnbild des Wohlergehens im messianischen Reich: »Am Ende der Tage ... schmieden die Völker Pflugscharen aus ihren Schwertern und Winzermesser aus ihren Lanzen. ... Jeder sitzt unter seinem Weinstock und unter seinem Feigenbaum« (Micha 4, 1. 3f.). Aus dem Schatten seines Feigenbaumes hervor beruft Jesus den Apostel Natanael (Joh 1,48 - 50), und der unfruchtbare Feigenbaum, den Jesus zeichenhaft verdorren läßt, ist ein Bild für jene im Volk, die ihm den Glauben verweigern (Mt 21, 18 - 22).

Die eßbare Feige gehört zu den ältesten Kulturpflanzen der Menschheit; in den Mittelmeerländern gedeiht der Baum vorzüglich auf steinigem, trockenem Boden, und seine Früchte sind wegen des hohen Zuckergehaltes wichtiges Nahrungsmittel. Getrocknet oder zu Fladen gepreßt, werden sie ähnlich wie Rosinen für die obstlose Zeit gelagert. In zwei geschlechtlich getrennten Formen kommt die Kulturfeige vor, als Bocksfeige (caprificus) mit männlichen und weiblichen Blüten und als Echte Feige (ficus carica), die nur weibliche Blüten trägt. Die Befruchtung ist ein komplizierter Vorgang, der nur dank der kleinen

Feigenwespe gelingt, die mit der Bocksfeige in Lebensgemeinschaft lebt, wobei die eine ohne die andere nicht überleben kann. Die Feigenwespe überträgt - etwas vereinfacht dargestellt - den Blütenstaub der männlichen Blüten auf die Narben der weiblichen Blüten von Bocksfeige und Echter Feige. Die Früchte der Bocksfeige, in die die Wespe auch ihre Eier ablegt, sind ungenießbar, während die Früchte der Echten Feige, in die die Wespe wegen ihrer zu kurzen Legeröhre keine Eier ablegen kann, voll, saftig und süß werden. Es entsteht eine sog. Scheinfrucht, ein Früchtesack, Feige genannt; denn die eigentlichen Früchte sind die in ihm verborgenen, zahlreichen kleinen, einsamigen Körnchen. (Es gibt allerdings auch Feigenarten, heute bevorzugt angebaut, die unabhängig von einer Befruchtung köstliche Früchte tragen.) Die Fruchtansätze wachsen noch vor dem Aufsprießen der Blätter, so daß der Feigenbaum zunächst »nackt« erscheint.

Neben der Echten Feige gibt es auch den ertragreicheren, wilden Feigenbaum, den Maulbeerfeigenbaum, die Sykomore. Ihre Früchte sind kleiner und weniger süß; sie waren die Nahrung der armen Leute. Auch hier dient die Feigenwespe der Befruchtung. Da die Früchte aber durch die Eiablage ungenießbar werden, muß man sie vor ihrer Reifung mit einem Messer aufschneiden, damit die jungen Wespen entweichen können. Darauf spielt der Prophet Amos an, wenn er sich vor dem Priester Amazja wegen seiner Sendung verteidigt: »Ich bin kein Prophet und kein Prophetenschüler, sondern ein Ziegenhirt und schlitze Feigen« (Am 7, 14). In Ägypten und Zypern wird diese Technik noch heute praktiziert. Luther kannte das Feigenschlitzen nicht und übersetzte: »Ich bin ein Hirt, der Maulbeeren züchtet.« Zum einen hat er aus der Feige eine Maulbeere gemacht, zum anderen das Schlitzen in Züchten geändert, und so ist es geblieben bis zur Einheitsübersetzung: »Ich ziehe Maulbeerfeigen.« Diese Übersetzung gibt ebenfalls keinen Sinn; denn die Sykomore, auf die in Jericho Zachäus stieg, um Jesus besser sehen zu können (Lk 19, 3–5), wächst als wilder Feigenbaum. Die griechische Version der Bibel, die Septuaginta, bietet jedoch die korrekte Übersetzung: »Ich bin ein Ziegenhirt, der Feigen schlitzt.« Auch die lateinische Vulgata übersetzt richtig und nennt des Amos Tätigkeit das Schlitzen von Feigen.

Dem Physiologus ist die Methode des Schlitzens der Feigen vertraut, wenn er mit diesem im Altertum allgemein praktizierten Vorgang seine allegorische Deutung verbindet: »Du weißt ja, daß in der Sykomore vor dem Schlitzen die sogenannten Schlupfwespen sind. Sie wohnen im Finstern und sehen das Licht nicht. Und zueinander sagen sie: Ein großes Land bewohnen wir. Sie sitzen aber im Finstern. Wenn nun die Feige aufgeschlitzt wird und sie herauskommen, erblicken sie das Licht der Sonne und des Mondes und der Sterne und sagen zueinander: Im Dunkel haben wir gesessen und im Schatten des Todes (vgl. Mt 4, 16), ehe die Feige geschlitzt wurde. Die Feige wird am ersten Tage geschlitzt, am dritten Tage bricht sie auf und dient zur Nahrung für alle. - Deutung: Aufgeschnitten ist die Seite unseres Herrn Jesus Christus mit der Lanze, und sogleich kam heraus Blut und Wasser. Und da er am dritten Tage auferstanden ist von den Toten, kennen wir die geistigen Lichter wie auch die Schlupfwespen. ... Wenn die Feige aufgeschnitten ist, wird sie am dritten Tage zur Speise. So ist auch unser Herr Jesus Christus, dessen Seite aufgerissen wurde, am dritten Tage auferstanden von den Toten und wurde Leben und Speise für alle« (Physiologus, Nr. 48).

Diese etwas längeren Ausführungen sind nötig zur Erklärung, warum auf der Höhe des Ölbergs von Jerusalem im Mosaikteppich der armenischen Kapelle des russischen Eleona-Klosters drei aufgeschlitzte Feigen zu sehen sind. Im gleichen Register wie Traube, Fisch, Granatäpfel und Perle weisen sie wie diese auf die Mysterien Christi hin, die Früchte seiner durchbohrten Seite, gespendet im Wasser der Taufe und im Blut der Eucharistie zur Auferstehung und zum ewigen Leben.

ODE SALOMOS: VERLANGEN NACH DER LIEBE DES HERRN

Wie die Augen des Sohnes auf seinen Vater
so sind meine Augen, Herr, allezeit dir zugewandt.

Denn bei dir sind die Brüste für mich
und meine Wonne.

Wende deine Barmherzigkeit nicht von mir, Herr,
und nimm nicht von mir deine Freundlichkeit!

Strecke mir, Herr, allezeit deine Rechte entgegen
und sei mir ein Führer bis zum Ziel nach deinem Willen!

Ich möchte dir wohlgefallen um deiner Ehre willen,
um deines Namens willen möchte ich von dem Bösen erlöst sein.

Deine Milde, Herr, bleibe bei mir
und die Früchte deiner Liebe!

Lehre mich die Lieder deiner Wahrheit,
damit ich durch dich Früchte bringe!

Die Zither deines Heiligen Geistes tu mir auf,
daß ich in allen Tonarten dich preisen kann, Herr!

Deiner Barmherzigkeit Größe entsprechend mögest du mir geben,
und eilends erfülle unsere Wünsche;

bist du doch gewachsen allen unseren Bedürfnissen!
Halleluja!

14. Ode; Hennecke-Schneemelcher II, 594

EPHRÄM: DES FEIGENBAUMES ZEICHEN

Der Baum des Paradieses war für Adam wie eine Tür
und seine Frucht der Türvorhang zum verborgenen Zelt.
Adam pflückte die Frucht und schob das Gebot beiseite.
Doch als er jene Herrlichkeit sah des Inneren,
die mit ihren Strahlen aufleuchtete, floh er nach draußen;
eilends nahm er seine Zuflucht bei den keuschen Feigenbäumen.

Weil Adam sich dem Baum genähert hatte, eilte er zu den Feigenbäumen.
Dem (nackten) Feigenbaum glich er, mit dessen Kleid er umhüllt war.
Adam war wie ein Baumesholz, mit Blättern geschmückt.
Er kam zu dem Kreuzesholz, dem glorreichen.
Das Gewand der Herrlichkeit erhielt er von ihm, Glanz gewann er von ihm;
Wahrheit vernahm er von ihm, die ihn wieder nach Eden heimführen sollte.

Lieder über das Paradies, 3, 13; 12, 10; CSCO 175, 11; 48

EPHRÄM: DER AUFERWECKUNG ZEICHEN IM BROT UND SAMENKORN

Wenn Christus schon beim Brot den Befehl gab, die Stücke
und Reste aufzulesen, sie einzusammeln antrieb
und mahnte, daß nichts von dem Segen verlorengehe,
wie sehr wird er dann beim Leib dafür sorgen,
daß seine Knochen gesammelt, seine Gelenke zusammengefügt werden
und daß seine Stimme das Lob des Erweckers verkünde!

Sein Brot bezeugt unstreitig unsere Auferstehung.
Wenn er schon die Speise segnete, wieviel mehr dann die Speisenden!
In den zwölf Broten, die er segnete und vermehrte,
segnete und vermehrte er die Schar seiner Zwölf. -
Und er nahm und brach ein Brot, ein anderes, einzigartiges,
das Symbol jenes Leibes, einzig aus Maria geboren.

Selbst das Samenkorn im Staub bezeugt die Auferweckung.
Denn mit seinem Sterben verkündet es seine Auferweckung;
seine Auferstehung ist schon verborgen in seinem Versenken.
Durch den Regen wird es erweckt und wacht auf.
Wie wird auch bei der Auferweckung auf unseren Staub gesprengt
der Tau, durch den Adam geformt und auferweckt wurde!

16. Lied aus Nisibis, 10 f. 14; CSCO 241, 45 - 47

EPHRÄM: DER SEELE SEHNSUCHT NACH DES LEIBES AUFERSTEHUNG

Bist du gestorben, erhebt sich Wehklagen über dein Abscheiden.
Man wäscht und salbt dich, plündert die Kleidertruhen,
man schmückt und trägt dich auf den Schultern.
Die Klageweiber beweisen, daß du gut bist!

Und wenn nicht gleich fortgeht die Seele, die im Leib gewohnt,
sondern noch wittert an deinem Grab ein wenig,
untröstlich vor Schmerz,
bezeugt ihre Liebe deine Auferstehung, die mit ihr verflochten ist.

Dich rufend, dürstet sie nach deiner Antwort aus dem Grabe.
Wie sollte sie leugnen deine Auferstehung,

da sie doch schon jetzt wünscht, du möchtest auferstehen!
Könnte sie, sie hätte mit all ihrem Besitz dein Leben erkauft.

Deine Geburt, die sehr willkommene, verkündet laut zu Beginn
und dein Tod bezeugt deine Auferstehung.
Denn gewaltsam und bitter ist dein Scheiden.
Von deinem Anfang bis zu deinem Ende gibt es das Bild der Auferstehung.

46. Hymnus gegen die Irrlehren, 3 - 5. 8; CSCO 170, 161 f.

RABBULA: EUCHARISTISCHER LOBPREIS AUF DEN GEKREUZIGTEN

Juble, Braut, Tochter der Völker,
über deinen Bräutigam!
Denn er ist für dich und deine Kinder
zur Speise und zum Trank geworden.
Rufe zu ihm: Christus,
der du uns durch dein Blut erlöst hast,
Lob sei dir, Herr über das All!

Heilig bist du, Unsterblicher!
Wir preisen dich, weil du für uns gekreuzigt wurdest.
Denn durch das am Kreuz geöffnete Tor deiner Seite
ist die Erde geheiligt worden,
die zuvor verflucht war
wegen der Gebotsübertretung Adams.
Lob sei dir, Herr über das All!

Eucharistische Hymnen; Bickel, Schriften der syrischen Kirchenväter (BKV), 269 f.

JOHANNES VON DAMASKUS: DES LAZARUS AUFERWECKUNG

Auferstehung
und Leben der Menschen bist du, Christus!
Zur Gruft des Lazarus gingst du, Langmütiger,
und hast uns den Glauben geschenkt an deine beiden Naturen,
da als Gott und Mensch aus der reinen Jungfrau du erschienen bist.
Als Sterblicher hast du gefragt: Wo ist er bestattet?
Als Gott aber hast du auferstehen lassen
durch lebenbringenden Wink den seit vier Tagen Toten.

Lazarus, gestorben
und vier Tage tot, hast du auferweckt aus der Unterwelt, Christus.
Schon vor deinem Tod hast du erschüttert des Todes Macht
und an einem lieben Freund aller Menschen
Befreiung vom Untergang im voraus verkündet.
Darum verehren wir deine allgewaltige Vollmacht und rufen:
Gepriesen bist du, Erlöser, erbarme dich unser!

Martha und Maria
sprachen zum Erlöser: Wärest du hier gewesen, Herr,
wäre Lazarus nicht gestorben!
Doch Christus, die Auferstehung der Entschlafenen,
hat den schon vier Tage Toten von den Toten auferstehen lassen.
Wohlan, all ihr Gläubigen, laßt uns den verehren,
der in Herrlichkeit kommt, unsere Seelen zu retten!

Wie du, Herr,
gesprochen zu Martha: Ich bin die Auferstehung!,
hast du durch die Tat dein Wort erfüllt

und aus der Unterwelt Lazarus gerufen.
Auch mich, Menschenfreund, gestorben durch Leidenschaften,
laß, da mitleidsvoll du bist,
auferstehen, bitte ich.

Stichera am Samstag vor Palmsonntag; Anthologion II, 951 - 953

50. LOTOS MIT BLATT UND BLÜTE –
REINHEIT LICHT, FREUDE

Bei dir ist die Quelle des Lebens; in deinem Licht schauen wir das Licht.

Psalm 36, 10

Mit Lotos bezeichnete man in der Antike verschiedene Pflanzen. Im alten Ägypten nannte man eine weiß- oder blaublühende Seerosenart und ihre großen runden Blätter Lotos. Seine Früchte und Wurzeln wurden gegessen; er galt als Symbol der Fruchtbarkeit und des Überflusses. Der indische Lotos, ebenfalls eine Seerose, gelangte um 500 v. Chr. nach Ägypten, und die Griechen bezeichneten seine eßbare Frucht als ägyptische Bohne. Im Gegensatz zur ersten Lotosart schwimmt er nicht auf dem Wasser, sondern ragt hoch aus dem Wasser empor. Seine Blüten sind rosafarbig und tüten- bzw. herzförmig seine Blätter. Knospen, Blüten und Blätter wurden in der Kunst als Ornamente verwendet, z. B. zur Gestaltung der Kapitelle auf den ägyptischen Pflanzensäulen und bei der Verzierung von griechischen Vasenbildern. Außerdem wurde als Lotos der Lotosbaum mit seinen wohlschmeckenden kirschähnlichen Früchten bezeichnet, auch Judendorn oder Kreuzdornbusch genannt. Schließlich nannte man in Griechenland den dreiblättrigen Süßklee, als Viehfutter geschätzt, ebenfalls Lotos.

In den antiken Religionen genoß der aus Indien stammende Lotos hohe Wertschätzung. Da die Pflanze sich aus dem schlammigen Wasser erhebt bzw. nur im klaren Wasser gedeiht, war sie Symbol der Unreinheit und Dunkelheit überwindenden Reinheit und des Lichtes. Sie galt als Thron der Götter, und ihre bei Sonnenaufgang sich öffnende Blüte wurde als Zeichen der Sonne, des Lichtes und der ewigen Freude geschätzt. Wegen dieser Symbolik fand der aus Indien über Ägypten im Orient heimisch gewordene Lotos Eingang in die griechische Kunst und in die christliche Ornamentik.

Der hier abgebildete Lotos findet sich in mehreren Exemplaren in dem Mosaikteppich der Kirche Dominus flevit (der Herr weinte) am Westhang des Ölberges. Mit seiner aufbrechenden Knospe, dem abgeernteten Fruchtstand und
dem herzförmigen Blatt weist er inmitten weiterer symbolhafter Früchte wie
Feigen, Granatäpfel, Trauben, hin auf die lichtvolle und freudebringende Botschaft Christi.

Ode Salomos: Dank für des Geistes Licht-Gewand

Entronnen bin ich meinen Banden;
zu dir bin ich geflüchtet, mein Gott.

Denn du warst die Rechte der Erlösung
und mein Helfer.

Du hemmtest die, welche sich gegen mich erhoben,
und sie sind nicht wieder gesehen worden.

Denn deine Person war mit mir,
sie rettete mich durch deine Güte.

Leuchter stelltest du mir zur Rechten und zur Linken,
auf daß nichts an mir sein möchte ohne Licht.

Ich wurde bekleidet mit dem Kleide deines Geistes
und legte von mir ab die Gewänder aus Fell.

Ich wurde gerechtfertigt durch seine Freundlichkeit;
seine Ruhe währt in Ewigkeit der Ewigkeiten. Halleluja!

25. Ode, 1 - 4. 7 f. 12; Hennecke-Schneemelcher II, 606 f.

EPHRÄM: DES GÖTTLICHEN LICHTES SCHÖPFERISCHE MACHT

In Maria nahm wie in einem Auge das Licht Wohnung.
Es reinigte ihren Geist und läuterte ihr Denken;
es heiligte ihren Sinn und verklärte ihre Jungfräulichkeit.

Der Fluß, in dem Christus getauft, empfing ihn zeichenhaft aufs neue.
Der feuchte Schoß des Wassers empfing ihn in Reinheit,
gebar ihn in Glanz und ließ ihn heraussteigen in Herrlichkeit.

Licht in seinem Fluß, Glanz in seinem Grab!
Er strahlte auf dem Berg, er leuchtete im Mutterleib;
er glänzte bei seiner Erhöhung, er leuchtete bei seiner Himmelfahrt.

Ebenso werden bei der Auferstehung die Gerechten leuchten.
Denn ihr Gewand ist Licht und ihre Hülle Glanz.
Sie selber werden für sich das Licht in der Lampe sein.

Gütiger, der uns bereitet hat für den Tag die Sonne,
für die Nacht den Mond und zusammen mit den Sternen die Lichter,
möge in deiner Güte mich treffen das Licht deines Trostes!

36. Hymnus über die Kirche, 2 f. 5. 11. 14; CSCO 199, 88 f.

EPHRÄM: CHRISTI TOTENERWECKENDES LICHT

Und weil das Licht dieses zeitlichen Lebens schon flackert -
die Lampe, die wegen des Abends erlosch,
wird am Morgen wieder leuchten.
Die Sonne wird kommen;

mit ihrem warmen Licht wird sie die Kälte verscheuchen
und die Erloschenen zum Leuchten bringen.

Es ziemt sich zu danken
jenem allerleuchtenden Licht!
Während unsere Lampe am Morgen erlischt,
weil die Sonne aufging,
wirkt die neue Sonne Neues:
In der Unterwelt bringt sie erloschene Lampen zum Leuchten.

Statt des Todes, der in alles
seinen Totengeruch hauchte,
wird in der Unterwelt allbelebender Lebensduft wehen.
Die Toten werden aus seinem Leben
neues Leben einatmen,
wodurch der Tod sterben wird.

50. Lied aus Nisibis, 8 - 10; CSCO 241, 59

JERUSALEMER LITURGIE: CHRISTI LICHTBRINGENDE GEBURT

Bei der Geburt des Herrn
in Bethlehem aus der heiligen Jungfrau
wurde die Welt hell.
Die Hirten wachten,
die Magier beteten an,
Herodes geriet in Schrecken,
weil Gott im Leib erschien
als Retter unserer Seelen.

Erschienen ist die Gnade Gottes
zur Rettung der ganzen Welt,
weil der König geboren wurde, Christus,
in der Stadt Davids, in Bethlehem in Judäa.
Der auf Erden erschien und unter den Menschen lebte,
dieser ist Gott, Licht vom Licht.
Du bist der wahre Gott, geboren aus der Jungfrau.
Erbarme dich unser!

Heute freuen sich die Himmel,
und froh ist die Erde
und das Meer und alles, was in ihm ist;
auch freuen sich die himmlischen Völker,
weil Christus geboren ist, unser Erlöser.
Von Osten kamen Magier
und brachten die königlichen Geburtstagsgeschenke dar.
Sie riefen voll Freude und sagten:
Dieser ist unser Gott, auf den wir hoffen;
er ist unser Leben geworden.
Ihr Völker des Lichtes, kommt, wir beten den an,
der erschienen ist als Retter unserer Seelen!

Was sollen wir dir darbringen, Christus,
weil du unseretwegen als Mensch
auf Erden erschienen bist?
Jedes deiner Geschöpfe bringt dir die Danksagung dar:
die Engel den Hymnengesang,
die Himmel den Stern,
die Magier die Geschenke,
die Hirten das Staunen,

die Erde die Höhle,
die Wüste die Krippe,
wir aber die jungfräuliche Mutter.
Du, seit Ewigkeit Gott, erbarme dich unser!
Leeb, Gesänge im Gemeindegottesdienst, 213 - 215. 122 f.

KOSMAS: LICHT VOM LICHT

Licht vom Licht,
Abglanz der Herrlichkeit des Vaters,
Christus in Zeitlosigkeit;
wie im Dunkeln ist er dem menschlichen Leben aufgeleuchtet
und hat das nachfolgende Dunkel verscheucht.
Ihm sagen wir Gläubigen ohne Ende Preis.

Die Leiden des Fleisches und die Macht der Gottheit
in Christus betrachtend,
mögen alle beschämt werden,
die nur an eine einzige zusammengesetzte Natur denken;
denn er stirbt als Mensch,
doch als Schöpfer des Alls steht er auf.

Außer dir kenne ich keinen anderen als Gott,
ruft die Kirche dir zu,
die du aus ungläubigen Völkern
mich zu deiner Braut erkoren.
So schenke denn, göttliches Wort, den Gläubigen Heil
auf die Bitten derer, die dich getragen, Erbarmungsvoller!
Kreuz-Auferstehungskanon am Sonntag im 7. Ton, 9. Ode; Oktoechos, 360

DAS KREUZ
ZEICHEN DES LEIDENS UND DER HERRLICHKEIT

51. SONNENRAD - KREUZ

Siehe, Finsternis bedeckt die Erde und Dunkel die Völker; doch über dir geht leuchtend der Herr auf, seine Herrlichkeit erscheint über dir.

Jesaja 60, 2

Die Schande der in Nacktheit erfolgten Kreuzigung und ihre unmenschlichen Qualen geboten der frühen Christenheit, ihren gekreuzigten Herrn nur mit Worten zu verkündigen: »Die Juden fordern Zeichen, die Griechen suchen Weisheit. Wir dagegen verkündigen Christus als den Gekreuzigten: für Juden ein Ärgernis (skandalon), für Heiden eine Torheit, für die Berufenen aber, Juden wie Griechen, Christus, Gottes Kraft und Weisheit« (1 Kor 1, 22–24). Erst nachdem Kaiser Konstantin im Jahr 320 im Hinblick auf Christi Tod die Kreuzigungsstrafe verboten hatte, konnte man daran denken, Christus am Kreuz abzubilden. Doch die Scheu, den Gekreuzigten in seiner Schmach darzustellen, hielt noch lange an. Man setzte deshalb nicht das historische Geschehen ins Bild, sondern wollte die erlösende Kraft des Gottmenschen bezeugen.

Die älteste Darstellung des Gekreuzigten im Westen befindet sich auf der aus afrikanischem Zedernholz um 432 geschnitzten Portaltür von Santa Sabina auf dem Aventin in Rom. Christus steht hier, mit einem schmalen Lendentuch bekleidet, groß und erhaben zwischen den beiden kleiner dargestellten Räubern. Der Ausdruck seines Leidens ist gemildert; die geöffneten Augen und die wie zum Gebet ausgebreiteten Arme weisen ihn als siegreichen, göttlichen Mittler aus. Aus dem Osten ist als älteste Darstellung des Gekreuzigten eine Buchillustration in dem in Syrien gefertigten Rabbula-Kodex von 586 (heute Bibliothek Laurenziana, Florenz) erhalten. Christus trägt dort ein hemdartiges Prachtgewand. Sein seitlich geneigtes Haupt ist vom Schmerz gezeichnet, aus der von der Lanze durchstoßenen Seite fließt Blut; doch die Augen des Toten sind weit geöffnet, um anzudeuten, daß seine Gottheit vom Tod nicht überwunden wurde.

Nun gab es jedoch in der antiken Welt seit Urzeiten verschiedene Kreuzessymbole von positivem Wert, auf die die frühe Christenheit zur Verkündigung der Kreuzesbotschaft zurückgreifen konnte, die zwar die Schmach des Kreuzestodes nicht leugneten, da sie sie nicht zum Inhalt hatten, die aber vor allem den Triumph des Gekreuzigten zu verkünden geeignet waren. Das Sonnenrad-Kreuz, aus dem sich auch das Haken-Kreuz herleitet, deutet die Sonne an und weist durch die beiden sich kreuzenden, gleich langen Balken auf das Weltgeviert hin. Mit seinen vier Armen, umgeben vom Kreis, stellt das Sonnenrad-Kreuz vollkommene Symmetrie dar und zeichnet als ornamentales Symbol das Licht und den Kosmos nach und mit seinem Mittelpunkt den Nabel der Welt. In dieser Art diente das Sonnenrad mit seinen vielen Variationen den Christen als Symbol der Erlösung und Vollendung der Welt und als Zeichen des kommenden Christus: »Dann wird das Zeichen des Menschensohnes am Himmel erscheinen... und die Völker der Erde werden den Menschensohn mit großer Macht und Herrlichkeit auf den Wolken des Himmels kommen sehen« (Mt 24, 30). Da man das Erscheinen Christi mit der aufgehenden Sonne verglich, ist die christliche Gebetshaltung nach Osten gewandt, und die Apsiden der geosteten Kirchen wurden häufig mit dem Triumphkreuz der Erlösung geschmückt.

Das hier abgebildete Sonnenrad-Kreuz, umrahmt von vier Hirschen (im Bild nur ihre Geweihe), die aus einem Lutrophóros lebenspendendes Wasser trinken, schmückt den Apsisbogen der Marienkirche von Kiti (Kition) bei Larnaka auf Zypern. Zusammen mit dem Apsismosaik (Maria mit Christus und den huldigenden Erzengeln Gabriel und Michael) zählt es zu den wenigen Wandbildern, die der Zerstörung durch den Ikonoklasmus im Oströmischen Reich (730–787 und 813–843) entgangen sind. Umgeben vom Rund des Kosmos mit seinen Blautönen, geschmückt mit acht Perlen an den Ecken der Kreuzarme und erweitert durch vier schräg hinzugefügte kreuzförmige Strahlen, so daß die Achtzahl der Vollendung entsteht, ist das Kreuz der Schmach zum Zeichen der Herrlichkeit Christi und zum Hinweis auf die Vollendung der Welt geworden.

ODE SALOMOS: DER MENSCHLICHE LEIB IM ZEICHEN DES KREUZES

Ich streckte meine Hände aus
und hielt heilig den Herrn.

Denn das Ausbreiten meiner Hände ist sein Zeichen,
und mein Emporstrecken ist das aufgerichtete Holz.
Halleluja!

27. Ode; Hennecke-Schneemelcher II, 608

EPHRÄM: CHRISTI GERICHT AM ORT SEINER KREUZIGUNG

Christus wird kommen und seinen Thron aufstellen,
wo sein Kreuz errichtet war.
Jerusalem bei Jerusalem; das himmlische beim irdischen.
Geschmückt wird des Vaters Thron sein, der Sohn wird zur Rechten sitzen.
Und um das geistige Jerusalem wird ein Feuermeer sein,
und aufgestellt werden die Throne für die Apostel, rechts und links.

Dann wird Christus den Verstorbenen befehlen,
aus ihren Gräbern zu kommen,
in einem raschen Augenblick wird die Auferstehung der Völker erfolgen.
Viel schneller als Wind und Sturm sind sie, wenn sie sich versammeln werden.
Sie werden von den vier Himmelsrichtungen kommen,
zitternd, in einzelnen Gruppen.
Von einem Ende der Erde bis zum anderen werden sie des Sohnes Kreuz sehen.
Bei des Kreuzes Anblick freuen sich die Völker,
die zu ihm ihre Zuflucht nahmen;
doch schämen werden sich vor ihm die Juden, da sie Christus gekreuzigt haben.
Die drei Gruppen werden dort in Furcht und Zittern stehen:
die Engel, die Menschen und die Dämonen, die Söhne der Hölle.
Auch die Apostel, obwohl dort Richter geworden, werden sich fürchten.
Und Gabriel und Michael werden erschreckt und zitternd dastehen.
Wer wird jenen Tag sehen, der ganz Feuerflamme ist,
ohne in Verwirrung zu geraten und ohne über sich selber ein Wehe zu rufen!
Die Gerechten werden von ferne schauen das geistige Jerusalem
und werden selig preisen jeden, der eintreten darf, um es zu erben.
In ihren Händen ihre Geschenke
und an ihren Leibern die Zeichen ihrer Leiden tragend
werden dort die Martyrer stehen und Sieg rufen.
Die einen werden dort in Glanz gehüllt sein, die anderen in Schamröte,
denn die Werke eines jeden sind das Kleid, das er an seinem Leibe trägt.

Da wird plötzlich weggenommen werden die Hülle vor dem König,
und Christus wird sich zeigen, daß er Gott und Mensch ist.
Die Scharen werden niederfallen
und ihn anbeten in Verwirrung und großer Furcht.
Die Throne werden geschmückt werden mit Tüchern aus Feuer und Geist,
und die Apostel werden thronen, um zu richten die zwölf Stämme Israels.

Der Stamm Juda wird hintreten vor Simon, das Haupt der Jünger,
und jeder Apostel wird seinen Stamm erhalten und gerecht richten.
Dann wird jeder nach seiner Mühe
seinen Lohn von der Gerechtigkeit erhalten.

Ich nun will dich bitten, Gott, du Hoffnung aller Heiligen:
Dein Erbarmen laß leuchten über Ephräm an dem Tag, da Erbarmen nötig ist!
Denn ich bin nicht würdig einzutreten in das Reich, da ich ein Sünder bin.
Im Umkreis deiner Heiligen Gärten würdige mich zu sein; das genügt mir.
Und ich werde Lob und Dank emporsenden von Ewigkeit zu Ewigkeit.
Amen.

2. Predigt (gekürzt); CSCO 321, 27f. 30.39

ISAAK VON ANTIOCHIEN:
GOTTES ERNIEDRIGUNG ZUR ERHEBUNG DES MENSCHEN

Deine Natur hat sich in unseren Staub gehüllt,
dein Glanz sich mit unserem Lehm bekleidet.
Deine Gottheit ist in unserer Natur
und unsere Natur in deiner Gottheit
unvermischt und unvermengt,
unverändert und unverwandelt.
Nicht verliere ich dich, weil du mich gefunden hast,
noch verlierst du mich, weil ich dich gefunden habe.
Aus barmherziger Liebe hast du den Menschen angezogen,
auf daß er dir gleich werde.
Du hast dich mit ihm bekleidet wie mit einem Gewande,
welches nicht wieder ausgezogen wird und nicht veraltet.
Nicht vermischt sich deine Natur mit der unseren,

noch vermengt sich unsere Natur mit der deinen,
sondern in dir, Herr, bleibt unser Ebenbild bewahrt,
und in unserem Leibe wohnt deine Wesenheit.
Durch dich fährt unser Erstling zum Himmel auf,
denn die von dir erduldete Strafe hat uns Frieden verschafft.

Gelobt sei deine Natur,
welche sich unsere Natur auserwählt und in ihr gewohnt hat!
Gelobt sei dein Schatz,
welcher sich unseren Leib zum Schatzverwalter bestellt hat!
Gelobt sei dein Name, welcher unseren Namen angezogen hat,
auf daß der unsere durch deinen erlöst werde!
Gelobt sei dein Reichtum, welcher sich herabgesenkt hat,
um in unserer Armut zu wohnen und uns zu bereichern!
Gelobt sei der, dessen Gemach unser Leib geworden ist,
auf daß er seine Mitbrüder zu seinem Gemach berufen könne!
Gelobt sei der, welcher seine Gabe
den armseligen Leibern unseres Geschlechtes nicht vorenthalten hat!
Laßt uns ihn und den Vater, der ihn gesandt hat,
und den Heiligen Geist dreifach preisen!

1. Gedicht über die Menschwerdung (gekürzt); BKV 6, 116 f. 128 f.

JOHANNES VON DALYATHA: DES GEKREUZIGTEN HEILENDE KRAFT

Durch dein Leiden, Christus, laß gesunden meine Leidenschaften,
und meine Wunden laß durch deine Wunden Heilung finden.
Mein Blut verbinde sich mit deinem Blut,
und mein Leib vereine sich mit deines heiligen Leibes Lebensdurst.
Die Galle, die du von deinen Feinden zu trinken bekamst,

mache meine Seele süß, die getränkt mit Wermut durch den Bösen.
Dein Leib, am Holze ausgespannt,
strecke aus zu dir meinen Geist, der durch Dämonen sich verkrampft.
Dein Haupt, am Kreuz geneigt,
richte auf mein Haupt, das von den Befleckten ward geschlagen.
Deine reinen Hände, von Ungläubigen durchbohrt mit Nägeln,
erhebe mich zu dir aus der Bosheit Abgrund, wie dein Mund verheißen.
Dein Antlitz, das schändlich die Bespeiung durch Verworfene empfing,
reinige mein Antlitz, das durch meine Sünden häßlich ward.
Deine Seele, die du am Kreuz deinem Vater übergeben,
leite mich zu dir in deiner Gnade!

Bunge, Ostsyrische Mystik, Sophia 21, 31 f.

Jerusalemer Liturgie: Christi Klage über sein Volk

So sprach der Herr zu den Juden:
Mein Volk, womit betrübte ich euch
und womit bin ich euch lästig gefallen?
Euren Blinden gab ich das Licht,
den Lahmen, der auf einem Bett lag, richtete ich auf.
Für Manna habt ihr mir Galle gereicht,
für das Wasser den Essig;
für meine Liebe habt ihr mich an das Kreuz geschlagen.
Jetzt werde ich die Heiden herbeirufen;
sie werden mich preisen,
und ich werde ihnen das ewige Leben geben.

Als die Frevler dich an das Kreuz schlugen,
König der Herrlichkeit, riefst du ihnen zu:

Womit betrübte ich euch oder womit erzürnte ich euch?
Wer hat euch vor mir aus der Bedrängnis befreit?
Weswegen habt ihr mir jetzt mit Bösem das Gute vergolten?
Für die Feuersäule habt ihr mich an das Kreuz geschlagen,
für die Lichtwolke habt ihr mir ein Grab gegraben,
für das Manna habt ihr mich mit Galle getränkt,
für das Wasser mit Essig.
Jetzt werde ich die Heiden herbeirufen,
und sie werden mich preisen
zusammen mit dem Vater und dem Heiligen Geist.

Als du zum Kreuz hingingst,
sprachst du, Herr, zu den Juden so:
Wegen welcher Tat wollt ihr meinen Tod?
Eure Gelähmten heilte ich
und die Toten weckte ich wie aus dem Schlafe auf,
die blutflüssige Frau reinigte ich
und der Kanaanäerin erbarmte ich mich.
Wegen welcher Tat wollt ihr, Juden, meinen Tod?
Doch ihr habt gesehen, wen ihr durchbohrt habt:
Christus, ihr Juden!

Leeb, Gesänge im Gemeindegottesdienst, 256 - 258

ROMANOS: BITTE UM AUFERWECKUNG

Dein Kreuz verehre ich, Christus, Gott,
dein Grab preise ich, Unsterblicher,
und deine Auferstehung feiere ich und jubele dir zu:
Auferstanden ist der Herr!

570

Anfangloser, der kein Ende hat, Schöpfer und Gott der Wahrheit,
du hast den Tod getötet, den Menschen aber todesfrei gemacht:
In der letzten Stunde, wenn du kommst, laß mich auferstehen!
Denn du, mein Retter, wirst erscheinen
nicht wie aus dem Grab, sondern vom Firmament.
Wenn du dann dich in mir siehst, Menschenfreund,
- da ich dich liebe, trage ich dich in mir - richte mich nicht, darum bitte ich,
damit ich sprechen kann: Nicht zu meiner Bestrafung,
sondern zu meiner Erlösung ist auferstanden der Herr!

3. Hymnus zu Christi Auferstehung, Proömium und 22. Troparion; SC 128, 458. 480 f.

Kosmas: Des Menschen Erhöhung durch Christi Erniedrigung

Christus vergöttlicht mich, da er Fleisch annahm,
Christus erhöht mich, da er sich erniedrigte,
Christus macht mich leidenslos,
da er, der Lebensspender, in des Fleisches Natur litt;
darum singe ich ihm ein Lied des Dankes,
da er sich verherrlicht hat.

Christus erhöht mich, da er gekreuzigt wurde,
Christus läßt mich auferstehen, da er starb,
Christus schenkt aus Gnade mir Leben;
darum schlage voller Freude ich in die Hände
und singe dem Erlöser ein Lied des Sieges,
da er sich verherrlicht hat.

Kreuz-Auferstehungskanon am Sonntag im 1. Ton, 1. Ode; Oktoechos, 9

52. SIEGEL DES KREUZES

Lege mich wie ein Siegel auf dein Herz, wie ein Siegel an deinen Arm; stark wie der Tod ist die Liebe. *Hoheslied 8, 6*

Das hier abgebildete Kreuz mit seinen vier gleich langen Armen, als griechisches Kreuz bezeichnet, ist in seiner Schlichtheit wohl die älteste Form des christlichen Siegels. Das Zeichen des Kreuzes als Eigentumssiegel wurde den Katechumenen auf die Stirn gezeichnet, wenn sie sich zur Taufe meldeten und in die kirchlichen Listen eingetragen wurden. Diese Bezeichnung geht zurück auf die schon im Alten Testament bezeugte Versiegelungsidee, die beim Propheten Ezechiel mit folgenden Worten überliefert ist: »Der Herr sagte: Geh mitten durch die Stadt Jerusalem und schreibe ein T auf die Stirn aller Männer, die über die in der Stadt begangenen Greueltaten seufzen und stöhnen« (Ez 9, 4). Das T (Taw), der letzte Buchstabe des hebräischen Alphabets, oft in älterer Form als X geschrieben, galt als Siegel bei schriftlichen Verträgen; es soll bei Ezechiel als göttliches Schutzzeichen die Getreuen vor dem Strafgericht bewahren. Das frühe Christentum sah in dem Prophetenwort einen Hinweis auf die durch Christus begonnene Heilstat und bezeichnete die Gläubigen mit dem Eigentumssiegel des Kreuzes, das in seiner griechischen Form + dem hebräischen X ähnlich ist.

Auch die Fußböden der Kirchen und Taufkapellen wurden reichlich und in großer Vielfalt mit Kreuzen geschmückt, bis Kaiser Theodosios II. (408 - 450) in einem Dekret des Jahres 427 die Anbringung von Kreuzen auf Fußböden untersagte. Die Ehrfurcht vor dem Zeichen der Erlösung verbiete, mit Füßen darüber zu schreiten. Dieses Datum wird zur archäologischen Zeitbestimmung wiederentdeckter Kirchen herangezogen. Doch nicht überall scheint dem kaiserlichen Erlaß Folge geleistet worden zu sein; denn das 6. Ökumenische Konzil von Konstantinopel, das sog. Trullanum von 691/2, schärfte im 73.

Kanon dieses Verbot unter Androhung des Kirchenausschlusses noch einmal nachdrücklich ein.

Mit rötlichen Steinen hat der Künstler um das graue Siegel-Kreuz ein größeres Kreuz gebildet, das in seiner Form genau die Taufbecken nachzeichnet, die als Vier-Treppen-Anlagen in den Boden vieler Baptisterien eingelassen waren; sogar die hinab - und hinaufführenden vier Treppen sind durch die rötlichen Verlängerungen angedeutet. Das Siegel-Kreuz scheint in dem durch die hellen Steine angedeuteten Wasser des Beckens zu schwimmen. Ein aus gelben Steinen geformtes Stufenband umschließt als lichtes Ornament die Mysterien des Kreuzes und der Taufe. Eingefaßt ist das auf die heilige Handlung deutende Zentralmosaik von einem Quadrat und einem weißen Kreis. Diese Zeichen sollen nicht nur ornamentale Schmuckstücke sein; sie wollen vielmehr als Hinweis auf das Weltgeviert und die Sonnenscheibe verstanden werden. Die Siegelung des Getauften gewährt Teilhabe an Christi Herrlichkeit und hat deshalb kosmische Bedeutung.

Der Physiologus weist auf die kosmische Macht des Kreuzes hin, wenn er die Gläubigen auffordert, bei Gefahr, Verleumdung oder Überwältigung durch Leidenschaften die Arme zum Gebet auszustrecken und den ganzen Leib in Kreuzform zu erheben: »Wenn einer nicht die beiden Hände ausstreckt, und das Zeichen des Kreuzes darstellt, kann er nicht das Meer der Leidenschaften durchqueren. Denn das Bild des Kreuzes umfaßt die ganze Schöpfung. Wenn die Sonne nicht die Strahlen aussendet, kann sie nicht leuchten. Der Mond, wenn er nicht sein Doppelhorn ausstreckt, leuchtet nicht. Der Vogel des Himmels, wenn er nicht seine Flügel ausstreckt, kann nicht fliegen« (Physiologus, Vom Ibis, Nr. 40).

ODE SALOMOS: GOTTES SIEGEL AUF SEINEN GETREUEN

Du gabst dein Herz, Herr, deinen Gläubigen;
niemals wirst du damit aufhören, noch wirst du ohne Früchte sein.

Denn eine Stunde des Glaubens an dich
ist mehr wert als alle Tage und Jahre.

Wer bekleidete sich wohl mit deiner Güte
und fiele in Ungnade?

Ist doch dein Siegel bekannt;
gekennzeichnet sind damit deine Geschöpfe.

Auch deine Heerscharen besitzen es,
und auserwählte Erzengel sind mit ihm bekleidet.

Du gabst uns die Gemeinschaft mit dir,
nicht weil du unser bedarfst, vielmehr bedürfen wir deiner.

Sprenge auf uns deine Tropfen und öffne deine reichen Quellen,
damit sie für uns Milch und Honig fließen lassen.

Bei dir gibt es ja keine Reue, daß du bereust, was du verheißen hast;
denn der Ausgang ist dir offenkundig.

Was du gabst, das gabst du ohne Entgelt,
so daß du dich nicht anders entschließen und es zurücknehmen wirst.

Denn alles war dir als Gott offenbar
und stand von Anfang an vor dir bereit.

Denn du, Herr, hast alles gemacht.
Halleluja!

4. Ode, 3 - 15; Hennecke-Schneemelcher II, 580 f.

EPHRÄM: DES GEISTES SIEGEL AUF DEN GETAUFTEN

Mit sichtbaren Farben wird geformt das Bild des Königs
und mit sichtbarem Öl das unsichtbare Bild unseres unsichtbaren Königs.
In den Gezeichneten der Taufe, die diese in ihrem Schoß empfängt,
wird das Bild des ersten Adam, das verdarb, umgeformt zum neuen Bild,
und die Taufe gebiert sie in den dreifachen Wehen
der drei hehren Namen des Vaters, des Sohnes und des Heiligen Geistes.

Jenes (Chrisam-) Öl ist ein Freund des Heiligen Geistes und sein Diener;
wie ein Jünger folgt es ihm, der Priester und Gesalbte mit ihm bezeichnet.
Der Heilige Geist prägt mit dem Öl sein Zeichen seinen Schafen auf
wie ein Siegelring, der mit Hilfe von Wachs sein Bild prägt.
Auch das unsichtbare Siegel des Geistes wird durch das Öl aufgeprägt
den Leibern, die in der Taufe gesalbt und dabei zu Gezeichneten werden.

Durch das Öl, das (von Nichtgetauften) trennt, werden zur Entsühnung
gesalbt die Leiber, die von Makeln erfüllt; sie werden ohne Mühe rein.
Sie steigen hinab mit Sünden wie Schmutzige und heraus wie Neugeborene;
denn die Taufe wird für sie zu einem zweiten Mutterschoß.
Sein Gebären verjüngt Greise, wie einst der Jordan Naaman verjüngt hat.
O Schoß, der alle Tage gebiert Kinder des Reiches ohne Wehen!

7. Hymnus über die Jungfräulichkeit, 5 - 7; CSCO 224, 26 f.

BALAI: AN CHRISTI KREUZ GEHEFTET

Erst zur Zeit des Scheidens ziemt sich das Rühmen;
denn vor der Todesstunde hat man keine Sicherheit,
weil das Leben voller Gefahren ist.
Der Leib löst sich auf, aber die Werke werden aufbewahrt.
Dereinst werden auch die Leiber wieder auferweckt;
dann führt man die Werke vor und bemißt nach ihnen die Vergeltung.
Zur Zeit der Auferstehung werden vorgelesen
die von uns vollbrachten Werke, so daß wir sie vernehmen.
Wohl dem, welcher dann sieht,
daß die Zahl seiner bösen Taten nicht die seiner guten übertrifft!

Dir kreuzigte ich mein Leben, weil ich deines Kreuzes eingedenk war.
Dir breitete ich meine Hände aus, weil ich deine am Kreuz ausgespannt sah.
Deine Schmach vernahm ich und verachtete meine Ehre.
Deiner Anspeiung gedenkend, zwang ich mich zum Ertragen und Erdulden.
Wegen des Gewandes, das man dir ausgezogen hatte,
verschmähte ich kostbare Gewänder.
Da ich durch mein armseliges Kleid deine Schmach ehren wollte,
so führe mich in deine Herrlichkeit ein.

5. Loblied auf den Bischof Akakios (gekürzt); BKV 6, 86 - 89

ISAAK VON ANTIOCHIEN: GEBET UM VOLLENDUNG

Tod, schleudere mich nicht in dein Feld,
damit nicht von dem Unkraut, das in mir wuchert,
dein Acker mit Dornen angefüllt werde
und das Unkraut darauf überhand nehme!

576

Gewähre mir lieber Aufschub,
bis ich guter Weizensame geworden bin,
damit dein Feld durch mich gesegnet werde
und dein Werk Gott wohlgefalle!

Gnade, gib mir dein Wort,
daß ich wenigstens eine Stunde bußfertig sei!
Denn von einem Augenblick zum anderen
werde ich von hundert Winden umhergetrieben.
Einmal bin ich im Himmel,
ein andermal krieche ich wieder im tiefsten Abgrund.
Gleichzeitig mit meiner Gerechtigkeit ist auch mein Verschulden,
gleichzeitig mit meiner Schuld ist auch die Furcht vor der Strafe.
An einem einzigen Tage ändere ich mich
tausendmal und noch öfter,
wie ein Rad drehe ich mich unzählige Male.

Mit meinem Weizen ist Unkraut vermischt
und mit dem Unkraut Spreu,
und der gute Same ist unter den Dornen
auf dem Acker deines Knechtes.
Beständig wechsle ich in der Gesinnung
des Knechtes und des Herrn.
Täglich und stündlich spiele ich
bald die Rolle des Königs,
bald die Rolle des Bettlers.
Bald bin ich Herr der Seele,
bald der Sklave ihres Gefährten, des Leibes.

Bald erscheine ich als König mit dem Diadem,
dann wieder im tiefsten Elend.

Gott, dem die Lebenden und Toten gleicherweise unterstehen,
ich verlange nichts als dich;
tu mit mir nach deiner Barmherzigkeit!
Nicht um langes Leben bitte ich, sondern ich verlange
nach dem Vorteil, der sich daraus gewinnen läßt.

Herr, verwandle erst meine Ähre in Brot,
dann möge der Schnitter an mich herantreten!
Fülle meine Traube mit Wein,
dann möge der Winzer sich nahen!

Gedicht über die Buße (gekürzt), BKV 6, 169 - 171

JERUSALEMER LITURGIE: DES DIENENDEN CHRISTUS ZEICHEN

Als du, Christus, im Sinn hattest,
dich hinzugeben für unsere Sünden,
standest du vom lebenspendenden Mahle auf,
umgürtetest dich mit dem Tuch,
gossest Wasser in das Becken
und hast begonnen, deinen Jüngern die Füße zu waschen.
Die Engel erschraken,
die unzähligen anwesenden Scharen der Engel;
Petrus aber rief in Furcht:
Nicht sollst du mir in Ewigkeit die Füße waschen, Herr!
Deswegen sprachst du zu ihm:
Wenn ich dir deine Füße nicht wasche, sollst du wissen,

hast du keine Gemeinschaft mit mir.
Da sprach er zu dir voll Verlangen:
Nicht nur meine Füße, Erlöser,
sondern auch meine Hände und auch mein Haupt!
Der du freiwillig gelitten hast,
schenke uns Vergebung der Sünden,
und reiches Erbarmen!

Leeb, Gesänge im Gemeindegottesdienst, 237 f.

ROMANOS: SIMEONS ZEICHEN DES WIDERSPRUCHS

Von Christus bestärkt, verkünde ich dir (Maria),
daß von nun an ein Zeichen ersteht, dem widersprochen wird (Lk 2, 34 f.).
Das Zeichen wird das Kreuz sein, das errichten
für Christus die Feinde des Gesetzes.
Den Gekreuzigten werden verkünden
die einen als Gott, die anderen als bloßen Menschen;
dabei wird man vorbringen
der Gottlosigkeit oder der Gottesfurcht Lehrgründe.
Für himmlisch halten die einen den Leib, andere für Phantasterei;
die einen behaupten, einen unbeseelten Leib nur,
die anderen, einen beseelten habe von dir angenommen
der allein Menschenliebende.

So groß ist das Geheimnis, dem widersprochen wird,
daß in deinem Herzen sogar Zweifel aufkommt.
Und wenn du dann ans Kreuz genagelt siehst
deinen Sohn, Makellose,
wirst du, obgleich der Worte eingedenk, die der Engel sprach,

an der göttlichen Empfängnis
und den unaussprechlichen Wundern gleichwohl zweifeln.
Wie ein Schwert wird dir sein der Urteilsspruch des Leides.
Doch danach wird schnelle Heilung deinem Herzen senden
und seinen Jüngern unbesiegbaren Frieden
der allein Menschenliebende.

Hymnus zur Darstellung Christi, 12 f.; SC 110, 188 - 190

53. KREUZ UND STERN

Ein Stern geht in Jakob auf, ein Zepter erhebt sich in Israel.
Numeri 24, 17

Einen königlichen Messias, einen von Gott gesalbten König, dessen Ankunft Frieden für Israel bedeutet und dem sich die Völker unterwerfen, erblickte die frühjüdische Geschichtsschreibung in David und seinem Sohn Salomo, deren Herrschaft jeweils rund 40 Jahre dauerte. Doch blieben beide Könige und erst recht ihre Nachfolger hinter den Erwartungen zurück; das Friedensreich und die paradiesischen Zustände für Gesellschaft und Wirtschaft traten nicht ein. Aber die Propheten hielten die Hoffnung auf einen künftigen Friedenskönig lebendig. Ihre Verheißungen und die Preisungen der Psalmen: »Ich habe meinen König eingesetzt auf Zion, meinem heiligen Berg. ... Mein Sohn bist du, heute habe ich dich gezeugt« (Ps 2, 6 f.) und: »Dein ist die Herrschaft am Tag deiner Macht, ... ich habe dich gezeugt vor dem Morgenstern, ... du bist Priester auf ewig nach der Ordnung Melchisedeks« (Ps 110, 3 f.) hat die frühe Kirche in Christus erfüllt gesehen. In den Psalmversen ist der davidische Messias der profanen Sphäre entzogen; er wird als gesalbter König, als Priester und als Sohn Gottes gefeiert. Was die Psalmen am Messias (Gesalbter) priesen, fand die Kirche in Christus (Gesalbter) bestätigt. Dementsprechend sahen die Christen in der Verheißung vom Stern, der in Jakob (Israel) aufgeht, nicht nur einen Hinweis auf David, sondern zugleich die Erfüllung der Verheißung in Christus. In Davids Stern ist bereits Christi Kreuz und seine Verherrlichung eingeschrieben.

Der als Hexagramm dargestellte Stern, im Judentum seit dem 7. Jahrhundert vor Christus bekannt, wird gebildet aus zwei sich farblich abhebenden und sich durchdringenden Dreiecken; sie sind Sinnbild der miteinander verwobenen sichtbaren und unsichtbaren Welt. Der hier vorgestellte Stern mit dem eingeschriebenen Kreuz, dessen Umfeld Kreuze, Quadrate und Kreise schmücken, zierte einst den Fußboden einer Kirche in Galiläa. In Jesu Heimat bekundete er den Gläubigen, daß die auf David bezogenen Verheißungen erfüllt sind in seinem Sohn, dem Messias, dem Christus. Stern, Kreuze, Weltgeviert und Sonnenscheiben weisen hin auf den wahren König der Welt und des Kosmos, der durch seinen Kreuzestod den Gläubigen den Zugang zum erneuerten Paradies eröffnet hat, als dessen irdisches Abbild Kirchen und Taufkapellen gestaltet und geschmückt wurden.

Ignatios von Antiochien: Der Stern des neuen Lebens

Ein Stern erstrahlte am Himmel heller als alle Sterne;
sein Licht war unaussprechlich,
und Befremden erregte seine Neuheit.
Alle anderen Sterne samt Sonne und Mond
bildeten einen Chor um den Stern;
er aber übertraf sie alle mit seinem Licht.
Und Unruhe herrschte, woher die neue,
ihnen ungleichartige Erscheinung sei.
Von da an wurde alle Zauberei aufgelöst
und jede Fessel der Bosheit verschwand.
Die Unwissenheit wurde beseitigt,
die alte Herrschaft ging zugrunde,
als Gott in Menschengestalt sich offenbarte
zur Neuheit ewigen Lebens;
seinen Anfang nahm,
was bei Gott schon bereitet war.
Von da an kam alles in Bewegung,
weil die Vernichtung des Todes betrieben wurde.

Brief an die Epheser, 19, 2 f.; Die Apostolischen Väter, 188 -190

EPHRÄM: DES LICHTES BOTE

Des Vaters Licht erstrahlte über dem Orient,
und Persien wurde vom Stern erhellt;
als Christus herabstieg, brachte er ihm die Frohbotschaft
und die Einladung, zum allerfreuenden Aufgang zu kommen.

Eilends kam der Stern und ging auf
in der Finsternis und lud die Perser ein,
mit ihm zu kommen und sich zu freuen
über das große Licht, das auf die Erde herabstieg.

Der Bote, der Stern, stieg herab,
ging und brachte die Frohbotschaft und verkündete
den Persern, sie sollten sich bereiten,
da der König erschienen sei, ihn anzubeten.

Frohlockend trugen die Perserfürsten
die Gaben aus ihrem Land
und brachten sie dem Sohn der Jungfrau,
Gold, Myrrhe und Weihrauch.

Eintretend fanden sie ihn als Kind,
das im Haus der armen Mutter wohnte;
sie knieten nieder und beteten frohlockend an
und brachten ihm ihre Schätze dar.

Der Friede deines Sohnes führe uns heim
in Frieden in unser Land, wie wir kamen;
und wenn seine Herrschaft von der Welt Besitz ergreift,
möge er auch unser Land besuchen und es heiligen!

4. Marienhymnus, 4 - 6. 8 f. 51; CSCO 187, 195 f. 200

Jerusalemer Liturgie: Der Stern des Erlösers

Wir sahen in einer Grotte
in einer Krippe das Kind liegen,
geschmückt mit einem Stern
und zugedeckt mit einer Decke
den König und Richter und Beschützer unserer Seelen.

Woher seid ihr gekommen, Magier, oder wen sucht ihr?
Die Juden riefen: Wenn ihr den König sucht - hier ist Herodes!
Aber die Magier antworteten ihnen:
Wir haben den Stern der Geburt des Königs gesehen,
den schon die Propheten vorherverkündeten;
auch die Patriarchen haben uns gezeigt den Schöpfer der Welt.
Ihm werden wir Geschenke darbringen und sagen:
Du bist der Herr, unser Gott. Erbarme dich unser!

Bei der Erscheinung Christi leuchtete ein Stern auf,
die Hirten schauten
und die Magier beteten an,
Herodes geriet in Schrecken;
denn Gott erschien im Leib als Retter unserer Seelen.

König der Juden und unser Erlöser, Christus,
geboren aus der Jungfrau,
von dem die Hirten riefen und sprachen:
Sehet den Stern,
sehet die Magier!
Wo ist sie, die gebiert,
oder wer wird uns das Kind zeigen,
das in Bethlehem geboren wurde?

Leeb, Gesänge im Gemeindegottesdienst, 214 f.

ROMANOS: DER STERN VON BETHLEHEM - DAS KIND IN DER KRIPPE

Die Jungfrau gebiert heute den, der über den Wesen ist,
und die Erde bereitet eine Höhle dem, der unnahbar ist.
Engel singen mit Hirten den Lobpreis,
Magier machen sich mit einem Stern auf den Weg.
Denn für uns wurde geboren
ein kleines Kind, vor den Zeiten Gott.

Erhabener König, was hast du mit den Bettlern gemein?
Schöpfer des Himmels, warum kamst du zu den Irdischen?
Hattest du an der Höhle Gefallen oder wurdest du von der Krippe erfreut?
Sieh, kein Platz fand sich für deine Magd in der Herberge.
Kein Platz, sage ich? Nicht einmal eine Höhle;
denn auch diese hier gehört anderen Menschen.
Selbst Sarah wurde, als sie ein Kindlein gebar,
zum Erbteil viel Land geschenkt, mir nicht mal ein Schlupfloch.
Ich lieh mir die Grotte, die du zur Wohnung nehmen wolltest,
ein kleines Kind, vor den Zeiten Gott.

Als solche Worte insgeheim Maria sprach
und zu dem flehte, der das Verborgene kennt,
hörte sie die Magier, die das Kindlein suchten.
Sogleich rief ihnen: Wer seid ihr? das Mädchen zu.
Die entgegneten ihr: Wer bist denn du,
daß du ein solches Kind geboren hast,
daß du des vaterlosen Sohnes Mutter und Ernährerin wurdest?
Seinen Stern sahen wir und vernahmen, daß erschienen ist
ein kleines Kind, vor den Zeiten Gott.

Ganz klar hat Bileam uns doch erklärt
der Worte Sinn, die er im voraus hat verkündet,
als er sprach, daß ein Stern aufgehen solle (Num 24, 15 - 19),
ein Stern, der auslöscht alle Weissagungen und Zeichen,
ein Stern, der auflöst die Gleichnisse der Weisen,
ihre Reden und Rätselworte,
ein Stern, viel heller als der hier erschienene Stern
erstrahlend, da er aller Sterne Schöpfer ist,
über den geschrieben wurde: Aus Jakob geht er auf,
ein kleines Kind, vor den Zeiten Gott.

Jesus Christus, wahrhaft unser Gott,
berührte unmerklich die Seele seiner Mutter
und sprach: Führe herein, die ich führte durch das Wort;
denn mein Wort ist es, das die erleuchtet, die mich suchen.
Ein Stern zwar ist's, wie es den Anschein hat,
doch eine Macht, wenn sie erkannt;
sie kam zusammen mit den Magiern, um mir zu dienen,
und steht nun da, um zu vollziehen ihren Dienst
und mit ihren Strahlen anzuzeigen den Ort, wo geboren wurde
ein kleines Kind, vor den Zeiten Gott.

1. Hymnus zu Christi Geburt, Proömium, 1. 4 f. 8. Troparion; SC 110. 50 - 58

54. BALKENKREUZ MIT EDELSTEINEN

Gott Jahwe ist Sonne und Schild; er schenkt Gnade und Herrlichkeit.

Psalm 84, 12

Schon außerchristliche Kulte legten den verschiedenen Kreuzesformen besondere Sinndeutungen bei, derer sich das Christentum bediente und die es weiterentwickelte. Hinweise auf Christi Kreuz sah man u. a. in den vier Himmelsrichtungen, im Mastbaum des Schiffes mit seiner Segelstange, im Anker, im Kleeblatt, im Lebensbaum des Paradieses. Das Kreuz der unmenschlichen Qualen wurde zum Sinnbild der Liebe Christi, der mit seinen ausgebreiteten Armen die ganze Menschheit umfängt und alle Völker der Erde zur Einheit in der Kirche zusammenführt. Schon vor der Konstantinischen Epoche wurde die Kreuzesform aus symbolischen Erwägungen zum Grundriß für Kirchen und Baptisterien gewählt, in denen man Abbilder des von Christus erneuerten Paradieses erblickte. Darum wurden sie wie eine Gartenlandschaft mit einer Vielzahl von floralen und geometrischen Mustern und mit dem Zeichen der Erlösung geschmückt.

Das hier abgebildete Kreuz aus dem Fußboden einer Kirche in Galiläa ist ein ornamentales Schmuckkreuz; als Zeichen der Erlösung wird es von einem Geviert, Symbol der Weltganzheit, umgeben, das mit seinen vier Ecken in die vier Himmelsrichtungen weist. So wird des Kreuzes heilschaffende Kraft für die ganze Welt bezeugt. Dahinter leuchtet im weißen Rund die helle Scheibe der Sonne, Symbol des Lebens und der Erneuerung. Das Kreuz selbst ist in farblich voneinander abgehobene Felder gegliedert, die, als Parallelogramm gestaltet, durch die farbige Kontrastzeichnung den optischen Eindruck von Vierkantbalken erwecken. Mit den wenigen Mitteln naturfarbener Steinchen von Dunkelrot zu Ocker, von Ocker zu Weiß und von Weiß zu Dunkelrot hat der Künstler ein massiv, dreidimensional anmutendes Kreuz geschaffen, doch die quadratischen Endflächen so in die Bildfläche gelegt, daß er sie mit farbigen Steinchen wie mit Edelsteinen schmücken konnte. Auch die Dreiecksflächen zwischen den Kreuzesarmen sind mit solchen wie Gemmen leuchtenden Steinchen ausgefüllt.

Ignatios von Antiochien:
Weizen Gottes, gemahlen durch der wilden Tiere Zähne

Ich schreibe allen Kirchen und schärfe allen ein,
daß ich gerne für Gott sterbe, wenn ihr es nur nicht verhindert.
Ich rufe euch zu: Werdet mir nicht zur Unzeit zum Wohlwollen!
Laßt mich ein Fraß für die wilden Tier sein,
durch die es möglich ist, zu Gott zu gelangen.
Weizen Gottes bin ich und werde durch der wilden Tiere Zähne gemahlen,
damit ich als reines Brot Christi erfunden werde.
Schmeichelt lieber den wilden Tieren, daß sie mir zum Grab werden
und nichts von meinem Leibe übrig lassen,
damit ich nach meinem Tode niemand zur Last falle.
Dann werde ich wirklich ein Jünger Christi sein,
wenn die Welt nicht einmal meinen Leib sehen wird.
Flehet Christus für mich an,
daß ich durch diese Werkzeuge als ein Opfer für Gott erfunden werde.
Nicht wie Petrus und Paulus befehle ich euch.
Sie sind Apostel, ich Verurteilter;
sie sind frei, ich aber bis jetzt noch Sklave.
Wenn ich gelitten habe,
werde ich Freigelassener Jesu Christi sein
und in ihm auferstehen als Freier.
Jetzt lerne ich als Gefesselter nichts zu begehren.

Von Syrien bis Rom kämpfe ich mit wilden Tieren,
zu Land und zu Wasser, bei Nacht und bei Tag,
an zehn Leoparden gefesselt, an eine Abteilung Soldaten nämlich,
die durch erwiesene Wohltaten nur noch schlimmer werden.
Doch unter ihren Mißhandlungen wurde ich besser geschult,
bin darum aber noch nicht gerechtfertigt.
Jetzt beginne ich, ein Jünger zu sein.
Nichts von Sichtbarem und Unsichtbarem soll sich um mich bemühen,
damit ich zu Jesus Christus gelange.
Feuer und Kreuz und Rudel von wilden Tieren,
Zerreißen der Knochen, Zerschlagen der Glieder,
Zermalmung des ganzen Körpers,
des Teufels üble Plagen sollen über mich kommen,
nur daß ich zu Jesus Christus gelange!

Brief an die Römer, 4; 5, 1. 3; Die Apostolischen Väter, 210 - 212

EPHRÄM: DIE HULDIGUNGEN DER VIER HIMMELSGEGENDEN

Der Osten möge mit seiner Rechten ihm den Kranz reichen,
aus den Symbolen und Vorzeichen der Arche möge er ihn flechten!
Von den Bergen Kardu (Ararat) las er seine Blumen auf.
Vom Osten stammen Noach und Sem und auch Adam, das Haupt der Welt.
Von da stammen Abraham, der berühmte,
und die gepriesenen Magier und der Stern;
und das Paradies ist sein preiswürdiger Nachbar.

Der Westen möge ihm zwei strahlende Kränze reichen,
Kränze, deren Duft in alle Himmelsrichtungen drang;
der Westen, in dem das Sternenpaar unterging.

Die beiden Apostel sind in ihren Gräbern strahlend immer dort;
Strahlen, die niemals untergingen.
Denn Simon Petrus hat die Sonne besiegt
und der Apostel Paulus den Mond übertroffen!

Der Süden möge aus (dem Gebirge) Paran ihm den Kranz reichen!
Mit hebräischen Blumen sproßte und blühte es (Dtn 33, 2).
Und das furchterregende Gesetz (vom Sinai), das keiner je erfüllte,
ist der Kranz unseres Herrn; er hat es erfüllt und vollendet.
Doch weil es alt geworden war, verstummte es und ruhte.
Zum Zeugnis allein wird es noch gelesen;
doch wie ein gequälter Greis ruht es.

Des Nordens Erde kannte wegen seiner Härte keine Blüte,
nur Schnee und Eis und gewaltige Stürme.
Griechisches Heidentum ist im Nordwind abgebildet.
Doch einen Kranz von neuen Blumen reicht der Norden
jener Sonne des Erbarmens, die ihn befruchtet hat.
Siehe, es sprossen in ihm jetzt die Gebeine der Martyrer
und strahlende jungfräuliche Blüten!

7. Hymnus auf die Kreuzigung, 7 - 10; CSCO 249, 57

JERUSALEMER LITURGIE: DES JUDAS SCHMACH

Als die Sünderin das Salböl opferte,
da besprach sich der Jünger mit den Frevlern.
Sie freute sich und goß das kostbare Öl aus,
er aber beeilte sich, den Unschätzbaren auszuliefern.
Sie erkannte den Herrn, er aber entfernte sich von ihm.

Sie wurde frei, doch Judas ein Sklave
durch des bösen Feindes Plan.
Wie groß ist die Buße, die du uns gegeben hast, Erlöser!
Der du unseretwegen gelitten hast, rette uns!

In welcher Weise hast du dich, Judas,
als Verräter des Erlösers erwiesen?
Hast du dich etwa aus der Jünger Gemeinschaft entfernt?
Hat er dir etwa die Gnade der Heilung entzogen?
Oder wusch er anderen die Füße und hat deine übersehen?
Oder hat er dich beim gemeinsamen Mahl vom Tisch gewiesen?
Wehe, wieviel Wohltaten hast du freventlich vergessen!
Der Verstand begreift das nicht.
Aber seine unbesiegte Langmut
und sein großes Erbarmen werden verkündet.

Heute haben die Jünger des Herren Stimme vernommen:
Einer von euch überliefert mich in den Tod.
Judas aber verkaufte trotzdem den Herrn
und empfing den Lohn für den Verkauften.
Erhoffst du dir etwa Ehre von Kajaphas, dem Hohenpriester,
weil du heute den Erlöser den Händen der Frevler überliefert hast?
Der Erlöser ertrug den Backenstreich,
erduldete das Annageln an das Kreuz
und kostete den Tod,
damit er die Welt rette.

Leeb, Gesänge im Gemeindegottesdienst, 165. 243 f.

KYRILLONAS: CHRISTI ERBARMEN ÜBER ZACHÄUS UND DIE SÜNDER

Zachäus, einer seiner Vornehmsten, war dem Bösen entgangen,
denn der Herr war ihm begegnet und hatte ihn gut aufgenommen.
Der Feigenbaum am Wege war ihm ein Hafen der Zuflucht;
mühselig stieg er von ihm herab und ward erquickt.
Der Glanz Jesu erstrahlte vor ihm,
als er auf dem Baume am Wege saß,
damit auch die Finsternis, welche sich auf dem Aste befand,
lichtes Aussehen gewinnen sollte.
Das Meer des Erbarmens durchbrach seine Schranken,
um die Unreinheit des Zachäus abzuwaschen;
und da die Gnade größer war als die Schuld,
erhob sich der Schuldige, ohne bestraft zu werden.
Jesus, der von seinen Hassern geschlagen wurde,
war nicht heftig gegen die Sünder.
Es glich sein Erbarmen dem eines Hirten,
und so zog er denn aus, das verirrte Schäflein zu suchen.
Er schwor bei sich selbst, damit wir ihm glauben möchten,
daß er kein Wohlgefallen an unserem Untergang habe,
sondern daß sich sein Vater und die Engel freuen
über einen Sünder, der Buße tut.
Als er nun an dem Baume vorüberging,
sah er den Schuldigen, faßte ihn ins Auge und blieb stehen;
wie über Petrus so freute er sich auch über Zachäus,
den er vom Feigenbaum herabsteigen ließ.
Der Gerechte befahl dem Sünder, sich traurig dem Gericht zu stellen;
doch wie fröhlich ward dessen Antlitz,
als er dort den Schuldeinforderer mit Barmherzigkeit beladen antraf.
Er nahm den Büßer vom Feigenbaum hinweg

und verpflanzte ihn sogleich in seinen Garten.
Er sah, daß jener wie Adam seiner Herrlichkeit entkleidet war;
deshalb webte er ihm aus Erbarmen ein Gewand und bekleidete ihn damit.
Preiset den Herrn; denn er hat den Sünder, der verloren war,
aufgesucht und sich seiner angenommen;
er hat uns einen Weg gebahnt, auf dem wir wandeln sollen,
damit er uns die Barmherzigkeit austeile, mit der er beladen ist!
Statt auf den Feigenbaum bin ich in dein Haus gegangen;
möge auch ich gerettet werden durch das Geheimnis, welches ich umfange!
Denn größer ist dein Kreuz als jener Ast.
Möge deine Barmherzigkeit sich über mich ergießen!

Hymnus über des Zachäus Bekehrung (gekürzt); BKV 6, 22. 24 f.

JOSEF HAZZAYA: CHRISTI OPFER VERWANDELNDE KRAFT

Jetzt, da dein Geist vom Himmel auf deine Mysterien herabsteigt,
will ich im Geist von der Erde zum Himmel hinaufsteigen.
In diesem Augenblick, da deine Kraft sich mit dem Brot vermischt,
vermische sich mein Leben mit deinem Geistesleben.
In dieser Stunde, da der Wein verwandelt und zu deinem Blute wird,
werde mein Sinnen trunken durch die Vermischung mit deiner Liebe.
Jetzt, da dein Lamm auf deinen Altar gelegt und geschlachtet wird,
werde die Sünde aus all meinen Gliedern vernichtet, zerstört, ausgerodet.
In dieser Stunde, da dein Leib als Opfer dem Vater dargebracht wird,
sei auch ich eine heilige Opfergabe für dich und den, der dich gesandt.
Mein Geist steige auf zu dir zusammen mit dem Gebet des Priesters.
Schaffe mir geweihte Hände, daß ich die lodernde Kohle (deines Leibes) trage!
Schaffe mir ein reines Herz; es wohne deine heilige Kraft in ihm,
damit ich in der Kraft deines Geistes deine Erlösung geisthaft atme!

Bunge, Ostsyrische Mystik, Sophia 21, 358 f.

593

ROMANOS: DER GESCHÖPFE ENTSETZEN ÜBER CHRISTI STERBEN

Lasset uns nun erfahren, Brüder, was der Herr vollbringt!
Da Essig und Galle er gekostet an dem Kreuz,
rief er: Das Ende meiner Leiden ist gekommen!
Er beugte den Nacken und übergab seine Seele.
Sonne und Mond und Sterne des Himmels
ertrugen nicht den Frevel und verbargen ihr Licht;
Berge und Hügel sannen auf Flucht.
Selbst des Tempels Vorhang riß mitten entzwei.
Der Erstgeschaffene (Adam) aber rief aus der Tiefe:
Mein Gott, rette mich aus der Unterwelt durch die Auferstehung!

5. Hymnus zur Auferstehung Christi, 6; SC 128, 556

ANDREAS VON JERUSALEM:
CHRISTI WUNDER – MAHNUNG ZUR UMKEHR

Meinetwegen, obgleich Gott du bist, nahmst du meine Gestalt an.
Gewirkt hast du Wunder, geheilt Aussätzige, Gelähmten gabst du Kraft.
Den Blutfluß der Frau brachtest du zum Stehen, Heiland,
bei der Berührung deines Gewandsaumes.

Die zu Boden gekrümmte Frau ahme nach, meine Seele!
Komm her, fall nieder zu Jesu Füßen,
daß er dich wieder aufrichte;
und beschreiten wirst recht du die Wege des Herrn.

Die blutflüssige Frau ahme nach, meine arme Seele!
Lauf hin, ergreife Christi Gewandsaum,

594

damit du erlöst wirst von den Leiden
und von ihm vernimmst: Dein Glaube hat dich gerettet!

Wenn auch ein tiefer Brunnen, Herr, du bist,
laß fließen Ströme mir aus deinen makellosen Adern,
damit ich wie die Samariterin niemals mehr dürste,
wenn ich trinke; denn des Lebens Flut läßt du sprudeln.

Zum Schiloach-Teich werden mir meine Tränen,
Gebieter und Herr,
damit auch ich benetze meines Herzens Augen
und dich geistig schaue, das urewige Licht.

Großer Bußkanon, 5. Ode, 18. - 22. Troparion; Anthologion II, 851

55. KREUZ INMITTEN VON SECHS- UND ACHTECKFELDERN

Ich werde nicht sterben, sondern leben, um die Taten des Herrn zu verkünden.

Psalm 118,17

Seit dem 5. Jahrhundert wurden Baptisterien mit sechs- oder achteckigem Grundriß wegen des durch sie vermittelten Symbolgehaltes errichtet. Im Sechseckbau sah man einen Hinweis auf die göttliche Schöpfungs- und Erlösungstat. Denn entsprechend dem Schöpfungshymnus im 1. Kapitel des Genesisbuches hatte Gott den Menschen, Mann und Frau, als sein Abbild am 6. Tag der Woche erschaffen (Gen 1, 26 f.). Der sechste Tag, der Freitag, ist aber auch der Tag des Todes Christi und der Erlösung des Menschen. So symbolisieren die Sechszahl und der hexagonale Bau Schöpfung und Erlösung und sind Hinweis auf die gnadenhafte Erlösung und Neuschöpfung des Menschen in der Taufe.

Noch bedeutungsvoller war für die frühe Christenheit die Achtzahl. Schon in der nichtchristlichen Antike galt sie als Zahl der Erneuerung des Lebens, wie denn ja die Oktav in der Musik die Wiederholung des ersten Tones auf höherer Ebene ist. Das Oktogon als Bauwerk symbolisierte Himmel und Ewigkeit. Die Erneuerung der Schöpfung und die Wiederherstellung der paradiesischen Beziehung zwischen Gott und Mensch wurden vollzogen durch Christi Auferstehung am 8. Wochentag, dem 1. Tag der neuen Woche. So wurde die Achtzahl schlechthin zum Zeichen der Erlösung und Neugestaltung in der Taufe, die sakramentale Teilhabe an Christi Tod und Auferstehung ist. Viele Baptisterien weisen daher einen oktogonalen Grundriß auf.

Der Taufbrunnen selbst, von der östlichen Christenheit als Mutterschoß der Kirche bezeichnet, bestand zumeist aus einer kubusförmigen Vertiefung im Boden, die an Christi Grab erinnerte. Oft wurde das rechteckige Becken durch vier zur Tiefe führende Treppen erweitert, so daß ihm die Gestalt des Kreuzes gegeben war; anschaulich zeichnete die Viertreppenanlage Kreuz und Grab nach. Im Unter- und Auftauchen, woher sich die deutsche Bezeichnung für Taufe herleitet, im kreuzförmigen Wassergrab erlebte der Gläubige sein sakramentales Eingetauchtwerden in Christi Tod und Auferstehung, wie es Paulus in seiner Tauftheologie formuliert hat: »Wißt ihr nicht, daß wir alle, die wir auf Christus Jesus getauft wurden, auf seinen Tod getauft worden sind? Wir wurden mit ihm begraben durch die Taufe auf den Tod; und wie Christus durch die Herrlichkeit des Vaters von den Toten auferweckt wurde, so sollen auch wir als neue Menschen leben« (Röm 6, 3 f.).

In klarer Schlichtheit und eindrucksvoller Anschaulichkeit war einst der Boden des Baptisteriums der Kathedrale zu Apameia am Orontes mit den Zeichen der Erlösung und der Taufe geschmückt. Drei Erlösungssymbole sind hier miteinander verknüpft: Das schlichte Kreuz als Siegel erscheint inmitten der kreuzförmig angelegten Taufbecken. Diese sind verbunden durch Oktogone, den Zeichen der Auferstehung, in denen gleichsam Kreuzrosen schwimmen, die auf die verwandelnde Kraft des Heiligen Geistes hinweisen. Die Zwischenräume wiederum bilden Hexagone als Hinweis auf die am 6. Tag der Woche erfolgte Schöpfung des Menschen und seine Erlösung.

APOSTOLISCHE KONSTITUTIONEN: GEDÄCHTNISFEIER CHRISTI

Geboren aus einer Jungfrau, hat Fleisch angenommen
das Wort Gottes, der geliebte Sohn, der Erstgeborene der Schöpfung,
nach den von ihm selbst gegebenen Verheißungen über sich
aus dem Geschlecht Davids und Abrahams und dem Stamme Juda.
Im Schoß einer Jungfrau ist geworden er,
der alle bildet, die erschaffen werden.

Der Fleischlose ist Fleisch geworden,
der zeitlos Geborene wurde in der Zeit geboren.
Heilig hat er gelebt und dem Gesetz gemäß gelehrt.
Jede Krankheit und jede Schwäche hat er von den Menschen genommen,
Zeichen und Wunder getan unter dem Volke.
Speise und Trank hat genossen er, der alle nährt, die der Speise bedürfen,
und jedes Wesen mit Segen erfüllt.

Nachdem er all das vollbracht hatte,
wurde er durch den Verrat eines an Schlechtigkeit Erkrankten
von den Händen ungerechter Priester und falscher Hoherpriester ergriffen,
duldete, da er es zuließ, vieles von ihnen und überstand jede Schmach.
Dem Statthalter Pilatus übergeben,
wurde der Richter gerichtet,
der Retter verurteilt,
der Leidensunfähige ans Kreuz geschlagen.
Es starb der von Natur aus Unsterbliche,
und der Lebensspender wurde begraben,
um jene, derentwegen er gekommen war, von Leiden zu erlösen,
vom Tode zu befreien,
die Fesseln des Teufels zu zerreißen
und die Menschen von seinem Truge freizumachen.
Am dritten Tage ist er von den Toten auferstanden,
ist vierzig Tage bei den Jüngern geblieben,
wurde aufgenommen in den Himmel
und zur Rechten seines Gottes und Vaters gesetzt.

Eingedenk nun dessen, was er für uns erduldet hat,
sagen wir dir Dank, allmächtiger Gott,
nicht wie wir sollten, sondern wie wir vermögen,

und erfüllen seinen Auftrag.
Denn in der Nacht, in der er überliefert wurde,
nahm er das Brot in seine heiligen und unbefleckten Hände,
blickte zu dir auf, seinem Gott und Vater,
brach es und gab es seinen Jüngern mit den Worten:
Dies ist das Geheimnis des Neuen Bundes,
nehmet davon und esset, das ist mein Leib,
der für viele gebrochen wird zur Vergebung der Sünden.
Ebenso mischte er den Kelch mit Wein und Wasser,
heiligte ihn und gab ihn ihnen mit den Worten:
Trinket alle daraus, dies ist mein Blut,
das für viele vergossen wird zur Vergebung der Sünden.
Tut dies zu meinem Gedächtnis!
Denn sooft ihr dieses Brot esset und diesen Kelch trinket,
sollt ihr meinen Tod verkünden, bis ich komme.

Apostolische Konstitutionen, VIII, 12; BKV 5, 49 f.

EPHRÄM:
DER 6. WOCHENTAG - TAG DER ERSCHAFFUNG UND DER ERLÖSUNG

Staunenswert zu sehen war,
wie jene drei herrlichen Wesen im Frühlingsmonat Nisan
erstrahlten und prangten ob der Auferstehung des Erstgeborenen:
Um vor ihm zu frohlocken,
kleidete sich die Erde in die Farben der Blumen,
hüllte sich die Luft in die Farben der Vögel,
hüllte sich auch der Himmel in die freudigen Strahlen.
Die sich in Leid gehüllt hatten bei seinem Tod, kleideten sich
in Herrlichkeit am Tage seiner Auferstehung

Im Frühlingsmonat Nisan tilgte unser Herr
die Schuld des ersten Adam.
Er vergoß Schweiß im Nisan für den Schweiß Adams,
und der Kreuzesbaum erstand für dessen Baum;
der Karfreitag für den Schöpfungsfreitag.
Durch seinen Heimgang ließ er den Räuber ins Paradies heimkehren.
Auch der Monat der Erschaffung Adams war wohl der Nisan;
da der Herr beide Tage einander anglich,
gebührt es sich ebenso, den einen Monat dem anderen Monat anzugleichen.
51. Hymnus über die Kirche, 4. 8; CSCO 199, 127 f.

EPHRÄM: DIE MYSTERIEN DER GEBURT UND DER AUFERSTEHUNG

Mutterleib und Unterwelt
verkündeten laut jubelnd deine Auferstehung.
Der Mutterleib empfing dich, obwohl er verschlossen war;
die Unterwelt gebar dich, obwohl sie versiegelt war.
Gegen die Naturgesetze
hat der Mutterleib empfangen und die Unterwelt zurückgegeben.

Verschlossen war das Grab,
dem man anvertraut hatte, den Toten zu bewachen.
Jungfräulich war der Schoß, den niemand erkannt hatte.
Der jungfräuliche Schoß und das verschlossene Grab –
wie Posaunen
haben sie dem tauben Volk ins Ohr gedröhnt.
10. Hymnus zu Christi Geburt, 7 f.; CSCO 187, 59

ISAAK VON ANTIOCHIEN: GOTT UND MENSCH

Wenn Christus nicht Gott war,
zu wem stiegen die Engel herab und dienten unserer Erlösung?
Wenn Christus nicht Mensch war,
wie konnte er die Muttermilch trinken?
Wenn nicht Gott, wem brachten die Magier ihre Geschenke dar?
Wenn nicht Mensch, wie konnte er in Windeln gehüllt werden?
Wenn nicht Gott, zu wem flehte dann der greise Simeon?
Wenn nicht Mensch, wen trug Simeon dann auf seinen Armen?
Wenn nicht Gott, wen bezeugte dann der Vater?
Wenn nicht Mensch, weshalb wurde er dann im Fluß getauft?
Wenn nicht Gott, wer heilte dann die blutflüssige Frau?
Wenn nicht Mensch, wessen Gewandsaum erfaßte sie dann?
Wenn nicht Gott, wessentwegen verfinsterte sich dann die Sonne? -
Wenn die Sonne nicht gewußt hätte, daß Gott am Kreuze hing,
hätte sie nicht ihr Antlitz verhüllt, um nicht seine Entblößung zu schauen. -
Wenn nicht Mensch, wer empfing dann die Geißelhiebe?
Wenn nicht Gott, wer spaltete dann Felsen und Steine?
Wenn nicht Mensch, in wen drangen dann die Nägel ein?
Wenn nicht Gott, wer öffnete dann verschlossene Türen?
Wenn nicht Mensch, wer wurde dann in das Leinentuch gehüllt?
Wenn nicht Gott, wer ließ dann die Schöpfung erschaudern?
Wenn nicht Mensch, aus wem flossen dann Wasser und Blut?
Wenn nicht Gott, wie konnte er dann die Toten beleben?
Wenn nicht Mensch, wie konnte er in das Grab eingehen?

3. Gedicht über die Menschwerdung, 277 - 320; BKV 6, 145 f.

KOSMAS: HOFFNUNG AUF DEN TODESBEZWINGER

Die salbentragenden Frauen
kamen eilends, dein Grab zu schützen
und nach den Siegeln an der Gruft zu sehen.
Sie fanden jedoch nicht deinen unbefleckten Leib,
und unter Klagen sprachen sie:
Wer
hat gestohlen unsere Hoffnung?
Wer
nahm fort den Toten, nackt, gesalbt,
der Mutter einzigen Trost?
Weh! Warum
ist der, der Tote zum Leben führte, gestorben?
Der den Hades entmachtet hat - warum wurde er bestattet?
Erhebe dich doch, Retter, aus eigener Kraft, wie du gesagt,
am dritten Tag und rette unsere Seelen!

Idiomelon am 3. Ostersonntag; Anthologion III, 289

602

56. KREUZ-ROSE UND ROSEN-KREUZ

Die Gerechten werden aus der Hand des Herrn das Reich der Herrlichkeit empfangen und die Krone der Schönheit. *Weisheit 5, 16*

Die Rose hat in der biblischen Tradition keine Bedeutung erlangt, da sie, aus China und Persien kommend, in der antiken Welt Sinnbild der Liebe und der Liebesgöttinnen Astarte und Aphrodite war. Auch bei den Gelagen zu Ehren des Gottes Dionysos fehlte sie nicht und diente zur Bekränzung der Teilnehmer. Als Begräbnisblume war sie zudem bei Griechen und Römern beliebt, und die Gedenktage für die Verstorbenen bezeichnete man als Rosalia, Rosenfeste. Der Sinngehalt der Rose ist ambivalent: Sie weist hin auf die Schönheit der Welt und auf himmlische Vollkommenheit, aber auch auf irdische Leidenschaft und Vergänglichkeit. Doch wurde die Rose auch vom christlichen Volk geschätzt und fand Eingang in die kirchliche Kunst, zumal ihre Schönheit als Hinweis auf den Heiligen Geist und auf seine das Chaos zum Kosmos verwandelnde Kraft verstanden wurde. Der Duft der Rose war für die Christen Ausdruck des Wohlgeruches der Gnade des Heiligen Geistes, die sie zu »Christi Wohlgeruch für Gott« (2 Kor 2, 15) werden ließ. Die sakramentalen Öle der östlichen Kirchen, vom Olivenbaum gewonnen, werden daher mit Rosenöl gemischt. So wurde die Rose zum Sinnbild des Heiligen Geistes und seiner die Schöpfung im Frühling und die Menschen in der Taufe erneuernden Kraft.

Zumeist wurde die Rose stilisiert mit vier Blättern dargestellt. In dieser Form war sie zugleich Bild für den Kosmos mit seinen vier Himmelsrichtungen und seiner Schönheit. Geschmückt mit dem sie gliedernden Kreuz in ihrer Mitte ist sie als Hinweis auf das durch Christi Kreuzesleiden erneuerte Paradies zu verstehen. Als Kreuzrose oder Rosenkreuz schmückt sie Kirchen und Taufkapellen; sie ist Symbol für die verwandelnde Kraft des Geistes, da jede Erneuerung durch Christi Kreuzesleiden im Heiligen Geist geschieht. Der Fußboden der einstigen Klosterkirche von Gergesa (Kursi) am See Genesareth wie auch jener der nicht weit entfernten Brotvermehrungskirche von Tabgha war mit vielen solcher Kreuzrosen geschmückt. Die hier abgebildete aus Gergesa ist zudem noch durch vier kleine rotblühende Anemonen erweitert, die im Frühling die Fluren Palästinas schmücken. Jesus bezeichnete sie als »Lilien des Feldes« und sah in ihnen ein Zeichen für Gottes Fürsorge (Mt 6, 28 - 33).

EPHRÄM: VOLLENDUNG DURCH LEIDEN

Eisen und Nadel durchbohren die Perle
wie bei dem, der durchbohrt wurde von den Nägeln am Kreuz.
Sie wird durch ihre Leiden zum Schmuck für die Menschen.

Wer könnte erzählen vom Leiden des Weizenkorns?
Wie vielen Martern und Qualen begegnet es!
Um den Preis seiner Bedrängnisse spendet es Segen seinen Bedrängern.

Auch die Traube wird gequält; den Fuß ihres Kelteres reinigt sie
mit ihrem Blut vom Schmutz; mit ihrem Most spendet sie ihm Süßigkeit,
und wenn er bei ihm alt wird, erfreut sie ihn mit Wein.

Wenn geschleudert wird der alles versüßende Honig,
dann mildert er dank dieser Bearbeitung seine Schärfe für die Essenden,
erquickt die Gesunden und stärkt die Kranken.

Weihrauchkörner werden wie Martyrer ins Feuer geworfen
und lassen ihren Duft emporsteigen wie ihr gütiger Herr,
der durch seinen Tod wehen ließ den Duft seines Lebens.

604

Siehe, all diese Dinge belehren uns durch ihre Sinnbilder;
sie öffnen durch ihre Leiden die Schätze ihres Reichtums.
Auch das Leiden des Sohnes, des Gütigen, ist der Schlüssel zu seinen Schätzen.

11. Hymnus über die Jungfräulichkeit, 9 - 11. 13 f. 20; CSCO 224, 37 f.

RABBULA: LOBPREIS DEM BEFREIER AUS DEM TOTENREICH

In die Unterwelt, die Mutter aller Menschen,
stieg der Königssohn hinab und überwand sie.
Der Gütige brachte die in ihr eingeschlossenen Toten heraus,
zerbrach die Gewalt des Todes,
eroberte dessen Schätze und Bollwerke
und rief den Verstorbenen zu:
Kommt und geht heraus mit mir!
Denn ich bin gekommen, Adam zu befreien,
welcher das Gebot übertreten hatte.
Wir alle wollen mit dem Propheten David singen:
Du vollbringst Wundertaten an den Toten,
die Helden werden auferstehen und dich preisen! (Ps 88, 11)

2. Hymnus für die Verstorbenen; Bickel, Schriften der syrischen Kirchenväter (BKV), 267 f.

ROMANOS:
DER JÜNGER VERWANDLUNG DURCH DES GEISTES ROSENFEUER

Als Petrus sah, was alles da geschah, rief er: Brüder,
laßt uns verehren, was wir sehen, nicht erforschen!
Keiner spreche: Was ist das, was da zu sehen ist?

Denn es übersteigt den Verstand, was sich vollendet,
es besiegt die Erwägungen des Herzens.
Geist und Feuer sind miteinander verbunden: ein Wunder des Glaubens!
Morgenwind und Feuersglut sind vereint: eine schauervolle Erscheinung!
Fackeln im Wind, Funken im kühlenden Tau!
Wer schaute, vernahm, wer vermag zu sagen, was er ist,
der allheilige Geist!

Werft also, Brüder, jeder von euch, sogleich die Furcht von der Seele
und erweiset Liebe dem, der in den Himmel aufgenommen,
da er die, welche er berufen, so sehr liebt,
daß er alles, was er vorhergesagt, nun erfüllt
und, wie versprochen, ausführt!
Was fürchten wir noch den nicht verbrennenden Brand?
Als Rose laßt uns das Feuer ansehen, was es ja ist;
denn auf unsere Häupter wurde es gleich Blumen gestreut,
mit welchen uns bekränzte, schmückte und erleuchtete
der allheilige Geist.

Nun wurden Gelehrte, die früher Fischer waren; jetzt Redner und Denker,
die zuvor an den Gestaden der Seen standen.
Die vorher ihre Netze ausbesserten,
lösen jetzt das Flechtwerk der Schönredner auf und entlarven sie
durch die einfachere Lehre.
Ein Bekenntnis statt vieler legen sie ab,
einen Gott verkünden sie, nicht einen unter vielen,
das Eine verehren sie als eins, den unbegreiflichen Vater,
den ihm wesensgleichen Sohn und den, der untrennbar und mit ihnen gleich,
den allheiligen Geist.

Laßt uns besingen, Brüder, der Jünger Zungen, da sie nicht mit klingenden
Worten, sondern mit göttlicher Kraft alle Menschen lebend fingen,
da sie sein Kreuz wie eine Angelrute emporhielten,
da sie Reden wie einst Netze gebrauchten
und die Welt einfingen,
da sie das Wort wie einen spitzen Angelhaken einsetzten,
da ihnen gleichsam eine Lockspeise war
das Fleisch des Herrschers aller Wesen, welches nicht in den Tod treibt,
sondern zum Leben emporzieht jene, die verehren und lobpreisen
den allheiligen Geist.

Hymnus zum Pfingstfest, 10. 12.16. 18; SC 283, 194 - 206

ANDREAS VON JERUSALEM: DES KREUZES UND DES GRABES HEILSGABEN

Gekreuzigt wurdest du im Fleisch, Leidensloser in des Vaters Natur.
Durchbohrt wurde deine Seite; hervorquellen ließest du Blut und Wasser.
Du bist unser Gott, dich preisen wir!

Dein Kreuz verehre ich und dein Grab rühme ich, Gütiger.
Ich besinge und bete an deine Auferweckung und rufe:
Du bist unser Gott; dich preisen wir.

Hast du auch Galle gekostet, du Süßigkeit der Kirche,
du ließest uns doch quellen die Unvergänglichkeit aus deiner Seite.
Du bist unser Gott; dich preisen wir!

In Leinentuch hat gehüllt Josef deinen Leib, Christus,
und in einem neuen Grab bestattet dich, das Heil.
Doch die Toten hast du als Gott auferstehen lassen.

Es kamen der Morgenfrühe zuvor die Frauen und schauten Christus.
Den göttlichen Jüngern riefen sie zu: Wahrhaft ist Christus auferstanden!
Kommt nun, mit uns besingt ihn in Liedern!

Kanon auf die Salbenträgerinnen, 1. Ode (Auszug), Anthologion III, 296 f.

JOHANNES VON DAMASKUS: ÜBERWINDUNG DES LEIDENS

Gott zu sehen ist Menschen unmöglich,
ihn, den nicht wagen der Engel Ordnungen anzuschauen.
Durch dich aber, Allreine, ließ sich von den Sterblichen schauen
das göttliche Wort, das Fleisch geworden.
Wenn wir es hoch verehren mit den himmlischen Heeren,
preisen wir auch dich selig.

Von Leiden unberührt bist du geblieben, Wort Gottes,
obwohl du dich im Fleisch den Leiden unterwarfst.
Doch erlöstest du von den Leiden den Menschen,
da im Leiden du annahmst das Leid, du unser Retter:
Denn du allein bist leidenslos
und allgewaltig.

Die Zerstörung des Todes hast du auf dich genommen
und vor der Zerstörung bewahrt deinen Leib, der sie nicht kostete.
Deine lebenschaffende und göttliche Seele,
Gebieter, ist in der Unterwelt nicht zurückgeblieben;
vielmehr hast du, wie vom Schlaf erstehend,
auch uns mitauferweckt.

Auferstehungskanon am 7. Ostersonntag, 9. Ode; Anthologion III, 560

57. SONNENRAD - KREUZ (HAKEN - KREUZ)

Gott, bei dir ist die Quelle des Lebens, in deinem Licht schauen wir das Licht. *Psalm 36, 10*

Das Hakenkreuz, von den Nationalsozialisten entwertet, ist ein uraltes religiöses Symbol, das aus der Sonnenscheibe mit eingeschriebenem Kreuz hervorgegangen ist, wobei die vier Kreisabschnitte rechtwinklig nach links oder rechts aufgebogen sind. Auch Juden übernahmen es als Lichtornament für ihre Synagogen (z. B. in Ostia), und Christen sahen in ihm einen Hinweis auf das lichtvolle Zeichen der Erlösung. Das Hakenkreuz hat eine graphische Nähe zum Mäanderband, das mit seinen rechtwinklig gebrochenen und fortlaufenden einfachen oder mehrfach verschlungenen Linien bei den Griechen als Zeichen der Ewigkeit geschätzt war; als bevorzugtes Schmuckornament zierte es Gewänder, Vasen und Tempel.

Auf dem Gelände des Kibbuz Shave Zyyon (Rückkehr nach Zion), den 1938 deutsche Juden aus Rexingen in Schwaben etwa 20 km nördlich vom antiken Ptolemais (heute: Akko) gründeten, wurde in den Dünen nahe am Meer der prachtvolle Mosaikboden einer Kirche aus dem 4. Jahrhundert freigelegt. (Leider sind jetzt die kostbaren Mosaike nahe am Meer ungeschützt jeder Witterung preisgegeben, und kaum ein Reiseführer enthält einen Hinweis auf diese frühchristliche Kirchenanlage.) Möglicherweise - die unmittelbare Nähe zum Meer läßt das vermuten - handelt es sich um eine frühe Taufkirche für die Katechumenen aus Ptolemais oder für Pilger, die an diesen Gestaden das Heilige Land erreichten. Die Fußböden im Hauptraum und in den Seitenräumen leuchten auch heute noch - trotz vieler alter und neuerer Zerstörungen - überaus prächtig in den verschiedensten Formen der Kreuzornamente. Anschaulich wurde hier den Gläubigen der Triumph des lichtvollen Kreuzes vor Augen geführt.

Eine Fülle von Sonnenradkreuzen bedeckt den Boden eines Seitenschiffes. Diagonalbänder verbinden die Hakenkreuze, so daß Sechseckfelder entstehen, die mit ihrer Sechszahl an den 6. Wochentag erinnern, den Tag der Erschaffung und der Erlösung des Menschen. In ihnen wiederum befinden sich kleine Kreuze inmitten von Rauten. Diese uralten Symbole der Fruchtbarkeit und des Lebens, hergeleitet von den äußeren weiblichen Genitalien, weisen hin auf den Mutterschoß der Kirche, das Taufbecken, und das in ihm von Christus im Zeichen des Kreuzes und in der Kraft des Heiligen Geistes geschaffene lichtvolle Leben.

Ephräm: Loblied zu Ehren des Lichtes

Am ersten Wochentag siegte das Licht, verherrlicht als Gleichnis für Christus.
Jeder einzelne der folgenden sechs Tage hat es berührt und bekränzt.
Die neuen Geschöpfe eilten ihm entgegen und jubelten, als sie es erblickten,
die Schafherden, die Pferde und Rinder, die erschaffen wurden,
die Tauben gemeinsam mit den fliegenden Tieren, die Fische nach ihren Arten.
Das Licht wurde von den Geschöpfen geehrt und ehrte sie.
Blumen, eben erst gewachsen, flochten zeichenhaft für unseren Herrn,
den Sieger über die Finsternis, einen Kranz.

Das Licht teilt seine Gaben aus wie unser Herr, unentgeltlich.
Seinen Schatz öffnet es und streut ihn aus als gütiges Leuchten.
Jedem, der ihm entgegenkommt, gibt es und macht ihn reich.
Denn für alle Augen ist sein Geschenk gleich und neidlos.
Selbst dem schwachen Auge gibt es auf kluge Weise
von seinem Segen und reicht in schwachen Strahlen ihm sein Leuchten.
Weil das Auge seinen vollen Strahl nicht fassen kann,
mildert es seine Kraft und zeigt sich ihm so.

Es fehlt ein Weg auf dem Meer, und zu Lande ist er verworren;
Nur durch dich werden die Pfade geebnet und erhellt,
und alle Steine des Anstoßes treten bei deinem Erscheinen zutage.
Schlangen und Getier fürchten sich vor dir, ohne daß du Gewalt ausübst;
sie fliehen in ihre Höhlen bei deinem Anblick.
Dein Aufgang verscheucht ohne Stecken den Dieb;
ohne selbst das Schwert zu führen,
birgt und versteckt dein Erscheinen des Mörders Schwert in der Scheide.

Die Tiere sahen dich, Licht, und freuten sich.
Die Seelen schauten das wahre Licht und wurden geläutert.
Wie die Pferde, die Rinder und die Schafherden dem Licht
sind unserem Herrn die vernunftbegabten
Scharen der Menschen jubelnd entgegengeeilt;
unter Hosannarufen sind sie ausgezogen und haben ihn empfangen.
Statt des Schweigens, das im Anfang der Sonne entgegentrat,
hat unserem Licht der Himmelsheere Mund mit Lobgesang zugejubelt.

Wenn schon das sichtbare Licht nicht ertastet werden kann,
wie wird man dann das geistige Licht erfassen können!
Und wenn das Licht von der Finsternis nicht berührt werden kann,
wie konnte man dann das geistige ergreifen und kreuzigen?
Das Licht wurde aus der Finsternis erweckt;
unter diesem Zeichen ging das geistige aus dem Grab hervor.
Statt der sechs Tage, die dem Licht entgegenzogen, mit ihm geschmückt,
sind sechs Anbeter dein: Höhe und Tiefe und die vier Himmelsrichtungen!

51. Hymnus über die Jungfräulichkeit, 1. 3. 6. 9. 12; CSCO 224, 142 - 145

Jakob von Batna: Der Engel Entsetzen über den Tod ihres Herrn

Der Messias war gekreuzigt, Staunen hatte die Schöpfung ergriffen;
die Welt ward erschüttert, und die Engelchöre hielten inne im Lobe Gottes.
Es verstummte Gabriel, und Michael schwieg.
Die Engel hielten inne, und gewaltige Verwunderung ergriff ihre Reihen.
Lautlos standen sie da und zitterten, die himmlischen Scharen;
ihre Stimmen waren gebunden, und keiner wagte,
einen Laut von sich zu geben.
Leise bewegten sie ihre Schwingen,
während sie in stiller Trauer versunken waren.
Überwältigt waren sie vor Staunen und konnten kein Wort hervorbringen;
sie wunderten sich über den Gekreuzigten,
ihre Lobgesänge gerieten in Verwirrung.
Dann zogen sie sich in die Höhen zurück,
der König war nun allein und verlassen.
Keine Legion vom Hause unseres Vaters kam ihm zu Hilfe,
und keine Schar von Himmelsbewohnern umgab ihn.
Nicht gaben ihm die Cherubim das Geleit nach Golgotha,
kein Heilig ward ihm von den Seraphim zugerufen,
da er am Kreuz erhöht war.
In jener Zeit bekannte niemand seinen Glauben an den gekreuzigten König
außer jenem Räuber, der ihn in seinem großen Leiden anflehte.
Von der Höhe des Kreuzes erhob er seine Stimme zu Jesus
und setzte die Himmlischen in Staunen durch den Mut, den er bewies.
Hätte ihn doch die Schar gehört und geantwortet,
im selben Augenblick wäre alles Ärgernis der Apostel getilgt gewesen!
Hätten doch auch die Scharen Gabriels mit ihm gerufen
und den Ruf weitergegeben an die Chöre Michaels;
hätte gerufen die Schar der siebzig Jünger und ihre Stimme mit ihm erhoben,

hätten laut geschrien die Zwölf und sich ihm angeschlossen,
hätten all diese ihren Glauben bekannt wie der Räuber,
wer hätte da noch den Sohn verschmähen können,
selbst zur Zeit seines Leidens!
Wenn das Heer der Himmelsbewohner laut gerufen hätte
und im Einklang mit ihnen die Jünger ihre Stimmen
zum Gekreuzigten erhoben,
wenn sie ihre Stimmen mit den Stimmen der Höhe und Tiefe vereinigt hätten,
welch ein Lobgesang wäre dann hingebraust über den Berg Golgotha!

Gedicht über den rechten Räuber, 119 - 134. 145 - 158; BKV 6, 365 f.

JERUSALEMER LITURGIE: DAS PARADOXON DER KREUZIGUNG

Als du vor Kajaphas standest, Gott,
und dem Statthalter Pilatus ausgeliefert wurdest,
erschraken die mächtigen Himmel vor Entsetzen,
da du an das Kreuz geschlagen wurdest
inmitten von zwei Räubern
und von den Juden verspottet wurdest,
du einzig ohne Sünde,
um den Menschen zu retten.
Unser Erlöser, Preis sei dir!

Kreuzigung! schrien sie,
die sich stets deiner Gnade erfreuten;
den Gewalttäter verlangten sie statt deiner, dem Gütigen,
diese Mörder der Gerechten.
Du aber, Christus, wirst in Langmut
hinschreiten zum Ort des Leidens,

Herr, der du unseretwegen gelitten
und uns gerettet hast,
weil du ein Freund der Menschen bist.

Heute wird an das Holz gehängt,
der die Erde über den Wassern aufgehängt hat.
Eine Dornenkrone ließ sich aufsetzen der König der Engel.
Mit dem Purpur der Lüge ließ sich bekleiden,
der die Himmel mit Wolken bekleidet hat.
Es erduldete den Backenstreich,
der im Jordan den Adam befreit hat.
Wir beten an dein Leiden, Christus;
zeig uns auch deine ruhmvolle Auferstehung!

Als vor deinem verehrungswürdigen Kreuz
die Soldaten mit dir Spott trieben, Herr,
gerieten die himmlischen Mächte in Schrecken.
Du hast dir die Krone des Spottes aufsetzen lassen,
der du mit Blumen die Erde geschmückt hast.
Zum Spott ließest du dich mit dem Purpurmantel bekleiden,
der du mit Wolken die Himmel bekleidet hast.
Weil uns deine große Güte und dein großes Erbarmen bekannt wurden,
Christus, Preis sei dir!

Leeb, Gesänge im Gemeindegottesdienst, 246. 252, 256. 258

ROMANOS: ADAMS FREUDE ÜBER DEN LEBENSSPENDER AM KREUZ

Heute erbebten der Erde Grundfesten,
die Sonne veränderte sich, verbarg sich, um nicht hinschauen zu müssen;

denn an das Kreuz wurde geheftet der Lebensspender aller Wesen,
und geöffnet wurde das Paradies. Nach der Übertretung von einst
führt Adam für sich allein einen Freudentanz auf.

Der Feindschaft Tyrannei wurde beendet, Evas Tränen gestillt
durch dein Leiden, Menschenfreund, Christus, Gott.
Denn wer in ihm stirbt, ist neu geschaffen,
durch ihn findet auch der Räuber heim;
Adam führt für sich allein einen Freudentanz auf.

Verlasse heute deinen Platz, Himmel, tauch hinab ins Chaos, Erde!
Wage, Sonne, nicht, deinen Gebieter anzuschauen,
der am Holze hängt aus freiem Entschluß!
Spalten sollen sich die Felsen;
denn der Fels des Lebens wird jetzt von Nägeln durchbohrt.
Zerreißen soll des Tempels Vorhang,
da des Herren Leib von den Gesetzlosen mit einer Lanze durchstochen wird.
Wahrhaft die ganze Schöpfung soll wegen des Schöpfers Leiden
erschaudern und erbeben;
nur Adam führt für sich allein einen Freudentanz auf.

Der Wunder Fülle sich widersetzend, rief der Pöbel der Gesetzlosen:
Ergreife ihn! Kreuzige ihn!
Vor Pilatus schafften sie den, der alles geschaffen hat.
Der einst richten wird
Könige und Bettler, ihn überstellten sie dem Gericht.
Den gerechten Richter richtete ein Ungerechter,
den Retter wie einen Räuber ermorden zu lassen,
drohte der frevelhaft Lebende.
Der aber schwieg bis zum Schluß, um das Leiden zu erdulden;

wortlos stand er da,
damit Adam einen Freudentanz aufführen kann.

Gleichwohl ließ Pilatus auspeitschen den Arzt
und wusch seine Hände über ihn, um dadurch, wie er meinte,
der Schuld ledig zu sein; doch war er voll verantwortlich.
Und nach der Geißelung
übergab er ihn zur Kreuzigung und sprach: Unschuldig bin ich.
Wer hörte je den Mörder sprechen zu seinem Dolch:
Da durch dich ich tötete, muß nicht ich Rechenschaft ablegen.
Das Schwert der Gesetzlosen gebrauchte Pilatus
und schlachtete den Schöpfer,
damit Adam einen Freudentanz aufführen kann.

Mit Liedern besing ihn, Erdgeborener; lobe ihn,
der gelitten hat und gestorben ist für dich.
Ihn, den du lebend schaust nach kurzer Zeit,
nimm in deinem Herzen auf.
Denn aus dem Grab wird auch dich auferstehen lassen
Christus und dich neugestalten, Mensch.
Eine lautere Seele bereite also ihm,
damit sie zum Himmel macht und in ihr wohnt dein König!
Nur eine kleine Weile und er ist da
und wird mit Freude erfüllen die Betrübten,
damit Adam einen Freudentanz aufführen kann.

Hymnus auf Christi Leiden, 1. und 2. Proömion, 1. 6. 15. 23. Troparion; SC 128, 202 - 230

KOSMAS: CHRISTI AUSGEBREITETE ARME

Die Arme hast du ausgebreitet
und geheilt die in Eden sich maßlos
ausstreckende Hand des Ersterschaffenen
und gekostet deinen eigenen Zorn, Christus;
gerettet hast du in deiner Macht
jene, die deine Leiden verehren.

Den Tod hat der Erlöser gekostet,
damit vom uralten Fluch und vom Untergang
er das königliche Geschöpf erlöse;
die in der Unterwelt Gefangenen hat er aufgesucht
und ist erstanden und hat gerettet in seiner Macht
jene, die seine Auferstehung besingen.

Ihn, der am Kreuzesholz die Hände
mir, dem Entblößten, entgegenstreckte
und mich rief, zu wärmen
mich an seiner beklagenswerten Blöße,
preist, all ihr Werke des Herrn,
und erhebt ihn in alle Ewigkeit!

Ihn, der aus der äußersten Tiefe der Unterwelt
mich, den Gefallenen, emporhob
und mich geehrt hat
mit der hochthronenden Herrlichkeit des Vaters,
preist, all ihr Werke des Herrn,
und erhebt ihn in alle Ewigkeit!

Kreuz-Auferstehungskanon am Sonntag im 8. Ton, 6. und 8. Ode; Oktoechos, 413 - 415

58. KREUZ DES TRIUMPHES

Der Herr hat an seinem Volk Gefallen, die Gebeugten krönt er mit Sieg.
Psalm 149,4

Die öffentliche Darstellung des Kreuzes als Zeichen des Sieges wurde nach den Zeiten der Verfolgungen wesentlich gefördert durch das Erstarken des Christentums in der zweiten Hälfte des 3. Jahrhunderts, bis schließlich Kaiser Konstantin im Jahr 312 mit seinem Sieg über seinen Schwager und Rivalen Maxentius an der Milvischen Brücke bei Rom Christus unter dem Bild der wahren Sonne verehrte. Seit 315 findet sich auf einigen seiner Münzprägungen auch ein Kreuz, und seit 321 erscheint das griechische Monogramm Christi als XP oder in der Form ₽ auf seinen Feldzeichen.

Für ihren Kult übernahmen die Christen aus dem öffentlichen Bereich die basilikale Bauform, erweiterten sie vom 6. Jahrhundert an häufig, besonders im Osten des Römischen Reiches, durch die Einfügung der Kreuzesform in den Grundriß der Kirchen. Über dem Schnittpunkt der beiden Arme errichteten sie - ähnlich wie bei dem Pantheon in Rom - ein Gewölbe, das an das Himmelsgewölbe erinnern sollte. Diese Kreuz-Kuppel-Kirche ist bis heute im Bereich der östlichen Kirchen die bedeutendste Kirchenform geblieben, und sogar die Muslime orientieren sich bei den Neubauten ihrer Moscheen an diesem Vorbild, wie es die Hagia Sophia in Konstantinopel (Istanbul) bietet.

Das nur in Resten erhaltene Bodenmosaik der Konstantinischen Basilika in Bethlehem, mit dem um die Wende zum 5. Jahrhundert die Geburtskirche ausgelegt wurde, strahlte einst im farbigen Mosaikglanz von Girlanden aus Blüten und Früchten und von Tieren zwischen Akanthusblättern. Zerstört wurde es wahrscheinlich beim Aufstand der Samariter im Jahr 525, die sich gegen die von Kaiser Justinian erzwungene Christianisierung erhoben. Damals brannte die Geburtsbasilika weitgehend ab und wurde beim Wiederaufbau mit einem ca. 70 cm höher verlegten neuen Fußboden versehen. Unter dem Fußboden der Justinianischen Basilika aus der Mitte des 6. Jahrhunderts sind noch einige sehr schöne Kreuzdarstellungen des Konstantinischen Baus erhalten, die heute unter Holztüren im Boden zu bewundern sind. Sie sind in der Weise des Mäanderbandes und des Sonnenradkreuzes (= Hakenkreuz) gestaltet und werden durchbrochen und umgeben von Flechtornamenten; ihre Zopfform symbolisiert Bindung und Freiheit. Als Endlosbänder weisen sie hin auf die Unvergänglichkeit und Ewigkeit des Sieges Christi und des Triumphes des Kreuzes.

EPHRÄM: FRÜCHTE AUS BETHLEHEMS GARTEN

Es schnitten die Mörder in Bethlehem die frischen Blumen,
damit unter ihnen auch der frische Same verderbe,
in dem verborgen lag das lebendige Brot.
Geflohen war jedoch die Ähre des Lebens,
um zur Erntezeit als Garbe wiederzukommen.
Die Traube, jung entflohen, gab sich selber zur Kelterung hin,
damit sie durch ihren Wein die Seelen rette.
Lob sei dir, du Schatz des Lebens!

Die Mörder betraten den Garten voll junger Früchte;
sie schüttelten die Blüten von den Zweigen;
Triebe und Knospen vernichteten sie.
Reine Gaben brachte der Zerstörer dar, ohne es zu wissen.
Wehe ihm! Doch selig sind sie.
Erstlingsfrüchte brachte hervor Bethlehem
und spendete jungfräuliche Früchte dem Reinen.
Gepriesen sei er, der die Frühreifen annahm!

24. Hymnus zu Christi Geburt, 17 f.; CSCO 187, 114

619

RABBULA: DES SÜNDERS VERTRAUEN

Christus, der du den Sündern ihre Schuld vergibst
und alle Büßer aufnimmst,
Erlöser des Menschengeschlechts,
erlöse auch mich in deiner Barmherzigkeit!
Wenn selbst der Gerechte nur mit Mühe
und Anstrengung gerettet werden kann,
was soll ich Sünder dann beginnen?
Denn ich habe die Last des Tages
und die Glut der Sonne nicht getragen,
sondern gehöre zu den erst in der elften Stunde
gedungenen Arbeitern.
Errette mich und erbarme dich meiner!
Meine Sünden haben mich zu Boden geworfen
und mich von jener Höhe, auf der ich stand, hinabgestürzt.
In das Verderben habe ich mich geworfen wie in eine Grube.
Wer ist nun da, der mir meine frühere herrliche Schönheit
wieder verschaffen könnte außer dir, du weisester Schöpfer,
der du mich im Anbeginn nach deinem Bild
und deiner Ähnlichkeit erschaffen hast?
Ich aber bin freiwillig ein Geselle Satans
und ein Sklave der Sünde geworden.
In deiner Barmherzigkeit, Herr, befreie mich
und erbarme dich meiner!
So schreie ich denn zu dir gleich jener Sünderin
und flehe dich an wie der Zöllner
und wie der Sohn, der sein Gut verschwendete:
Ich habe gesündigt im Himmel und vor dir.
Mein Herr, es gibt ja keinen Knecht, der nicht sündigt,

620

und keinen Herrn, der nicht vergibt.
Mein Erlöser, entsühne also auch mich,
der ich dich durch Sünden erzürnt habe,
in deiner Barmherzigkeit
und erbarme dich meiner!

Bußhymnen; Bickel, Schriften der syrischen Kirchenväter (BKV), 264 f.

KYRILLONAS: VOLLENDUNG DER HEILSMYSTERIEN

Nachdem die Mysterien vollendet und alle Schriften erfüllt waren
und unser Herr durch seine Botschaft alle Weissagungen seiner Verkünder
vollbracht hatte, sprach er zu den Zwölfen und offenbarte ihnen:
Seht, wir ziehen nach Jerusalem, auf daß erfüllt werde, was geschrieben.
Ich werde dem Kreuz der Schmach und dem Hohn überliefert werden.
Seid nicht betrübt; denn darauf beruht die Erlösung der Welt.
Entziehe ich mich der Schmach, entziehe ich den Menschen die Herrlichkeit.
Entziehe ich mich der Geißelung, entziehe ich den Verurteilten die Rettung.
Entziehe ich mich dem Gericht, entziehe ich meinen Dienern den Sieg.
Entziehe ich mein Haupt den Dornen, nehme ich den Fluch nicht hinweg.
Entziehe ich meinen Mund dem Essig, entziehe ich der Kirche mein Blut.
Entziehe ich mich dem Grabe, kann kein Mensch aus dem Grab auferstehen.
Verschlingt mich nicht der Tod, gibt er nichts von seiner Beute heraus.
Freut euch, meine Jünger; denn heute wird alles erfreut!
Jubelt und frohlockt, meine Verkünder; die Schuldschrift wird gelöscht!
Im Paradies geschrieben, wird sie am Kreuz zerrissen.

Mein Vater erwartet mich, daß ich auffahre und mit mir hinaufbringe
Leib und Seele, die Tod und Teufel gefangenhielten.
Die Engel erwarten mich, daß ich auffahre und mit mir hinaufbringe

das verirrte Schaf, das durch meine Ankunft wiedergefunden wurde.
Der Himmel erwartet mich, daß ich auffahre und mit mir hinaufbringe
den irdischen Leib, der durch Gnade Gott geworden ist.
Der Thron erwartet mich, daß ich auffahre und mich auf ihn setze
und mit mir auf ihm sitzen lasse den erniedrigten Adam, nun wieder erhöht.
Die Wolke erwartet mich, die mich vom Berge hinauftragen
und dem Sohn der Jungfrau als Gefährt dienen will.
Paradies und Garten, beide erwarten mich,
daß ich Adam in sie heimführe und ihn dort zum Herrscher einsetze.
Freut euch von Herzen über das, was ich euch offenbare und verkünde!
Ich gehe ganz zu meinem Vater und bleibe doch ganz bei den Meinen!
Den Weg, dessentwegen ich gekommen, habe ich bis zum Ende durchwandelt.
Seht, der Kampf ist beendet, Adam hat seine Siegeskrone empfangen!
Das Kreuz erwartet mich; an ihm will ich ausgebreitet werden,
um von ihm herab meine Barmherzigkeit über die Welt auszubreiten.

2. Predigt über das Pascha Christi (gekürzt); BKV 6, 40 - 42

ISAAK VON ANTIOCHIEN: DES MENSCH GEWORDENEN GOTTES MYSTERIEN

Den einen Gott, Mensch geworden, verkünde ich der gesamten Gemeinde.
Der eine Gott, Mensch geworden, wurde geboren aus der Jungfrau.
Der eine Gott, Mensch geworden, ist dreißig Jahre gewandelt auf Erden.
An dem einen Gott, Mensch geworden, haben sich Mörderhände vergriffen.
Den einen Gott, Mensch geworden, hat das Volk auf Golgotha gekreuzigt.
Der eine Gott, Mensch geworden, wurde mit dem Stock aufs Haupt geschlagen.
Der eine Gott, Mensch geworden, hat gelitten für die ganze Schöpfung.
Der eine Gott, Mensch geworden, hat in der Unterwelt die Toten erweckt.
Der eine Gott, Mensch geworden, ist erstanden und hat die Begrabenen belebt.
Der eine Gott, Mensch geworden, trat in das Obergemach zu seinen Dienern.

Der eine Gott, Mensch geworden, erhob sich in Herrlichkeit zum Himmel.
Der eine Gott, Mensch geworden, setzte sich zur Rechten seines Vaters.
Der eine Gott, Mensch geworden, wird wiederkommen in Herrlichkeit.
Der eine Gott, der keinen Leib hat, hat einen Leib angenommen aus Maria.
Den Leib, aus Maria angenommen, hat er zu dem seinem gemacht.
Darum haben wir ihn als den einen Einzigen erkannt,
da er Mensch und Gott ist.

4. Gedicht über die Menschwerdung (gekürzt), BKV 6, 151 f.

JERUSALEMER LITURGIE: AUFWÄRTS!

Als du bei deinem Erscheinen
erleuchtest hast das Universum,
da floh des Unglaubens salziges Meer,
doch der Jordan wandte sich um und floß aufwärts
und hat zum Himmel uns erhoben.
Durch die Erhabenheit deiner göttlichen Weisungen
beschütze uns, Christus, Gott,
und auf die Fürsprache der Gottesgebärerin erbarme dich unser!

Hypakoe zur Erscheinung Christi; Anthologion I, 1398

KOSMAS: DAS ZEICHEN DER DEMUT UND LIEBE

Durch der Liebe Band zusammengebunden,
haben die Apostel sich Christus geweiht,
der über alle herrscht.
Ihre erhabenen Füße ließen sie waschen
und brachten als frohe Kunde allen den Frieden.

Gottes Weisheit, die das unbändige und überquellende
Wasser in der Luft beherrscht,
die die Abgründe zügelt und die Meere zähmt,
gießt Wasser in ein Becken;
und es wäscht die Füße der Knechte der Herr.

Den Jüngern zeichnet der Herr ein Bild der Demut.
Der mit Wolken das Himmelsgewölbe umhüllt,
umgürtet sich mit einem Tuch und beugt das Knie,
um der Knechte Füße zu waschen.
In seiner Hand ist der Odem aller Wesen, die sind.

Kanon am Gründonnerstag, 5. Ode; Anthologion II, 1055

59. KREUZ UND ICHTHYS (FISCH) - INSCHRIFT

Ich habe dich geschaffen und dazu bestimmt, der Bund für mein Volk und das Licht für die Völker zu sein. *Jesaja 42, 6*

Nur spärliche Reste sind von dem einst in aufwendiger Arbeit erstellten großflächigen Bodenmosaik der Konstantinischen Basilika in Bethlehem erhalten. Zu ihnen gehören ein Rebhuhn und einige Triumphkreuze in Mäanderbandweise. Die deutlich erkennbaren Brandspuren dieses hier abgebildeten Triumphkreuzes rühren offenbar vom Samariteraufstand des Jahres 525 her. Die Darstellung dieses Kreuzes weicht von der vorhergehenden vor allem dadurch ab, daß sie im unteren Mittelfeld die griechischen Buchstaben für Fisch (Ichthys) aufweist, wobei der letzte Buchstabe, das S (Sigma), getrennt in eine zweite Zeile gesetzt ist, weil der Mosaizist bei der gewählten Größe der Buchstaben offenbar nicht mit der Zeile auskam.

Das uralte Glücks- und Lebenssymbol des Fisches, dem im Todeselement des Wassers zu leben gegeben ist, von Christen auf Christus übertragen (siehe Kap. 66), erscheint hier nicht als Bild, sondern in Schriftzeichen und soll daher mehr zum Ausdruck bringen als die es umgebenden Ornamente. Der Sieger, dem die ornamentalen Sonnenrad-Kreuze und Endlosbänder geweiht sind, ist der große Fisch, und die einzelnen Buchstaben der griechischen Bezeichnung sind als Abkürzung des frühchristlichen Bekenntnisses zu lesen: Jesus Christus (ist) Gottes Sohn (und unser) Erlöser. Der Fisch, aus göttlichem Leben hervorgegangen und hier in Bethlehem geboren, wird allen Menschen Anteil geben an seinem Leben.

EPHRÄM: DER ARMEN MAGD UND DES KLEINEN ORTES ERWÄHLUNG

Selig Bethlehem! Die Städte beneideten dich
und die befestigten Orte.
Maria beneideten die Frauen wie dich
und die fürstlichen Jungfrauen.
Selig die Magd, die Gott gewürdigt hat, in ihr zu wohnen!
Selig der Ort, den er gewürdigt hat, in ihm zu weilen!
Die arme Magd und den kleinen Ort
hat er sich erwählt, um sich zu erniedrigen.

Selig Bethlehem! Denn in dir begann zu leben
der Sohn, der ewig ist im Vater.
Unmöglich zu verstehen: Der vor allen Zeiten ist,
hat sich selbst in dir den Zeiten unterworfen!
Selig deine Ohren! Denn in dir blökte zuerst
das Lamm Gottes, das in dir hüpfte,
das in deiner Krippe klein wurde, während es über alle Geschöpfe waltet
und angebetet wird in allen Himmelsrichtungen!

Glückselig auch du, Maria! Denn dein Name
ist gewaltig und erhaben wegen deines Kindes.
Du kannst uns sagen, wie und auf welche Art
und wo in dir Wohnung nahm der Gewaltige, der klein wurde.
Selig dein Mund, der einwilligte, ohne zu untersuchen,
und selig deine Zunge, die Gott pries, ohne erforschen zu wollen!
Da schon seine Mutter in Verwirrung geriet über ihn,
obwohl sie ihn trug, wer könnte ihn fassen!

25. Hymnus zu Christi Geburt, 12 - 14; CSCO 187, 119 f.

ISAAK VON ANTIOCHIEN: UNERFORSCHLICHE ERLÖSUNG

Die feurigen Heerscharen, glückselig im Flammenmeer, scheuen sich,
Gottes Sohn anzublicken; du aber drängst dich herbei, ihn zu erforschen?
Sie preisen ihn von weitem heilig, wagen nicht, seine Stätte zu erkunden;
und du, der im Staube kriecht, grübelst über seine furchtbare Majestät?
Zur selben Zeit, wo du über ihn diskutierst, erfaßt Gabriel das Zittern.
Wenn sich sein Vater entschlossen hat, ihn zu senden, daß er Mensch werde,
weshalb grübelst du über den, der sich erniedrigt hat, dich zu erlösen?
Er murrte nicht, als er alle Leiden deinetwegen auf sich nahm;
und du willst dich nicht deiner Seele erbarmen, da du die Erlösung leugnest?
Bekenne, daß er für dich gestorben ist, grüble nicht, wie er dich erlöst hat!
Lobpreise ihn mit den Erlösten und schare dich zu den Gerechten!
Er hat das Seine für dich getan; verleugnest du ihn nun undankbar,
so ist es deine Schuld, wenn du zugrunde gehst.
Er hat dich zur Höhe des Vaters erhoben, irre nicht mehr in der Tiefe herum!
Aus Liebe stieg er herab, damit du durch seine Erniedrigung erhöht werdest.
Vom Mutterleib an ist er dein Bruder, fliehe nicht die Gemeinschaft mit ihm!

3. Gedicht über die Menschwerdung (gekürzt); BKV 6, 144 f.

JERUSALEMER LITURGIE: KLAGE ÜBER JUDAS UND DIE JUDEN

Kommt, Gläubige,
heute laßt uns singen vom Leiden des Erlösers;
machen wir zunichte den Frevel des Judas
und tadeln wir die frevelhaften Juden.

Dem Judas so:
Weswegen hast du den Herrn und deinen Meister verkauft,
der dich doch erschaffen hat?

Hat er dir nicht mit den anderen Jüngern
als Gnade die Heilung der Kranken verliehen?
Auch deswegen werden wir dein Elend beklagen
und werden sagen: Wehe, Judas!

Und über die Juden so:
Weswegen habt ihr den König der Herrlichkeit zum Tode verurteilt?
Hat er nicht euren Blinden das Licht gegeben
und eure Toten wie aus dem Schlafe auferweckt?
So habt ihr dem Herrn vergolten, ihr gottlosen Juden?
Auch deswegen werden wir eure gottlose Tat beklagen
und wir werden sagen: Wehe, Juden!

Wenn ihr auch glaubtet,
daß sein Untergang der Tod sei,
nein, er ist von selbst auferstanden
und hat uns mitauferweckt.

Leeb, Gesänge im Gemeindegottesdienst, 260

ROMANOS: LICHT AUS BETHLEHEM FÜR ADAMS NACHKOMMEN

Dem in Eden erblindeten Adam
erstrahlte die Sonne aus Bethlehem und öffnete seine Augen,
als sie sie wusch in den Wassern des Jordans.
Ihm, der dunkel geworden und sich verfinstert hatte,
ging das nicht verlöschende Licht auf.
Nicht wird es für ihn mehr Nacht geben, sondern allezeit ist Tag.
Das Frühlicht am Morgen wurde seinetwegen geboren;
denn das Abenddunkel ward verborgen, wie geschrieben ist (Ps 119, 147 f.).

628

Er fand das Morgenlicht, das ihn, am Abend zu Fall gekommen, erleuchtete;
er wurde vom Dunkel befreit und gelangte zum aufgehenden Licht,
das erschien und alles erleuchtete.

Dem Galiläa der Heiden, dem Lande Sebulon und dem Gebiet von Naphtali
ist, wie der Prophet sprach, ein großes Licht erstrahlt: Christus;
denen, die im Dunkel lebten, erschien ein helles Licht (Jes 8, 23; 9, 1).
Aus Bethlehem ist er sternenklar aufgegangen,
vielmehr aus Maria ließ über dem ganzen Erdkreis
seine Strahlen aufleuchten der Herr, die Sonne der Gerechtigkeit (Mal 3, 20).
Daher wollen wir, die wir von Adam her nackt sind - kommt alle! -,
ihn anziehen, damit wir in Wärme erglühen.
Denn als Gewand für die Nackten, als heller Glanz für die im Dunkel
bist du gekommen, bist du erschienen, du unzugängliches Licht!

Hymnen zur Erscheinung Christi, II, 1; I, 1; SC 110, 270 - 272; 236 - 238

SOPHRONIOS: DER GEBURTSKIRCHE HEHRE PRACHT

Mit der Glut göttlicher Sehnsucht
im Herzen möchte ich schnell
zur kleinen Stadt Bethlehem gelangen,
wo der Allherrscher geboren wurde.

Wenn den hehren Vorhof mit seinen vier Säulenreihen
und den mit drei überaus prächtigen Apsiden geschmückten
Raum des heiligen Tempels
ich betrete, werde ich tanzen.

Bethlehems hehre Schönheit zu schauen,
möge Christus, der dort erschienen, mir gar oft gewähren!

Die vielen golden schimmernden
Säulen möchte ich schauen und der Mosaikkunst
höchst schön gefertigtes Werk
und dabei der Sorgen Wolken vergessen.

Als Bild da oben werde ich schauen
die mit Sternen geschmückte getäfelte Decke;
denn dank der schönen Arbeit
erstrahlt dort die Anmut des Himmels.

Zur Höhle hinab will ich gehen,
wo die allherrschende Jungfrau
geboren hat den Sterblichen den Erlöser,
Gott wahrhaftig und Mensch.

An die gesalbte Platte,
die Gott als kleines Kind empfing,
will Augen, Mund und Stirn ich drücken,
um Gnade von dort zu erlangen.

Die ruhmvolle Krippe
zu verehren, will ich dann gehen,
die mich, den Wortlosen,
genährt hat mit dem göttlichen Wort.

19. Ode auf die hl. Stätten; PG 87,3, 3812 B - 3813 B

60. KREUZ ALS BAUM DES LEBENS

In der Ewigkeit triumphiert die Tugend, geschmückt mit dem Kranz, Siegerin im Wettstreit um einen edlen Preis. *Weisheit 4, 2*

Zu den uralten Ornamenten zahlreicher Völker gehört das Flechtband, das zopfartig auseinanderstrebt und sich kreuzend bindet und zu seinem nicht bestimmbaren Anfang zurückkehrt und so endlos erscheint. In seiner Gestaltung von Freiheit und Bindung, von Bewegung und Ruhe bringt es für das sterbliche Leben Unsterblichkeit ins Bild; es wird zum Symbol für Unbegrenztheit und Ewigkeit. Das Lebensband des Menschen, das im geschichtlichen Ende zerreißt, sucht in der Sehnsucht nach Unbegrenztheit, Freiheit und Unsterblichkeit die Todesgrenze zu transzendieren. Diese Sehnsucht zu erfüllen, erweist sich einzig in der Möglichkeit Gottes und als seine Gnade; und so ziert das Lebensband mit seinen hellen wie dunklen Farbtönen das Kreuz, an dem Christus in der Begrenzung seines Lebens den Gläubigen ewiges Leben erschlossen hat. Wie sich einst um den Baum des Paradieses die Schlange des Verderbens und des Todes geschlängelt hat, so ziert den Baum von Golgotha das Lebensband und macht den Baum des Todes zum wahren Baum des Lebens. Er erhebt sich inmitten einer paradiesischen Wiese, die mit kleinen roten Anemonen übersät ist; sie sind die »Lilien des Feldes«, deren frühlingshafte Schönheit für Jesus zum Gleichnis wurde für die Fürsorge des himmlischen Vaters.

EPHRÄM: DER LEBENSBAUM VON GOLGOTHA

Gar traurig war der Lebensbaum,
als er sah, wie Adam, seiner beraubt,
in die jungfräuliche Erde hinabsank und begraben wurde.
Doch er wuchs wieder zum Licht empor auf Golgotha.
Die Menschen haben wie verscheuchte Vögel
bei ihm ihre Zuflucht gesucht, damit er sie nach Hause führe.
Die verscheuchende Schlange ist verscheucht,
und im Paradies hüpfen wieder vor Freude die Tauben.

16. Hymnus über die Jungfräulichkeit, 10; CSCO 224, 55

EPHRÄM: ADAMS NEUGESTALTUNG DURCH CHRISTI ERNIEDRIGUNG

Dein Geburtstag, Christus, brachte uns ein Geschenk,
wie es dein Vater kein zweites hat!
Nicht Seraphim sandte er uns,
nicht Cherubim stiegen zu uns herab,
nicht dienende Engel kamen,
nein, der Erstgeborene kam, dem sie dienen.
Wer könnte genug dafür danken,
daß die unermeßliche Herrlichkeit
in einer erbärmlichen Krippe lag!
Gepriesen sei, der uns all seinen Besitz gab!

Er umgab sich mit Windeln in Armut,
und Geschenke wurden ihm dargebracht.
Dann legte er die Kleidung eines jungen Mannes an,
und Wundergaben flossen daraus hervor.

Er bekleidete sich mit dem Wasser der Taufe,
und Lichtstrahlen brachen daraus hervor.
Er wurde in Linnen gehüllt als Toter,
und Siegeszeichen traten an ihnen zutage.
Zusammen mit seinen Erniedrigungen seine Erhöhungen!
Gepriesen sei, der seinen Ruhm mit seinen Leiden vereinte!

Alle diese Gegensätze,
die der Barmherzige ablegte und anzog,
geschahen, weil er sich mühte, Adam zu bekleiden
mit jener Herrlichkeit, die jener abgelegt hatte.
Statt der Blätter Adams hüllte er sich in Windeln
und in Kleider statt der Röcke aus Fell.
Ein Täufling wurde er wegen Adams Sünde
und ein Einbalsamierter wegen dessen Tod.
Er ist auferstanden und hat auch ihn in Herrlichkeit erweckt.
Gepriesen, der herabkam, sich in Adam kleidete und auffuhr!

Da deine Geburt auch Adams Nachkommen
wie Adam selber umfaßte,
hast du, Gewaltiger, der ein Kind wurde,
mich durch deine Geburt neugeboren.
Du Reiner, der ein Täufling wurde,
dein Untertauchen wasche uns vom Schmutze rein!
Du Lebendiger, der ein Einbalsamierter wurde,
laß uns Leben aus deinem Tod gewinnen!
Dir will ich danken ganz in dem, der das All erfüllt.
Lob sei dir vollkommen von uns allen!

23. Hymnus zu Christi Geburt, 8. 12 - 14; CSCO 187, 107 - 109

Rabbula: Des Kreuzes Macht bei dem Gericht

Wenn das Horn in der Höhe erklingen
und die Stimme der Posaune erschallen wird,
wenn die Engel des Himmels
in die vier Weltgegenden ausgesandt werden,
um den Staub des Menschengeschlechtes
aus den vier Enden der Erde einzusammeln,
wenn das Zeichen des Kreuzes
vor dir, gerechter Richter, erscheinen wird
und du jedem nach seinen Mühen und Werken vergelten wirst,
zu jener Zeit verschone, unser Erlöser,
die Verehrer deines Kreuzes!

3. Hymnus für die Verstorbenen; Bickel, Schriften der syrischen Kirchenväter (BKV), 268

Jakob von Batna: Die wundervolle Himmelsleiter

In seinem Traum erblickte Jakob eine Leiter, welche auf der Erde stand
und mit ihrer Spitze in staunenswerter Weise bis zum Himmel reichte.
Ein solch neues Schauspiel hat niemand gesehen außer Jakob,
einen so wunderbaren Anblick voll wahrhaftiger Vor-Bilder.
Er schaute Engel, welche an ihr hinaufstiegen,
und andere, welche auf ihr zu den Erdenbewohnern herabstiegen.
Staunenswert ist diese Leiter für den Betrachter,
durch welche Himmel und Erde miteinander verbunden werden.
Wozu war eine Leiter nötig, wenn Engel darauf emporsteigen sollten?
Für Himmelsbewohner sind ja Stufen nicht erforderlich.
Das Geheimnis erklärt sich selbst, es zeigt des Sohnes Weg an dieser Leiter.
Denn das Kreuz ist aufgerichtet als wunderbare Leiter,

auf welcher die Menschen in Wahrheit zum Himmel hinaufgeleitet werden.
Durch des Sohnes Geburt stiegen die Engel zu den Erdbewohnern herab
und erhoben sich die Menschen aus der Tiefe zu der Himmlischen Wohnung.
Durch sie wurden Himmel und Erde vereinigt, die zuvor verfeindet waren,
und herrschte wieder Friede zwischen beiden, die zuvor getrennt waren.
Er erhob sich auf Erden wie eine stufenreiche Leiter und richtete sich empor,
damit alle Irdischen durch ihn erhoben würden.
Das Kreuz hat machtvoll der feindlichen Trennung Zaun durchbrochen
und durch seine Aufrichtung die Himmlischen mit den Irdischen vereinigt.
Es trug und hob die Menschen, auf daß sie zur Höhe gelangten,
erstreckte sich abwärts, ließ Engel zur Tiefe gelangen, Gott dort zu preisen.
Wer könnte wohl anders als durch das Kreuz in den Himmel aufsteigen?
Wäre es nicht, wer könnte Frieden stiften zwischen beiden Teilen?
Wer könnte außer ihm den unermeßlichen Raum zusammenfassen,
um Himmel und Erde miteinander zu vereinigen?
Wer hätte wohl den Räuber zum Himmelreich erhoben,
hätte sich nicht das Kreuz zu ihm herabgeneigt, daß er auf ihm wandere?
Wer hätte wohl die Toten in der Unterwelt aus den Gräbern emporgezogen,
wenn es nicht zu ihnen herabgestiegen wäre und sie hinaufgetragen hätte?
Dies also ist das Gesicht Jakobs und seine Offenbarung.
In der Leiter erblickte er den Gekreuzigten in Wahrheit.

Jakobs Vision zu Beth-El - Haus Gottes - (gekürzt); BKV 6, 334 - 336

JERUSALEMER LITURGIE: DIE VEREHRUNG DES KREUZES

Siehe, die Gläubigen kommen voll Freude zum Lobpreis
und sie rufen zu Gott;
sie verehren das lebenspendende Holz des Kreuzes.
Das Kreuz ist heute erhöht worden;
wir haben die Verzeihung der Sünden empfangen
und wollen zu Christus flehen.
Bei der Erhöhung des Kreuzes
wird die ganze Welt versammelt,
und wir Gläubige beten an,
wir singen Gott und preisen ihn.
Christus wurde das Leben und die Rettung der Welt;
den Gekreuzigten auf Golgotha beten die Gläubigen an.
König der Könige, rette,
die im Glauben rufen
und das heilige Kreuz verehren!
Das Horn der Christen soll erhoben werden
durch die Kraft des mächtigen, herrlichen Kreuzes.
Sohn des höchsten Gottes,
erfreue uns durch dein heiliges Kreuz!
Heiliges Kreuz, erfreue uns
und bekleide uns mit dem Leben!
Erfreue uns, Kreuz,
und erlöse die rechtgläubigen Christen!
Sohn Gottes, wir werden deinen heiligen Leib mit Freude empfangen
und werden durch dein kostbares Blut gesegnet werden;
wir verneigen uns vor dir, dem Erlöser.

Leeb, Gesänge im Gemeindegottesdienst, 263 f.

ANDREAS VON JERUSALEM: DES KREUZESBAUMES FRÜCHTE

Da unfruchtbar ich bin in meinem Geist,
erweise du, Gott, mich als Früchte tragender Baum,
du Landwirt schöner Gaben und Gärtner guter Taten,
in deiner Barmherzigkeit!

Deine Hände, Jesus, ließest du annageln an das Kreuz,
alle Heidenvölker hast du umfangen
und aus dem Irrglauben weg zur Erkenntnis deiner Person
herbeigerufen, Erlöser.

Ich verneige mich vor deinem Kreuz und besinge dein Grab;
ich verehre deine Leiden, Jesus,
die Nägel in deinen Händen, auch die Lanze,
und deine Auferstehung.

Du bist auferstanden, Jesus; der Feind wurde entwaffnet,
Adam wurde befreit und Eva mit ihm
von den Fesseln und dem Verderben
durch deine Auferstehung.

Kanon auf die Salbenträgerinnen, 3. Ode (Auszug); Anthologion III, 298

JOHANNES VON DAMASKUS: DER BAUM DES WAHREN LEBENS

Christus ist meine Stärke, mein Gott und Herr!
So singt und jauchzt die ehrwürdige Kirche
gottwohlgefällig aus lauterem Herzen
und feiert im Herrn das Fest.

Der Baum wahrhaften Lebens erblühte, Christus,
denn aufgerichtet wurde das Kreuz,
getränkt mit Blut und Wasser aus deiner unschuldigen Seite,
und ließ das Leben uns sprossen.

Nicht mehr wird eine Schlange voller Trug
mir die Göttlichkeit einflüstern; denn ohne Hindernis
hat Christus, der vergöttlicht hat der Menschen Natur,
mir den Weg zum Leben eröffnet.

Auferstehungskanon am 7. Ostersonntag, 4. Ode; Anthologion III, 553

61. KREUZ IM KRANZ DES LEBENS

Bei Tag wird nicht mehr die Sonne dein Licht sein, sondern der Herr ist dein ewiges Licht, dein Gott dein strahlender Glanz. *Jesaja 60, 19*

Prägnante Chiffre für das von Christus gewirkte Heil ist für Paulus das Kreuz: »Ich will mich allein des Kreuzes Jesu Christi, unseres Herrn, rühmen, durch das mir die Welt gekreuzigt ist und ich der Welt. Denn es kommt nicht darauf an, ob einer beschnitten oder unbeschnitten ist, sondern darauf, daß er eine neue Schöpfung ist« (Gal 6, 14 f).

Die paulinische Kreuzestheologie ist die Grundlage der seit dem 4. Jahrhundert nachweislichen Verehrung des Kreuzes in den Liturgien der Kirche. Doch erst Ambrosius von Mailand berichtet um 395 von der Auffindung des Kreuzes Christi in Jerusalem durch die Kaisermutter Helena. Diese Legende fand rasch Verbreitung und wurde zusammen mit weiteren Kreuzeslegenden phantasievoll ausgestattet wie z. B. jener, die das georgische Kreuzkloster am Rande von Jerusalem begleitet: Dort habe einst jener Baum gestanden, aus dem Christi Kreuz gefertigt wurde, er sei aus einem Schößling erwachsen, den Adam vom Lebensbaum des Paradieses in die Verbannung mitgenommen habe. In dieser Legende wird symbolhaft die Einheit von Lebensbaum und Kreuzesholz zum Ausdruck gebracht. Die historischen Wurzeln der Kreuzauffindungslegende gehen wahrscheinlich in die Zeit Kaiser Konstantins zurück, der am mutmaßlichen Ort der Kreuzigung und Auferstehung eine Doppelkirche, die Martyrion- und Anastasis-Kirche, verbunden durch einen Atriumshof, erbauen und am 13. September 335 einweihen ließ. Bereits Bischof Kyrillos von Jerusalem erwähnt um 348 in seinen Taufkatechesen die Verehrung des Kreuzes Christi in der Martyrion-Kirche und die Verbreitung von Kreuzespartikeln von dort aus in die ganze Welt. Nach der Eroberung Jerusalems durch die Perser im Jahr 614 ließ Chosroes II. Abharwez das Kreuz als Beutegut fortführen; doch Kaiser Herakleios konnte es nach seinem Sieg über die Perser 628 feierlich nach Jerusalem zurückbringen. In der Schlacht der Kreuzfahrer gegen das arabische Heer Saladins 1187 bei Hittim in Galiläa, in der es der Bischof von Bethlehem trug, ging es endgültig verloren. Die Kreuzverehrung aber hatte von Jerusalem aus den Weg in alle morgen- und abendländischen Kirchen gefunden, die am 14. September, am Tag nach der Weihe der konstantinischen Basilika, das Fest der Kreuzerhöhung feiern.

Das hier abgebildete Kreuz ist in einmaliger Schönheit mit den Lebenszeichen der orientalischen Völker geschmückt. Vor dem weißen Rund der Sonne schwebend, ist es von einem dreifachen Kranz umgeben, der sowohl den Raum des Kosmos bezeichnet als auch »den Kranz des Lebens« darstellt, den Gott seinen Getreuen als Siegeskranz verleiht (Offb 2, 10). Die messianische Verheißung für die Endzeit hat die Kirche auf Christus bezogen: »Ein Kranz wurde ihm gegeben, und als Sieger zog er aus, um zu siegen« (Offb 6, 2). Granatäpfel zieren die Kränze, einer erscheint oberhalb des Kreuzes, zwei weitere entspringen dem inneren Kranz. In der Antike Zeichen der Liebe, der Fruchtbarkeit und der Unsterblichkeit, wurden sie in der christlichen Kunst zum Zeichen der Liebe Christi zu seinen Jüngern und des ewigen Lebens, das er ihnen gewährt. Die beiden Fische unterhalb des Kreuzes stellen Christi Jünger dar, die er als der große Fisch sich im Mutterschoß der Kirche, dem Taufbecken, gezeugt hat. Das weiß eingefaßte Quadrat unten im mittleren Kranz, aus dem die beiden Fische emportauchen, ist als das Taufbecken zu verstehen, das in der abendländischen Kirche mit dem lateinischen Wort »piscina«, Fischteich, bezeichnet wird. Das Kreuz selbst, in den beiden oberen Feldern von zwei Anemonen, den »Lilien des Feldes«, geziert, ist von rautenförmigen Mosaiksteinchen durchzogen, die in ihrem Wechsel von dunklen und hellen Farben auf Tod und Leben hinweisen.

ODE SALOMOS: DER WAHRHEIT KRANZ AUF DES ERWÄHLTEN HAUPT

Der Herr ist auf meinem Haupte wie ein Kranz,
und ich werde mich nicht von ihm trennen.

Man hat mir den Kranz der Wahrheit geflochten,
und er hat deine Zweige aufsprossen lassen in mir.

Denn er gleicht nicht einem Kranze, der verwelkt ist,
so daß er niemals mehr aufsproßt.

Vielmehr bist du lebendig auf meinem Haupte
und bist aufgesproßt auf mir.

Deine Früchte sind voll und vollkommen,
da sie voll sind von deinem Heil.

1. Ode; Hennecke-Schneemelcher II, 578

EPHRÄM:
BLÜTENKRÄNZE ZUM AUFERSTEHUNGSFEST IM NISAN (MÄRZ-APRIL)

Siehe, es dröhnte drunten die Erde und der Himmel droben.
Es mischte der Nisan Lieder mit Lieder, himmlische und irdische.
Es mischten sich die Lieder der heiligen Kirche mit der Gottheit Donner.
Unter den Glanz ihrer Lichter sind die Strahlen der Blitze gemischt
und mit dem Regen das Weinen des Leidens
und mit dem grünenden Gras das österliche Fasten.

An diesem Fest, da jeder darbrachte seine guten Werke als Opfergaben,
schmerzt es mich, mein Herr, zu sehen, daß ich arm dastand.
Von deinem Tau wurde mein Geist benetzt; da ward mir ein zweiter Nisan.
Seine Blüten wurden mir zu Opfergaben.
Siehe, geflochten ist Kranz um Kranz; sie sind an des Ohres Tür gehängt.
Gepriesen die Wolke (des Geistes), die auf mich herabträufelte!

Schöne beredte Blumen streuten die Kinder unserem Herrn.
Das Eselsfohlen ward damit bekränzt, der Weg war davon erfüllt.
Lobpreis streuten sie wie Blumen und Lieder wie Lilien.
Auch jetzt hat inmitten des Festes die Schar der Kinder
dir, mein Herr, ausgestreut Hymnen wie Blüten.
Gepriesen sei, der von den Kindern gelobt wird!

Siehe, unser Gehör ist wie ein Schloß gefüllt von den Liedern der Knaben,
angefüllt auch das Innere unserer Ohren von den Gesängen der Mädchen.
Jeder möge alle Blumen sammeln und aus seiner Arbeit
in sie hinein Blüten winden, die auf seiner Flur wuchsen,
damit wir für dieses große Fest einen großen Kranz flechten.
Gepriesen sei, der uns zu seiner Bekränzung rief!

Der bischöfliche Hirte flechte hinein als seine Blüten die Predigten,
die Priester ihre guten Werke, die Diakone ihre Lesungen,
die Jugendlichen ihre Lobgesänge, die Knaben ihre Psalmenlieder,
die Mädchen ihre Hymnen, die Fürsten ihre Taten
und das Volk seinen Lebenswandel.
Gepriesen sei, der uns die guten Werke mehrt!

Laßt uns einladen die Strahlenden, Martyrer, Apostel und Propheten,
deren Blüten ihnen gleich sind; ihre Blumen sind strahlend

und ihre Rosen überreich, der Duft ihrer Lilien ist süß.
Aus dem Garten der Wonne sammeln und bringen sie
die schönsten Blüten zur Krönung unseres schönen Festes.
Lob sei dir von den Seligen!

2. Hymnus zur Auferstehung, 3. 5. 7 - 10; CSCO 249, 66 f.

Isaak von Antiochien: Des Erlösers Bild im erlösten Menschen

Gott hat dich nach seinem Bild und Gleichnis gebildet,
damit du seiner stets eingedenk seist;
und deshalb ist er nach diesem seinen Ebenbild Mensch geworden,
um dich durch seinen Anblick zu lehren, daß er dir ganz ähnlich ist.
Die Vornehmen hängen an ihre Brust
die Bilder sterblicher Könige,
so soll auch das Bild des unsterblichen Königs
sich stets in deiner Brust befinden.
Wer das Bild des Königs umgehängt trägt,
wird geehrt, solange er es nicht entfernt;
aber auch er selbst gibt acht,
daß er das stumme Bild der Königswürde nicht verunehrt.
Die Siegeskrone erhält jeder,
der das Bild des Königs umhängen hat;
deine Krone aber, der du das Bild deines Schöpfers trägst,
soll deine Reinheit sein.
Zum Sieg soll das Bild jeden anspornen,
der es umgehängt hat;
dir soll das Bild deines Herrn ein Ansporn sein,
nach der Herrlichkeit zu streben.
Diejenigen, welche das Bild des Königs tragen,

pflegen Pferderennen zu veranstalten;
die aber, welche das Bild Gottes in sich tragen,
haben einen Wettkampf des freien Willens zu bestehen.
Diejenigen, welche das Bild des Königs auf ihren Kleidern tragen,
erleiden zuweilen trotzdem Verlust und Schaden;
dagegen bringt das Bild des Lebens nur Vorteil dem,
in welchen es einmal eingezogen ist und Wohnung genommen hat.
Ein totes Bild lockt bei den Schauspielern viele Zuschauer herbei;
das gottgeliebte Bild jedoch zeigt den Engeln den Gegenstand der Ehrfurcht.
Die Vornehmen tragen das Bild ihres Königs
mit Ehrerbietung auf ihrer Brust;
das verborgene Bild des Schöpfers
wird in der Seele getragen und verehrt.
Wenn es auch unsichtbar und geistig ist,
so habe ich es dir doch klar und deutlich gezeichnet
durch den Vergleich mit dem irdischen Bild;
unter dem Bild des sterblichen Königs
habe ich dir die Gestalt des unsterblichen gezeigt.

Gedicht über die Buße (gekürzt); BKV 6, 165 f.

JERUSALEMER LITURGIE: HYMNUS AUF DIE AUFERSTEHUNG

Christus ist auferstanden von den Toten.
Durch den Tod hat er den Tod vernichtet
und denen, die in den Gräbern sind,
das ewige Leben geschenkt.
Christus, machtvoll wurdest du aus dem Grab auferweckt
und du hast deine Hasser beschämt.
Sie baten nämlich Pilatus,

deinen Leib bewachen zu lassen;
sie setzten mit einem Stein ein Siegel
und stellten Wächter auf.
Wehe ihrer Verstockung!
Wider Willen verkündeten sie die Auferstehung;
ohne es zu wollen, nützen sie uns,
da wir an dich glauben.
Wie du nämlich in die Welt gekommen bist
und den Leib der Jungfrau unversehrt bewahrt hast,
so bist du auch auferstanden,
obwohl das Grab versiegelt war,
indem du deine Gottheit offenbartest.
Wir alle wollen verkünden und rufen:
Menschenfreund, reiß dein Volk
aus der Hand der Barbaren, die uns bekriegen,
und rette unsere Seelen!

Leeb, Gesänge im Gemeindegottesdienst, 45. 166

JERUSALEMER LITURGIE: DES LEUCHTENDEN ENGELS BOTSCHAFT

Schauder erweckend beim Schauen,
kühlen Tau spendend beim Reden,
hat der wie ein Stern leuchtende Engel
zu den Salbenträgerinnen gesprochen:
Den Lebenden - was sucht ihr ihn in der Gruft?
Auferweckt wurde er und hat entvölkert die Grüfte.
Den Verwandler der Verwesung erkennt als Unwandelbaren
und sprecht zu Gott: Wie furchterregend sind deine Werke!
Denn errettet hast du das Menschengeschlecht!

Hypakoe am Sonntag im 3. Ton; Anthologion IV, 273 f.

ROMANOS: DER SONNE AUFGANG AUS DEM GRABE

Zur Sonne, die vor der Sonne damals im Grab versank,
kamen am frühen Morgen die salbentragenden Mädchen
und suchten sie bei Tagesanbruch; zueinander sprachen sie:
Freundinnen, kommt, laßt uns mit Kräuteröl salben
den lebentragenden Leib, das im Grab liegende Fleisch,
das den gefallenen Adam auferweckt, während es in der Gruft ruht.
Laßt uns gehen, laßt uns eilen, laßt uns wie die Magier
ihn verehren und die Myrrhe als Gabe darbringen ihm,
der nicht mehr in Windeln, sondern in Leinwand gehüllt ist.
Laßt uns auch weinen und klagen und rufen:
Gebieter, erhebe dich!
Den Gefallenen gewährst du Auferstehung.

Ikos am Ostermorgen; Anthologion III, 182

JOHANNES VON DAMASKUS: AUFERSTEHUNG MIT CHRISTUS

Wohlan, neuen Trank wollen wir trinken,
nicht aus unfruchtbarem Felsen wunderbar hervorgebracht,
sondern den Quell der Unvergänglichkeit,
welcher aus dem Grabe Christi hervorsprudelt,
in dem wir Kraft empfangen.

Nun ist alles mit Licht erfüllt,
Himmel und Erde und Unterwelt;
deshalb soll feiern alle
Schöpfung Christi Auferweckung,
in der sie Kraft empfängt.

Gestern wurde ich begraben mit dir, Christus,
erweckt wurde ich heute mit dir, der auferstand;
gekreuzigt ward ich mit dir gestern,
du selbst verherrliche mich mit dir, Erlöser,
in deinem Reich!

Auferstehungskanon am Ostersonntag, 3. Ode; Anthologion III, 177 - 179

648

DIE MYSTERIEN CHRISTI
UND SEINER KIRCHE

62. CHRISTUS DER WAHRE ORPHEUS

Hört dies an, ihr Völker alle, vernehmt es, alle Bewohner der Erde, ich ent-
hülle mein Geheimnis beim Harfenspiel. *Psalm 49,2. 5*

Die Christen der frühen Kirche verleugneten weder ihre jüdische noch ihre
hellenistische Vergangenheit, sondern ließen die Werte ihrer Geschichte ein-
fließen in die christliche Verkündigung und Kunst. Allerdings wurden aus der
jüdischen Tradition die vielen Kult- und Reinheitsvorschriften der Bibel als
zeitbedingt und durch Christi Ethik überholt nicht in das Kultgut der Kirche
übernommen. Ebenso hatten angesichts des biblischen Gottesglaubens auch
die Christen aus dem Heidentum ihren Göttervorstellungen und Kultge-
wohnheiten zu entsagen. Doch die positiven Werte der griechischen Ge-
schichts- und Mythenerzählungen konnten ebenso wie die alttestamentlichen
Wundererzählungen als hinweisende Vor-Bilder für die Heilsereignisse Christi und seiner Kirche und zur katechetischen Veranschaulichung übernommen
werden. So haben z. B. die Katecheten die Gotteserscheinung im brennenden
und doch nicht verbrennenden Dornbusch am Berge Horeb (Ex 3, 1–6) als ty-
pologischen Hinweis auf das Mysterium der Menschwerdung Gottes verstanden: Wie der Strauch vom Feuer erfaßt wurde und nicht verbrannte, so
trug die jungfräuliche Maria unversehrt das göttliche Licht in sich und hat es
der Welt geboren. In der griechisch-hellenistischen Kulturwelt spielten die
Fahrten des Odysseus als pädagogische Erzählungen eine wichtige Funktion.

Durch Neuinterpretation bereitete die Kirche diesen Erzählstoff für ihre katechetische Unterweisung auf: Wie der Seefahrer Odysseus, angebunden am Mastbaum, den Verlockungen der Sirenen getrotzt hat, so hat Christus in überbietender Weise nicht nur den Versuchungen Satans widerstanden, sondern, angenagelt am Kreuz, ihn sogar überwältigt; er begleitet nun seine Jünger geistig in der sturmvollen Seefahrt des Lebens. Ebenso wurde auch der Mythos vom tugendhaften Hyppolytos, der das ausschweifende Leben der Aphrodite verschmähte und von der keuschen Artemis nach seinem frühen Tode wieder zum Leben erweckt wurde, zur Unterweisung der Heiden herangezogen, die sich auf das Mysterium der Wiedergeburt in der Taufe vorbereiteten.

Neben den vergleichbaren Gegebenheiten, die die Katecheten herausstellten, wiesen sie jedoch immer auf die überbietende Parallelität durch Christus hin. Bei der Heranziehung der griechischen Mythen machten sie darüber hinaus noch darauf aufmerksam, daß diese ungeschichtlicher Art sind, während die Heilsereignisse Christi im geschichtlichen Rahmen vollzogen wurden: »Als die Zeit erfüllt war, sandte Gott seinen Sohn, geboren von einer Frau und dem Gesetz unterstellt, damit er die freikaufe, die unter dem Gesetz stehen, und damit wir die Sohnschaft erlangen« (Gal 4, 4).

Wie die Zeugnisse der frühchristlichen Kunst belegen, war besonders die Gestalt des mythischen Orpheus als katechetischer Hinweis auf Christus beliebt. Von den vielen Taten, die die griechischen Mythendichter von Orpheus zu erzählen wußten, war für die christliche Unterweisung vor allem jene Überlieferung interessant, die ihn als göttlichen Sänger und Lyraspieler inmitten wilder Tiere darstellte. Der aus dem Barbarenland Thrakien (heute Nordgriechenland/Bulgarien) stammende Sänger im thrakischen Kostüm verfügte über solche Zaubermacht, daß er mit seinem Gesang und Saitenspiel nicht nur Menschen, sondern auch Tiere zu friedlicher Gemeinschaft zusammenführte.

Zahme und wilde Tiere, Vögel und Echsen, ja Bäume und Steine sollen sich in paradiesischem Frieden um ihn versammelt haben. Selbst die Herrscher der Unterwelt konnte Orpheus mit seiner Sangeskunst erweichen, ihm seine geliebte und am Schlangenbiß verstorbene Gattin Euridike aus dem Hades heraufzuholen zu gestatten. Leider machte seine Sehnsucht, in der er sich nach der Gattin umwandte, dieses Bemühen zunichte.

Leicht ließen sich diese Erzählelemente des mythischen Orpheus von der christlichen Katechese und Kunst auf Christus hin interpretieren, in dem in geschichtlicher Zeit der wahre Orpheus erschienen ist. Mit dem Gesang seiner Frohen Botschaft hat Christus Juden und Griechen, Römer und Barbaren um sich versammelt und gleichsam wilde Völkerscharen in der Kirche, dem erneuerten Paradies, zu einem neuen Gottesvolk geeint. Sein Abstieg in das Reich des Todes blieb nicht ohne Erfolg: Die Verstorbenen aller Zeiten führt er zum Leben ins Reich des Vaters.

Das Mosaik des Christus-Orpheus stammt aus Jerusalem und wurde im 19. Jahrhundert, als die Stadt zum Osmanischen Reich gehörte, in das Archäologische Museum von Konstantinopel (Istanbul) verbracht. Wie viele Tiersymbole und die unterhalb des Zentralbildes beigefügten heiligen Theodosia und Georgia deutlich machen, vermittelt es ausgesprochen christliche Werte und veranschaulicht den von Jesaja verkündeten messianischen Frieden (Jes 11, 5 - 9). Friedlich um den göttlichen Sänger Christus, der wie Orpheus mit einer phrygischen Mütze bekleidet ist, haben sich versammelt Lamm und Bär, Schlange und ein am Halsband geführter Mungo (Schleichkatze; griech. Ichneumon, Aufspürer), der den Kampf mit Schlangen aufnimmt und deshalb für den Physiologus (Nr. 26) ein Bild des Drachen vernichtenden Christus ist, außerdem ein Adler mit Perle am Halsband, ebenfalls Hinweis auf Christus und sein Friedensreich. Selbst ein Skorpion lauscht neben einem Singvogel dem Gesang des Sängers. Ein keulenbewehrter Kentaur, mensch- und pferdegestaltiges mythisches Mischwesen, Sinnbild für Furcht und Schrecken einjagende Barbaren, und der mit Bockshörnern und -beinen ausgestattete Halbgott Pan mit seiner Schilfrohrflöte haben sich zu Christi Füßen eingefunden. Gesittet und nachdenklich hören die wilden Gesellen seinem Harfenspiel zu; ein Hase hoppelt furchtlos auf Pan zu, und eine Taube ruht in des Kentaurs Armen. Christus hat Orpheus übertroffen. Menschen unterschiedlichster Charaktere und Völker verschiedenster Kulturen lauschen in Eintracht dem Gesang seines Frieden stiftenden Evangeliums.

IGNATIOS VON ANTIOCHIEN:
DER GLIEDER CHRISTI SCHÖNER CHORGESANG

Eure ehrwürdige Priesterschaft,
Gottes würdig,
ist so mit dem Bischof verbunden
wie die Saiten einer Zither.
Darum wird in eurem Einklang
und der zusammenklingenden Liebe
Jesus Christus besungen.

Werdet Mann für Mann ein Chor,
damit ihr zusammenklingend im Einklang
Gottes Tonweise in Einheit aufnehmt
und mit einer Stimme singt
durch Jesus Christus dem Vater,
auf daß er euch anhöre
und aus dem, was ihr schön vollbringt, erkennt,
daß ihr Glieder seines Sohnes seid!

Brief an die Epheser, 4; Die Apostolischen Väter, 181 f.

652

EPHRÄM: DER WUNDERBARE HARFENSPIELER

Wer hat jemals so wunderbar und staunenswert gespielt
und unzählige Saiten auf einmal geschlagen
und in Weisheit das Alte Testament vereint
und das Neue mit seinen Wundertaten in der Natur!
Das Bild des Schöpfers war in ihnen allen verborgen;
du hast es in ihnen offengelegt und sichtbar gestaltet.
Aus ihnen allen leuchtet uns nun der Herr des Alls auf
und der Sohn des Herrn des Alls.

Das Wort des Allerhöchsten stieg zur Erde und kleidete sich
in einen schwachen Leib mit zwei Händen.
Er nahm abwägend die beiden Harfen
der Testamente links und rechts;
die dritte (die Schöpfung) stellte er vor sich hin,
damit sie den beiden anderen Zeuge werde.
Denn die mittlere Harfe bewies,
daß er der Herr war, der auf ihnen spielte.

Wer schaute staunend unseren Herrn,
wie er auf drei Harfen spielte!
Er mischte in Weisheit, was in ihnen ähnlich klang,
damit die Zuhörer (seine Göttlichkeit) nicht leugnen sollten.
Er einte Zeichen, Hinweise und Bilder
aus Natur und Schrift, damit diese die Leugner widerlegten.
Mit der einen Natur verband er die beiden Testamente,
damit die Leugner (seiner Gottheit) beschämt würden.

Wenn dich die Stimme des Mose in die Irre führt,
dann birgt dich die Stimme unseres Herrn.
Und wenn dich beide Stimmen verwirren,
dann tritt die Natur, mit den beiden vereint, als Zeuge auf,
das Meer, der Wind und der Tod, der besiegt wurde.
Das Brot, das für die Speisenden vermehrt wurde, zeigt,
daß zu Staub das Brot der Leugner wird,
die erklärten, daß der Allernährer uns fremd sei.

Hymnen über die Jungfräulichkeit, 28, 1; 29, 1; 30, 1. 4; CSCO 224, 88, 91 f.; 94 f.

EPHRÄM: MOSE UND CHRISTUS - DIE GÖTTLICHEN HARFENSPIELER

Wer wäre jener Harfe des Alls gewachsen,
die jener Herr des Alls aus dem All schuf,
um alle damit zu belehren, daß, wer fähig ist,
ihre Saiten in Schwingung zu versetzen, von ihm komme!
Es kam Mose und spielte auf ihr und widerlegte
die Partei der Zauberer, die besiegt wurden.
Beschämt wurde das Unkraut, das nicht imstande war,
die Saiten der Harfe zum Schweigen zu bringen.

Mose spielte auf jener Harfe der Wahrheit
erhabene Wunder unter den Ägyptern.
Der Stammler, der nicht imstande war, sich seiner Zunge,
der Harfe der Worte, zu bedienen, verstand sich auf der Harfe der Geschöpfe.
Sein Stammeln verkündete seinen Herrn,
der herabstieg und unseren Mund öffnete;
denn er ist der Schlüssel für jeden Mund.

Zu Beginn seiner Lieder hat der Herr sanfte Melodien
gesungen im Kampf gegen den Bösen.
Jener Gewalttätige vernahm seine Weise;
denn die Melodie des Demütigen durchdrang sein Ohr.
Die dreitägige Melodie durchschnitt das Herz des Hassers;
gerade er verwirrte ja zu jener Zeit
alle Zuhörer, damit sie nicht lauschten und vernähmen
den Herrn der Harfe.

Die harte Saite der Unterwelt wurde weich,
deren Macht über die Sterblichen herrschte.
Jene stumme Saite, die unser Herr bezwang,
hat in den Toten, die auferstanden, sein Lob gesungen.
Die gelöste Saite des Windes band er fest,
und es lobten ihn die Seeleute im Schiff.
Die hohe Saite ist der Himmel, der sich öffnete,
und es erklang die Stimme des Vaters.

40. Hymnus gegen die Irrlehren, 1. 6. 7 - 10; CSCO 170, 143 - 145

ISAAK VON ANTIOCHIEN: DER WUNDERBARE KLANG DER NACHTMUSIK

Im Dezember, im Monat, der den Bewohnern durch Musik
den Schlaf zu rauben pflegt, hörte ich in jeder Nacht erklingen den Klang
von Zithern, Orgeln und Sackpfeifen vor den Palästen der Vornehmen.
So süß der Schlaf zur Nachtzeit ist, man lauschte doch gern der Musik.
Der jubelnde Klang der Hörner triumphierte über den Schlaf.
Die ganze Stadt glich einem Festsaal; durch den Gesang und das Spiel,
die in ihr erschollen, war die Nacht wie in einen Tag verwandelt.
Alle erdachten und erlernten Melodien von allerlei Art,

um sich durch Stimme und Gesang erfreuen und ergötzen zu können.
Der Mund der bukolischen Sänger wetteiferte mit den Zithern,
und die Stimmen der Tragöden suchten die Harfen zu überbieten.
Nur wenig fehlt der Orgel noch, daß sie ein Mensch sei;
nur durch vernunftbegabte Rede übertrifft der Mensch die Zither.
Die Instrumente gleichen Menschen, denen Vernunft und Sprache fehlen;
doch lassen sie ihre Saiten erklingen, als ob sie zu sprechen verlangten.
Wenn sie von vernunftbegabten Wesen gespielt werden,
so geht ein Schein von Vernunft und Rede auf sie über.
Die Zunge verbindet sich mit der Flöte und die Lippen mit der Orgel,
damit der aus dem Munde vieler Menschen kommende Gesang,
harmonisch geeint, wie der eines einzigen Menschen emporsteige.
Die Orgel hebt durch ihre gewaltigen Töne der Sänger schwächere Stimmen,
mit ihnen verbunden, läßt sie ihre Melodien bis zur Höhe der Türme schallen.
Das von Natur stumme Instrument wirkt zusammen mit vernünftigen Wesen,
um deren Stimme in weiter Ferne zum Hören zu bringen.
Wunderbar war die süße Melodie, welche ich vernahm!

Gedicht über die Nachtwachen zu Antiochien (gekürzt); BKV 6, 211 f.

ANDREAS VON JERUSALEM:
DES NEUEN TESTAMENTES BILDER DER UMKEHR

Des Neuen Testamentes Bilder
führe ich dir vor Augen, die dich, Seele, hinführen zur Besinnung.
Ahme die Gerechten nach und von den Sündern wende dich ab.
Mache Christus dir geneigt durch Bittgebet und Fasten,
durch Reinheit und durch Ehrbarkeit!

Christus ward ein Kind,
hatte im Fleisch mit dir Gemeinschaft, und alles, was auch immer gehört
zur Menschennatur, hat freiwillig er vollbracht - die Sünde ausgenommen -,
um dir, Seele, ein Beispiel zu geben und ein Bild
seiner Herablassung.

Christus hat die Magier gerettet,
die Hirten herbeigerufen, der Kinder Schar zu Blutzeugen sich erwählt,
den ehrwürdigen Simeon geehrt und die bejahrte Witwe Anna.
Du aber eiferst nicht nach weder ihrem Glauben noch ihrem Leben.
Wehe dir, Seele, bei dem Gericht!

Gefastet hat der Herr
vierzig Tage in der Wüste; danach hat ihn gehungert als Mensch.
Seele, verlier nicht den Mut, wenn dich der Feind bedrängt.
Durch Beten und durch Fasten
treib ihn weit von dir!

Dem Gelähmten gab Christus Kraft,
so daß er die Bahre davontrug; und junge Menschen, schon im Tode,
hat er erweckt, den Sohn der Witwe und des Hauptmanns Knecht.
Der Samariterin hat er sich offenbart, Gottes Anbetung im Geist
dir, Seele, vorgezeichnet.

Die an Blutungen leidende Frau
heilte der Herr bei des Saumes Berührung; Aussätzige machte er rein.
Blinden und Lahmen schenkte er Licht und aufrechten Gang.
Taube, Stumme und die zu Boden gekrümmte Frau heilte er durch sein Wort,
damit du gerettet werdest, arme Seele!

Indem er die Kranken heilte,
brachte den Armen die Frohe Botschaft Christus, das göttliche Wort.
Lahme hat er geheilt, mit Zöllnern gespeist, mit Sündern hatte er Umgang.
Des Jairus Tochter, bereits entrückt, holte er zurück
durch die Berührung mit der Hand.

Mein Richter und mein Bürge,
kommen wirst du einst mit den Engeln, die ganze Welt zu richten.
Mit deinem erbarmenden Antlitz schau mich dann an und schone mich!
Habe Mitleid, Jesus, mit mir, der mehr als jedes andere Wesen
unter den Menschen gesündigt hat.

Großer Bußkanon, 9. Ode (Auszug); Anthologion II, 862 - 865

JOHANNES VON DAMASKUS: GOTT UNTER MENSCHEN

Gesandt war vom Himmel Gabriel, der Erzengel,
als frohe Botschaft zu verkünden der Jungfrau die Empfängnis.
Nach Nazareth gekommen, überlegte er bei sich,
erschrocken über das Wunder:
Wie nur kann der, der in der Höhe der Unbegreifliche ist,
geboren werden von einer Jungfrau?
Er hat zum Thron den Himmel und zum Fußschemel die Erde,
und findet doch Platz im Schoß einer Frau!
Zu dem die sechsflügligen Seraphim und die vieläugigen Cherubim
nicht aufzuschauen vermögen, ihm hat es gefallen, Fleisch anzunehmen.
Gottes Wort ist hier zugegen!
Was also stehe ich da und spreche nicht zu dem Mädchen:
Freue dich, Begnadete, der Herr ist mir dir!
Freue dich, reine Jungfrau, freue dich unvermählte Braut!
Freue dich, Mutter des Lebens; gesegnet ist die Frucht deines Leibes!

Frohlocken soll der Himmel und jubeln die Erde!
Des Vaters gleichewiger, gleichanfangloser, gleichherrschender Sohn
hat das Mitleiden erwählt und menschenfreundliches Erbarmen
und sich in die Entäußerung begeben nach dem Wohlgefallen des Vaters.
Er hat Wohnung genommen im jungfäulichen Schoß, geheiligt vom Geist.
Welch ein Wunder: Gott unter Menschen!
Der Unbegrenzte im Mutterleib, der Zeitlose in der Zeit!
Unfaßbar auch die Empfängnis ohne Zeugung
und die unaussprechliche Entäußerung!
Welch ein Mysterium!
Denn Gott entäußert sich, nimmt Fleisch an und Gestalt,
während der Engel der Reinen die Empfängnis verkündet.
Freue dich, Begnadete, der Herr ist mit dir,
er mit seinem großen Erbarmen!

Stichera am 25. und 26. März zum Fest der Verkündigung; Anthologion II, 1514. 1531

63. AMPEL MIT FLAMME –
DAS LICHT DER WELT

Auf, werde Licht; denn es kommt dein Licht, und die Herrlichkeit des Herrn geht leuchtend auf über dir. *Jesaja 60, 1*

Die Symbolik des Lichtes ist allen Völkern vertraut. Als Voraussetzung für alles Leben wurden die Sonne, aber auch Mond und Sterne, und das Feuer als Manifestationen von Gottheiten oder als ihr Symbol angesehen und verehrt. Im Alten Testament erscheint das Licht als Geschöpf, als das erste von Gott erschaffene Wesen und als Ordnungsprinzip für das gesamte Schöpfungswerk; es dient der Verherrlichung Gottes und dem Wohl der Menschen. Im Neuen Testament hat vor allem das Evangelium des Johannes die Lichtsymbolik aufgenommen, die fortan christliches Leben und kirchliche Lehre bestimmt: Das göttliche Wort, durch das die Schöpfung ins Dasein gerufen wurde, ist in der gottfernen Finsternis der Welt als »Licht der Menschen« erschienen, als »das wahre Licht, das jeden Menschen erleuchtet« (Joh 1, 5. 9). Jesu Jünger sollen als »Söhne des Lichtes« (Joh 12, 36) leben. Schließlich bekundet das Glaubensbekenntnis von Nikaia (Nizäa, 325), daß Christus »Gott von Gott, Licht von Licht« ist.

Wie im Judentum die lichtspendende Flamme der Öllampen Synagogen und Wohnungen erhellte, so haben auch die Christen ihre Gotteshäuser und Kultstätten nicht nur aus praktischen Gründen, sondern immer auch im Hinblick auf die Symbolkraft des Lichtes durch Lampen erhellt. Von einprägsamem Erlebnis sind die Liturgien der Osternacht und der Feier der Taufe lichtvoll gestaltet. In den östlichen Traditionen wird die Taufe als Erleuchtung (griech.: Photismos) bezeichnet, und der tägliche Abendgottesdienst ist ohne die Zeremonie des Entzünden des Lichtes nicht zu denken. Fast allen morgen- und abendländischen Kirchen ist jener Licht-Hymnus bekannt, der aus der Jerusalemer Tradition stammt und in dem Christus als »Heiteres Licht« gepriesen wird. Das Lied wurde in der Auferstehungskirche gesungen, wenn beim täglichen Abendgottesdienst Öllampen und Kerzen entzündet wurden. Das Feuer hierfür wurde von jener Ampel genommen, die Tag und Nacht vor Christi Grab brannte. Mag das Licht der Sonne bei ihrem Untergang auch die Kraft verlieren, das Licht, das vom unsterblichen Vater ausgeht, kennt keinen Abend.

Das großartige Bodenmosaik der einstigen Kathedrale von Mopsuestia (heute Misis in der Südosttürkei), dessen Mittelfeld Noachs Arche als Hinweis auf die rettende Kirche zeigt, bietet auch die Darstellung einer silbernen, mit edlen Steinen geschmückten Hängelampe; sie ist mit Öl gefüllt, und eine dunkelrote Flamme lodert aus ihr empor. Das Mosaik stammt aus der 2. Hälfte des 4. Jahrhunderts und kann als zeitgenössische Wiedergabe jener Ampel gelten, die in Jerusalem vor Christi Grab brannte.

Jakobus - Liturgie: Weihrauchgebet

Herr Jesus Christus, Wort Gottes,
du hast dich Gott dem Vater als unbeflecktes Opfer
freiwillig am Kreuz dargebracht;
du bist die mit zwei Naturen begabte Kohle,
welche die Lippen des Propheten Jesaja berührt hat
und seine Sünden hinwegnahm.
Berühre auch die Sinne von uns Sündern,
reinige uns von jeder Befleckung
und stelle uns makellos an deinen heiligen Altar,
daß wir dir ein Lobopfer darbringen.
Nimm von uns, deinen unnützen Knechten,
diesen Weihrauch zum lieblichen Wohlgeruch entgegen

und heilige uns durch die heiligende Kraft deines allheiligen Geistes.
Denn du allein bist heilig,
du heiligst die Gläubigen und teilst dich ihnen mit.
Dir gebührt Ehre mit deinem anfanglosen Vater
und deinem allheiligen, guten und lebenspendenden Geist
jetzt und allezeit und in alle Ewigkeit. Amen.

Jakobus-Liturgie, BKV 5, 85

EPHRÄM: DES LICHTES ZEICHENHAFTE MACHT

Das Öl stellt uns die leuchtenden Lampen auf, ein Licht auf erhöhtem Platz;
auch Christus ließ den Glanz der Wahrheit vom Berg Golgotha erstrahlen.
Durch das Licht wird alles unterscheidbar, durch Christus alles deutbar.
Ohne Licht ist alles des Gebrauches beraubt,
ohne Christus entbehrt alles der Erfüllung.
Das Licht vollendet das Sichtbare, Christus alles Unsichtbare.

Die Finsternis ist der Feind des Lichtes; wo es sie findet, verschlingt es sie:
Ein offenkundiges Zeichen für Christus: Sein Leben vernichtet den Tod.
Mit der Lampe findet man auch, was in der Finsternis verlorenging.
Die Lampe bringt zurück, was wir verloren haben
und Christus unsere geistigen Schätze.
Die Lampe findet die Drachme und Christus sein Bild in Adam.

Das Öl versorgt reichlich das Licht in den Lampen - zeichenhaft:
Christus versorgt reichlich die Lampen der ihm anvertrauten Jungfrauen.
Unsere Lampen mögen aufnehmen das Vorbild der sichtbaren Lampen.
Ist das Öl in einer Lampe gering, dann auch ihr Licht!
Da uns verborgen ist des Bräutigams Zeit, darum wachet, Jungfrauen,
damit eure Lampen ihn erfreuen und eure Hosanna-Rufe ihn preisen!

5. Hymnus über die Jungfräulichkeit. 1. 8. 10; CSCO 224, 17 -20

EPHRÄM: SELIG, DIE FÜR DIE KIRCHE UND IHREN SCHMUCK SORGE TRAGEN

Selig, durch dessen Mühe der heilige Altar versorgt wurde!
Am Brot der Engel wird er sich laben;
Glanz und Pracht werden sein Erbteil sein.
Selig, dessen Wein (für die Eucharistie) in den heiligen Tempeln
gemischt wurde!
Aus der Rechten der göttlichen Güte wird er den Kelch des Heils erhalten.
Selig, mit dessen Tüchern der heilige Altar geschmückt wurde!
In dem Lichtkleid seines Herrn wird er unter den geistigen Engeln strahlen.
Selig, durch dessen Arbeit die heiligen Brotschalen angefertigt wurden!
Der Leib, der darin ausgeteilt wird, ist für ihn Bürge.
Selig, wer Kelche, im Schweiße seines Angesichtes gefertigt, darbrachte!
Das Blut, das darin feierlich getragen wird, wird ihn von der Qual retten.
Selig, wer auch hergestellt hat heilige Weihrauchfässer und Kreuze!
Unter dem Lichtkreuz wird ihn die göttliche Güte bergen.
Selig, wer durch seine Arbeit die Priester Gottes versorgte,
durch dessen Nahrung sie ernährt wurden und für den sie in der Kirche beten!
Ihre Gebete werden zu einem Geschenk für den Richter;
er wird ihm versöhnlich sein.
Selig, wer mit seinem Öl vor den Gebeinen der Martyrer Lampen brennen ließ!
Mit leuchtender Lampe wird er eintreten
in das himmlische Brautgemach des Lichtes.
Selig, durch dessen Arbeit die Schreine der Heiligen
mit Decken versehen wurden!
Denn sie werden ihm ein Gewand geben, seine Nacktheit zu verbergen.
Selig, wer die Kirchen besuchte und Almosen in den Klöstern gab
und die Mönche ehrte! Ihr Gebet wird sein Leben retten.

4. Rede, 697 - 738; CSCO 321, 66 f.

Jakob von Batna:
Einladung an die Juden, das Licht der Sonne zu schauen

Bis zur Kreuzigung war die Erde wie in Nacht gehüllt;
das Gesetz aber brannte gleich einer Fackel in der Finsternis.
Deshalb verlangte die Welt nach dem Licht des Gesetzes,
gleichwie das Auge in der Finsternis nach einer Lampe verlangt.
Am Tage aber braucht das Auge weder Lampe noch Fackel,
weil die Sonne alsdann alles erleuchtet.
Der Hebräer aber gleicht einem Menschen, welcher seine Tür verschlossen
und eine Lampe angezündet hat, ohne zu merken,
daß die Sonne aufgegangen ist.
Er öffnet die Tür nicht, um nicht zu sehen,
wie die Schöpfung in vollem Licht erglänzt,
und um sich nicht mit den anderen ohne Lampe
von der Sonne erleuchten zu lassen.
Weil die Fenster seiner Seele verschlossen sind, ohne Einsicht,
so sucht er sich am hellen Tag ein kleines Lämpchen.
Jude, die Sonne ist über den Höhen aufgegangen
und durchleuchtet schon Erde und Meer, Welt und Luft.
Öffne doch die Tür und nimm dir einen Anteil vom Licht des Tages;
stelle die Lampe weg, die ja nur bei Nacht brauchbar ist!
Warum machst du dich zum Gespött in der hellerleuchteten Welt
und entfernst dich vom Tage, der doch bei dir ist?
Beendet ist die Zeit der Lampen und Fackeln;
denn der Sonnenaufgang hat sie entfernt, verdunkelt und beseitigt.
Der Herr des Mose ist leiblich in die Welt gekommen
und verkündet dir nun selbst statt des Mose seine Weisheit.
Als es Nacht war, stellten die Propheten auf Erden eine Lampe auf,
um der Welt den Weg zum Tageslicht zu zeigen.

Als aber die große Sonne der Gerechtigkeit erschien,
enthob sie jene des Dienstes, der ihnen nun nicht mehr zukam.
Nicht für den Tag, sondern für die Nacht hatte er sie eingesetzt;
als er der Nacht ein Ende machte, entließ er sie ehrenvoll in ihre Wohnungen.
Für den Tag geziemt sich die mächtig strahlende Sonne,
um die Dunkelheit aus allen Winkeln zu vertreiben.
Mose ist nun ehrenvoll seines Dienstes entlassen;
denn der Sohn Gottes hat sich selbst mit einem Leinentuch umgürtet,
um zu dienen.
Hebräer, stelle doch deine Lampe weg, welche dir leuchtete!
Siehe, Tageshelle hat sich über die Berge ergossen durch sein großes Erscheinen!
Die ganze Welt erstrahlt im Licht der großen Sonne.
So öffne doch deine Tür, damit sie eindringe, dich erleuchte und erfreue!

Gedicht über die Verhüllung des Angesichtes des Mose. 413 - 448: BKV 6, 358 f.

Jerusalemer Liturgie: Christus - das himmlische Licht

Heiteres Licht vom heiligen Glanz
des unsterblichen, himmlischen Vaters,
des heiligen, seligen,
Jesus Christus!
Gelangt zum Sonnenuntergang,
schauend das Licht des Abends,
lobpreisen wir Vater und Sohn
und Gottes Heiligen Geist.
Würdig bist du, zu jeder Zeit
gepriesen zu werden mit heiligem Ruf,
Sohn Gottes, der das Leben gab;
dich preist darum die Welt.

Leeb, Gesänge im Gemeindegottesdienst, 156

ROMANOS: DIE NICHT ERLÖSCHENDE LAMPE

Groß bist du und voller Ruhm,
den zeugte auf geheimnisvolle Weise
der Höchste, Marias allheiliger Sohn!
Einen und denselben nenne ich dich,
sichtbar und unsichtbar, begrenzt vom Raum und unbegrenzt.
Der Natur nach als Gottes Sohn vor der Zeit
erkenne und bezeuge ich dich; doch bekenne ich dich auch
als den Sohn der Jungfrau über die Natur hinaus.
Deshalb wage ich es, dich wie eine Lampe zu halten.
Wer eine Lampe unter den Menschen trägt,
wird erleuchtet, nicht verbrannt!
Deshalb, nicht erlöschende Lampe, strahle auf mich herab,
du einzig Menschenliebender!

Hymnus zur Darstellung Christi, 8. Troparion: SC 110 182 - 184

ANDREAS VON JERUSALEM: DAS ÖL DER BARMHERZIGKEIT

Leuchten soll die Lampe,
und gefüllt werden muß in sie auch das Öl,
wie damals bei den Jungfrauen die Barmherzigkeit,
damit du findest, meine Seele,
einst den Hochzeitssaal Christi offen.
Wie der Blitz plötzlich aufzuckt,
so wird einst sein jene furchtbare
Ankunft des Herrn;
du hast es vernommen, meine Seele;
bereit nun zu sein, beeile dich!

Triodion am Montagabend der Karwoche, 8. Ode (Auszug); Anthologion II, 997

JOHANNES VON DAMASKUS: LICHTVOLLE VOLLENDUNG

Werde licht, werde licht, neues Jerusalem!
Denn des Herrn Herrlichkeit ist über dir aufgegangen.
Tanze im Reigen nun und frohlocke, Zion!
Du aber, Reine, Gottesgebärerin, freue dich
über die Auferweckung deines Kindes!

O göttliche und liebevolle und süßeste Stimme!
Bei uns zu sein, hast untrüglich du verheißen,
bis ans Ende der Zeit, Christus.
In dieser Zusage besitzen den Anker der Hoffnung
wir Gläubige und frohlocken.

Pascha, groß und ganz heilig, Christus!
Weisheit und Wort und Macht Gottes,
gewähre uns, noch ausgeprägter teilzuhaben
an dir am Abend ohne Ende
in deinem Reich!

Auferstehungskanon am Osterfest, 9. Ode; Anthologion III, 185 f.

KOSMAS: BARMHERZIGKEIT - DAS ÖL FÜR DIE LAMPEN

Den Leichtsinn wollen wir von uns treiben
und mit leuchtenden Lampen
dem unsterblichen Bräutigam Christus
mit Hymnengesang entgegengehen und rufen:
Preist, ihr Werke des Herrn, den Herrn!

667

Reichlich sei das für alle bestimmte
Öl unserer Seelen in den Krügen.
Wie Menschen, die die Zeit nutzen,
Siegespreise zu gewinnen, laßt uns singen:
Preist, ihr Werke des Herrn, den Herrn!

Das Talent, das ihr alle von Gott
empfangen habt als gleichmächtige Gnade,
sollt unter Christi Beistand, der es schenkte,
ihr vermehren und singen:
Preist, ihr Werke des Herrn, den Herrn!

Diodion am Dienstag der Karwoche; 8. Ode; Anthologion II, 1007

69. TAUBE ÜBER WASSER –
DER HEILIGE GEIST UND DIE TAUFE

Gottes Geist schwebte über dem Wasser. *Genesis 1, 2*

Die frühchristliche Theologie über den Heiligen Geist, der in Gestalt einer Taube bei der Taufe Jesu erscheint (Mt 3, 16), knüpft am Schöpfungshymnus des Genesis-Buches an, wo der Gottesgeist über den Wassern schwebt und das Chaos zum Kosmos formt (Gen 1, 2). Die Taube wird bei den Kirchenvätern zudem wegen ihrer Schlichtheit, Treue und Liebe zum Bild für Christus und die Gläubigen. Der Physiologus sieht in den vielartigen und vielfarbigen Tauben einen Hinweis auf die große Zahl der verschiedenen Propheten; doch keiner von ihnen habe die Menschen zum ewigen Leben zu führen vermocht. Erst Christus, der aus Maria das blutfarbene Fleisch angenommen hat und zum Spott mit einem purpurfarbenen Mantel bekleidet wurde, habe der Menschheit göttliches Leben geschenkt, als er am Kreuz sein Blut vergossen habe. Sein Sinnbild ist deshalb die feuerrote Taube, die allein die Macht besitzt, alle andersfarbigen Tauben zum Nest zurückzuführen (Physiologus, Nr. 35).

Die hier abgebildete rote Taube über dem Wasser ist sowohl Sinnbild für Christus wie für den von ihm gesandten Heiligen Geist. Die Darstellung in stilisierter Form veranschaulicht die frühe Christologie, daß bei seiner Taufe, bei seinem Eintauchen in den Jordan, Jesus in der Kraft des Gottesgeistes die Fluten des Chaos-Elementes von dämonischen Mächten gereinigt und sie zum Wasser der Wiedergeburt geheiligt hat.

Das Mosaik, das die jordanische Antikenverwaltung für Ausstellungen im Ausland leider in seine Einzelteile zerlegt hatte und das nun mit allen Schäden der Zerlegung wieder am ursprünglichen Platz zu sehen ist, stammt aus dem sog. Saal des Hippolytos in Madaba. Bei diesem Saal direkt neben der Marienkirche dürfte es sich um einen Vorbereitungsraum für Täuflinge gehandelt haben. Das Fußbodenmosaik bietet in zwei Feldern den Hippolyt-Mythos von Tod und Wiederbelebung: Hippolytos, Verächter der Liebesgöttin Aphrodite, kommt zu Tode, als sein Pferdegespann durch ein aus dem Meer auftauchendes Stierungeheuer erschreckt wird; als enthaltsamer junger Mann wird er jedoch von der keuschen Göttin Artemis wieder zum Leben erweckt und zum Heros eines Heiligtums bestellt, in dem Bräute vor der Hochzeit ihm eine Haarlocke weihten. Die Nähe des Mythos zur christlichen Tugend- und Tauflehre ist unverkennbar. Zudem bietet das dritte Mosaikfeld mit seinen Palmen, Lotosblüten, Girlanden, Enten und Reihern eine paradiesische Landschaft, wie sie zur Kennzeichnung eines Taufraums als des erneuerten Paradieses gehörte. Inmitten der naturgetreuen Abbildungen dieser Landschaft erscheint zweimal das Bild der stilisierten rotfarbenen Taube, die auf das Wasser herabkommt. Diese Stilisierung fällt aus dem Rahmen der übrigen Darstellungen, um anzudeuten, daß das Taufgeschehen keine naturhafte, sondern eine geistige Erneuerung des Menschen bedeutet. Der Hippolyt-Saal war sicherlich ein Raum zur Vorbereitung auf die Taufe von Katechumenen, die aus dem Heidentum kamen und denen die christliche Deutung vertrauter Mythen gegeben wurde. Das Mosaik stammt aus der Zeit der kulturellen und politischen Erneuerung des Römischen Reiches unter Kaiser Justinian (527 - 565), aus einer Zeit, in der die alten Mythen in christlicher Deutung neu erzählt und die letzten Heiden der Kirche zugeführt wurden.

ODE SALOMOS: DES GÖTTLICHEN GEISTES LEBENSPENDENDES WASSER

Entsprungen ist ein Bach und wurde ein großer und breiter Strom,
er hat alles überschwemmt und fortgetragen den Tempel.

Nicht vermochten ihn zu hemmen die Hemmnisse der Menschen,
nicht die Künste derer, die das Wasser hemmen.
Er verbreitete sich über die Oberfläche der ganzen Erde
und erfüllte alles.

Es tranken alle Durstigen der Erde, der Durst wurde gestillt und erlosch,
denn vom Höchsten wurde der Trank gegeben.

Heil darum den Dienern jenes Trankes,
ihnen, denen das Wasser anvertraut ist!

Sie haben die trockenen Lippen erquickt,
den erlahmenden Willen haben sie aufgerichtet.

Und die Seelen, die dem Abscheiden nahe waren,
haben sie dem Tode abgerungen.

Die Glieder, die gefallen waren,
haben sie aufgerichtet und aufgestellt.

Sie haben ihnen Kraft verliehen, daß sie gehen können,
und Licht für ihre Augen.

Denn jedermann hat sie erkannt im Herrn,
und sie leben durch das Wasser ein Leben für die Ewigkeit.
Halleluja!

6. Ode, 8 - 18; Hennecke-Schneemelcher II, 582 f.

Thomas-Akten: Christi Geist - der Taufe Besiegelung

Komm, heiliger Name Christi, der über jeden Namen erhaben ist.
Komm, Kraft des Höchsten und vollkommene Barmherzigkeit.
Komm, höchstes Geschenk.
Komm, barmherzige Mutter.
Komm, Gemeinschaft mit dem Männlichen.
Komm, Offenbarerin der verborgenen Geheimnisse.
Komm, Mutter der sieben Häuser, daß dir im achten Ruhe werde.
Komm, Gesandter der fünf Geisteskräfte -
des Verstandes, des Gedankens, der Einsicht,
der Überlegung und des Urteils -
und teile dich diesen jungen Menschen mit.
Komm, Heiliger Geist, reinige ihre Nieren und ihr Herz
und versiegle sie auf den Namen
des Vaters und des Sohnes und des heiligen Geistes!

Thomas Akten, 27; Hennecke-Schneemelcher II, 319

Ephräm: Der Taufsalbung verwandelnde Kraft

Christus und das Öl haben sich verbunden;
das Unsichtbare hat sich mit dem Sichtbaren vereint.
Das Öl salbt auf sichtbare,
Christus kennzeichnet auf unsichtbare Weise
die neuen, geistigen Lämmer,
eine Herde, deren Ruhm ein doppelter ist:
Empfangen wird sie aus dem Öl (der Taufsalbung)
und geboren aus dem Wasser.

Wie erhaben ist eure Würde!
Während die Sünderin gesalbt hat
die Füße ihres Herrn als Dienerin,
ist es Christus selbst, der durch seine Knechte
wie ein Diener euch,
eure Leiber, bezeichnet und salbt.
Es ziemt dem Herrn der Herde,
daß er selbst seine Schafe kennzeichne!

Das Öl des milden und demütigen Herrn
macht die harten Menschen dem Herrn ähnlich.
Die Völker waren Wölfe und fürchteten sich
vor dem harten Stab des Mose.
Seht, das Öl kennzeichnet und macht
eine Herde von Schafen aus Wölfen;
und die Wölfe, die vor dem Stab geflohen waren,
seht, sie haben zum Kreuz ihre Zuflucht genommen.

Wenn ein Aussätziger rein wurde,
bezeichnete ihn der Priester mit Öl
und führte ihn zur Quelle.
Vorbei ist das Zeichen und gekommen die Wahrheit:
Seht, mit dem Öl werdet ihr bezeichnet,
in der Taufe vollendet,
mit einer Herde vereint
und vom Leib des Herrn genährt!

3. Hymnus zur Epiphanie, 1 f. 7. 16; CSCO 187, 134 - 137.

EPHRÄM: DIE GEBURT AUS DEM WASSER UND DEM GEIST

Der Geist brach auf aus der Höhe
und heiligte das Wasser durch sein Herabschweben
bei der Taufe des Johannes;
er verließ alles und ließ sich auf dem einen nieder.
Jetzt aber steigt er herab und läßt sich nieder
auf jeden, der aus dem Wasser geboren wird.

Wundern muß man sich, daß der Allreinigende
ins Wasser hinabstieg und getauft wurde.
Die Meere priesen selig
den Fluß, in dem du getauft wurdest;
auch die Wasser des Himmels waren voller Neid,
daß nicht sie gewürdigt wurden, dein Bad zu sein.

Wundern muß man sich auch jetzt, mein Herr,
daß, obwohl die Quellen voll von Wasser sind,
nur das Wasser der Taufe
entsühnen kann.
Gewaltig sind die Meere mit ihrem Wasser,
doch zu schwach, um zu entsühnen.

Wenn die Engel sich schon freuen
über einen einzigen Sünder, der Buße tut,
wie sehr freuen sie sich jetzt,
da in allen Kirchen und Gottesdiensten
himmlische Menschen aus irdischen
die Taufe gebiert!

6. Hymnus zur Epiphanie, 1. 3 f. 8 ; CSCO 187, 147 f.

KYRILLONAS: DER FLAMMENZUNGEN VERWANDELNDE KRAFT

Wenn ihr in mir bleiben wollt und die Liebe in euren Herzen,
werde ich meinen verborgenen Vater für euch bitten,
sobald ich zu ihm aufgefahren bin, daß er euch sende seine Kraft,
die Schätze und Reichtümer, welche nicht geraubt werden können.
Der Geist wird kommen mit seinen Zungen
und der Beistand mit seinen Offenbarungen.
Eine neue Sprache wird in euch wohnen,
die Schwingen des Geistes werden in euch weilen.
Von der Flammenzunge wird des Leibes Zunge nicht verbrannt,
wie der Dornbusch in der Wüste von der Lohe nicht verzehrt wurde.

Eine Feuerzunge empfingen die Jünger,
eine neue Sprache, in der sie nicht geboren waren.
Durch des Engels Zunge empfing Maria
eine neuartige Empfängnis, die sie nicht gewohnt war.
Des Geistes Zungen ließen sich nieder auf die irdischen Zungen,
wie die göttliche Geburt in den irdischen Schoß der Jungfrau herabkam.

2. Predigt über das Pascha Christi (gekürzt); BKV 6, 42 f.

JAKOB VON BATNA: DES LEBENDIGEN FEUERS SPRACHENGABE

Der Herr war zur Höhe aufgestiegen, die Jüngerschar wollte sich zerstreuen,
nur aus Furcht blieben sie in einem Saal beisammen.
Gierigen Wölfen gleich bellten die Kreuziger des Sohnes Herde an;
da sprachen die Apostel: Sucht Hilfe beieinander, solange ihr vor ihnen zittert!
Wenn der Adler in die Höhe steigt und die Küchlein zerstreut sind,

so versammeln sich alle im Nest, sobald sie ihn sehen.
Die Jünger erwarteten nun jene Gabe, die der Herr zu senden verheißen hatte,
sobald er zu dem aufgestiegen sein werde, der ihn gesandt hat.
Auf den Heiligen Geist warteten sie, der vom Vater kommen
und sie klar und deutlich lehren sollte, wie es sich mit dem Sohne verhalte.
Die Kreuzigung, die er kürzlich erlitten, hatte sie zerstreut,
aber die Himmelfahrt des Sohnes hatte sie wieder vereinigt.
Die Apostel, des Bräutigams Freunde,
waren in den Abendmahlssaal zurückgekehrt,
sie saßen nun hier und warteten auf die Heimsuchung, die er ihnen verheißen.
Die Heeresfürsten, eingesetzt, in die Provinzen auszuziehen,
blieben an einem Ort versammelt, bis sie des Sohnes Waffenrüstung erhielten.
Und wirklich, mitten in der Stille erhob sich das Brausen
eines starken Windes daselbst in der Versammlung der Jünger.
Brausender Sturm und augenfällige Lichterscheinungen gingen ineinander
und bereiteten für die Apostel eine Rüstung und bekleideten sie damit.
Lebendiges Feuer in Zungenform ging aus vom Hause des Vaters,
entzündete die Apostel und entflammte sie zum Reden.
Ein deutlich vernehmbarer Wind ließ sich hören in der Stille,
ward zum Lehrer und unterrichtete sie in allen Sprachen.
Mit dem Feuer vom Vater, das ihnen hellaufflammend gesandt wurde,
erleuchtete er ihre Seelen, und sie begannen in allen Sprachen zu lobsingen.

Abendmahlssaal, in dir sang der Heilige Geist in neuen, ungewohnten Lauten,
in allen Sprachen, die sich in so viele Zweige geteilt hatten!
Du warst für die Apostel gleichsam eine Rüstkammer;
in dir zogen sie die Rüstung des Geistes an, um das Weltall zu bezwingen.
Von dir aus wurde der ganze Erdkreis erleuchtet, der im Dunkeln lag;
denn gleich den Strahlen des Lichtes erfüllten die Apostel die Erde.
Du bist das Gemach, das für die Völker

aller Schatzkammern das vorzüglichste wurde;
von dir wurden die Provinzen reich beschenkt, die zuvor in Dürftigkeit lebten.
In dir wurde der Reichtum des Vaters der ganzen Welt zugeteilt;
all die Notleidenden stillen von dir aus ihre Bedürfnisse.
In dir wurde das Taufversprechen erfüllt;
denn in dir wurden alle Jünger im Geist und im Feuer getauft.

Gedicht über das Pfingstfest (gekürzt); BKV 6, 274-278

KOSMAS: DES GEISTES FEUER VERWANDELNDE KRAFT

Der im Feuer nicht verbrennende Dornbusch hat,
als er am Sinai mit dem schwerfällig sprechenden Mose redete,
Gott zu erkennen gegeben, und der Eifer für Gott
hat die drei jungen Männer, die vom Feuer nicht verzehrt wurden,
als Hymnensänger erwiesen:
All ihr Werke des Herrn, preist den Herrn;
lobt und rühmt ihn in Ewigkeit!

Als der lebendige, gewaltige Hauch
des allheiligen Geistes aus der Höhe
unter Brausen auf die Fischer herabkam
in Gestalt feuriger Zungen,
verkündeten sie Gottes große Taten:
All ihr Werke des Herrn, preist den Herrn;
lobt und rühmt ihn in Ewigkeit!

Wenn wir zu dem unantastbaren Berg emporsteigen,
wollen wir nicht erschaudern vor dem erschreckenden Feuer;
wohlan, laßt uns stehen auf dem Berge Zion

in des lebendigen Gottes Stadt
und mit den geisttragenden Jüngern jetzt ein Fest feiern:
All ihr Werke des Herrn, preist den Herrn;
lobt und rühmt ihn in Ewigkeit!

Pfingstkanon, 8. Ode; Anthologion III, 622

65. WEIN UND GETREIDE –
DIE GABEN FÜR DIE EUCHARISTIE

Auf, ihr Durstigen, kommt alle zum Wasser! Auch wer kein Geld hat, soll kommt. Kauft Getreide und eßt; kauft Wein und Milch ohne Bezahlung!

Jesaja 55, 1

Brot, vor allem das ungesäuerte, ist seit dem Anbau von Getreide und der Kenntnis des Backens bei fast allen Völkern das Hauptnahrungsmittel. Gerste, im ganzen Mittelmeerraum heimisch, gedeiht auch auf weniger fruchtbaren Böden und ist ertragreicher als Weizen. Aus Gerstenmehl wurde das Brot der einfachen Leute bereitet; Weizenbrot galt als Luxus. Während die Brotbereitung in Palästina die tägliche Morgenarbeit der Frauen war und blieb, haben sie bei Griechen und Römern schon früh Berufsbäcker übernommen. Nachdem Ägypten seit 30 v. Chr. römische kaiserliche Provinz geworden war, lieferte es für Rom und später für Konstantinopel regelmäßig neben Wein, Öl und Papyrus auch Gerste und Weizen. Der Transport des Weines erfolgte in Tonkrügen, der des Getreides in großen Bastkörben. Im Orient wird das Brot, zumeist rundes Fladenbrot, bis heute selten geschnitten, sondern zumeist gebrochen. Das Brotbrechen, Ausdruck der Gemeinschaftlichkeit und des Teilens, ist Bezeichnung für die Feier der Eucharistie.

Der Wein, dessen ursprüngliche Heimat in Georgien an den Südhängen des Kaukasus liegt, wird in der Bibel häufig als Genuß-, Nahrungs- und Stärkungsmittel erwähnt. Wie in den anderen antiken Religionen galt er den Juden als Geschenk Gottes; als Trankopfer begleitete er die Riten im Tempel, und bis heute gehört er zur Feier des Sabbats und des Pesachfestes. Weinberg und Weinstock sind in der Bibel symbolische Bezeichnungen für das Volk Gottes. In seinen Gleichnissen erwähnt Jesus den Wein, bei der Hochzeit zu Kana teilt er ihn den Gästen in überreichem Maße zu, und als sein Opferblut reicht er ihn beim Abendmahl den Jüngern zum Trank.

Die von Ludwig Budde aus Münster Anfang der achtziger Jahre unseres Jahrhunderts freigelegte dreischiffige Pantaleon-Kirche, auf einer Terrasse oberhalb des einstigen Osthafens von Aphrodisas in Kilikien errichtet und weithin von Land wie von See aus sichtbar, zieren Mosaikteppiche, die einmalig in ihrer Art sind. Sie wurden um das Jahr 400 im Auftrag dreier Stifter angelegt, des Reeders Olympos Paulos, seines Sohnes Serges und des kirchlichen Lektors Johannes, wie die Inschriften bezeugen. Der Mosaikteppich des Hauptschiffes ist durch ein Gitter aus ornamentalen Blumen in 90 Felder (fünfzehn Reihen zu sechs Kolumnen) gegliedert. In diesen Feldern erscheinen in vereinfachter Darstellung friedliche Flug- und Wasservögel, Stockenten, Teichhühner und Perlhühner, im Wechsel mit gefüllten Weinkelchen und Körben, die offenbar Getreide oder Fladenbrote enthalten; neben den Kelchen und Körben befinden sich stilisierte Ölbaumzweige. Ein weiterer Mosaikteppich besteht aus schwarzen Kreuzen von rosaroten Rosetten eingefaßt; die Kreuzblumen weisen hin auf die Herrlichkeit der von Christus am Kreuz im Heiligen Geist gewirkten Erlösung (s. Kap. 56). Zweifellos soll diese paradiesische Landschaft als Hinweis auf die von Gott gesegnete Natur verstanden werden und Zeugnis geben von dem Überfluß, der in dem von den Propheten verheißenen Gottesreich herrschen wird. Es handelt sich jedoch hier nicht wie so häufig um symbolische Darstellungen, sondern um die reale Gestaltung der Gaben, die von den Gläubigen für das eucharistische Mahl gespendet wurden; somit ist es wohl die früheste Mosaikdarstellung dieser Art und auch die einzige.

DIDACHÉ: DANK FÜR DIE EUCHARISTISCHEN GABEN

Wie dieses gebrochene Brot zerstreut war oben auf den Hügeln
und, zusammengebracht, eins wurde,
so soll, Vater, deine Kirche zusammengebracht werden

von den Enden der Erde in dein Reich.
Denn dein ist die Ehre und die Macht
durch Jesus Christus in Ewigkeit!

Wir sagen dir Dank, heiliger Vater, für deinen heiligen Namen,
den du hast wohnen lassen in unseren Herzen,
und für die Erkenntnis, den Glauben und die Unsterblichkeit,
die du uns kundgemacht hast durch Jesus, deinen Sohn.
Dir sei die Ehre in Ewigkeit!

Du, Herr, Allmächtiger, hast alles geschaffen um deines Namens willen.
Speise und Trank hast du den Menschen gegeben
zum Genuß, damit sie dir Dank sagen,
uns aber hast du geistliche Speise und Trank geschenkt
und ewiges Leben durch deinen Sohn.
Vor allem sagen wir dir Dank, weil du mächtig bist.
Dir sei die Ehre in Ewigkeit!

Gedenke, Herr, deiner Kirche, sie zu bewahren vor allem Bösen
und sie zu vollenden in deiner Liebe.
Führe sie, die geheiligte, zusammen von den vier Winden
in dein Reich, das du für sie bereitet hast.
Denn dein ist die Macht und die Ehre in Ewigkeit!

Es komme Gnade, und es vergehe diese Welt!
Hosanna dem Gott Davids!
Wenn einer heilig ist, trete er hinzu!
Wenn er es nicht ist, tue er Buße!
Marán athá (der Herr komme)! Amen.

Didaché, 9, 4; 10, 2 - 6; Die Apostolischen Väter, 14

EPHRÄM: TROSTVOLLE GABEN

Ähre und Weinstock bewahre, mein Herr, in deiner Güte!
Den Landmann tröste der Weinstock des Winzers;
den Winzer erfreue die Ähre des Landmanns!

Jene Ähre und der Weinstock begleiten einander.
Der Wein kann erfreuen die Erntearbeiter auf dem Feld;
das Brot hinwieder stärkt die Winzer im Weinberg.

Beide können mich in meinen Nöten trösten.
Du, der Dritte, Christus, kannst mich noch viel mehr trösten,
daß ich danke für meine unerwartete Rettung durch deine Güte.

5. Lied aus Nisibis, 12 - 14; CSCO 219, 21

EPHRÄM: DES GEISTES CHRISTI VERWANDELNDE MACHT

Siehe, unsichtbare Macht auf dem Altartuch des Heiligtums,
eine Macht, die selbst das Denken niemals einfing!
Ihre Liebe neigte sich und stieg herab, schwebte herab
auf das Tuch des Versöhnungsaltares.

Siehe, Feuer und Geist im Schoß deiner Gebärerin!
Siehe, Feuer und Glut im Fluß, in dem du getauft wurdest!
Feuer und Geist auch in unserer Taufe.
Im Brot und im Kelch Feuer und Heiliger Geist!

Dein Brot tötet den gierigen Tod, der uns zu seinem Brot machte.
Dein Kelch vernichtet den Tod, der uns einschlürfte.

Wir aßen dich, Herr, und tranken dich,
nicht um dich zu vertilgen, sondern um durch dich zu leben.

10. Hymnus über den Glauben, 16 - 18; CSCO 155, 35 f.

KYRILLONAS: DES WEIZENS WUNDERBARE ZEICHEN

Wenn der Weizen in die Furche gefallen ist,
regt er sich und strebt im stillen aufwärts.
Zuerst pflanzt er sich ein im Staub der Scholle,
befestigt sich durch seine Wurzelfasern, verschafft sich
in seinem Fundament sicheren Halt und baut sich dann auf.
König der Tiere ist der Löwe, König der Vögel der Adler,
König des Getreides der Weizen, Königin der Früchte die Traube.
Das Weiseste unter den Kriechtieren ist die Ameise,
die schon im Sommer ihre Nahrung einsammelt.
Das Geringste unter den fliegenden Tieren ist die Biene;
aber sie bringt das köstlichste Erzeugnis hervor.
Das Lieblichste unter den Saaten ist der Weizen.
Er ist ein Kind des Winters, aber im Sommer wird sein Fest gefeiert;
dann singen die Schnitter im Wechselgesang.
Wer sah je ein Kind des Staubes, das sich gleich ihm aufgetürmt hat?
In der Erde hat er den Grund gelegt durch die zarten Wurzelfäden,
hat sich dann zur Höhe erhoben, als ob er Bausteine emporgezogen hätte,
und hat seine Blätter ausgestreckt wie Windungen an einer Säule.
Statt vieler Hände zum Herbeischaffen von Steinen
verwendet er nur die vier Winde sechs Monate lang als Arbeiter.
Die Donner singen ihm wie Sänger mit ihren Melodien;
die Fackeln der Blitze leuchten ihm und weisen den Weg nach oben.
Die Wolkenkrüge mischen ihm in Tropfen seinen Trank wie in Bechern.

683

Die Gestirne wandern über ihm ihren Kreislauf gleich himmlischen Rädern.
So ist nun der Weizen durch die Hand Gottes zur Vollendung gekommen.
In die Erde geworfen, war er gestorben; aber er ist auferweckt worden.
Allein begraben, kommt er im Geleit seiner Gefährten wieder zum Vorschein.
Ihn umringen und umarmen seine Kinder,
Nachbarn, Geschwister und Freunde.
So malt er das Bild der Auferstehung
und verkündet denen, die ihn betrachten:
Gleich wie ich, der ich gestorben war, wieder aufgelebt bin,
so werden auch die im Staube ruhenden Toten leben.

Kyrillonas zugeschriebener Hymnus über den Weizen (gekürzt); BKV 6, 48 - 53

Jakob von Batna: Des Abendmahlssaales Quellen

Zwölf Wasserläufe verteilten sich vom Abendmahlssaale aus
und verwandelten die Erde in einen Garten mit geistigen Bäumen.
Nie versiegende Quellen sind herabgestiegen vom Vater,
sie empfingen von ihm und strömten auseinander, um die Welt zu bewässern.
Der Abendmahlssaal wurde zu einem sprudelnden Wasserquell;
nach allen Richtungen verteilten sich seine Fluten in reicher Fülle.
Der Abendmahlssaal wurde gleichsam zu einem Abgrund,
dem alle Wasser entquellen,
und sie bildeten einen Teich im Gebiet des Hauses Zion.
Der Abendmahlssaal ward zu einem Meer mit himmlischem Salzgehalt
und sandte seine Würze aus über die ganz unschmackhaft gewordene Erde.

Gedicht über das Pfingstfest 371 - 376. 381 - 384; BKV 6, 284

Andreas von Jerusalem: Der Speise Christi Mysterium

Als du das große Mysterium deiner Menschwerdung
bei dem Mahl, bei dem du zu Tische lagst,
den Eingeweihten des Geistes offenbartest, sprachst du:
Genießet das lebenbringende Brot: Dies ist mein Leib
und das Blut des unvergänglichen Lebens!

Das Pascha ist Christus, das große und erhabene.
Verzehrt wird er als Brot, geopfert als Lamm;
er wird ja selbst dargebracht für uns als Opfer.
Seinen Leib laßt ehrfürchtig uns und sein Blut
alle als Sakrament empfangen!

Das Brot hast du gesegnet, das Brot vom Himmel,
und Dank gesagt dem Vater, der dich zeugte.
Du nahmst auch den Kelch und gabst ihn den Jüngern
und sprachst: Nehmet und kostet: Dies ist mein Leib
und das Blut des unvergänglichen Lebens!

Christus hat die Welt gespeist, er, das himmlische und göttliche Brot.
Wohlan denn, Christi Freunde, mit irdischem Mund,
doch mit reinem Herzen laßt gläubig uns empfangen
ihn, der sich geopfert hat, das Pascha,
ihn, der unter uns als Priester waltet!

Triodion am Mittwochabend der Karwoche, 9. Ode (Auszug): Anthologion II, 1046 f.

66. FISCHE UND BROTE –
DIE EUCHARISTIE

Zions Nahrung will ich reichlich segnen, mit Brot seine Armen sättigen.
Psalm 132, 15

Glücks- und Lebenssymbol bei vielen orientalischen Völkern war und ist der Fisch, der im tödlichen Element des Wassers zu leben vermag. Opfergabe für die Götter der Unterwelt und Speise für die Teilnehmer am Opferkult war er in Syrien und Babylonien. Bei den Juden gehört er bis heute zum Mahl des anbrechenden Sabbats am Freitagabend. Der Delphin vor allem war im griechisch-hellenistischen Kulturraum Sinnbild der Menschenfreundlichkeit und der hilfreichen Rettung aus Seenot; als Begleiter der Verstorbenen zu den Inseln der Seligen wurde er auf Grabstelen dargestellt.

Die ersten Jünger Jesu waren zumeist Fischer vom See Genesareth, und die frühe Kirche gebrauchte in den Evangelien das Bild vom Fischen für ihre missionarische Arbeit. Zu neuem Dienst beauftragte Jesus seine Jünger mit dem Bildwort vom Menschenfischer: »Kommt her, folgt mir nach! Ich werde euch zu Menschenfischern machen« (Mk 1, 17). Spätestens seit dem Ende des 2. Jahrhunderts findet sich der Fisch als Symbol für Christus, während die Gläubigen als die kleinen Fische bezeichnet werden, die die Kirche aus ihrem Mutterschoß, dem Taufbecken, für den großen Fisch Christus geboren hat. (Während die östlichen Kirchen das Taufbecken Mutterschoß nennen, heißt es im lateinischen Westen Fischteich, piscina.) Maßgebend für die symbolische Deutung des Fisches war, daß das griechische ΙΧΘΥΣ (Ichthys) als Akrostichon gelesen wurde, wobei die einzelnen Buchstaben als Anfangsbuchstaben neuer Worte das frühchristliche Bekenntnis wiedergeben: Ισους Χριστος Θεου Υιος Σωτηρ, Jesus Christus (ist) Gottes Sohn (und) Erlöser.
Vom 4./ 5. Jahrhundert an wurde der Fisch, Sabbatspeise im Judentum und im Christentum, Symbol für Christus, auch zum Symbol für die eucharistische

Speise. Zusammen mit Brot und Wein bzw. der Weintraube ist er allgemeinverständlicher Hinweis auf Christus, der bei der Brotvermehrung das Volk mit Fischen gespeist hat und sich selbst den Gläubigen als geistige Speise darreicht. Außerordentlich zahlreich sind die Fischdarstellungen auf Sarkophagen wie auf Grabsteinen, auf Öllampen wie auf Siegelringen, auf Säulenkapitellen wie auf Mosaikböden.

Zu den schönsten Mosaikarbeiten zählt zweifellos die Darstellung des Brotkorbes und der beiden Fische vor dem Altar der Brotvermehrungskirche in Tabgha am See Genesareth. An diesem von der Tradition ausgewiesenen Ort der Brotvermehrung soll das Mosaik zunächst an die Begebenheit erinnern, von der das Johannesevangelium berichtet: Vor dem Paschafest wollte Jesus die vielen Menschen speisen, die bei ihm ausgeharrt hatten; Andreas sagte zu ihm: »Hier ist ein kleiner Junge, der hat fünf Gerstenbrote und zwei Fische; doch was ist das für so viele? ... Dann nahm Jesus die Brote, sprach das Dankgebet und teilte an die Leute aus, soviel sie wollten; ebenso machte er es mit den Fischen... Als die Menschen das Zeichen sahen, das er getan hatte, sagten sie: Das ist wirklich der Prophet, der in die Welt kommen soll« (Joh 6, 9–14). Diese Perikope hat zwei Intentionen: Zum einen weist sie zurück auf eine alttestamentliche Begebenheit, nach der der Prophet Elischa mit zwanzig Gerstenbroten hundert Männer gespeist hat und noch Reste übrigblieben (2 Kön 4, 42–44). Jesus aber ist mehr als ein Prophet; er speist fünftausend Männer mit fünf Gerstenbroten. Zum anderen weist das Johannesevangelium als frühchristliche Katechese auf die Praxis der Kirche hin: In ihrer eucharistischen Feier wirkt Christus immer von neuem das Wunder der Brotvermehrung. Darum sind auch in der Mosaikdarstellung statt der fünf Gerstenbrote nur vier zu sehen; das fünfte liegt auf dem Altar der Kirche. Die beiden Fische entsprechen in ihrer Form dem sog. Petrusfisch, einem Barsch, der seit Urzeiten reichlich im See Genesareth vorkommt. Die Fische erinnern zunächst an die beiden Fische, die bei der Speisung ohne Begrenzung ausgeteilt wurden; sie sollen darüber hinaus auf Christus hinweisen, der sich selbst als der große Fisch den Gläubigen im eucharistischen Mahl darbietet.

Auf die Vermehrung der Gaben Christi und das in ihnen gewährte göttliche Leben weisen auch die beiden Rauten (Rhomben) neben den Fischen hin. Es handelt sich bei ihnen nicht, wie manchmal angenommen, um die Fangnetze der Fischer, sondern sie stellen das uralte indo-europäische, von den äußeren weiblichen Genitalien abgeleitete Fruchtbarkeitssymbol dar. Bei dieser Komposition geht es jedoch nicht um biologische Fruchtbarkeit; gemeint ist das geistgewirkte Leben, das, in den eucharistischen Gaben gewährt, im Kreuzesopfer Christi seinen Ursprung hat. Kreuze bilden daher die Mitte der Rauten.

APOSTOLISCHE KONSTITUTIONEN: DANK FÜR CHRISTI HEILSWERK

Wir danken dir, Vater, für das Leben,
das du uns durch Jesus Christus, deinen Sohn, geoffenbart hast,
durch den du alles geschaffen hast und für alles Sorge trägst,
den du gesandt hast, für unser Heil Mensch zu werden,
welchen du leiden und sterben ließest,
den du auferweckt, verherrlicht und zu deiner Rechten gesetzt hast,
durch den du auch uns die Auferstehung von den Toten versprochen hast.

Allmächtiger, ewiger Gott,
wie dies Brot, zerstreut und gesammelt, eins wurde,
so sammle deine Kirche von den Enden der Erde zu einem Reich!
Auch sagen wir dir, unser Vater, Dank
für das kostbare Blut Christi, das er für uns vergossen hat,
und für den kostbaren Leib, dessen abbildliche Feier wir hier begehen,
da er selbst uns geboten hat, seinen Tod zu verkünden.
Durch ihn sei dir Ehre in Ewigkeit. Amen.

Apostolische Konstitutionen VII, 25; Boxler (BKV), 232

Ephräm: Fische, Brot und Wein - Christi gütige Gaben

Angenehm war die Zeit,
da Mose der Hirt war des Volkes in der Wüste.
Das Manna war seine Speise, der Felsenquell sein Trank,
die Wolke war sein Licht, die Lichtsäule seine Leuchte.
Doch das Kalb war sein Götze, das Unrecht sein Freund
und die Wahrheit sein Gegner.

Doch erhabener ist die Zeit
des Herrn der Propheten als jene der Propheten.
Dämonen wurden verjagt, Leiden bezwungen,
Schuld vergeben und die Völker erlöst.
Christus, der starke Stier, kam zu rechtfertigen das Volk,
welches das Kalb sündigen ließ.

Wer sich niedersetzte in Sorge,
wo er zu essen finde, dem kam Speise entgegen.
Fische gab es in Fülle; von den Resten
waren gefüllt die Körbe mit gesegneten Brotstücken
und die Krüge mit gutem Wein,
der mit Einsicht erfüllt.

Natur des Weines ist es,
den Verstand zu stehlen denen, die ihn trinken.
Der Wein von Kana aber, der ein Wein des Zeichens war,
gab Verstand den Verständnislosen.
Verständnis trank mit ihm, wer sah,
woraus er verwandelt wurde.

Das Meer gab her
den reichen Fischfang; er wurde aufgehäuft an seinem Ufer.
Das Land gab her die Fülle des Brotes,
das Hochzeitsfest gab her den frohen Wein.
Selbst der Tod gab her die finsteren Toten
gegen seine Natur.

Wüste und bewohntes Land
wurden durch dich befriedet, du Friede des Alls!
In der Wüste Speisegruppen! Sünder ließen sich nieder,
an ihrer Spitze der Vergeber der Sünden.
Lazarus ließ sich nieder, und neben ihm lag zu Tisch
der Erwecker der Toten.

Da er Gott war,
waren alle Orte voll seiner Wohltaten, wohin immer er kam.
Er ließ sich nieder in der Wüste; sie wurde bewohnbar.
Er ließ sich nieder im bewohnten Land; es schmückte sich.
Und als er auf dem Meere wandelte, wurde es zahm
und küßte seine Füße!

39. Hymnus über die Kirche, 1 f. 5 f. 8. 11 f.; CSCO 199, 94 - 96

EPHRÄM: SPEISE ZUM EWIGEN LEBEN

Selig, Kana! Den Bräutigam aus der Höhe
lud der Bräutigam ein, dem der Wein ausging.
Er lud den ein, der alle Völker einlädt
zum Hochzeitsfest der Freude und zum Leben in Eden.

Selig deine Gäste, die durch seinen Segen erfreut wurden,
und selig deine Krüge, die durch sein Wort gefüllt wurden!
In dir reiften zuerst die himmlischen Freuden,
da sie zum ersten Mal in dir erstrahlten.

Selig, Wüste! Mit dem Schmuck bewohnten Landes
bekränzte dich unser Herr an seinen Tischen.
Wer hätte das Brot erforschen können, das sich vermehrte,
so daß er auch seinen Schöpfer erforschen wollte?
Selig, wer von seinem Segen aß, ohne ihn zu erforschen,
sich an seinen Genüssen labte, ohne über seine Zeugung zu disputieren!
Unser Hunger ist uns Ankläger geworden: Der Mensch bedarf des Brotes,
nicht aber der Erforschung Christi.

Unser Herr ist unser lebendiges Brot geworden,
und unser neuer Kelch wird durch ihn süß.
Kommt, laßt uns essen, ohne zu untersuchen;
ohne zu erforschen, laßt uns einen Kelch trinken!
Wer verschmäht Güter und Früchte
und bleibt sitzen, um ihre Natur zu ergründen?
Des Lebens bedarf der Mensch. Kommt, laßt uns das Leben finden,
nicht den Tod in der Tiefe der Erforschung!

16. Hymnus über die Jungfräulichkeit, 2. 4 f.; CSCO 224, 53 f.

Jerusalemer Liturgie: Christi mystisches Mahl

Heute gab Jesus seinen Jüngern
die Lehre und das Gesetz und diesen großen Rat:
den Leib und das heilige Blut zur Vergebung der Sünden.

Sohn Gottes, laß mich heute
an deinem mystischen Mahl würdig teilnehmen.
Nicht will ich deinen Feinden dein Geheimnis verraten
und dich nicht küssen wie Judas,
sondern wie der Räuber will ich rufen:
Gedenke meiner, Herr, in deinem Reich!

Leeb, Gesänge im Gemeindegottesdienst, 134

Andreas von Jerusalem: Des gütigen Gottes Speise

Brote hast du gesegnet und Fische vermehrt,
unerforschlicher Gott,
und das Volk in Güte gesättigt.
Eine immerfort fließende Quelle der Weisheit
hast du den Dürstenden verheißen.
Erlöser, du bist unser Gott, der Leben
denen schenkt, die an deinen Namen glauben.

Mit fünf Broten hast du gespeist
Tausende, die Hunger litten,
und was übrig blieb nach der Sättigung,
an unzählig viele andere
reichlich verteilt, Erlöser;
und deine Herrlichkeit hast du geoffenbart
deinen heiligen Jüngern.

Wer dein Brot ißt,
wird leben in Ewigkeit,
und wer dein Blut trinkt,

bleibt in dir, mein Erlöser,
und du bleibst in ihm
und wirst ihn auferstehen lassen
bei der letzten Entscheidung.

Kanon am Ostermittwoch, 1. und 7. Ode (Auszüge); Pentekostarion 96. 100

67. FISCH UND TRAUBE –
DIE EUCHARISTIE

Der Herr wird für alle Völker ein Festmahl geben mit den besten und feinsten Speisen, mit besten erlesenen Weinen. *Jesaja 25, 6*

Als Ornament oder als Symbol für Fruchtbarkeit und Glück kommt in unzähligen Variationen in der Kunst der antiken Mittelmeervölker der Weinstock, die Traube und der gekelterte Wein vor. Da der Wein von Christen nicht nur als natürliche Gottesgabe geschätzt, sondern in ihm auch die eucharistische Gabe des Blutes Christi empfangen wird, zierten Weinstöcke, Trauben und Weinbecher schon früh Kirchen, Taufkapellen und Grabanlagen. Ein einzigartig schöner und gut erhaltener Mosaikteppich schmückt den Boden der dem Johannes dem Täufer geweihten Kapelle im russischen Eleona-Kloster auf dem Ölberg. Eine frühharmenische Inschrift aus dem 5. Jahrhundert besagt, daß das Mosaik auf Bitten und zum Gedenken des Bischofs Jakobus angefertigt wurde. In 7 x 5 Feldern, die durch ein Endlosband verbunden und umschlungen sind, erscheinen Wasser- und Feldtiere, Früchte und Vögel (darunter auch ein Straußenpaar), die allegorisch die Botschaft Christi und die Lehre der Kirche veranschaulichen. In einem Doppelfeld sind ein Fisch auf einer Schale und eine rote Traube dargestellt. Diese beiden Gaben überschreiten die gleichnishaften Aussagen der anderen Bilder, sie symbolisieren die eucharistischen Gaben, in denen sich Christus, der große Fisch, den Gläubigen zur Speise und zum Trank für das ewige Leben darreicht.

THOMAS-AKTEN:
DES HEILIGEN GEISTES HERABKUNFT BEI DER EUCHARISTIE

Komm   Heiliger Geist.
Komm,   Kenner der Geheimnisse des Auserwählten.
Komm,   Teilnehmer an allen Kämpfen des edlen Streiters.
Komm,   Schatz der Herrlichkeit.
Komm,   Liebling der Barmherzigkeit des Höchsten.
Komm,   Schweigen, das die Großtaten des Allerhöchsten offenbart.
Komm,   heilige Taube, die Verborgenes enthüllt
*   und die Geheimnisse kundtut,*
*   die die Zwillingsjungen gebiert.*
Komm,   verborgene Mutter,
*   die du durch deine Taten offenbar bist*
*   und Freude spendest und Ruhe für alle, die dir verbunden sind.*
Komm,   nimm mit uns teil an dieser Eucharistie,
*   die wir in deinem Namen begehen,*
*   und an dem Liebesmahl,*
*   zu dem wir auf deinen Ruf hin versammelt sind!*

Thomas-Akten 50; Hennecke-Schneemelcher II, 329

EPHRÄM: ERNEUERUNG IM ZEICHEN VON BROT, WEIN UND ÖL

Auf neuartige Weise wurde Christi Leib mit unserem vereint
und sein reines Blut in unsere Adern gegossen,
seine Stimme ins Ohr, sein Licht ins Auge.
Aus Erbarmen hat er sich ganz mit uns vereint.
Weil er seine Kirche gar sehr geliebt hat,
gab er ihr nicht mehr jenes Manna, das die Nebenbuhlerin aß.
Zum Brot des Lebens ist er selbst geworden, damit sie es esse.

Weizenkorn, Olive und Traube, zu unserem Nutzen erschaffen,
alle drei haben durch ihr Symbol dreifach dir gedient.
Mit drei Arzneien hast du unsere Krankheit geheilt;
denn die Menschheit war durch Leiden geschwächt und erschöpft.
Du hast sie durch dein gesegnetes Brot gestärkt,
durch deinen nüchternen Wein getröstet
und durch dein heiliges Öl erfreut.

Es dankt dir unser Leib, der durch deine Erniedrigung erlöst wurde.
Er war ein verirrtes Schaf, der Löwe hatte ihm nachgestellt und es gerissen;
die Sünde ist das unsichtbar wilde Tier, das ihn zerfleischt hatte.
Als David das Lamm dem Löwen entriß, bewahrte er sein eigenes Leben.
Doch du gabst für unseren Leib deinen Leib
dem Tod, der uns verschlungen hatte, ohne satt zu werden.
Durch dich allein wurde er satt; und er barst.

37. Hymnus über die Jungfräulichkeit, 2 f. 5; CSCO 224, 116 f.

EPHRÄM: DES AUFERSTANDENEN MAHL UND AUFTRAG

Drei Wunder waren zeichenhaft aneinander gereiht,
das Brot, die Fische und das Feuer, von keinem Hauchen angefacht.
Nicht war es Brot, von Menschen unter Schweiß gebacken.
Wem hätte je ein Tisch aus sich heraus Speisen zubereitet!
Fische, gefangen ohne Wasser,
Brot, gebacken ohne Hände,
Feuersglut ohne Holz!

Der Herr der Herde, mit seinen Hirtenknechten zusammen beim Mahl,
nahm und übergab seine Herde Simon, der auf ihn hörte.

Er sprach zu ihm ein erstes, zweites, drittes Mal, die Eindringlichkeit zu steigern.
Drei Zusagen nahm er vom Hirten entgegen,
daß er seine Lämmer in Liebe weiden
und seine Schafe in Liebe betreuen
und seine Schafe in Furcht behüten solle.

Die Apostel sahen, daß sie schwach, arm, gering und ungebildet waren,
während die Erde voll war von Gelehrten und Machthabern.
Da belehrte sie der Herr durch das Feuer, die Fische und das Brot.
Durch das sichtbare Mahl offenbarte er ihnen das kommende.
Denn jener, der Fülle aufhäufte ohne Mühe,
belehrt die Völker ohne Silber durch ungebildete Männer,
die Gefäße seiner Weisheit.

Wink und Befehl dienten dem Allbefehlenden.
Sein starker Wille verfügt über alle Schätze;
er nahm sie in Fülle und häufte sie vor dem Allernährer.
Dieses Mahl war rein, schlicht und geziemend
für unseren Gott, der aß, ohne den Hunger zu kennen,
weil er aus Liebe mit den Menschen zusammenlebte, damit wir verharren
in seiner Wahrheit und Liebe.

36. Hymnus über die Jungfräulichkeit, 5 - 8; CSCO 224, 114

KYRILLONAS: GÖTTLICHES OPFER UND WUNDERBARES MAHL

Das wahre Osterlamm redete voll Freude zu seinen Verzehrern,
der Erstgeborene kündigte seinen Jüngern das Pascha im Speisesaal an.
Unser Erlöser lud sich selbst ein zu seiner Opferung und Blutspendung.
Sein lebenspendendes Brot war nahrhaft und wohl zubereitet.

Seines Leibes Teig war durchdrungen vom Sauerteig seiner Gottheit.
Seine Barmherzigkeit sprudelte hervor und seine Liebe wallte über.
Ein neues Gastmahl hatte er bereitet, dazu lud er seine Hausgenossen ein.
Ein Festessen bereitete er seiner Braut, um ihren Hunger zu stillen.
Unser Herr opferte seinen Leib zuerst selbst,
und erst nachher opferten ihn die Menschen.
Er preßte ihn aus in den Becher der Erlösung,
und nachher preßte ihn auch das Volk am Kreuze aus.
Seht, der König teilt seinen Leib aus; kommt, eßt das Brot der Gnade!
Ihr Blinden kommt, schaut das Licht; ihr Sklaven, empfangt die Freiheit!
Ihr Durstigen, kommt, trinkt das Feuer; ihr Toten, laßt euch das Leben geben!
Wegen des Brotes, welches umsonst verteilt wird,
kann kein Mensch mehr Hungers sterben.
Jesaja rief gewaltig in prophetischem Eifer:
Ohne Geld und ohne Zahlung esset Brot und trinket Wein! (Jes 55, 1)
Er selbst ist das Brot, welches vom Himmel herabgekommen ist.
Wer sah je ein so wunderbares Gastmahl,
bei dem die Menschen sich niederließen mit ihrem Schöpfer!
Wer sah je ein so erhabenes Gastmahl,
an welchem einfache Fischer an dem Ozean Anteil hatten!
Wer sah je ein so staunenswertes Gastmahl,
an welchem die Schlange und ihr Vernichter zusammen bei Tische lagen!
Wer sah je ein so unerhörtes Gastmahl,
an dem der Maulwurf, der Finsternis Sohn, zugleich mit dem Adler teilnahm!
O Wunder und Staunen! Merke auf, Zuhörer,
Fischer und Zöllner liegen mit ihm zu Tisch,
während Engel und Erzengel zitternd vor ihm stehen!
Die Menschen sind Tischgenossen Gottes geworden!

1. Predigt über das Pascha Christi (gekürzt); BKV 6, 30 - 34

Rabbula: Speise zum ewigen Leben

Die ihr im Staube ruht,
trauert nicht über die Zerstörung eurer Glieder!
Denn der lebendige Leib, welchen ihr empfangen,
und das sündentilgende Blut, welches ihr getrunken habt,
vermag euch aufzuwecken
und eure Leiber mit Herrlichkeit zu bekleiden.
Es wird euch als Weg und Brücke dienen,
so daß ihr den Ort der Furcht sicher überschreitet.

Christus, unser Herr, der du zu uns gekommen bist
und durch dein Blut in der Höhe und in der Tiefe
und bis in alle Enden der Welt Frieden gestiftet hast,
verleihe Ruhe den Seelen deiner Diener im verheißenen ewigen Leben!

Urheber des Lebens und Herr der Verstorbenen, gedenke deiner Diener,
welche deinen Leib gegessen und dein Blut getrunken haben
und in der Hoffnung auf dich entschlafen und zur Ruhe gegangen sind!
Wenn du in Herrlichkeit kommen wirst mit deinen hehren Engelscharen,
erwecke sie aus ihren Gräbern, sondere sie aus vom Staube,
kleide sie in das Gewand der Herrlichkeit, stelle sie zu deiner Rechten,
auf daß sie mit dir in den Himmelssaal eingehen
und deiner Gnade Lobpreis darbringen!

Hymnen für die Verstorbenen; Bickel, Schriften der syrischen Kirchenväter (BKV), 267 f.

68. CHRISTI EINZUG IN JERUSALEM –
DIE VOLLENDUNG SEINES WIRKENS

Juble laut, Tochter Zion! Jauchze, Tochter Jerusalem! Siehe, dein König kommt zu dir. Er ist gerecht und hilft; er ist demütig und reitet auf einem Esel, auf einem Fohlen, dem Jungen einer Eselin. *Sacharja 9, 9*

Da die unter Kaiser Konstantin erbaute Basilika in Bethlehem offenbar durch den Aufstand der Samariter im Jahr 525 zerstört worden war, ließ Kaiser Justinian (527 - 565) aus dem alten Mauermaterial bald eine neue Geburtskirche errichten, die noch heute besteht. Die fünfschiffige Basilika mündet im Osten in einer Dreikonchenanlage (Chor mit Apsis und Querhaus mit halbrunden Abschlüssen). Die Kirche wurde ähnlich wie jene in Ravenna mit kostbaren Mosaiken geschmückt, von denen nur noch einige Fragmente erhalten sind; das größte im nördlichen Querschiff stellt Jesu Einzug in Jerusalem am Sonntag vor Ostern (Palmsonntag) dar. Das stark beschädigte Mosaik veranschaulicht und deutet die Botschaft der Evangelien:

Als sich Jesus mit seinen Begleitern Jerusalem näherte und nach Bethphage am Ölberg kam, schickte er zwei Jünger voraus und sagte zu ihnen: Geht in das Dorf, das vor euch liegt; dort werdet ihr eine Eselin angebunden finden und ein Fohlen bei ihr. Bindet sie los und bringt sie zu mir! Und wenn euch jemand zur Rede stellt, dann sagt: Der Herr braucht sie; er läßt sie aber bald zurückbringen. Das ist geschehen, damit sich erfüllte, was durch den Propheten gesagt worden ist: Sagt der Tochter Zion: Siehe, dein König kommt zu dir. Er ist friedfertig, und er reitet auf einer Eselin und auf einem Fohlen, dem Jungen eines Lasttiers (vgl. Jes 62, 11). Die Jünger gingen und taten, was Jesus ihnen aufgetragen hatte. Sie brachten die Eselin und das Fohlen, legten ihre Kleider auf sie, und er setzte sich darauf. Viele Menschen breiteten ihre Kleider auf der Straße aus, andere schnitten Zweige von den Bäumen und streuten sie auf den Weg.

Die Leute aber, die vor ihm hergingen und die ihm folgten, riefen: Hosanna dem Sohn Davids! Gesegnet sei er, der kommt im Namen des Herrn. Hosanna in der Höhe! (vgl. Ps 118, 26 f.) Als er in Jerusalem einzog, geriet die ganze Stadt in Aufregung, und man fragte: Wer ist das? Die Leute sagten: Das ist der Prophet Jesus von Nazareth in Galiläa (Mt 21, 1 - 11).

Der Esel, auf dem Jesus sitzt, ist das Reittier der einfachen Bevölkerung. Als Eselin weist sie auf die Sanftmut und Demut des Friedensfürsten hin; ihre weiße Farbe jedoch ist Zeichen der Vornehmheit. Petrus führt das Tier am Halfter, während die übrigen Jünger (im Bild nicht mehr vorhanden) dem Zug folgen. Aus der Stadt mit ihren prachtvoll gestalteten Mauern ziehen die Einwohner Jesus zur Begrüßung entgegen. Männer und Kinder breiten Kleider auf dem Weg aus oder schlagen Wedel von einer Dattelpalme. Der Eindruck, den dieser Zug erweckt, läßt die Leute in einen Jubelruf auf den erwarteten Messias-König ausbrechen. Das Hosanna (wörtlich: Hilf doch, Gott!) wird zum Jubel, und im Bekenntnis: »Hosanna in der Höhe!« wird der im Himmel thronende Gott als Begründer des messianischen Reiches gepriesen. Jesus »thront« deshalb als der Kyrios und Repräsentant Gottes auf dem Reittier. Er will König der Armen und Kleinen sein, die ihre Hoffnung auf das Reich der Gerechtigkeit und des Friedens in Gott begründet sehen.

JOHANNES-AKTEN: JESU LOBPREIS ZUR EHRE DES VATERS

Ehre sei dir, Vater! Ehre sei dir, Logos! Ehre sei dir, Gnade!
Ehre sei dir, Geist! Ehre sei dir, Heiliger! Ehre sei deiner Herrlichkeit!
Wir preisen dich, Vater! Wir danken dir, Licht, in dem Finsternis nicht wohnt!
Wofür wir aber danken, sage ich:
Gerettet werden will ich, und retten will ich.
Gelöst werden will ich, und lösen will ich.

Verwundet werden will ich, und verwunden will ich.
Gezeugt werden will ich, und zeugen will ich.
Essen will ich, und gegessen werden will ich.
Hören will ich, und gehört werden will ich.
Gedacht werden will ich, der ich ganz Gedanke bin.
Gewaschen werden will ich, und waschen will ich.

Die Flöte will ich spielen, tanzet alle.
Ein Klagelied will ich anheben, schlagt alle an die Brust.
Schmücken will ich, und geschmückt werden will ich.
Geeint werden will ich, und einen will ich.
Eine Leuchte bin ich dir, wenn du mich siehst.
Ein Spiegel bin ich dir, wenn du mich erkennst.
Eine Tür bin ich dir, wenn du an mir klopfst.
Ein Weg bin ich dir, dem Wanderer.
Wenn du tanzt, erkenne, was ich tue, weil dein ist
dieses Leiden des Menschen, das ich leiden werde.
Du könntest gar nicht erkennen, was du leidest,
wenn ich dir nicht als Logos vom Vater gesandt wäre.
Ich hüpfe, du aber begreife das Ganze,
und wenn du es begriffen hast, sage: Ehre sei dir, Vater!
Ehre sei dir, Vater! Ehre sei dir, Logos! Ehre sei dir, Geist! Amen.

Johannes-Akten 94 - 96 (gekürzt); Hennecke-Schneemelcher II, 153 - 157

JAKOBUS-LITURGIE: CHERUBISCHER HYMNUS

Alles sterbliche Fleisch schweige
und stehe mit Furcht und Zittern
und hege keinen irdischen Gedanken!

Denn es kommt der König der Könige,
der Herr der Herren,
Christus, unser Gott,
um geschlachtet
und den Gläubigen zur Speise gegeben zu werden.
Mit allen Herrschaften und Mächten
ziehen die Chöre der Engel vor ihm her,
die vieläugigen Cherubim und die sechsflügligen Seraphim;
sie bedecken ihr Angesicht
und singen mit lauter Stimme den Hymnus:
Halleluja! Halleluja! Halleluja!

Jakobus-Liturgie; BKV 5, 95

EPHRÄM: DER SCHÖPFUNG JUBEL BEI CHRISTI EINZUG IN JERUSALEM

Zum Jubel hat euch eingeladen der Königssohn, der in unser Land kam.
Mit Ölzweigen zieht ihm entgegen und erhebt ihn mit Hosanna;
laßt einmütig Lob emporsteigen zu dem, der eure Feste krönt!
Heute freue sich der Himmel und alle Engelscharen; mit ihrer Schönheit
mögen sie den bekennen, der die Höhe sich neigen ließ und herabstieg.
Heute mögen die Wasser droben laut Hosanna rufen und mit Preis
seinem herrlichen, gewaltigen Namen Gaben des Lobes darbringen.
Heute frohlocke das Firmament und lobe sein göttliches Wesen,
das zur Erde herabstieg, um bei den Irdischen zu wohnen.
Heute freue sich die Sonne, und ihre Strahlen mögen jubeln und danken
der gewaltigen Sonne, die Schöpfung und Welten erleuchtet hat!
Heute strahle der Mond und leuchte mit lobwürdigem Glanz
und bete an seinem Ort den Sohn an, der sich entschloß herabzusteigen.
Heute mögen alle Sterne im Schmuck ihrer Gestalten die Gaben

ihrer Lobpreisungen dem Schöpfer senden, der sie geschmückt hat.
Heute frohlocke die Erde, die Berge sollen hüpfen wie Lämmer
vor dem Königssohn, der sich erniedrigt hat, die Tiefe zu besuchen.
Heute freue sich das Meer, und die Inseln mögen jubeln über den Herrn,
der aus seiner Heimat kam zum erbärmlichen Ort der Menschen.
Heute sollen sich die Wälder freuen und die Äste an ihren Bäumen;
ihre Zweige wurden abgehauen, daß sie zu einem schönen Zeichen werden.
Heute freue sich das Wild, und die Tiere mögen lustig hüpfen;
auf dem Eselsfohlen wurde feierlich geleitet der Himmlische in unserem Land.

3. Predigt, 17 - 22. 75 - 114; CSCO 312, 74 f.

EPHRÄM: HEILUNG DER KRANKEN WELT

Großes Staunen herrschte in Juda
in den Jahren unseres Herrn.
Wer saß auf dem höchsten Berg
und sah unseren Herrn inmitten der Scharen,
die Leiden aus Mitleid heilend ohne Arznei!

Der Lahme springt, der Krüppel tanzt, der Taube hört,
Verwundete werden hergestellt, Kranke geheilt.
Bartimäus freut sich und eilt herbei, und Lazarus gibt Antwort
und kommt hervor aus dem Grabe!

Der Herr öffnete die blinden Augen, licht wurde der Leib.
Er öffnete auch den verschlossenen Mund;
wie Saiten ertönten die Worte.
Er öffnete die Ohren,
und die Stimme erklang im tauben Innern.

Das blinde Auge, das geöffnet wurde,
ist verwirrt, aller Geschöpfe
Schönheit zu sehen; auf das süße Licht
starrt es, um sich daran satt zu trinken
und zu schauen und zu sehen, wem es wohl gleiche.

Der Lahme, der gehen konnte, wußte nicht, ruhig zu stehen,
dessen Mund verschlossen war, der plötzlich sprechen konnte,
verstand nicht, seinen Worten ein Ende zu setzen;
wer seinen Aussatz abgelegt hatte,
konnte nicht genug seinen Leib betrachten.

Arbeitslos wurden in Judäa die Ärzte und Heilkundigen,
liehen Geld, um zu leben, verkauften ihren Besitz, zogen fort.
Unbenutzt blieben Heilwurzeln und Arzneien.
Nur an einem hingen die Menschen;
aus seinen Gewändern kamen die Heilungen.

38. Hymnus über die Kirche, 4 f. 8. 11. 13. 17; CSCO 199, 91 - 94

Isaak von Antiochien: Einklang im Gott-Menschen

Opfer bringe seiner Majestät dar; Milch dagegen gib seiner Kindheit.
Den Stern gib dem Herrn zum Diener; die Knie aber dem Sohn der Mutter.
Die getöteten Kinder bring seinem Namen; seiner Kindheit die Entflohenen.
Die Jungfräulichkeit seiner Mutter teile seinem göttlichen Wesen zu;
die Windeln jedoch seiner Menschheit.
Daß er sich taufen ließ, schreib seiner Sehnsucht nach unserer Heiligung zu;
daß er sich verborgen hat, aber der Tatsache, daß er von uns stammt.
Seinen Hunger teile seiner Ähnlichkeit mit uns zu;

daß er der Speise nicht bedurfte, seiner Ähnlichkeit mit dem Vater.
Das Fasten hat ihn als Mensch erwiesen;
des Bösen Besiegung als den, der er war.
Da er nach Kana ging, war er Gast; als er Wein machte, war er der Herr.
Als er im Schiff schlief, war er Mensch; da er dem Meer drohte, war er Gott.
In des Simeons Haus kam er als Geladener,
der Sünderin aber war er der Erbarmer.
Daß er über seinen Freund weinte, war menschlich,
daß er ihn erweckte, göttlich.
So trafen auch bei seinem Leiden die Schläge die menschliche Natur,
der Leib empfand die Schmerzen, doch wohnte die göttliche Wesenheit in ihm.
Da er auf die Wange geschlagen wurde, galt dies dem Leib;
in ihm aber wohnte die Fülle der Gottheit.
Als man ihn mit Fäusten schlug, wurde das Haupt getroffen;
doch das Haupt dessen, der das Haupt des Himmels ist.
Den Essig kostete jene Zunge, in welcher Geheimnisse verborgen sind.
Der Leib wurde zerfleischt; doch der,
der Wohnung der göttlichen Wesenheit war.
Der Leib legte Kleider an; aber er war auch mit Herrlichkeit bekleidet.
Was der Natur gemäß starb, war der Leib;
aber dasjenige, was nicht starb, erweckte die Toten wieder zum Leben.

2. Gedicht über die Menschwerdung, 295 - 335; BKV 6, 137 f.

ROMANOS: DES ARMEN KINDES WELTHERRSCHAFT

Es preisen Christus, der aus der Jungfrau hervorging,
Berge und Hügel, Täler und Fluren; ein Stern vom Himmel
offenbarte den Magiern den, der als Säugling in einer Höhle lag
und sich bekleidet hat mit dem Fleisch seiner Diener.

Ihm rufen wir zu: Gepriesen sei unser Gott,
der geboren wurde; Ehre sei ihm!

Was bedeutet deine große und unvorstellbare Armut,
durch die Adam reich wurde an göttlichen Gaben?
So sprach die Jungfrau, da sie in den Armen trug den Immanuel,
Gott und Schöpfer, der aus ihr Fleisch angenommen hat.
Ihm rufen wir zu: Gepriesen sei unser Gott,
der geboren wurde; Ehre sei ihm!

Als Kind wurde freiwillig geboren der König, der vor der Zeit ist;
als Sohn wurde er uns geschenkt.
Hört es, Heidenvölker; Israel, vernimm es; erkennt und fügt euch!
Denn mit uns ist der, der sich arm machte und richten wird
auf der Erde jedes Reich und jede Herrschaft,
die sich ihm nicht unterwerfen.
Stichera am 28. Dezember; Anthologion I, 1301 f.

69. BEKEHRUNG DES PAULUS –
DIE BUßE (TRÄNENTAUFE)

Wann darf ich kommen und Gottes Antlitz schauen? Tränen waren mein Brot bei Tag und bei Nacht. *Psalm 42, 3 f.*

Saulus - Paulus, wie ihn nach seiner Geburt in Tarsus in Kilikien, einer Stadt mit griechischer Sprache und Kultur, die Eltern nannten, war hebräischer Herkunft und verbrachte seine Kindheit in hellenistischer, weltoffener Umgebung. Der jüdische Name Saul erinnerte ihn an den ersten König Israels und an seine jüdische Volkszugehörigkeit, und der römische Beiname Paulus betonte seine vom Vater ererbte römische Staatsbürgerschaft. Von Beruf war er Zeltmacher, d. h. er verstand sich auf die Herstellung der mit dem Namen seiner Heimat verbundenen Kilikia, der aus Ziegenhaar gewebten Tuche für Zelte und Mäntel. Sein Studium in Jerusalem und seine Begeisterung für die pharisäische Tradition machten ihn zum fanatischen Verfolger der neuen »jüdischen Sekte« der Jesus-Anhänger. Seine Bekehrung vor Damaskus, verbunden mit der Berufung zum Apostel unter den Heiden, wurde durch eine Erscheinung Christi bewirkt, die ihn zunächst als »Blinden« erwies und nach drei Tagen in der Taufe als »Erleuchteten« bezeugte. (In den östlichen Kirchen heißt bis heute die Taufe Erleuchtung, Photismos.) Das Licht, das ihm aufging, war der auferstandene Christus selbst und die Erkenntnis, daß nicht die Beobachtung der vielfältigen mosaischen Gesetze den Menschen vor Gott gerecht macht, sondern das Heilshandeln des Gekreuzigten und Auferstandenen und das vorbehaltlose Vertrauen auf seine Gnade. Dieses Vertrauen erwies sich bei Paulus im aktiven Handeln, insofern er sich seinem neuen Herrn freiwillig und gänzlich übereignete mit all den Konsequenzen, denen er sich auf seinen Missionsreisen bis zum Tod gestellt hat.
Die Wende im Leben des Saulus-Paulus ereignete sich etwa drei bis fünf Jahre nach Christi Tod. Ein ziemlich zerstörtes Mosaik in der Geburtsbasilika von

Bethlehem hat diesen Augenblick festgehalten; es wurde unter Kaiser Justinian (527 - 565) angefertigt und befindet sich hoch oben auf der Ostwand des rechten Seitenschiffes. Das Bild zeichnet nach, was Lukas überliefert hat: »Als er sich bereits Damaskus näherte, geschah es, daß ihn ein Licht vom Himmel umstrahlte. Er stürzte zu Boden und hörte, wie eine Stimme zu ihm sagte: Saul, Saul, warum verfolgst du mich? Er antwortete: Wer bist du, Herr? Dieser sagte: Ich bin Jesus, den du verfolgst. Steh auf und geh in die Stadt, dort wird dir gesagt werden, was du tun sollst. ... Saulus erhob sich vom Boden. Als er aber die Augen öffnete, sah er nichts. ... Und er war drei Tage blind, und er aß nicht und trank nicht« (Apg 9, 3 - 9). Aus seiner Selbstsicherheit, die ihm die treue Gesetzesbeobachtung zu verleihen schien, zu Boden geworfen, lauscht Paulus im Bild mit weit geöffneten, doch noch blinden Augen der Stimme von oben. Halt suchend, stützt er sich mit der Linken auf der Erde, während seine Rechte zum Himmel erhoben ist, von woher das Licht kommt, das ihn nach drei Tagen zum Sehenden macht, als Hananias ihn in Damaskus aufsucht und tauft: »Er legte Saulus die Hände auf und sagte: Bruder Saul, der Herr hat mich gesandt, Jesus, der dir auf dem Weg hierher erschienen ist; du sollst wieder sehen und mit dem Heiligen Geist erfüllt werden. Sofort fiel es wie Schuppen von seinen Augen, und er sah wieder; er stand auf und ließ sich taufen« (Apg 9, 17 f.). Die Gesamtkomposition des Bildes ist zerstört, doch zeigt das Fragment, daß der Mosaikmaler neben Paulus einen blühenden Rosenstock gesetzt hat. Mit ihren Dornen und Blüten wies die Rose in der Antike hin auf Leidenschaft und Vergänglichkeit, aber auch auf Schönheit und Vollkommenheit. In der christlichen Tradition wurde sie darüber hinaus zum Sinnbild der erneuernden und verwandelnden Kraft des Heiligen Geistes.

Die verwandelnde Geistesmacht hat nicht nur den Verleugner Petrus zum glaubensfesten Hirten und den Verfolger Paulus zum unermüdlichen Glaubensverkünder gemacht; sie ist auch jene Gnade, die Gott allen Sündern zur Umkehr zukommen läßt. Die von Jesus verkündete und praktizierte göttliche

Vergebung fordert von seinen Jüngern die Bereitschaft, nicht nur den Brüdern, sondern auch den Feinden zu vergeben. Wer umkehrt und den Ernst seiner Bekehrung in der Taufe besiegelt, ist ein neuer Mensch. Probleme ergaben sich in der frühen Kirche erst, als Christen das empfangene Taufsiegel durch schwere Sünden wie Glaubensabfall und Götzendienst, Mord und Unzucht verletzten. Auch ihnen wurde die Heilsmöglichkeit nicht abgesprochen, sie mußten aber ihre ernste Umkehr »unter Beweis stellen«, ehe sie von der Gemeinde wieder aufgenommen wurden und ihnen die Versöhnung mit Gott zugesprochen wurde. Praxis der Buße und ihre Dauer sahen in den einzelnen Kirchen recht unterschiedlich aus und können in ihrer Vielfalt hier nicht dargelegt werden. Bußhandlungen wie Fasten, Almosen und Gebete sollten die Echtheit der Umkehr erweisen und das Fürbittgebet der Gemeinde das Bemühen stärken. In den Kirchen des Ostens hatte sich im 3. und 4. Jahrhundert eine Bußordnung herausgebildet, von der noch heute einige liturgische Gebete Zeugnis geben: Die Weinenden flehten im Vorhof der Kirche die Gläubigen um ihre Fürbitte an; die Hörenden durften mit den Katechumenen am Wortgottesdienst teilnehmen; die Knienden empfingen vom Bischof Ermunterung und Segen; die Dabeistehenden durften an der Liturgie teilnehmen, nicht aber am eucharistischen Mahl. Erst wenn alle Stationen in der festgesetzten Bewährungszeit durchlaufen waren, wurden die Sünder in die Kirche, in Christi Leib, voll eingegliedert; mit der Gemeinde und mit Gott versöhnt, durften sie wieder am heiligen Mahl teilnehmen. Nach der ersten Stufe der Weinenden bezeichnete man diese mühevolle »Heimkehr des verlorenen Sohnes« als Tränentaufe.

Der Physiologus beruft sich bei der Aufforderung zum Empfang der Tränentaufe auf angebliche Fähigkeiten des Adlers, mit denen dieser im Alter die verlorene Jugend wiedergewinnt: »Es ist der Adler der König der Vögel. Dieser lebt hundert Jahre und wird alt, sein Schnabel wird zu groß und seine Augen trübe, so daß er nichts mehr sieht und nicht jagen kann. Er steigt endlich ganz hoch hinauf und stürzt sich vom Felsen herab und zerbricht seinen Schnabel und badet sich im Jungbrunnen, dann setzt er sich auf eine Felsenspitze nach der Sonne zu, und wenn die Sonnenwärme stärker auf ihn einstrahlt, fallen ihm die Schuppen von den Augen, und er wird wieder jung. - So sollst auch du, Christenmensch, wenn du viel gesündigt hast, hinauf in die Höhe gehen, das ist dein Gewissen, und dich von dem Felsen stürzen, das ist der rechte Glaube, deinen Schnabel zerbrechen, das ist der Vorwurf der Sünde, dich im Jungbrunnen baden, das sind deine Tränen. Setze dich auf einen Stein der Sonne entgegen, das ist der Heilige Geist, der auf dir die Hitze der Reue stark werden läßt, wirf von dir die Schuppen, das sind die Sünden, und erneuere dich wiederum selbst, und du wirst vor Gott gerecht genannt werden« (Physiologus, Nr. 6). - Auch die volkstümliche Lehre des Physiologus macht deutlich, daß die Tränentaufe der Buße einerseits das Bemühen des Sünders erfordert, andererseits aber bewirken die Kraft und die Gnade des Heiligen Geistes, daß diesem Bemühen Erfolg zuteil wird.

Ephräm: Tränentaufe

Solange noch Tränen in den Augen sind,
laßt uns mit ihnen löschen den Schuldbrief unserer Sünden.

Solange noch Almosen in unserer Hand sind,
laßt uns mit ihnen ausbessern unseres Gewandes Risse.

Solange noch vorhanden ist Wasser, kostenlos,
gebt zu trinken den Becher, der großen Lohn erhalten wird.

Der Sündenschmutz nach deiner Taufe
wird abgewaschen durch das Waschen der Kranken.

Weil es keine zweite Taufe gibt, darf man nicht wieder sündigen;
weil sich trotzdem Schmutz findet, gibt es eine reinigende Besprengung.

Der die Hoffnung gab in der Taufe,
hat, damit sie nicht zerstört werde, auch Sündenvergebung geschenkt.

Härter jedoch ist die Mühe nach deiner Taufe
als die Mühe vor der Taufe.

Wenn jemand entstellt ist durch Wundnarben,
die Taufe reinigt ihn und macht ihn hell.

Die Sünden nach der Taufe dagegen
können nur gewendet werden durch doppeltes Bemühen.

51. Hymnus über die Jungfräulichkeit, 12 f. 16. 18. 21 - 23. 25 f.; CSCO 224, 133 f.

JERUSALEMER LITURGIE: DES PETRUS LEID UND BUSSE

Petrus erkannte die Verleugnung; unter Wehklagen sprach er:
Schlimmer als in den Abgrund unter der Erde sank ich einst hinab;
dort schrie ich, und du, Herr, hast mich gerettet, und ich fand Hilfe.
Jetzt verließ ich wegen der Magd den Retter und gehe zugrunde.
Doch ich rufe unter Tränen zu dir: Langmütiger Herr, Preis sei dir!

Kajaphas fällte das Urteil über dich, Christus, und Petrus kam zu Fall;
der frevelhafte Priester verurteilte dich; der erste Jünger verleugnete dich.
Doch vernahm er aus dem Gesetz, daß du das Fließen
der Tränen nicht übersiehst, da du verborgenen Sünden gnädig bist
und freiwillig das Urteil auf dich genommen hast.
Herr, Preis sei dir!

Aus Furcht vor den Juden verleugnete dich, Herr,
dein Geliebter und Freund; aber unter Wehklagen sprach er:
Übersieh nicht meine Tränen! Denn ich versprach dir, Gütiger,
die Treue zu bewahren, doch ich bewahrte sie nicht.
Nimm auf gleiche Weise auch unsere Buße an
und erbarme dich unser!

Leeb, Gesänge im Gemeindegottesdienst, 245, 256

ROMANOS: RETTUNG DANK DES KÖNIGS GRENZENLOSER LIEBE

Sieh, unser König, der friedfertige und milde,
er reitet auf einem jungen Esel und kommt in Eile herbei,
um zu leiden und vom Leiden zu befreien:
Gottes Wort auf dem wortlosen Tier will die wortbegabten Menschen erlösen.
Auf des Fohlens Rücken er, der auf der Cherubim Schultern thront,
der einst Elija im Feuerwagen emporführte,
der arm aus freiem Willen, obwohl reich von Natur,
der aus Überzeugung schwach, obwohl in allen machtvoll wirkend,
so ließ er sich von allen schauen, die ihm zujubelten: Gepriesen bist du,
der kommt, um Adam heimzurufen!

Ein Lichtwagen ist die Sonne, doch dir ist sie zu Diensten,
strahlend als Gefährt, doch unterworfen ist sie
deinem Befehl, da du ihr Schöpfer und Gott bist.
Doch jetzt erfreute dich ein Fohlen; ich bete an deine Barmherzigkeit!
Einst wurdest du meinetwegen in eine Krippe gelegt und in Windeln gehüllt,
jetzt steigst du auf ein Jungtier, obwohl du den Himmel zum Thron hast.
Dort haben Engel die Krippe umgeben,
hier umstehen die Jünger das Fohlen.

Ehre!, hörtest du damals, doch jetzt: Gepriesen bist du,
der kommt, um Adam heimzurufen!

Geschöpf meiner Hand, antwortete der Schöpfer
denen, die so jubelten, ich wußte, daß machtlos ist
das Gesetz, dich zu retten; deshalb bin ich gekommen.
Nicht das Gesetz konnte dich retten, da es dich nicht geschaffen hat,
auch nicht die Propheten, weil auch sie meine Geschöpfe sind wie du.
Allein mir kommt es zu, dich von der schwersten Schuld zu lösen.
Ich werde verkauft für dich und schenke dir die Freiheit;
ich werde gekreuzigt deinetwegen, und du wirst nicht tot sein;
ich sterbe und lehre dich zu rufen: Gepriesen bist du,
der kommt, um Adam heimzurufen!

War ich nicht den Engeln zugetan? Doch dich, den Bettler, habe ich geliebt.
Ich habe meine Herrlichkeit verborgen, ich, der Reiche, wurde arm
aus freiem Willen; denn dich liebe ich gar sehr!
Ich hungerte, ich dürstete und ertrug Mühen deinetwegen.
Gebirge, Abgründe, Waldesschluchten durchzog ich,
dich zu suchen, den Verirrten.
Lamm ließ ich mich nennen, daß ich mit meiner Stimme
dich locke und heimführe;
und Hirt, da ich ja für dich mein Leben geben will,
um dich der Klaue des Wolfes zu entreißen.
Alles erduldete ich, weil ich will, daß du rufst: Gepriesen bist du,
der kommt, um Adam heimzurufen!

Hymnus zum Einzug in Jerusalem, 2. 7. 11 f.; SC 128, 32 - 46

KOSMAS: BARMHERZIGKEIT UND TRÄNEN DER REUE

Als die Frau das kostbare Salböl
ausgoß über dein, des Herren, göttliches
und ehrfurchtgebietendes Haupt, Christus,
berührte sie deine unbefleckten Füße
mit besudelten Händen und rief:
All ihr Werke des Herrn, preist den Herrn;
lobt und rühmt ihn in Ewigkeit!

Mit Tränen benetzte sie die Füße,
schuldig geworden durch Sünden vor dem Schöpfer,
und trocknete sie mit ihren Haaren;
deshalb erlangte sie Vergebung der Taten,
die sie im Leben verübt hatte, und rief:
All ihr Werke des Herrn preist den Herrn;
lobt und rühmt ihn in Ewigkeit!

Eine heilige Tat war der Lösepreis für ihn,
der ihr edelmütig gesonnen wegen ihrer heilbringenden
Barmherzigkeit und der Quelle der Tränen;
in ihnen durch das Bekenntnis reingewaschen,
schämte sie sich nicht mehr, sondern rief:
All ihr Werke des Herrn, preist den Herrn;
lobt und rühmt ihn in Ewigkeit!

Triodion am Mittwoch der Karwoche, 8. Ode; Anthologion II, 1031 f.

70. MARIA –
DIE BRÜCKE ZWISCHEN HIMMEL UND ERDE

Von Herzen will ich mich freuen über den Herrn; meine Seele soll jubeln über meinen Gott (Jesaja 61, 10).

Außer einigen großflächigen Mosaikfragmenten in der Geburtsbasilika von Bethlehem haben nur zwei Wandgemälde den Bildersturm im Oströmischen Reich (730 - 787 und 813 - 843) überstanden, da sie offensichtlich zu abseits der allgemeinen Zerstörungsaktionen lagen. Es handelt sich um die Apsismosaike der Kirche Panhagia Angeloktistos in Kiti (Kition) bei Larnaka auf Zypern und des Katholikons (Hauptkirche) des Katharinenklosters auf dem Sinai. Sie sollen das Werk über Mosaike und Hymnen der Kirche des syrischen Christentums beschließen.

In der ursprünglichen Frische der Mosaikmalerei erstrahlt noch heute in der Marienkirche von Kiti das Bild Mariens mit dem Kind auf dem Arm. Die Schrift über ihr nennt sie schlicht, wie in der vorikonoklastischen Zeit üblich, »die heilige Maria«. Die Konche, die Wölbung über der Apsis, die das senkrechte Mauerwerk der Wand mit der über dem Altarraum sich ausspannenden Kuppel verbindet, ist der architektonisch sich anbietende Platz, Maria in ihrer Erde und Himmel verbindenden Funktion darzustellen. So erscheint sie in vielen Gotteshäusern der östlichen Christenheit: Mit den Füßen die Waagerechte der Erde berührend, das Haupt bis zur Wölbung der Kuppel erhoben, trägt sie im linken Arm den Allherrscher Christus, den Pantokrator, und weist mit der Rechten auf ihn hin. Durch sie ist er zur Erde herabgestiegen; sie ist die geistige Brücke zwischen Himmel und Erde. Bekleidet ist sie mit dem bläulichen Gewand der irdischen Geschöpflichkeit; darüber trägt sie das Kopf und Schultern bedeckende Maphorion, das in seiner purpurnen Farbe auf ihre göttliche Erwählung hinweist. Dieses Mosaik bringt die Verheißung des Propheten Jesaja bildlich zur Sprache. Maria, die Jungfrau aus irdischem Geschlecht, hat Gott zum Zeichen gesetzt; sie ist Mutter des göttlichen Immanuel: »Der Herr sprach zu König Ahas: Erbitte dir vom Herrn, deinem Gott, ein Zeichen, sei es von unten, aus der Unterwelt, oder von oben, aus der Höhe. Ahas antwortete: Ich will um nichts bitten und den Herrn nicht auf die Probe stellen. Da sagte Jesaja: Hört her, ihr vom Haus David! Genügt es euch nicht, Menschen zu belästigen? Müßt ihr auch noch meinen Gott belästigen? Darum wird euch der Herr von sich aus ein Zeichen geben: Seht, die Jungfrau wird ein Kind empfangen, sie wird einen Sohn gebären, und sie wird ihm den Namen Immanuel (Gott mit uns) geben« (Jes 7, 10-14).

In Mariens Arm thront, in ein goldenes Gewand gehüllt, Zeichen seiner Göttlichkeit, der Kyrios Christus, der die Finger seiner Rechten zum Segen geformt hat und in der Linken die Schriftrolle trägt, das Buch der Heilsbotschaft und des Lebens. Michael und Gabriel neigen sich vor ihm, denn er ist der Starke Gott, der Fürst des Friedens, wie ihn Jesaja in seiner Botschaft von der anbrechenden Gottesherrschaft nennt:

Das Volk, das im Dunkel lebt, sieht ein helles Licht; über denen, die im Land der Finsternis wohnen, strahlt ein Licht auf. Du erregst lauten Jubel und schenkst große Freude. ... Denn uns ist ein Kind geboren, ein Sohn ist uns geschenkt. Die Herrschaft liegt auf seiner Schulter; man nennt ihn: Wunderbarer Ratgeber, Starker Gott, Vater in Ewigkeit, Fürst des Friedens. Seine Herrschaft ist groß, und der Friede hat kein Ende. Auf dem Thron Davids herrscht er über sein Reich; er festigt und stützt es durch Recht und Gerechtigkeit, jetzt und für alle Zeiten. Der leidenschaftliche Eifer des Herrn der Heere wird das vollbringen (Jes 9, 1 f. 5 ff.).

EPHRÄM: MARIENS FREUDE

An der himmlischen Schar, zum Lobe entsandt,
an der strahlenden Zeit, für die Rettung bestimmt,
an dem gepriesenen Tag, für Freuden ausgespart,
will ich teilnehmen in Liebe, will auch ich frohlocken.
In reinen Liedern will ich ihn preisen
und in heiliger Melodie ihm lobsingen;
jenes Kind, das uns erlöst hat, will ich rühmen!

Die Mutter, die es gebar, ist der Erwähnung würdig;
der Schoß, der es trug, ist der Segensworte würdig,
auch Josef, der aus Güte Vater genannt wurde
des wahren Sohnes, dessen Vater der Gepriesene ist,
des Hirten aller Geschöpfe, der gesandt wurde
nach dem Schaf, das sich verirrte und verlorenging;
und er trug es triumphierend und führte es in die Hürde.

Mehr als alle, die er heilte, hat er mich erfreut; denn ich empfing ihn.
Mehr als alle, die er erhob, hat er mich erhoben, denn ich gebar ihn.
In sein Lebensparadies werde ich eingehen
und dort, wo Eva unterlag, will ich ihn preisen.
Denn er hatte Wohlgefallen an mir vor allen erschaffenen Frauen,
daß ich ihm Mutter sei, weil er es wollte,
und er mir Kind, weil es ihm gefiel.

Mit dem Munde der glorreichen unschuldigen Kinder danke ich dir,
daß ich aufnehmen durfte das Kind,
des Unsichtbaren Sohn, da er sichtbar wurde.
Und in die gewaltige Höhe trage er mich mit den Heiligen empor,

damit ich ihn lobe in den breiten, weiten Himmeln,
die voll sind von seiner Herrlichkeit, doch nicht imstande,
in sich einzuschließen die Größe
dessen, der sich herabließ und klein wurde in der Krippe.

2. Hymnus zu Christi Geburt, 1. 6 f. 9; CSCO 187, 12 - 14

EPHRÄM: JOSEFS WIEGENLIED

Es liebkoste Josef den Sohn (Gottes) als kleines Kind;
er diente ihm als Gott,
freute sich seiner, des Gütigen,
und scheute sich vor ihm, dem Gerechten.
Welch große Verwirrung!

Wer gab mir die Gnade, Sohn des Allerhöchsten,
daß du mir Sohn seist?
Ich eiferte gegen deine Mutter, wollte sie verstoßen;
ich wußte ja nicht, daß in ihrem Leib der große Schatz sei,
der meine Armut im Nu reich gemacht hat.

David, der König aus meinem Geschlecht, trug das Diadem.
In tiefe Traurigkeit aber bin ich gesunken;
statt König bin Zimmermann ich geworden.
Da wurde mir eine Krone zuteil:
In meinen Armen ruht der Herr der Kronen!

5. Hymnus zu Christi Geburt, 16 -18; CSCO 187, 41

EPHRÄM: DER MENSCHEN NEUGESTALTUNG

Die Jungfrau hat heute geboren den Immanuel zu Bethlehem;
das Wort, das Jesaja sprach, - heute wurde es verwirklicht (Jes 7, 14).

Adam schob die Schuld auf die Frau, die aus ihm hervorgegangen;
heute hat die Frau ihm die Schuld gelöst, da sie ihm den Erlöser gebar.

An diesem Tag der Erlösung laßt uns unsere Worte wählen,
nichts Überflüssiges sprechen, um ihn nicht zu verlieren!

Dies ist die Nacht der Versöhnung, in ihr sei niemand erzürnt und finster;
in dieser alles befriedenden Nacht finde sich keiner, der droht und lärmt!

Dies ist die Nacht des Milden, in ihr sei niemand bitter und heftig;
in dieser Nacht des Demütigen sei keiner stolz und hochmütig!

An diesem Tag der Verzeihung laßt uns kein Vergehen rächen;
an diesem Tag der Freuden laßt uns nicht Schmerzen austeilen!

An diesem Tag, da gekommen ist Gott zu den Sündern,
erhebe sich nicht in Gedanken der Gerechte über den Sünder!

An diesem Tag, da gekommen ist der Herr des Alls zu den Knechten,
mögen sich auch die Herren herablassen zu ihren Knechten in Liebe!

An diesem Tag, da arm wurde der Reiche um unseretwillen,
soll auch der Reiche teilnehmen lassen den Armen an seinem Tisch!

An diesem Tag erschien uns ein Geschenk, um das wir nicht baten;
nun wollen wir Almosen geben denen, die laut darum bitten.

Dies ist der Tag, der uns geöffnet hat das Tor in der Höhe für unsere Gebete;
auch wir wollen Türen öffnen denen, die gefehlt und um Verzeihung bitten!

Heute hat die Gottheit sich selber der Menschheit eingeprägt;
damit die Menschheit sich schmücke mit dem Siegel der Gottheit!

1. *Hymnus zu Christi Geburt, 2. 87 - 90. 92 -96. 99; CSCO 187, 1 - 3. 10 f.*

KYRILLONAS: EVAS HEIMHOLUNG DURCH IHRE TOCHTER MARIA

Eva unterlag, als der böse Rat bei ihr Eingang fand,
der sie zur Fremden machte; als aber die heilige Maria erschien,
brachte sie den ursprünglichen Glanz ihr wieder zurück.
Die Schlange mischte heimlich die Sünde
mit dem Blut des Todes und reichte Eva die Mischung;
damit sie aber nicht vor dem Trank erschaudere,
tränkte sie sie mit der Sündenschuld unter dem Schein der Freundschaft.
Im Paradies heftete sich die Sünde an Eva
und trieb sie aus dem Garten, als sie unterlegen war;
weil sie der Schlange geneigtes Ohr geliehen hatte,
ward sie jenem Garten entfremdet.
Die fußlose Schlange lähmte auch Evas Gang;
da diente Maria ihrer Mutter statt des Fußes.
Die Jüngere trug die Ältere,
damit sie in ihrer ursprünglichen Wohnstätte wieder das Leben atmen.
Eva wurde alt und ward gebeugt,
da gebar sie Maria und ward wieder verjüngt;

721

denn die Geburt ihrer Tochter übernahm es,
die Schuld der Ahnfrau wiedergutzumachen.
Eva hatte damals in unser Gebilde
den Sauerteig des Todes und des Jammers verborgen;
da erschien Maria und nahm ihn hinweg,
damit nicht die ganze Schöpfung verderbt werde.
Gott verbarg seine Fluten in der Jungfrau,
das Leben strömte aus der Glorreichen;
seine Ströme flossen aufwärts zu den Bergen
und erhöhten die Tiefen und Täler über ihr.
Die Kunde von dem Sohne stürzte den Bösen.
Die Gnadenvolle trug das Heil,
ihre Hände legten es in die Krippe; die Völker genossen es,
und durch seinen Genuß ward der Schlangenbiß geheilt.

Hymnus über des Zachäus Bekehrung (gekürzt); BKV 6, 23 f.

RABBULA: IN BILDERN VORHERGESCHAUTE JUNGFRAU MARIA

Gegrüßet seist du, heilige Gottesmutter Maria,
wunderbares und ehrwürdiges Schatzhaus der ganzen Welt.
hellstrahlende Leuchte, Wohnstätte des Unbegreiflichen,
reiner Tempel des Schöpfers aller Kreatur!
Gegrüßet seist du!
Denn durch dich ist uns derjenige kund geworden,
welcher die Sünden der Welt hinweggenommen und sie erlöst hat.

Auf dem Berge Horeb sah dich, heilige Jungfrau,
der staunenswerte Prophet Mose,
als das Feuer im Dornbusch weilte und loderte,

ohne daß dieser verbrannt wurde.
Dich bezeichnet auch die vom gerechten Jakob
in der Einöde geschaute Leiter,
auf welcher die Engel des Himmels hinauf- und herabstiegen.
Des Isais Sohn David ergriff seine geistliche Zither und begann zu singen,
daß Gott gleich einem mild auf die Erde herabfallenden Regen
herabkommen und in der Jungfrau wohnen werde (2 Sam 23, 1 ff.).
Es mögen nun kommen die hebräischen Mädchen und Jungfrauen,
ihre Handpauken schlagen in heiligem Geist
vor dem Königssohne und zu dir sprechen:
Selig bist du, Maria; denn was für einen Sohn hast du geboren!

Wie sollen wir dich preisen, Demütige,
die du allein in jeder Beziehung heilig bist,
die du allen Gläubigen Hilfe und Stärke verleihst!
Denn wir alle in dieser Welt schauen aus
und erwarten die Hoffnung auf Heil von dir, Demütige.
Stärke unseren Glauben und verleihe Frieden der ganzen Welt!
Dafür wollen wir Gläubige dich preisen
als den Cherubim-Thron Gottes und sein Ruhegemach in der Zeit.
Bitte und flehe für uns alle,
daß unsere Seelen vor dem künftigen Gericht errettet werden!

Marien-Hymnen; Bickel, Schriften der syrischen Kirchenväter (BKV), 259 f.

BALAI: SELIG, DIE GOTTES SOHN GEBOREN

Lob sei dem Vater, der seinen eingeborenen Sohn gesandt hat,
welcher aus Maria aufging, der uns vom Irrglauben erlöst
und ihr Andenken im Himmel und auf Erden verherrlicht hat.

Selig bist du, Maria; denn du hast ihn empfangen.
Selig bist du; denn du hast ihn geboren.
Selig bist du; denn du hast ihn gestillt, den Allernährer.
Selig, denn auf deinem Schoß hast du jenen Gewaltigen getragen,
der die Welt trägt durch seine Macht und alles lenkt.
Selig bist du, Gepriesene; denn deine Lippen haben jene Glut geküßt,
die Adams Nachkommen verzehrt.
Selig bist du; denn aus deinem Schoß leuchtete ein Glanz hervor
und überstrahlte den ganzen Erdkreis, und dieser singt dir sein Lob.
Selig bist du; denn mit deiner Milch hast du Gott ernährt,
der in seiner Barmherzigkeit klein geworden ist,
um die Elenden groß zu machen.

Heil dir, unsere Zuflucht! Heil dir, unser Ruhm!
Durch dich ist unser Geschlecht zum Himmel erhöht worden.
Bitte Gott, der aus dir geboren ward,
daß er seiner Kirche Frieden und Ruhe sende!
Möge er durch die Kraft deines Gebetes, Mutter des Allerhöchsten,
der Erde und ihren Bewohnern völligen Frieden gewähren!

Gebet zur Jungfrau Maria 13 - 54; BKV 6, 94 f.

JAKOB VON BATNA: GOTTES VERTRAG MIT DER MENSCHHEIT

Als unser Herr zur Erde hinabstieg, sah er alle Frauen
und erwählte sich eine, welche ihm unter allen am wohlgefälligsten war.
Er prüfte sie und fand in ihr Demut und Heiligkeit,
lautere Gesinnung und eine gottliebende Seele,
ein reines Herz und keine anderen als die vollkommensten Gedanken.
Deshalb sandte er einen Engel von den himmlischen Legionen,

damit er der Seligen, Schönheitsvollen die Botschaft bringe.
Gabriel, der gewaltige Fürst der Himmelsheere, machte sich auf den Weg
und stieg zu ihr herab, vom Höchsten gesandt.
Sie allein war würdig des großen Geheimnisses,
welches ihr durch göttliche Offenbarung mitgeteilt werden sollte.
Ein wundervoller Augenblick war es,
als Maria dastand und sich mit dem Engel unterredete.
Die demütige Tochter der Armut und der Engel begegneten sich
und hielten eine ganz staunenswerte Unterredung.
Die reine Jungfrau und der strahlende Engel
führten die wunderbare Unterhaltung,
welche den Frieden zwischen Himmel und Erde wiederherstellte.
Eine aus der Zahl der Frauen schloß mit dem Fürsten aller Engelscharen
einen Vertrag über die Aussöhnung der ganzen Welt.

Statt jener Schlange begann jetzt Gabriel die Unterredung,
und statt Evas hörte Maria sie an.
Statt des Lügners, welcher durch seinen Betrug den Tod brachte,
stand der Wahrhaftige da, um durch seine Botschaft das Leben zu verkünden;
und für die Mutter, welche unter den Bäumen den Schuldbrief unterschrieben,
trat die Tochter ein, welche die ganze Schuld ihres Vaters Adam einlöste.
Die Schlange und Eva sind in den Engel und Maria umgeändert,
und die zu Anbeginn verwickelte Sache ist wieder in Ordnung gebracht.
Siehe, wie Eva der Schlange geneigtes Ohr leiht
und auf die Stimme des Betrügers horcht, der ihr Lügen zulispelt.
Komme auch und freue dich darüber, wie der Engel Leben in ihr Ohr gießt,
sie von der Umwindung der Schlange befreit und ihr Trost verleiht.
Gabriel baute das von der Schlange zerstörte Gebäude wieder auf,
und Maria errichtete wieder das von Eva im Paradies eingerissene Haus.
Die von der Schlange aufgebaute Mauer der Sünde zerstörte der Sohn Gottes

bei seiner Herabkunft, auf daß sie nie wieder hergestellt werde.
Den zwischen beiden Teilen errichteten Zaun
riß er bei seinem Herabsteigen ein,
damit Frieden zwischen den Irdischen und Himmlischen gestiftet werde.
Deshalb bot der Engel Maria den Friedensgruß als Unterpfand
des vollkommenen Friedens für die ganze Welt.

Gedicht über die Jungfrau Maria (gekürzt),; BKV 6, 290 - 292

JERUSALEMER LITURGIE: DES GÖTTLICHEN HEILES MYSTERIUM

Deine Geburt, Gottesgebärerin,
hat der ganzen Welt Freude kundgetan;
denn aus dir ist aufgegangen die Sonne der Gerechtigkeit,
Christus, unser Herr.
Er hat den alten Fluch aufgehoben und Segen gespendet.
Er hat den Tod vernichtet und uns ewiges Leben geschenkt.

Schrecklich, wunderbar und groß ist das Mysterium!
Der Unfaßbare wurde in einen Leib gefaßt,
und die Mutter blieb nach der Geburt Jungfrau.
Gott hat sie geboren, der aus ihr Fleisch annahm.
Ihm rufen wir zu, ihm singen wir den Hymnus,
wenn wir mit den Engeln singen:
Heilig bist du, Christus, Gott,
der du unseretwegen Mensch wurdest.
Preis sei dir!

Leeb, Gesänge im Gemeindegottesdienst, 48. 123

Romanos: Marias Gespräch mit dem Engel und mit Josef

Unter das Dach der Ehrwürdigen trat der Himmelsbewohner
mit diesen Worten;
er sprach zur Unvermählten: Gegrüßet seist du; der Herr ist mit dir!
Das Mädchen aber wagte nicht, des Strahlenden schöne Gestalt anzublicken,
sondern neigte zu Boden sogleich das Haupt und schwieg.
Gedanken an Gedanken knüpfte sie und verband Überlegung mit Überlegung
und rief dann:
Was ist das, was ich schaue? Was soll ich denken?
Die Art des Feuers, doch die Stimme eines Mannes hat, der vor mir steht;
er verwirrt mich und ermutigt mich, da er zu mir spricht:
Freue dich, unvermählte Braut!

Da Maria solchen Brennstoff an Bedenken in ihrem Herzen häufte,
hauchte der Feurige, verbrannte wie Laub die Furcht und sprach:
Du Strahlende, sei ohne Furcht; denn Gnade fandest du beim Herrn!
Sei ohne Furcht vor dem Diener; den Schöpfer dir zu bringen bin ich da!
Du sollst einen Sohn gebären!
Warum verwirrt dich meine feuerartige Erscheinung?
Du sollst den Herrn gebären! Warum fürchtest du deinen Mitknecht,
da ich doch vor dir erschaudere wegen der kommenden Ereignisse?
Sie sind mir anvertraut, geben mir Mut; ihretwegen kam ich und sprach zu dir:
Freue dich, unvermählte Braut!

Von oben kamst du wahrhaftig.
Verzeih, jetzt erkenne ich dich; in Furcht war ich befangen.
Deine Schönheit, dein Anblick, deine Stimme haben mich gar sehr erschreckt.
Wärst du nicht von oben, hättest du nicht die Worte der Schrift erklärt.
Doch da du aus dem Lichte bist, gibst du allen dunklen Weissagungen Klarheit.

Es geschehe mir also, was du soeben gesagt; denn du besitzt die Wahrheit.
Es geschehe mir, Engel, es geschehe mir dein Wort!
Ich bin die Magd dessen, der dich gesandt; sag, was er will.
Er wird in mir wohnen und mich bewahren, damit ein jeder zu mir spricht:
Freue dich, unvermählte Braut!

Als auftragsgemäß Gabriel gesprochen und der Jungfrau Antwort vernommen,
flog er empor und gelangte zur feurigen, strahlenden Wohnung.
Das Mädchen aber ließ sogleich Josef holen und sprach:
Wo warst du, Weiser? Wieso hast du nicht meine Jungfräulichkeit behütet?
Es kam ein Flügelwesen und brachte Brautgeschenke,
Perlen für meine Ohren.
Er hat mir Worte geflochten wie Ohrgehänge!
Sieh doch, wie er mich schön gemacht, wie er mich hiermit geschmückt hat;
was er zu mir sagte, Verehrungswürdiger, was er mit wenigen Worten sprach:
Freue dich, unvermählte Braut!

Als Josef die von Gott geschmückte Jungfrau sah, die voller Gnaden,
erbebte, erstaunte, erschrak er und dachte in seinem Geist:
Woher stammt sie?, sprach er; heute sieht sie mir nicht wie gestern aus!
Furchterregend und lieblich erscheint, die mir angehört;
sie zieht mich in ihren Bann.
Auf Feuersglut und Schneegestöber schaue ich, auf Paradies und Schmelzofen,
auf einen rauchenden Berg, auf eine göttliche Blume,
auf den schauervollen Thron
und den mitleidswerten Schemel des Allerbarmers.
Die ich zu mir nahm, behielt ich nicht; wie soll ich nun zu ihr sprechen:
Freue dich, unvermählte Braut!

Hymnus zur Verkündigung, 3 f., 11 - 13; SC 110, 24 - 34

JOHANNES VON DAMASKUS: TOD UND LEBEN DURCH EINE FRAU

Freue dich, Jerusalem! Feiert alle ein Fest, die ihr Zion liebt!
Heute wurde die seit alters bestehende Fessel Adams gelöst.
Das Paradies wurde geöffnet und die Schlange daraus entfernt.
Sie betrog einst eine Frau; nun aber muß sie erfahren,
daß eine Frau des Schöpfers Mutter ward.
O Tiefe des Reichtums, der Weisheit und der Erkenntnis Gottes!
Eine Frau, die allem Fleisch den Tod vermittelt hat als Werkzeug der Sünde,
wurde zur Erstlingsgabe des Heils für alle Welt in der Gottesgebärerin!
Als Kind wurde von ihr geboren der vollkommene Gott.
Durch seine Geburt hat er die Jungfräulichkeit besiegelt
und der Sünde Banden gelöst durch seine Windelbinden;
sein Kindsein hat geheilt der Eva Geburtsschmerzen unter Kummer.
Freue dich also, jegliche Schöpfung, und tanze!
Denn dich heimzurufen, ist Christus gekommen,
und zu retten unsere Seelen!

Sticheron im Nachtgottesdienst zum 25. Dezember; Anthologion I, 1262

THEOPHANES: DER GEGENSÄTZE EINHEIT

Öffnen will ich meinen Mund; voll des Geistes soll er werden;
eine Rede will ich halten für die königliche Mutter.
Sehen soll man mich bei fröhlicher Feier;
freudig besingen will ich die Empfängnis.

Singen soll dir, Herrin, und des Geistes Lyra schlagen
dein Urahn David: Vernimm, Tochter,
die freudenvolle Stimme des Engels;
Freude verkündet er dir unaussprechlicher Art.

Ich rufe voll Freude dir zu, neige dein Ohr und höre mir zu,
der dir verkündet Gottes Empfängnis ohne Zeugung.
Gefunden hast du ja Gnade vor dem Herrn,
wie niemals sie gefunden eine andere Frau, Allheilige!

Bekannt soll mir sein, Engel, deiner Worte Bedeutung.
Doch wie soll geschehen, was du sagst? Sage mir ganz klar,
wie ich empfangen soll, da Jungfrau ich bin und Mädchen,
und wie ich gebären werde als Mutter deines Schöpfers!

Daß voller Trug ich gesprochen, denkst du, wie es scheint;
doch freue ich mich, wenn ich bemerke deine Vorsicht.
Sei voller Zuversicht, Herrin! Nach Gottes Willen
wird leicht vollbracht, was gegensätzlicher Art!

Kanon zur Verkündigung, 1. Ode; Anthologion II, 1521 f.

71. ENGEL –
DIE BOTEN GOTTES

Lobet den Herrn, ihr seine Engel, ihr starken Helden, die seine Befehle vollstrecken, seinen Worten gehorsam.   *Psalm 103, 20*

Das Vertrauen auf das heilbringende Wirken der von Gott gesandten Engel ist im Alten Testament grundgelegt. Als Gottes Boten, das bedeutet ja Engel, stehen diese Geistwesen den Menschen zur Seite, um sie vor dämonischen Einflüssen und satanischen Mächten zu schützen. Einzelne werden in der Bibel mit Namen genannt: Michael - Wer ist wie Gott?; Gabriel - Kraft Gottes; Raphael - Gott heilt. Auch im Leben Jesu und der Urkirche wird ihre heilvermittelnde Macht bezeugt. Die Engel gelten als Gottes Erstgeschöpfe, als der Abglanz seiner Herrlichkeit, als seine Lichtgedanken.

Auf dem Apsismosaik der Marienkirche von Kiti auf Zypern ist Gabriel in weiße Gewänder gehüllt, Sinnbild der ihm von Gott verliehenen Heiligkeit, und seine Flügel sind geschmückt mit dem Muster der Pfauenfeder; symbolisiert doch der Pfau mit seinem Federkleid Unsterblichkeit und ewiges Leben. In des Engels Hand schwebt eine Kugel, geschmückt mit Kreuz und Christusmonogramm. Sie versinnbildet den göttlichen Lichtgedanken, der die Engel durch Christus, Gottes schöpferisches Wort, ins Dasein gerufen hat, damit sie seine Güte in die sichtbare Schöpfung hineinstrahlen lassen. Die smaragdgrüne Farbe der Kugel deutet die blühende Jugendlichkeit der himmlischen Geschöpfe an. Ausdruck der geistigen Macht des Engels ist der Heroldsstab; er ist ihm wie ein Bischofsstab zum Zeichen seiner Fürsorge und Verantwortung anvertraut.

Die Vertreter der himmlischen Mächte, Gabriel und Michael (dessen Darstellung rechts von Maria leider fast völlig zerstört ist), gehen schwungvollen

Schrittes auf die Gottesgebärerin zu, in deren Arm das fleischgewordene göttliche Wort thront. Die geistigen Liturgen beten den Logos an, durch den sie erschaffen wurden, und verehren zugleich in seiner Mutter ihre Herrin und Königin. Sie huldigen der Frau, die »die allherrliche Wohnung dessen ist, der über
den Cherubim und Seraphim thront«; als geistige Brüder der Menschen preisen sie »den Hafen für jene, die noch das Meer des Lebens durchfahren« (Aka-
thistos- Hymnos, 15. und 17. Troparion; Anthologion III, 1603 f.).

JAKOBUS-LITURGIE: DER HIMMLISCHEN MÄCHTE LOBGESANG

Wahrhaft würdig und recht, geziemend und nützlich ist es,
dich zu loben, dir zu singen, dich zu preisen,
dich anzubeten, dich zu verherrlichen und dir Dank zu sagen,
dem Schöpfer der sichtbaren und unsichtbaren Welt,
dem Hort der ewigen Güter,
der Quelle des Lebens und der Unsterblichkeit,
Gott und Herrscher über das All!
Dich preisen die Himmel der Himmel und all ihre Mächte,
Sonne, Mond und der ganze Chor der Gestirne,
die Erde, das Meer und alles, was in ihnen lebt;
Jerusalem, die himmlische Festversammlung,
die Kirche der Erstgeborenen, die im Himmel aufgezeichnet sind,
die Geister der Gerechten und der Propheten,
die Seelen der Martyrer und der Apostel,
die Engel, die Erzengel, die Throne,
die Herrschaften und die Fürstentümer,
die Mächte und die furchterregenden Gewalten,
die vieläugigen Cherubim
und die sechsflügligen Seraphim, die mit zwei Flügeln schweben,

mit zweien ihr Antlitz und mit zweien die Füße bedecken.
Sie alle rufen mit nimmermüdem Mund
einander den nie verstummenden Lobpreis zu;
mit heller Stimme singen, rufen, lobpreisen, verkünden und sprechen sie
das Siegeslied deines herrlichen Ruhmes:

Heilig, heilig, heilig ist der Herr der Heerscharen.
Himmel und Erde sind voll seiner Herrlichkeit.
Hosanna in der Höhe!
Gelobt sei, der da kommt im Namen des Herrn.
Hosanna in der Höhe!

Jakobus-Liturgie; BKV 5, 104

EPHRÄM: DER ENGEL FREUDE ÜBER DIE GETAUFTEN

Es leuchteten eure Gewänder, meine Brüder, wie der Schnee,
und ihr erstrahltet schön wie die Engel.

Wie Engel seid ihr, meine Geliebten, herausgestiegen
aus dem Jordan in der Rüstung des Heiligen Geistes.

Es freuen sich die Engel, es frohlocken die Irdischen
an eurem Hochzeitsfest, meine Brüder, bei dem es keine Unreinheit gibt.

Unverwelkliche Kränze wurden euch auf das Haupt gesetzt;
zu jeder Stunde möge Lob singen euer Mund!

Es werde für euch der Vater zur festen Mauer,
der Sohn zum Erlöser und der Geist zum Bewahrer!

6. Marienhymnus, 1 f. 8. 11. 14; CSCO 187, 207 f.

EPHRÄM: VERMITTLUNG DURCH CHRISTUS

Die Heerscharen des Himmels
stehen alle unter Christi Befehl.

Sie können den Vater nicht schauen
ohne den Erstgeborenen, ihren Befehlshaber.

Sie wurden ja auch nicht ohne ihn
erschaffen, als sie geschaffen wurden.

Das Auge kann das Licht aufnehmen,
und dadurch wird der ganze Leib licht.

Das Ohr ist für die Stimme bereitet,
und durch dieses hören die anderen Glieder.

So schauen durch Vermittlung des Sohnes,
der aus dem Vater kommt, die Engel den Vater.

Durch ihn hören sie auch seine Stimme,
durch ihn empfangen sie seine Gabe.

Der Sohn ist an des Vaters Brust in Liebe umarmt,
und er ist zu seiner Rechten thronend.

Er liebt den Vater, auf ihn blickt er;
zu gewaltig ist seine Herrlichkeit für seine Geschöpfe.

Nicht können die Engel ihn schauen;
Mose, dessen Gesicht strahlte, belehre dich!

Wenn vor des Mose, eines Menschen,
Anblick das Volk versagte,

wer könnte Gottes Wesen schauen!
Nur der Eine, der aus ihm ist, kann ihn schauen.

Schweigend beten die Engel an;
laut rufen die Seraphim ihr Heilig.

Die Cherubim erglühen in Ehrfurcht;
wie Räder eilen die Thronwesen im Lichtglanz.

Sie alle beten von ferne
durch den sichtbaren Sohn den unsichtbaren Vater an.

1. Predigt über den Glauben, 41 -55. 79 -87. 109 - 113; CSCO 213, 2 - 5

JOHANNES VON DAMASKUS: EHRE DEM KÖNIG DER ENGEL

Aufgenommen wurdest du in Herrlichkeit, König der Engel,
um den Tröster uns vom Vater zu senden;
darum wollen wir rufen: Ehre, Herr, sei deiner Auffahrt!

Als auffuhr der Retter zum Vater im Fleisch,
erschraken vor ihm die Heere der Engel
und sie riefen: Ehre, Herr, sei deiner Auffahrt!

Die Mächte der Engel riefen den höheren Mächten zu:
Die Tore macht weit für Christus, unseren König,
den wir preisen zusammen mit dem Vater und dem Geist!

Kanon zu Christi Himmelfahrt, 4. Ode; Anthologion III, 518

KOSMAS: KOSMISCHE FREUDE

Die auf freiem Feld wachenden Hirten erlebten
erschreckende Lichterscheinungen, des Herren Herrlichkeit
umstrahlte sie, und ein Engel rief:
Singt Lieder; Christus wurde geboren!
Gott unserer Väter, gepriesen bist du!

Plötzlich bei der Kunde des Engels
haben die Heerscharen des Himmels laut gerufen:
Ehre sei Gott in der Höhe, auf Erden Friede,
unter den Menschen Wohlgefallen: Christus ist aufgestrahlt!
Gott unserer Väter, gepriesen bist du!

Was für eine Kunde ist das? So sprachen die Hirten.
Laßt uns hingehen und schauen das neugeborene Kind,
den göttlichen Christus.
Nach Bethlehem kamen sie und verehrten ihn
zusammen mit der Mutter und sangen das Lied:
Gott unserer Väter, gepriesen bist du!

Weihnachtskanon, 7. Ode; Anthologion I, 1270

72. CHRISTI VERKLÄRUNG –
DIE VOLLENDUNG DER SCHÖPFUNG

Der Herr ist König. Die Erde frohlocke. Seine Gerechtigkeit verkünden die Himmel, seine Herrlichkeit schauen alle Völker. *Psalm 97, 1. 6*

»Sechs Tage danach nahm Jesus Petrus, Jakobus und Johannes beiseite und führte sie auf einen hohen Berg, aber nur sie allein. Und er wurde vor ihren Augen verwandelt; seine Kleider wurden strahlend weiß, so weiß, wie sie auf Erden kein Bleicher machen kann. Da erschien vor ihren Augen Elija und mit ihm Mose, und sie redeten mit Jesus. Petrus sagte zu Jesus: Rabbi, es ist gut, daß wir hier sind. Wir wollen drei Hütten bauen, eine für dich, eine für Mose und eine für Elija. Er wußte nämlich nicht, was er sagen sollte, denn sie waren vor Furcht ganz benommen. Da kam eine Wolke und warf ihren Schatten auf sie, und aus der Wolke rief eine Stimme: Das ist mein geliebter Sohn, auf ihn sollt ihr hören. Als sie dann um sich blickten, sahen sie auf einmal niemand mehr bei sich außer Jesus. Während sie den Berg hinabstiegen, verbot er ihnen, irgend jemand zu erzählen, was sie gesehen hatten, bis der Menschensohn von den Toten auferstanden sei. Dieses Wort beschäftigte sie, und sie fragten einander, was das sei: von den Toten auferstehen« (Mk 9, 2 - 10).

Die Perikope von der Verklärung atmet bereits den Geist der Auferstehung Christi und ist von diesem Ereignis geprägt. Der griechische Text spricht eigentlich nicht von der Verklärung Jesu, sondern von seiner Gestaltverwandlung (Metamorphosis) als Hinweis auf seine Auferstehungsherrlichkeit. Die Verwandlung wird als Licht-Herrlichkeit beschrieben und dabei angedeutet, daß es unmöglich ist, das Leuchten mit vergleichenden Worten zu beschreiben. Mögen auch Mose, dem Führer aus ägyptischer Sklaverei und Gesetzgeber, und Elija, dem Erstpropheten und großen Streiter für Jahwes Ehre, die beide auf dem Berg Horeb (Sinai) mit Gott sprechen durften, eine einmalig hervorragende Bedeutung im Leben des israelitischen Volkes zugefallen sein, der »geliebte Sohn« ist erhabener als die Diener Gottes, und seine Autorität erstreckt sich über die ganze Schöpfung. Seine Verklärung ist gleichsam Bild und Hinweis auf die Thronbesteigung des Auferstandenen und die Vollendung der Welt.

Zur Zeit, als die Kirchen Konstantinopels und des kaiserlichen Ravenna im Schmuck ihrer Mosaike zu leuchten begannen, ließ Kaiser Justinian (527 - 565) auch fernab der kulturellen Zentren das Katholikon (Hauptkirche) des Katharinenklosters am Sinai mit Mosaiken und Marmor ausstatten; sie fielen dort weder islamischem noch christlichem Ikonoklasmus zum Opfer. Seit dem 6. Jahrhundert feiert die östliche Christenheit auch das Fest der Metamorphosis am 6. August, vierzig Tage vor dem Fest der Kreuzerhöhung am 14. September. Diese Feier im hohen Sommer, wenn die Traubenernte beginnt, macht auch kalendarisch deutlich, daß Christi Verklärung die Schöpfung umfängt. Im Zentrum der Darstellung steht in erhabener Größe, ummantelt von einer smaragdgrünen Mandorla, die die Unendlichkeit Gottes andeutet, der Herr, der Kyrios. Von ihm gehen Licht-Blitze aus, die den in Gold getauchten Kosmos erhellen. Zu seiner Rechten steht Elija, von dem überliefert wird, daß er lebend in den Himmel entrückt worden sei (2 Kön 2, 11). Links von ihm Mose, dem das göttliche Gesetz anvertraut wurde. Beide weisen mit der Rechten auf den hin, der »das Ebenbild des unsichtbaren Gottes« (Kol 1, 15) ist. Zu Boden gestürzt sind die drei Jünger: rechts von Christus Johannes, links Jakobus und ihm zu Füßen (im Bildausschnitt am Haupt erkennbar) Petrus. Segnend erhebt der verklärte Herr seine Rechte und löst die Jünger aus ihrer Furcht. Durch die Schau des göttlichen Lichtes gereinigt, gestärkt und geheiligt, werden sie und alle, die auf ihr Wort hin an den gekreuzigten und auferstandenen Christus glauben, die Nacht des Todes durchstehen und, vom ewigen Licht erleuchtet, mit dem verklärten Herrn auferstehen. Auch die der Vergänglichkeit unterworfene Schöpfung wird von Christus aus ihrer Verlorenheit befreit und einst in der Herrlichkeit der Kinder Gottes erstrahlen (Röm 8, 20 f.). Schon jetzt weisen die unzähligen Tierdarstellungen in den kirchlichen Mosaiken auf die Erlösung und Vollendung aller Geschöpfe hin.

ODE SALOMOS: DES TOTENREICHES BEZWINGER

Ich bin bekränzt worden durch meinen Gott,
und mein Kranz ist lebendig.

Ich bin gerechtfertigt worden durch meinen Herrn,
und meine Erlösung ist unvergänglich.

Ich zerschlug die eisernen Riegel;
das Eisen geriet in Glut und schmolz vor mir.

Nichts erwies sich für mich als verschlossen,
weil ich der geworden war, der alles öffnet.

Ich ging zu all den Meinen, die eingeschlossen waren, sie zu befreien,
daß ich keinen ließe gebunden oder bindend.

Ich gab meine Erkenntnis ohne Mißgunst
und meine Fürbitte voller Liebe.

Ich säte in die Herzen meine Früchte
und verwandelte sie durch mich.

Sie empfingen meinen Segen und wurden lebendig,
sie versammelten sich bei mir und wurden erlöst.

Denn sie sind mir Glieder geworden
und ich ihr Haupt.

Preis dir, unserem Haupt, Herr, Christus!
Halleluja!

17. Ode, 1 f. 9 - 16; Hennecke-Schneemelcher II, 597 f.

EPHRÄM: CHRISTUS -HYMNUS

Du bist der gütige Schatzmeister deines barmherzigen Vaters;
in deiner Hand liegt der Schlüssel zum Schatzhaus seines Erbarmens.
Du schließt auf und legst hinein die Opfergaben aller Menschen;
du schließt auf und nimmst heraus Entsühnung für alle Menschen.
Selig, wer durch dich seine Opfergabe hineingelegt
und dafür Erbarmen erlangt hat!

Reichmachender Schatz, der zu den Bedürftigen kam;
trinkende Quelle, die zu den Dürstenden floß;
beredte Lehre, die zu den Einfältigen kam;
Gedenken, das aus der Schöpfung verscheucht hat das Vergessen!
Selig, wer erkannt hat, wer du bist, Christus,
und dich erwarb und dein Eigentum wurde!

Du bist das Vertrauen; bei dir kommt die Verzweiflung zum Schweigen.
Du bist der Fels; auf dir wurde erbaut das Haus der Völker.
Du bist das Lab; durch dich sammelt sich der ausgeschüttete Sinn.
Siegreiche Mauer, welche die Schwachen schützt.
Selig, wer einsah, wie und wie sehr du ihn geliebt hast,
und weinte und sich schämte, dir mit Undank vergolten zu haben!

Traube des Erbarmens, die sich im Weinberg fand,
der undankbar war für die Pflege und die Früchte verweigert hat!
Die Traube, welcher der Weinberg Bitterkeit gab, teilte ihre Süßigkeit aus;
gekeltert gab sie den Völkern die Medizin für das Leben.
Selig, wer getrunken hat von ihrem milden Wein
und sich nicht geheimer Ausschweifung hingab!

Schöne Ähre, die emporwuchs unter häßlichem Unkraut!
Sie gab das Lebensbrot den Hungernden ohne Mühe;
sie hob den Fluch auf, der sich an Adam geheftet hatte,
welcher im Schweiße aß das Brot der Leiden und der Dornen.
Selig, wer aß von ihrem gesegneten Brot
und so den Fluch von sich gewiesen hat!

Erfahrener Steuermann, der das tobende Meer besiegt hat!
Es erschien dein gepriesenes Kreuz und wurde zum Ruder der Rettung.
Es wehte dein Wind des Erbarmens, und die Schiffe verließen
geraden Laufs das tobende Meer zum Hafen des Friedens.
Selig, wer geworden ist für sich selbst zum Steuermann
und wohlbehalten seinen Schatz heimgebracht hat!

31. Hymnus über die Jungfräulichkeit, 2. 7 f. 13 - 15; CSCO 224, 97 - 100

EPHRÄM: DES PARADIESES HOFFNUNGSVOLLER TROST

Harret aus, ihr Trauernden; denn ihr werdet das Paradies erlangen!
Sein Tau wird euren Schmutz abwaschen,
durch seinen Duft wird es euch erquicken.
Der Platz an seinem Tisch wird eure Mühen beenden,
sein Kranz wird euch trösten.

Es reicht euch Hungernden eine Frucht,
die die Essenden läutert, und gibt euch Dürstenden
einen himmlischen Trank, der die Trinkenden weise macht.

Dort ruhen aus die verheirateten Frauen, die gequält wurden
vom Fluch der Wehen, von den Schmerzen der Geburten,
wenn sie die Kinder sehen, die sie unter Wehklagen begruben,
wie sie die Lämmer weiden in Eden,
erhaben in ihren Rangordnungen, preiswürdig in ihrem Glanz;
denn sie sind verwandt den Engeln ohne Makel.

Es springen im Paradies die Lahmen, die nicht gehen konnten;
es fliegen in der Luft die Kraftlosen, die sich nicht schleppen konnten.
Die Blinden und Tauben, die vom Mutterschoß an hungerten,
die nach dem Licht hungerten und es nicht sahen,
ihre Augen erfreut die Schönheit des Paradieses,
und der Klang der Harfen tröstet ihre Ohren.

Wer den Heiligen die Füße wusch, wird sich in des Paradieses Tau reinigen.
Und der Hand, die sich ausstreckte, um den Armen zu geben,
werden sich entgegenstrecken die Früchte der Bäume.
Und dem Fuß, der besucht hat die Kranken,
um seine Ferse zu bekränzen, ihm eilen die Blumen herbei
und bemühen sich, wer zuerst seine Spuren küssen kann.

Die Güter jenes Ortes erfreuen die Frauen, die sich abmühten
im Dienst der Heiligen. Sie werden die Witwe sehen,
die den Elija aufnahm, wie sie sich in Eden ergötzt;
und statt der zwei Quellen, die die Witwe ernährten,
statt des Mehltopfes und des Ölkruges werden die Zweige der Bäume
jene Frauen in Eden ernähren, die den Armen zu essen gaben.

Möge ich kennenlernen, was ich vernahm in der Erzählung vom Reichen,
der die Abfälle seines Tisches nicht den Armen gab;
möge ich Lazarus schauen, wie er im Paradies weidet,
und den Reichen sehen, in welcher Bedrängnis er sich befindet!
Und es erschrecke mich draußen die Wucht der Gerechtigkeit
und tröste mich drinnen das Wehen der Güte!

7. Lied über das Paradies, 3. 8. 13. 17. 20. 27; CSCO 175, 25 - 29

EPHRÄM: DER GÖTTLICHEN DREIHEIT LICHTVOLLE SYMBOLE

Die Sonne ist unser Licht; und doch versagt jeder vor ihr,
um wieviel mehr vor dem Menschen, doch vor allem vor Gott!
Das Leuchten der Sonne ist nicht jünger als sie selbst,
und sie kennt keine Zeit, in der es das Leuchten noch nicht gah.
Ihr Licht als zweite Kraft und ihre Wärme als dritte
bleiben nicht hinter ihr zurück, sind aber auch nicht gleich.

Drei Beziehungen auch werden im Feuer offenkundig,
und jede hat ihre Eigenkraft und einzeln Bestand;
jede einzelne tritt in ihrem Wirken gesondert in Erscheinung,
einzelne Mächte, die vermischt sind:
das Feuer, wunderbar; die Wärme, gesondert; das Licht, rühmenswert;
eines im anderen einmütig wohnend.

Ein Symbol des Geistes ist in der Wärme, ein Typus des Heiligen Geistes,
der sich mit dem Wasser mischt, damit es zur Entsühnung werde,
der sich mit dem Brot vermengt, damit es zur Opfergabe werde.
Obwohl es bei dem Feuer ähnlich ist in allen Dingen,
steht es doch Gott ganz fern, denn es vermag nicht darzustellen
die drei göttlichen Geheimnisse, die niemals dargestellt werden.

45. Hymnus über den Glauben 1. 8. 10; CSCO 155, 107 f.

ISAAK VON ANTIOCHIEN: DAS GÖTTLICHE WORT IM MENSCHLICHEN LEIB

Seht meine Geburt, die der euren ganz ähnlich ist,
und glaubt auch, was ihr seht!
Von eurer Milch, die ihr trinkt, habe ich mich genährt,
und auf euren Knien bin ich erzogen worden,
in eure Arme wurde ich gewickelt,
und eure Windeln haben mich umfangen.
Mit euren Kindern bin ich aufgewachsen
und auf euren Straßen gewandelt.
Aber deswegen war meine Gottheit
diesen irdischen Dingen nicht unterworfen.
Der Leib aber, der sich eure Gewohnheiten angeeignet hatte,
mußte auch nach euren Regeln leben:
Er aß, weil er Hunger fühlte,
obwohl meine Gottheit in ihm wohnte.
Er wuchs allmählich heran nach Art der Kinder,
obwohl meine Gottheit in ihm war.
Er redete nach der Weise der Kinder,
obwohl meine Gottheit ihn beseelte.
Er kroch auf allen Vieren, wie es Kinder tun,
obwohl meine Gottheit in ihm zugegen war.
Er wurde getragen nach Art der Kleinen,
obwohl meine Gottheit in ihm wohnte.
Er schlief im Schiff, wie es Menschen zu tun pflegen,
obwohl meine Gottheit in ihm war.
Er wurde müde wie alles Körperliche,
obwohl meine Gottheit in ihm zugegen war.
Er fühlte die Leiden, da er von einem Leibe stammte,
obwohl meine Gottheit in ihm wohnte.

744

Er schwitzte wie alles Irdische,
obwohl meine Gottheit in ihm war.

Er hätte uns freilich auch erlösen können
ohne Leib, ohne Taufe, ohne zu sterben.
Doch Gott wollte uns ähnlich werden,
damit wir uns ihm mit Vertrauen nahen.
Darum hat Gott, obwohl er uns auch sonst vielfach Gutes erweist,
seine Liebe zu uns am besten dadurch gezeigt,
daß er sich nach unserer Art bekleidet hat,
nach dem Bild des Werkes seiner Hände.
Er hat dieses Kleid angezogen und nicht mehr ausgezogen;
er hat sich darin gehüllt, um es nie mehr abzulegen.
Er wohnt darin nicht wie ein Wanderer;
er ist darin nicht bloß wie zur Erfrischung eingekehrt.
Von seiner Geburt bis zum jetzigen Augenblick
wohnt das Wort im Leib und dieser im Wort.

2. Gedicht über die Menschwerdung (gekürzt); BKV 6, 130-132

JERUSALEMER LITURGIE: CHRISTI ERHÖHUNG AUF DEN BERGEN

Auf dem Berge Tabor wurdest du, Erlöser,
vor den auserwählten Jüngern verklärt.
Du offenbartest deine Herrlichkeit, Christus;
deine unveränderliche Gottheit ließest du aufblitzen.
In der Wolke des Lichtes
hast du Elija und Mose herbeigerufen, die mit dir sprachen.
Deswegen sagte auch Petrus:
Barmherziger, es ist schön, hier bei dir zu sein.

Der du damals dein Licht auf sie leuchten ließest,
erleuchte auch unsere Seele!

Auf den heiligen Bergen (Tabor, Golgotha, Ölberg)
sahen wir deine Erhöhung, Christus,
Abglanz der Herrlichkeit des Vaters,
und wir besingen die lichthafte Gestalt deines Antlitzes.
Wir beten dein Leiden an;
wir verehren die Auferstehung
und wir preisen deine ruhmvolle Himmelfahrt.
Erbarme dich unser!

Leeb, Gesänge im Gemeindegottesdienst, 47. 162

QUELLEN

Anthologion (I - IV) tou holou eniautou, Rom 1967-80 (Stundengebet der Orthodoxen Kirche)

Die Apostolischen Väter. Griechisch-deutsche Parallelausgabe neu übersetzt und hg. von Andreas Lindemann und Henning Paulsen, Tübingen 1992

Bibliothek der Kirchenväter (Thalhofer),
- Ausgewählte Gedichte der syrischen Kirchenväter. Hg. und übersetzt von Gustav Bickel, Kempten 1872
- Ausgewählte Schriften der syrischen Kirchenväter, Kempten 1874
- Die sog. Apostolischen Constitutionen und Canonen. Hg. von Ferdinand Boxler, Kempten 1874

Bibliothek der Kirchenväter,
- Bd. 5: Griechische Liturgien. Hg. von Remigius Storf, Kempten-München 1912
- Bd. 6: Ausgewählte Schriften der syrischen Dichter. Hg. von P.S. Landersdorfer, Kempten-München 1913

Codex Justinianus. Ausgewählt und hg. von Gottfried Härtel und Frank-Michael Kaufmann, Leipzig 1991

Corpus Scriptorum Christianorum Orientalium (= CSCO), Leuven (Louvain, Belgien) 1903 ff.

Gebete der ersten Christen. Hg. von Adalbert Hamman, Düsseldorf 1963

Hagiasmatarion (I - III), Rom 1954 - 1955 (Sakramente und Segnungen)

Hennecke, Edgar, u. Schneemelcher, Wilhelm, Neutestamentliche Apokryphen; Bd. I: Evangelien; Bd. II: Apostolisches, Apokalypsen und Verwandtes, Tübingen ³1959 u. ³1964

Leeb, Helmut, Die Gesänge im Gemeindegottesdienst von Jerusalem (vom 5. bis 8. Jahrhundert) (= Wiener Beiträge zur Theologie 28), Wien 1970

Oktoechos he megale oder Parakletike, Athen 1959 (Gesänge für die nachpfingstliche Zeit)

Pentekostarion, Athen 1974 (Gesänge der fünfzigtägigen Osterzeit)

Patrologia Graeca (= PG). Hg. von J. P. Migne, Paris 1857 - 1866

Physiologus. Naturkunde in frühchristlicher Deutung. Aus dem Griechischen übersetzt und hg. von Ursula Treu, Hanau 1981

Rabban Jausep (Josef) Hazzaya, Briefe über das geistliche Leben und verwandte Schriften. Ostsyrische Mystik des 8. Jahrhunderts. Eingeleitet und übers. von Gabriel Bunge (= Sophia Bd. 21), Trier 1982

Rebell, Walter, Neutestamentliche Apokryphen und Apostolische Väter, München 1992

Romanos der Melode, Hymnen des orthodoxen Kirchenjahres. Hg. von Johannes Koder (Mit der Seele Augen sah er deines Lichtes Zeichen, Herr), Wien 1996

Sources Chretiénnes (= SC), Paris 1947 ff.

Triodion, Athen 1960 (Liedgut der Orthodoxen Kirche für die Fastenzeit)

LITERATUR

Altaner, Berthold, und Stuiber, Alfred, Patrologie, Freiburg-Basel-Wien [9]1980

Baumstark, Anton, Geschichte der syrischen Literatur (mit Ausschluß der christlich-palästinensischen Texte), Bonn 1922

Beck, Hans-Georg, Kirche und theologische Literatur im Byzantinischen Reich, München [2]1977

Ben-Sasson, Haim Hillel, u. a., Geschichte des jüdischen Volkes von den Anfängen bis zur Gegenwart, München 1980

Bertelli, Carlo, Die Mosaiken. Von der Antike bis zur Gegenwart, Augsburg 1996

Beuchert, Marianne, Symbolik der Pflanzen. Von Akelei bis Zypresse, Frankfurt-Leipzig ²1996

Bibel-Lexikon. Hg. von Herbert Haag, Einsiedeln-Zürich-Köln ²1968

Budde, Ludwig, Antike Mosaiken in Kilikien, Bd. I: Frühchristliche Mosaiken in Misis-Mop-
suhestia, Recklinghausen 1969
-      St. Pantaleon von Aphrodisias in Kilikien. Recklinghausen 1987

Brockelmann, C., Die syrische und die christlich-arabische Literatur, in: Geschichte der christlichen Literaturen des Orients, Leipzig ²1909 (Nachdruck Leipzig 1979)

Byzantinische Mosaiken aus Jordanien (Frühes Christentum; Ausstellungskatalog), Wien 1986

Cramer, Winfried, Die Engelvorstellungen bei Ephräm dem Syrer (= OCA), Rom 1965

Donceel-Voûte, Pauline, Les pavements des églises byzantines de Syrie et du Liban. Décor, ar-
chéologie et liturgie, Louvain-La-Neuve (Belgien) 1988

Donner, Herbert (Hg.), Pilgerfahrt ins Heilige Land. Die ältesten Berichte christlicher Palä-
stinapilger (4. -7. Jahrhundert), Stuttgart 1979

Gorys, Erhard, Das Heilige Land (DuMont Kunst-Reiseführer), Köln ⁷1988

Grzimek, Bernhard (Hg.), Enzyklopädie des Tierreichs (dtv Bd. 1-13), München 1979

Hage, Wolfgang, Die syrisch-jakobitische Kirche in frühislamischer Zeit nach orientalischen
Quellen, Wiesbaden 1966

Handbuch der Ostkirchenkunde (3 Bde.). Hg. von Nyssen, Schulz, Wiertz u. a., Düsseldorf
1984-1997

Heiler, Friedrich, Die Ostkirchen, München-Basel 1971

Heinz-Mohr, Gerd, Lexikon der Symbole. Bilder und Zeichen der christlichen Kunst, Freiburg-
Basel-Wien 51996

Hourani, Albert, Die Geschichte der arabischen Völker, Frankfurt a. M. ²1996

749

Keel, Othmar, und Küchler, Max, Orte und Landschaften der Bibel, Bd. I: Geographisch-geschichtliche Landeskunde; Bd. II: Der Süden, Zürich-Einsiedeln-Köln 1982 - 1984

Keller, Otto, Die antike Tierwelt (2 Bde.), Leipzig 1909-1919 (Nachdruck Hildesheim 1963)

Kirche und Synagoge. Handbuch zur Geschichte von Christen und Juden. Darstellung mit Quellen (2 Bde.). Hg. von Karl Heinrich Rengstorf und Siegfried von Kortzfleisch, Stuttgart 1988

Knaurs Lexikon der Symbole. Hg. von Hans Biedermann, Ulm 1998

Der Königsweg. 9000 Jahre Kunst und Kultur in Jordanien (Ausstellungskatalog). Köln 1987

Kötting, Bernhard, Tier und Heiligtum, in: Mullus. Festschrift für Theodor Klauser, Jahrbuch für Antike und Christentum. Ergänzungsband 1, Münster 1964, 209 - 214

Ladner, Gerhard B., Handbuch der frühchristlichen Symbolik. Gott-Kosmos-Mensch, Wiesbaden 1996

Lexikon der christlichen Ikonographie (= LCI, 8 Bde.). Hg. von Engelbert Kirschbaum und Wolfgang Braunfels, Freiburg 1990

Loffreda, Stanislaus, Die Heiligtümer von Tabgha, Jerusalem 1981

Michaelidis, D., Cypriots Mosaics, Nikosia 1987

Magen, Yitzhak, The Monastery of Martyrius at Ma'ale Adummim, Jerusalem 1993

Negev, Abraham (Hg.), Archäologisches Bibellexikon, Neuhausen-Stuttgart 1991

Odenthal, Johannes, Syrien (DuMont Kunst-Reiseführer), Köln ⁴1988

Ostrogorsky, Georg, Geschichte des Byzantinischen Staates, München ³1963

Paulys Real-Encyklopädie der classischen Altertumswissenschaft, Stuttgart 1932, Bd. 16: : Art. »Mosaik«, Sp. 328 - 343; 2. Reihe, Bd. 4: Art. »Syria«, Sp. 1549–1727

Der Kleine Pauly. Lexikon der Antike (dtv, 5 Bde.), München 1979

Piccirillo, Michele, Chiese e Mosaici della Giordania settentrionale, Jerusalem 1981

-        The Mosaics of Jordan, Amman 1993

Propyläen Kunstgeschichte, Supplementband I: Spätantike und frühes Christentum, Berlin 1977

-        Supplementband III: Byzanz und der christliche Osten, Berlin 1968

Rahner, Hugo, Griechische Mythen in christlicher Deutung, Zürich ³1966
-        Symbole der Kirche. Die Ekklesiologie der Väter, Salzburg 1964

Reallexikon für Antike und Christentum (= RAC). Hg. von Theodor Klauser u. a., Stuttgart 1941 ff.

Reallexikon zur Byzantinischen Kunst (= RBK). Hg. von Klaus Wessel und Marcel Restle, Stuttgart 1966 ff.

Religionsgeschichte Syriens von der Frühzeit bis zur Gegenwart. Hg. von Peter W. Haider u. a., Stuttgart-Berlin-Köln 1996

Schäfer, Peter, Geschichte der Juden in der Antike. Die Juden Palästinas von Alexander dem Großen bis zur arabischen Eroberung, Stuttgart 1983

Scheck, Rainer, Jordanien (DuMont Kunst-Reiseführer), Köln ²1987

Schiller, Gertrud, lkonographie der christlichen Kunst (4 Bde.), Gütersloh 1966–1980

Schneemelcher, Wilhelm, Der getaufte Löwe in den Acta Pauli, in: Mullus, Festschrift für Theodor Klauser, Jahrbuch für Antike und Christentum, Ergänzungsband 1, Münster 1964, 316–326

Schouten van der Velden, Adriaan, Tierwelt der Bibel, Stuttgart 1992

Syrien. Von den Aposteln zu den Kalifen (Ausstellungskatalog), Linz 1993

Vielhauer, Philipp, Geschichte der urchristlichen Literatur, Berlin-New York 1975

Weber, Thomas, und Wenning, Robert (Hg.), Petra. Antike Felsstadt zwischen arabischer Tradition und griechischer Norm, Mainz 1997

Zohary, Michael, Pflanzen der Bibel, Stuttgart ^{3}1995

Schriftenreihen
des Patristischen Zentrums KOINONIA - ORIENS

Begründet von Wilhelm Nyssen und
herausgegeben von Michael Schneider

KOINONIA - ORIENS

XLI Michael Schneider, Der Wegnahme folgt die Liebe immer. Köln 1994. 47 Seiten.

XLII Michael Schneider, Leben in Christus. Kleine Einführung in die Spiritualität der einen Kirche aus Ost und West. St. Ottilien 1996. 61 Seiten.

XLIII Michael Schneider und Walter Berschin (Hg.), Ex oriente et occidente (Mt 8,11). Kirche aus Ost und West. Gedenkschrift für Wilhelm Nyssen, St. Ottilien 1996. Farbtafeln, 618 Seiten.

XLIV Michael Schneider, Theologie als Biographie. Eine dogmatische Grundlegung, St. Ottilien 1997, 64 Seiten.

XLV Michael Schneider, Leben aus der Fülle des Heiligen Geistes. Standortbestimmung Spiritualität heute, St. Ottilien 1997, 80 Seiten.

XLVI Abt Emmanuel Jungclaussen, Unterweisung im Herzensgebet. St. Ottilien 1999, 96 Seiten.

XLVII Lothar Heiser, Jesus Christus - Das Licht aus der Höhe. Verkündigung, Glaube und Feier des Herren-Mysteriums in der Orthodoxen Kirche, St. Ottilien 1998, 50 Farbtafeln, 756 Seiten.

XLVIII Lothar Heiser, Mosaike und Hymnen. Frühes Christentum in Syrien und Palästina, St. Ottilien 1999, 72 Farbtafeln.

XLIX Lothar Heiser, Äthiopien (in Vorbereitung, erscheint 2000)

L Michael Schneider, Schöpfung in Christus. St. Ottilien 1999.

EDITION CARDO

I   Wilhelm Nyssen, Der Weg des Herrn. Nach Worten des Alten Bundes. Olten 1974.

II   Henning Günther, Walter Benjamin. Zwischen Marxismus und Theologie, Olten 1974.

III   Alexander Schmemann, Aus der Freude leben. Ein Glaubensbuch der orthodoxen Christen, Olten 1974.

IV   Michael Schneider, Lectio divina. Leben aus der Heiligen Schrift, Köln 1997.

V   Michael Schneider, Mystik. Zwischen Denken und Erfahrung, Köln 1997.

VI   Paul Deselaers, Das »Geistliche Jahr« der Annette von Droste-Hülshoff. Köln 1997.

VII   Michael Schneider, Eucharistie. Leben aus dem Mysterium des Glaubens, Köln 1997.

VIII   Michael Schneider, Athos. Der Heilige Berg, Köln 1997.

IX   Lothar Heiser, Natur und Tiere in frühchristlicher Deutung. Köln 1997.

X   Michael Schneider, Amtskirche auf dem Prüfstand. Köln 1997.

XI   Wilhelm Nyssen, Der Sinn des Johannes. Köln 1997.

XII   Wilhelm Nyssen, Die theologische und liturgische Bedeutung der Ikone. Köln 1997.

XIII   Wilhelm Nyssen, Das prophetische Buch der Apokalypse. Köln 1997.

XIV   Anthony Bloom, Gegenwärtigkeit. Eine Nachschrift von Wilhelm Nyssen. Mit einer Hinführung von Michael Schneider, Köln 1997.

XV   Wilhelm Nyssen, Theologie des Bildes, Köln 1998.

XVI   Michael Schneider, Jahreskranz der Güte Gottes. St. Ottilien 1998.

XXXVIII Michael Schneider, Der Lasterkatalog. Zum Umgang mit Krisen und Versuchungen im geistlichen Leben. Köln 1999.

XXXIX Michael Schneider, Homo viator. Zur Wegstruktur des Glaubens. Köln 1999.

XL Erzbischof Lutfi Laham, Einübung in den geistlichen Weg der Chrysostomus-Liturgie. Köln 1999.

XLI Michael Schneider, Zur Gottesfrage in der modernen Literatur. Köln 1999.

Die Schriften der EDITION CARDO sind auch zu beziehen über das Katholische Pfarramt St. Maternus, Altenburger Str. 70, D-50678 Köln.